KB150361

중국 사상사

모리 미키사부로 지음 | 조병한 옮김

서커스

CHUGOKUSHISOUSHI Vol. 1-2

© Mikisaburo Mori 1978

Original Japanese edition published by Daisanbunmei-sha, Inc.

Korean translation rights arranged with Daisanbunmei-sha, Inc.

through The English Agency(Japan) Ltd. and Danny Hong Agency

중국사상사

머리말

    본서는 중국 사상사의 개략을 알고 싶다는 일반인의 요망에 응답하기 위한 것이지, 중국 사상사 내지 중국 철학사의 전문 연구에 뜻을 둔 사람들을 위한 개설서는 아니다. 전문가 양성을 위한 입문서로서는, 이를테면 가노 나오키(狩野直喜) 저 『중국철학사』(岩波書店) 등과 같은 좋은 저서가 있지만 일반인의 요구를 충족시킬 만한 개설서는 그다지 많지 않다고 해도 좋을 듯하다. 그 원인의 하나는 개설이라는 작업이 언뜻 보기에는 쉬운 듯하지만 실은 가장 어렵다는 것이다. 둘째 원인은 개설서에는 공평하고 치우치지 않을 것이 요구되는데, 이것이 또한 지극히 어려운 일이라는 사실에 있다. 이 두 가지 원인이 많은 대가들에게 개설서 집필을 멀리하게 하는 것은 아닐까. 이런 의미에서 개설서 집필은 커다란 모험이다. 저자가 이 모험을 단행하게 된 동기는 전적으로 우연이었다. 하나는 저자의 연령에서 오는 심경의 변화로 이를 준비하게 되었는데, 게다가 때마침 〈레굴루스 문고〉 담당자의 유혹이 있는 데 따른 것이다. 부족함이 많음을 양해 받고서 감히 이타적 모험을 하게 된 것은 우연한 동기에 의한 것이라 할 수밖에 없다.

무릇 개인의 손으로 된 개설서에는 부족함이 많이 따르는 것을 피할 수 없는데, 특히 분량의 제한을 강하게 받은 본서와 같은 경우에는 더욱 그러하다. 여기서는 저자가 의식적으로 피해서 지나간 사실 중 몇 가지를 열거해두고자 한다.

첫째, 종래 중국 사상사의 개설서 속에서 커다란 비중을 차지하고 있던 경학經學이 여기서는 극히 냉담한 취급을 받고 있는 것이다. 경학이란 '5경'이나 '13경' 등으로 불리는 유교의 경전에 관한 학문이다. 중국에서는 기원전 2세기 한漢 무제武帝 때부터 유교가 국교로 채택되는 과정에 들어간 이래로 경서經書는 절대적 권위가 주어져 중국인의 정신생활에 깊이 뿌리를 내렸다. 따라서 경서의 연구, 즉 경학은 중국 학문의 근간이었다고 해도 좋다. 종래의 개설서가 경학의 서술에 중심을 둔 데에는 충분한 이유가 있었다. 그러나 오늘날에는 그 상황이 크게 변화했다. 무엇보다도 치명적인 사실은 경서의 권위가 땅에 떨어져 생활의 지도 원리로서 힘을 잃어버린 데 있다. 따라서 경서의 권위에 지탱되어 온 경학 연구 자체도 퇴색해서 매력이 없는 것이 되고 말았다. 중국 사상사의 전문 연구자에게만은 경학이 갖는 중요성은 변함없다고 해도 사상이라는 넓은 시야에서 보는 일반 독자에게는 그것은 이미 '죽은 개'의 존재밖에 안 될 것이다. 오늘날에는 경서의 한 글자, 한 구절의 엄밀한 고증 따위는 그 죽은 개의 털에 붙은 벼룩의 수를 계산하는 것과도 같은 행위로 보이지는 않을까. 일반 독자를 대상으로 하는 본서가 경학을 냉대한 데에는 그 나름의 이유가 있다.

둘째, 본서가 '정치사상' 내지 '경제사상'을 다루는 데 비교적 냉담한 것이다. 중국의 지식인은 2천 년 전 예로부터 본질적으로 관리이자 정치가였다. 따라서 그 사상이 강한 정치적 색채를 띠는 것은 당연한 결과이다. 이는 인도의 지식인이 브라만이란 사제이며, 그 문화가 강한 종교적 색채를 지니는 것과 좋은 대조를 이루고 있다. 이 점만으로 말하면 정치사상이야말로 중국 사상의 본질이니 여기에 중심을 두어야 한다는 사고방식도 성립한다. 그러나 본서에서는 반드시 이 사고방식을 채택하지는 않았다. 그것은 중국 역대의 정치사상이 과거 중국의 특수한 시대 배경 아래 발생한 것이 많고, 그 시대를 지나면 사상의 내용도 퇴색해버린다는, 말하자면 일과성의 것이 적지 않기 때문이다. 현대인에게 의미 있는 사상이란 오늘날에도 아직 무언가 어떤 의미의 가치를 잃지 않은 사상이며, 장래 인간의 생활방식에 도움이 되는 점이 있는 사상이어야 한다. 이 같은 견지로부터 너무나도 중국사의 특수 사정에 지나치게 밀착한 정치사상은 의식적으로 묵살해버렸다. 그러나 그 부작용의 하나로서 현재와 같은 공산주의 체제의 중국이 탄생한 데 대한 설명이 대단히 불충분해진다는 결과를 초래했다. 이는 명백히 본서의 약점이고 결함이다. 다행히 근래 이 방면을 다룬 논저는 매우 많고, 그중에는 우수한 것도 있으므로 이들에 의해 이 책의 결함을 보충하기를 희망해 마지않는다.

이처럼 본서는 중국 사상 속에 있는 몇 가지 문제를 생략했다. 그 대신 종래의 개설서에서 거의 볼 수 없었던 중국 불교의 사상을 채택했다. 종래의 중국 사상사가 불교를 무시한 이유로 하나는 그것이 외래 사상이라는 것, 둘째는 중국 불교사에는 그 전문가가 있어서 별개의 연구 분야에 속한다는 인식이 있었던 데 기인하는 것 같다. 그러나 중국 불교는 어디까지나 중국 문화 속에서 독자적 전개를 이룬 불교이며, 중국적 색채가 현저히 풍부해진 불교이다. 더욱이 중국 불교는 중국의 전통 사상과 상호 교류했기 때문에 유교와 도교에도 깊은 영향을 미쳤다. 이 때문에 육조六朝 이래 천 수백 년에 걸치는 중국 사상의 흐름은 불교를 무시하고서는 이해할 수 없다고 해야 할 정도이다. 따라서 중국 불교를 중국 문화와의 유기적 관련 아래 파악하는 것은 중국 사상사의 연구에서 불가결한 과제라 해도 좋다. 본서는 이 같은 견지에서 힘이 미치는 한 중국 불교 사상의 흐름을 수용하는 데 노력했다. 그것이 어느 정도까지 성공했는지는 오로지 독자의 판정을 기다릴 수밖에 없다.

1978년 2월
모리 미키사부로

목차

머리말 005

제1장 중국 사상의 일반적 성격 013

  1. 종교적 색채의 결여 015
  2. 서양적 의미의 철학 부재 019
  3. 중국 사상을 정치적으로 만든 요인 024

제2장 하늘 사상과 범신론적 세계관 031

  1. 하늘 숭배의 기원 033
  2. 하늘의 비인격화와 범신론적, 연속적 세계관 036
  3. 천성과 천명 044

제3장 전국 시대의 제자백가 049

  1. 제자백가가 발생한 사회적 배경 051
  2. 공자 056
  3. 맹자 067
  4. 순자 075
  5. 한비자 087

6. 묵자   097

7. 노자   117

8. 장자   142

9. 열자   167

10. 명가 - 논리와 궤변   174

11. 음양오행설   183

12. 잡가 - 전국 시대 말기 제자백가의 교류   191

제4장 진의 천하 통일과 법가 사상의 승리   199

제5장 진·한 대제국의 성립과 사상계의 동향   209

1. 한 초기의 사상계   211

2. 유교의 승리와 경학의 성립   219

3. 한대 사상계의 흐름   231

제6장 육조 시대의 사상   249

1. 육조 문화의 대세   251

2. 삼국 위나라 시대와 노장 사상의 전성   255

3. 서진의 천하 통일과 향락주의 풍조   262

4. 동진 왕조와 불교의 수용   267

5. 불교의 중국식 이해   276

6. 도교의 성립   285

제7장 수·당 시대의 사상   291

1. 당의 전반기 - 안록산의 반란까지   295

2. 당의 후반기   309

제8장 송대의 사상 323

  1. 송대의 사회와 신유학의 탄생 325
  2. 북송에서 재생한 유학 330
  3. 남송의 주자학 346
  4. 주자학의 대립자 육상산 362
  5. 송대의 불교와 도교 367

제9장 원·명의 사상 375

  1. 왕양명 382
  2. 양명학의 좌파 393
  3. 이탁오 – 양명학의 자멸 400

제10장 청조의 사상 407

  1. 청조 초기의 사상계 409
  2. 청조 중기의 사상계 417
  3. 청조 말기의 사상계 422

역주 429
역자 후기 458

中國思想史

제1장

중국 사상의 일반적 성격

1. 종교적 색채의 결여

중국 문화의 정치적, 현세적 성격

우선 중국의 사상 내지 문화의 일반적인 특징에 관해 보기로 하겠다.

세계의 문화를 유형적으로 볼 경우, 그리스 문화는 철학적 내지 예술적이고, 인도 문화는 종교적이라고 할 수 있다. 그러면 중국 문화의 특징을 한마디로 말하면 정치적이라는 것이 적절할 것이다.

먼저 인도 문화에 대비해 보자면, 인도 문화에는 예로부터 종교적 색채가 짙게 보이는데 중국의 경우는 최초부터 세속적이고 현실적인 경향이 강하다. 이는 중국 사상의 골격이 되어 있는 유교儒教를 보면 잘 알 수 있다. "유교의 교教는 종교의 교는 아니고 교육의 교"라는 말이 있는데, 사실 그 말은 맞을 것이다. 유교는 종교는 아니고, 도덕의 교이자 정치의 교인 것이다.

『논어論語』에 다음과 같은 이야기가 있다. 어느 날 제자 한 사람이 공자孔子에게 "귀신(죽은 자의 영)은 어떻게 섬기면 좋을까요?"라는 질문을 하자 공자는 "아직 산 인간을 섬기는 것조차 할 수 없는 터에 죽은 자의 영을 섬기는 일 따위를 할 수 있을까"라고 답했다. 그래서 제자가 거듭 "사후 세계는 어떤 것일까요?"라고 묻자, 공자는 "이 인생의 일조차 알지 못하는데 사후의 일 따위를 알 턱이 없다"고 답했다. 결국 공자의 관심은 오로지 이 현실의 인생을 어떻게 올바로 살아야 할까라는 데 있었고, 신의 세계나 사후 세계 따위의 종교적 문제에는 매우 냉담했던 것이다.

조상 숭배와 죽은 자 숭배

그러나 이 문제에 대해서는 다음과 같은 의문이 일어날지도 모른다. 중국에서는 예로부터 조상 숭배가 성행했고, 유교도 이를 강하게 지지하고 있다. 그 조상 숭배는 필연적으로 조상의 영혼을 제사하는 것과 결부된 것이므로 사후의 영혼이나 사후 세계의 존재를 예상하고 있는 것은 아닌가. 따라서 조상 숭배를 강조하는 한 유교도 역시 종교의 성격을 갖고 있는 것이라고.

확실히 그 말은 맞다. 그러나 여기서 조상 숭배란 것이 이른바 죽은 자 숭배와는 다른 것이라는 데 주의할 필요가 있다. 이 둘의 성격이 상이함을 명확히 한 것은 막스 베버의 『유교와 도교道教』이다.

베버는 말한다. 사자死者 숭배란 것은 고대 이집트 등에 전형적으로 나타나듯이 죽은 자의 내세에 강한 관심을 기울이는 것이며 내세 신앙의 성격이 짙다. 하지만 조상 숭배는 이것과는 거꾸로 오히려 현세에의 관심을 중심으로 하고 있다. 결국 조상의 영혼이 현세의 자손을 지켜준다는 현세적 관심이 중심이 되어 있어, 조상의 영혼이 실재하는가 혹은 사후 세계가 어떠한가라는 긴요한 문제에는 극히 냉담한 것이 보통이다. 한마디로 하면 사자 숭배가 내세적인 데 반해 조상 숭배는 현세적이다. 조상 숭배는 현세의 자손을 결집시킨다는 기능을 갖는데 반해 사자 숭배에는 그런 것이 없다. 이 때문에 사자 숭배가 성했던 이집트에서는 씨족 제도가 일찍이 해체되어버렸지만 조상 숭배가 강한 중국에서는 씨족제가 길이 유지되었다.

무신론자가 신을 제사하는 이유

그렇다 해도 아직 남은 의문은 유교는 예禮를 중시하는 가르침이고 그 예 중에는 제례祭禮가 있어서 신을 제사하는 의식을 존중하는 것은 무슨 까닭인가라는 것이다.

이는 후기 유가의 순자荀子에 의해 명확해지는데, 한마디로 하면 신을 공경하고 조상을 숭배하는 관념을 기른다는 교육적 효과를 중시한 것일 수밖에 없다. 그것은 나아가서는 가족과 국가의 결속과 질서의 유지를 가져온다는 정치적 효과와 결부되는 것이다. 제례에 이 같은 효과를 인정했기 때문에 본심은 무신론적 입장에 있는 공자도 제례를 존중하지 않을 수 없었던 것이다.

공자의 본심은 "민民[서민, 백성]을 위한 의義에 힘쓰고 귀신을 공경하면서도 멀리하니, 이를 지혜롭다(知) 할 만하다"
는 『논어』의 말에 나타나 있다. 그 의미는 인간으로서 해야 할
일에 전념해 신을 공경하면서도 이를 멀리하는 것이 지자知者
에 걸맞은 태도라는 것이다. 이른바 '경원敬遠'이란 어휘의 문
헌 근거로서, 신을 경원하는 것이 지식인의 태도라는 것이다.
또한 『논어』에 공자가 병을 앓았을 때 제자들이 신에게 치유
를 기도하고 싶다고 제언했더니, 공자는 "구丘[공자의 이름]가
기도한 지 오래"라면서 이를 거절했다. 이는 일본의 옛 가요에
"마음만이라도 성誠의 도리에 맞으면 기도하지 않아도 신은
지켜주리라"는 것과 같은 의미로 평소부터 도덕만 지키고 있
으면 새삼스레 신에 기도할 필요는 없다는 것을 말한 것이다.
신심이 없는 인간이 곧잘 입에 올리는 말이다.

공자 직후에 나온 유신론자 묵자墨子가 유가儒家의 무신론을
비평해, "귀신이 없다고 주장하면서도 제례를 배운다. 이는 마
치 손님이 없는데도 손님 맞는 예를 배우고 물고기가 없는데
그물을 만드는 것과 같다"(「공맹편公孟篇」)고 한 것은 무신론자
가 신을 제사한다는 모순을 공격한 것이다. 무신론자가 신을
제사하지 않을 수 없었던 것은 제사가 갖는 교육적, 정치적 효
과를 인정했기 때문이다.

중국 사상의 기조가 되어 있는 유가 사상이 무신론적 경향
을 강하게 갖는 데서도 알 수 있듯이, 중국의 지식인에게는 전
반적으로 종교적 분위기가 부족했던 것이다.

2. 서양적 의미의 철학 부재

중국에는 논리적 구성을 갖는 철학이 부족하다

중국에는 인도와 같은 종교가 발생하지 않았음과 동시에 그리스와 같은 철학이 존재할 수 없었다.

하지만 철학이 없다는 경우에는 철학이란 무엇인가라는 문제가 선행될 것이다. 그리스에 기원이 있는 서양 철학의 흐름 속에는 철학도 학문인 이상에는 엄밀한 논리적 구성이 필요하다는 사고방식이 있었다. 따라서 단순한 인생관, 세계관이란 것은 철학 이전의 것이고, 그 상태 그대로여서는 철학이라고 할 수는 없다는 뿌리 깊은 주장이 있었다. 만일 이 사고방식에 충실히 따른다면 중국에는 철학이 없었다고 해도 될 것이다.

그러나 철학이란 말은 좀 더 넓게, 느슨하게 해석해야 하는 게 아닐까. 과연 철학은 학문이니까 엄밀한 과학적 구성이 요구될 것인데, 그래도 원래는 철학도 인생관과 세계관의 지반 위에서 태어나 자라온 터이다. 그것이 학문적이지 못하다는 이유로 일률적으로 배제하게 된다면 그것은 철학의 성장에 필요한 영양의 보급원을 스스로 끊게 되지는 않을까. 세계는 넓다. 이질적 인생관이나 세계관에 접함으로써 근대 철학의 내용도 보다 풍부해질 터이다. 오늘날의 철학에 요구되는 것은 무엇보다도 겸허와 관용의 정신일 것이다.

만일 이 같은 견지에 서게 되면 중국에 철학이 없었다는 주장도 역시 수정할 필요가 있다. 무릇 인간인 이상 의식하든 않든 그것과는 별도로 그 나름의 인생관과 세계관을 갖지 않은 자는 없을 것이다. 하물며 하나의 민족이라 불리는 차원에서는 더욱더 그러하다. 중국 민족도 역시 철학이 있었다고 해야 한다.

논리적 사고의 결여

그렇다고 해도 중국에 논리적 구성을 갖춘 철학이 부족하다는 것은 역시 인정해야 할 사실이다. 그 이유는 무엇인가. 그러한 데에는 중국인이 사물을 논리적으로 생각하고, 논리적으로 표현하는 데 서툴렀다는 것을 거론해야 한다.

막스 베버는 『논어』를 읽고 "그 표현 형식만으로 본다면 아메리카 인디언 추장의 말투를 빼닮았다"고 했다. 결국 단편적이며, 논증적이지 않다는 것을 말한 것이다.

그러면 왜 중국에 논리적 사고가 발달하지 못한 것일까. 그 원인은 여러 가지로 생각할 수 있는데, 아마도 중국의 언어 구조와 밀접한 관계가 있을 것이다. 중국어는 타이나 티베트 언어와 함께 이른바 고립어孤立語의 유형에 들어가는 것으로, 어

미변화나 접두·접미사 등이 없으며, 각 낱말은 다만 관념을 나타낼 뿐이고 문장 속의 위치에 의해 문법적 기능을 한다는 성질을 갖는 언어이다. 이를테면 '화홍花紅'이란 중국어는 영어의 'the flower is red'나 일본어의 '花は紅である'에 해당된다. 거기에는 영어의 'is', 일본어의 'は……である'에 해당하는 낱말이 없다. '花'와 '紅'이란 것은 각각 고립되어 있어서, 말하자면 기와에 기와를 쌓아올릴 뿐이고 그것들을 결합시키는 시멘트가 없는 것과 같다.

하지만 논리학에서 문제가 되는 것은 단어의 의미보다도 오히려 그것을 결합시키고 있는 시멘트 부분에 있다고 해도 좋으므로, 이것이 결여된 것은 논리학의 성립에서는 치명적인 결함이 될 우려가 있다. 하지만 중국에서도 제자백가諸子百家 사이의 논쟁이 왕성해진 전국戰國 시대에는 명가名家라 불리는 논리학파가 생겼지만, 그것도 그리스의 논리학 수준에는 도저히 미치지 못하는 것이었다. 그래도 그 명가의 갈래는 육조六朝 시대 초기에 청담清談이 유행했을 때 일시적으로 부활할 조짐을 보였지만 그 후 자취를 완전히 감추고 말았다. 결국 중국은 논리학에서 불모지였다고 할 수밖에 없다.

체험적 직관의 중시

이처럼 그 원인은 어쨌든 중국에서는 논리적 사고가 충분히 발달하지 못했다. 당연한 결과로 이를 대신하는 체험적 직관直觀에 치중하게 되고, 직관에 근거한 비유적 혹은 상징적 표현이 발달했다.

이 같은 표현은 이미 『논어』 등에도 잘 나타나 있는데, 도가
道家의 책에는 특히 그 경향이 현저하다. 장자莊子에 이르러서
는 언어에 의한 표현이 진리를 놓치는 것이라 하여 적극적으
로 이를 부정하기까지 하려 한다.

이 체험적 직관을 극도로 중시하는 것으로 불교佛敎 중에서
가장 중국적 색채가 강한 선종禪宗을 들 수 있다. 중국의 불교
도 인도 불교철학의 영향을 받아 육조 말기부터 당대唐代 중기
에 걸쳐 세밀한 논리와 분석을 본지로 하는 구사종俱舍宗·성
실종成實宗·삼론종三論宗·법상종法相宗 등, 이른바 논종論宗이
성립되었지만, 이들은 한정된 전문가들 사이에만 행해진 것이
며, 더욱이 당 말기 이후에는 그 자취가 사라져버렸다. 당 말기
이후 송宋·원元·명明·청淸 왕조에 걸쳐 살아남았던 것은 다
만 선종과 정토교淨土敎뿐이라 해도 좋다. 그 원인은 선과 정토
가 중국인의 체질에 가장 잘 합치했기 때문이다. 양자에 공통
적인 것은 이론이 빠질 만큼 빠졌다는 것이다.

선종은 "마음으로 마음을 전하고(以心傳心), 문자에 근거하
지 않으며(不立文字), 사람의 마음을 바로 가리켜(直指人心), 본성
을 보고 부처를 이룬다(見性成佛)"는 것을 본지로 삼는다. 진리
는 문자나 말로써는 전할 수 없고, 따라서 논리에 의해서는 밝
힐 수 없다. 진리는 문자나 말의 매개에 의하지 않고 마음과 마
음의 접합에 의해서만 체득될 수 있는 것이다. 그리고 마음속
에 있는 본성本性을 직관함으로써 진정한 깨달음을 얻을 수 있
다고 한다. 이것이 그 본지의 대강의 의미일 것이다. 그것이 체
험적 직관을 진리에의 유일한 통로로 삼고 있음은 명백하다.

'문자에 근거하지 않는다'는 선종의 사상이 얼마나 깊이 중

국의 전통에 뿌리내린 것인지는 후에 따로 서술하기로 하겠다.

3. 중국 사상을 정치적으로 만든 요인

문화의 담당자로서의 관리

중국 문화에 정치적 색채가 강한 것은 앞서 언급한 대로이다. 그러면 왜 그렇게 된 것일까. 그 역사적 원인을 찾아보고자 한다.

곧잘 민족의 문화라는 것이 문제가 되는데, 실제로는 민족 전원이 그 문화에 참가한 예는 적고, 오히려 그 민족 중의 특정한 신분에 속하는 자들만이 문화를 담당하는 경우가 많았다. 그 경우 문화를 담당하고 독점해온 자가 어떠한 신분이나 직업을 갖는 인간이었는가라는 것이 그 문화의 특색을 결정하는 경향이 강한 것 같다.

이를테면 인도 문화가 종교적이고 영원한 것만을 문제 삼았기 때문에 현실의 역사의식이 부족하다는 말을 곧잘 한다. 그러면 인도인은 전부 석가釋迦와 같은 철인뿐인가 하면 아무래도 그렇지는 않은 듯하다. 대다수의 인도인은 대단히 현실적이고, 특히 무역상인의 상거래 솜씨는 정평이 있어 미국에서는 앞서 나갔던 유대 상인을 구축하기조차 한다는 말이 있다. 그럼에도 인도 문화가 전체적으로 강한 종교색을 띠고 있는 것은 왜 그럴까. 그것은 과거의 인도 문화를 담당해온 계층이 브라만이라 불리는, 제사를 직업으로 한 종교가였기 때문일 것이다.

이에 반해 과거의 중국 문화를 담당하고 있었던 것은 사대부士大夫 또는 사인士人이라 불리는 정치가이자 관리였다. 전국시대 제자백가의 성격에 관해서는 따로 서술하겠지만 그 전국시대의 분열을 통일한 진秦의 시황제始皇帝는 기나긴 전통이 있는 봉건제封建制에 종지부를 찍고, 일본의 메이지유신(明治維新) 정부가 시행한 폐번치현廢藩置縣에 해당하는 이른바 군현제郡縣制를 실시했다. 이는 종래의 봉건제후를 없애고 지방관을 통해 통치하는 제도이며, 관리에 의한 정치체제이다. 고대 일본에서도 당나라의 제도를 배운 율령律令 체제의 시대가 있었는데, 중국의 경우는 그보다도 훨씬 철저한 것이었다.

시황제가 창설한 이 관료정치 제도는 다음 전한前漢의 무제武帝 때에 한층 더 정비가 되어 최후의 왕조인 청조淸朝의 멸망에 이르기까지 2천 년이란 오랜 기간에 걸쳐 유지되었다. 중국만큼 기나긴 관료정치의 전통을 지닌 나라는 아마 세계에서도 드물 것이다. 중국 문화가 강한 정치적 성격을 갖는 것은 그 문화를 담당한 지식계급이 관리였다는 사실에 기인한 바가 크다.

중국 관리의 특수성 – 지식인 즉 관리

진 시황제 이래 2천 년간 중국 문화는 관리에 의해 독점되어 왔다고 해도 좋은데, 중국의 관리, 이른바 사대부는 근대 관리의 성격과는 여러 가지 점에서 다른 특성을 갖고 있었다. 그것은 명 말기 이래 그들과 접촉한 서양인이 그들을 '만다린'이라는 특수한 말로 부르며 호기심에 찬 눈으로 바라봤던 데서도 나타나 있다.

중국의 관리 선임은 처음에는 지방관의 추천, 나중에는 과거科擧라는 학과시험에 의해 이뤄졌으며, 그 선임 범위는 원칙적으로 널리 일반 서민에까지 미쳤다. 이런 점에서는 근대 관리의 선임 방법과 본질적으로 다를 것이 없다. 또 관리의 신분은 한 세대에 한정되는 것이 원칙이며, 자주 전임轉任의 명령이 내려 관리 개인이 봉건적 세력을 갖지 못하도록 배려되었다는 것도 마찬가지이다.

문제는 그 선임 방법에 있다. 추천 위주였던 시대와 과거에만 오로지 의지했던 시대에는 조금 사정이 다르기는 했지만 관리의 선발, 임용은 법률 지식의 유무를 기준으로 하지 않고 유학儒學이나 문학의 수업에서 얻은 지식을 조건으로 했던 것이다. 뛰어난 문장이나 시를 짓는 능력이 있는 인물은 다만 그것만으로 관리에 임명되었다. 말하자면 문화인이란 것이 관리가 되는 조건이었다. 만일 이를 문화국가라 부른다면 중국은 굉장한 문화국가였던 것이다. 관리가 곧 지식인이라는 공식은 일찍부터 확립되어 있었다.

그뿐만이 아니다. 이를 거꾸로 뒤집어 지식인이 곧 관리라는 중국의 독특한 공식도 동시에 성립한다. 그것은 관리의 신분이 큰 매력을 갖고 있었기 때문이다. 독재국가의 관리가 권력과 명성을 누리는 데 유리하다는 것은 보통 있는 일이지만, 중국의 경우는 여기에다 막대한 수입이 수반된다는 절호의 조건이 부가된다. 그렇다 해도 중국 관리의 봉급이 높았기 때문은 아니다. 봉급은 국가의 세수에서 지급되는 것이므로 저절로 제한이 있고, 오히려 일반적인 수준보다 낮을 정도였다. 그러나 이를 보충하고 남음이 있었던 것은 소매 밑의 부정 수입이다. "관리로 삼 년 봉직하면 자손 삼대가 놀고 먹는다"는 속담이 있을 정도로 그것은 막대한 것이었다. 이는 중국이 너무나도 토지가 넓기 때문에 중앙의 감찰의 눈길이 충분히 두루 미치기 어렵다는 점도 있을 것이다. 게다가 정식 봉급만으로는 생활이 불가능하다는 사정도 있어서 반 공공연한 비밀로서 묵인되었던 듯하다.

그렇다면 중국의 관리는 권력이나 명성 이외에 어떠한 실업가도 미치지 못할 막대한 수입을 보증받아 삼박자가 구비되게 된다. 세상에서 이만큼 복 받은 지위는 없다. 따라서 적어도 문자의 독서가 가능한 자, 이른바 '독서인'은 모조리 관리를 지망한다는 풍조가 생겼다. 그 결과 지식인은 전부 관리가 되든지 혹은 관리 지향형의 인간이 된다. 여기에 지식인 즉 관리라는 중국의 독특한 공식이 성립한다. 『당시선唐詩選』에 이름을 올린 시인들은 거의 예외 없이 관리 경력을 지닌 자들이며, 그것도 아니라면 과거 시험에 실패한 경험이 있는 자이다. 관리가 아닌 지식인의 존재는 중국에서는 생각할 수 없는 것이었다.[1]

이처럼 지식인이 전부 관계官界에 흡수되면 어떠한 결과가 발생할까. 그것은 관리가 문화를 독점하게 되는 것이다. 중국의 관리, 즉 사대부는 단지 문화를 담당할 뿐만 아니라 이를 독점해왔다. 중국의 문화가 깊이 정치의 각인을 받고 있는 것은 어쩌면 당연한 결과일 것이다.

중국에는 때때로 뛰어난 기술이나 발명이 있었는데도 체계적으로 조직화된 과학의 발달이 없었던 것은 중국 지식인에게 정치가·관리의 성격이 강했던 것과 밀접한 관계가 있다고 볼 수 있다. 고보리 아키라(小堀憲)는 중국의 수학에 관한 서술에서, "중국에서는 전체의 학문이 지배계급에 의해 점유되고, 수학도 정치의 도구로 취급되고 있었던 것 같다. 따라서 수학도 사회생활의 구체적 문제를 해결하는 것이 좋으니까 수의 성질이나 방정식의 근(根)과 계수(係數)와의 관계라는 추상적 문제는 전혀 고려되지 않았다. 그 결과 이론의 길을 밟아 순수 이성을 만족시키는 것에 대한 요구가 결여되고 단지 실용의 범위에 머물러 거기에 만족했던 것이다. 이 같은 태도는 보편적 수학을 창조하는 정신과는 어긋나는 것이었으므로 세계 수학사에서 중국의 수학은 낙후자가 되고 말았다"고 한다.(平凡社, 『아시아 역사사전』 수학 항목) 이는 단지 수학만이 아니라 중국의 과학 일반에 관한 말일 것이다.

중국의 철학·종교를 대표하는 노장과 불교

이처럼 중국의 문화는 관리에 독점되어온 결과 전체로서는 정치적 색채가 극히 강하게 되었다. 그러나 관리도 역시 인간이다. 인간인 이상 인간의 생사라는 영원한 운명의 문제에 완전히 무관심할 수는 없다. 거기에 종교나 철학에 대한 관심이 생길 여지가 있다.

정치적 관심이 주류가 되어 있는 유교조차도 역시 그것이 있었다. 『논어』가 많은 사람들의 마음을 사로잡는 매력의 하나는 공자가 단순한 정치사상가는 아니고 인생을 깊이 응시하는 눈을 지닌 인간이었던 데에 있다. 또한 후세에 출현한 주자학朱子學이나 양명학陽明學은 비록 노장老莊이나 불교, 특히 선종의 영향 아래 있었다고 해도 유교에 철학적 근거를 부여한 것이었다.

또한 노장의 사상은 중국인이 산출한 철학으로서는 가장 뛰어난 것이며, 인생의 철학으로서 오늘날에도 여전히 계속 살아 있는 생명을 지녔던 것이다. 4세기 무렵부터 일반에 널리 퍼진 불교는 지식인 사대부 사상에도 더욱 심대한 영향을 주게 되었다. 이 때문에 육조 이후의 사상사는 불교를 제외하고서는 말할 수 없다고 해도 좋을 정도이다. 특히 노장 사상과의 교류의 결과 선종과 정토교라는, 중국색이 풍부한 불교가 발생한 것은 사상사에서 가장 주목할 해야 할 사실 중 하나일 것이다.

이와 같이 생각하면 중국 사상은 정치 일색으로 온통 도배된 것은 아니고 거기에는 노장과 불교로 대표되는 철학과 종교가 있었음을 알 수 있다. 따라서 중국의 사상을 문제로 다룰 경우에는 정치만이 아니라 철학이나 종교의 측면에도 충분히 배려할 필요가 있을 것이다.

中國思想史

제2장

하늘 사상과
범신론적 세계관

1. 하늘 숭배의 기원

중국 사상의 기초가 된 하늘 사상

중국인의 세계관에서 근본이 되어 있는 것은 다름 아닌 천天, 즉 하늘의 사상이다. 이 하늘이란 사상은 단지 고대 사상으로서 중요한 의미가 있을 뿐 아니라 시대를 초월하고 또한 학파의 대립을 넘어서 모든 중국 사상의 근저에서 계속 살아 있었다. 그 본질을 해명하는 것은 무엇보다도 훨씬 더 중요하다.

고대 중국은 일본의 경우와 마찬가지로 샤머니즘 문화권 내에 있었다. 그 특징으로 신의 말을 전하는 무당(巫)이 예로부터 존재했다. 그중에도 무현巫賢이나 무함巫咸 등의 무당은 왕을 보좌하는 재상에 보임되었다는 전설이 있다. 이 샤머니즘으로부터는 이차적으로 천지, 산천초목이나 동물에 이르기까지 신성神性을 인정하는 다신교가 생겨나는데, 중국에서는 기원전 십수 세기 무렵 이미 이 같은 다신교의 단계에 도달해 있었음을 알 수 있다. 이 많은 신들의 정점에 위치해 있었던 것이 즉 다름 아닌 하늘의 신(天神)이었다.

하늘 숭배의 유목민 기원설

이 천신 숭배의 기원에 관해서는 종래 여러 가지 설이 있었다. 자연 숭배나 조상 숭배로부터 파생되었다는 설, 혹은 농경 생활에서 생겼다는 설 등이 있어, 그 어느 것인가에 주요한 근거를 구해왔던 것이다.

그렇지만 근년에 들어 문화인류학 방면에서 새로운 유력한 설이 나타났다. 그것은 하늘 숭배가 농경민이 아니라 유목민에서 생겨났다는 관점이다. 그 주요한 근거는 중국 주변의 유목민 사이에 널리 하늘 숭배를 볼 수 있을 뿐 아니라 멀리 중·근동에까지 걸치는 유라시아 대륙의 사막이나 초원에 사는 유목민족 사이에도 그것이 보편적으로 보인다는 사실이다. 그 분포의 보편성이라는 점에서 말하면 하늘 숭배를 중국에서 독자적으로 기원한 것이라고 하는 종래의 여러 설은 유지하기가 현저하게 곤란해졌다고 할 수밖에 없다.

다른 한편 유목민 기원설에도 난점이 있다. 그것은 기원전 11세기경까지 계속된 은殷 왕조의 유적에서 발굴된 대량의 귀갑龜甲 문자에는 하늘에 제사하는 것을 기록한 것이 눈에 띄지 않는다는 것이다. 다만 최고신으로는 천天 대신에 제帝라는 문자가 자주 나타난다. 이 '제'를 후세에 말하는 의미의 천제天帝 혹은 상제上帝에 해당하는 것이라 보아도 좋은지는 의문이 많이 남아 있다. 오히려 부족의 조상신이라 볼 수 있을 가능성 쪽이 높다. 만일 그렇다면 은 왕조 시대에는 아직 하늘 숭배가 성립하지 않았을 가능성이 크다.

은대는 이미 농경을 주체로 하는 정주定住 생활 단계로 들어서 있었는데 기원전 11세기경 주周 왕조가 이를 정복해 새 지배자가 되었다. 당연히 농경 생활은 한층 진전했을 터인데 그래도 주대에 와서 비로소 천天, 즉 하늘 숭배가 확립되었다. 이는 하늘 숭배의 유목민 기원설과 모순되는 게 아닐까.

그러나 이 모순을 해소시키는 길도 남아 있다. 과연 은나라는 이미 농경 생활에 들어가 있었지만 이를 정복한 주나라는 원래 유목민이었을 가능성이 높은 것이다. 사마천司馬遷의 『사기史記』에 의하면 그 조상은 융적戎狄[오랑캐]의 땅에서 살고 있었는데, 그 후 장안長安 서북 약 120킬로미터에 있는 빈주邠州 땅에 국가를 만들고, 고공단보古公亶父 대에 이르러 더 남방의 기산岐山으로 옮겨갔다. 여기서 비로소 융적의 풍속을 고쳐 성곽이나 가옥을 짓고 촌락 제도를 설치해 정주 생활에 들어갔다고 한다. 이 고공단보의 손자가 바로 주의 문왕文王이다.

『사기』에 실린 이 전설은 부분적으로 『시경詩經』이나 『서경書經』 등에도 보이고 있으며, 아마 주 부족의 오랜 전승傳承에 근거했을 것이다. 적어도 주 부족이 중국 서북부의 유목민이었음은 확실하며, 이 유목민이 은 왕조를 멸망시켜 천하를 지배한 것으로 보인다.

그때 주는 유목민의 하늘 신앙을 그대로 중국에 갖고 들어왔는데, 농경 생활이 진전됨에 따라 차츰 하늘도 농업신의 성격을 강화해갔을 것이다. 이것이 오늘날의 단계에서는 가장 유력한 하늘 신앙의 기원에 대한 설명이라고 생각된다.

2. 하늘의 비인격화와 범신론적,
연속적 세계관

인격신으로부터 비인격적 존재로

그 기원 문제에 관해서는 어쨌든 고대의 천신이 인격신人格神이었던 것은 확실하다. 천신은 유대 민족의 야훼 신과 같이 만물을 창조한 신은 아니었지만 만물을 낳고 이를 보호하는 것을 임무로 하는 신이었다. 민民의 평안을 약속하는 군주를 뽑아 그를 천자天子로 임명하고 민을 보호하는 것인데, 만일 그들을 학대하는 따위의 군주가 나타나는 경우에는 곧바로 엄한 천벌을 내리는 것이다. 『시경』이나 『서경』 등에 보이는 옛 천신은 야훼 신만큼은 아니라 해도 엄하고 두려운 측면이 있는 신이었다.

하지만 그 후 시대가 내려감에 따라 천신의 활동 기회가 적어지고 활발하지 않게 되어가면서 인격신의 요소가 점차 희박해지게 되었다. 여기에는 갖가지 이유를 생각할 수 있는데, 주 왕조의 지배가 전체적으로 안정되어 있었던 데에 기인한 것으로 생각된다. 주는 기원전 11세기경 시작되어 기원전 3세기 중반에 진秦에 의해 멸망되기까지 실로 9백 년 가까이 수명을 보존한 왕조이다. 물론 그 사이에 견융犬戎의 침입으로 천도한 적도 있고, 특히 중기 이후의 춘추전국의 분열 시대에는 실력을 잃고 명목만의 존재로 계속되었음에 지나지 않지만, 그렇다 해도 주 왕조의 권위와 이데올로기를 밑바탕부터 부정하는 따위의 움직임은 볼 수 없었다. 이 질서의 안정이 천신이 활동하는 기회를 적게 하고, 나아가서는 그 인격적 요소를 희박하게 한 것이라 생각된다.

어쨌든 하늘이 인격신의 성격을 잃고 점차 비인격적인 존재로 변화해갔던 것은 명백한 사실이다. 이 경향은 공자가 나타난 기원전 6세기부터 기원전 5세기의 시대에는 이미 명확한 형태로 나타나고 있다. 『논어』에 "하늘이 무슨 말을 하더냐! 사계절(四時)은 돌아가고 만물(百物)은 생겨난다. 하늘이 무슨 말을 하더냐!"라는 말이 보인다. 하늘은 인간처럼 말로 명령하는 것은 아니다. 사계절이 순환하고 만물이 나고 자라는, 그 가운데서야말로 하늘은 있다는 것이다. 결국 하늘은 사계절의 순환이나 만물의 생성 속에 있는 법칙 자체이며, 다름 아닌 도道 자체이다. 바꿔 말하면 인격적 존재는 아니고 도나 이理라는 로고스적 존재인 것이다.

더욱이 하늘의 비인격화 경향은 후세가 될수록 더 강해진다. 12세기 송宋의 주자학은 "하늘이라 함은 '이理'이다"라고 규정하고, 이 이의 보편성에 의지해 만물의 본질을 설명하고자 했다. 주자학이 이학理學이라 불리는 것은 그 때문이다. 여기서 하늘은 이미 신이 아니고 천도天道나 천리天理라는 법칙적인 존재이며, 비인격적 존재가 되어 있는 것이다.

유신론에서 범신론적 세계관으로 – 신·인간·자연의 연속

더욱이 이 천신이 인격신으로부터 비인격적 존재로 옮겨갔다는 것은 다만 그것에만 머물지 않고 중국인의 세계관에 구조적 변혁을 가져오게 되었다. 그것은 중국인의 세계관이 범신론汎神論(pantheism)의 방향을 취하게 된 것이다.

세계의 종교는 두 유형으로 구분될 수 있다. 그 하나는 유신론有神論이고 다른 하나는 범신론이다. 유신론은 그리스도교와 이슬람교 등에 전형적으로 볼 수 있듯이, 신은 세계 밖에 있으면서 세계를 지배하는 인격신이라 생각한다. 이에 비해서 범신론에서는 신은 세계 안에 있고 사물 하나하나 속에 깃들어 있는 것이라 한다. 범신론에서도 인격신의 존재를 생각하는 경우도 있지만 진전된 형태에서는 비인격화되는 수가 많다.

범신론 종교는 미개 민족 중에도 많이 보이지만 고도의 종교에도 있다. 이를테면 일체 중생衆生에 전부 불성佛性이 깃들어 있다고 보는 불교도 전체적으로는 범신론의 계열에 들어간다고 볼 수 있다.

범신론 세계관의 중요한 특징의 하나는 신·인간·자연 삼자가 연속적 관계에 있고 상호간에 단절이 없는 데 있다.

이것을 기독교적 세계관에 대비해 보면 그 차이가 명백해진다. 기독교에서는 먼저 신과 인간 사이에 단절이 있다. 신은 인간을 비롯한 만물을 만들어낸 창조주이다. 이에 대해 인간은 신이 만든 피조물에 지나지 않는다. 일본과 같이 인간을 신사

神社에 제사하는 따위의 일은 피조물 숭배이고 신에 대한 모독으로 엄하게 배척된다. 인간은 원죄를 짊어진 존재이고 죄 많은 존재이므로 인간 속에 신이 깃든다는 것도 허용되지 않는다.

또한 자연도 신의 피조물이므로 신과 자연 사이에 단절이 있는 것은 물론이다. 그뿐만이 아니다. 다 같이 피조물이면서 인간과 자연 사이에도 또한 단절이 있다. 『구약성서』에 의하면 동물은 인간을 부양하기 위해 신이 만든 것이므로 거리낌 없이 죽여서 먹으면 된다. 불교가 말하는 살생 따위의 관념은 여기에는 없다. 동물만이 아니라 자연은 전부 인간을 부양하기 위해 만들어진 수단이며 도구이다. 여기에 자연을 인간의 삶을 위한 수단으로 보는 사상이 발생했다.

보통 자연을 단순한 사물(物)로 보는 사상은 근대 과학 사상의 산물인 것처럼 생각되기 쉽지만 실은 이에 앞서 기독교가 그 밑바탕을 준비하고 있었다고 해도 좋다. 니콜라이 베르댜예프Nikolai Berdyaev의 말을 빌리면 "신은 자연을 죽였다"는 것이다.

이에 비해서 범신론 세계관에서는 신·인간·자연 삼자가 연속 관계에 놓여 있다. 먼저 하늘은 신이면서 동시에 머리 위에 있는 천공天空이며 자연 자체이다. 여기서는 우선 신과 자연이 일체이다. 천신은 자연을 낳음과 동시에 만물 속에 깃들어 있으며 그것에 내재內在한다. 인간의 경우도 예외는 아니다. 하늘은 인간을 낳고 인간 속에 깃들어 있다. 인간 속에 깃들어 있는 하늘이란 무엇인가. 그것은 인간의 천성天性이다. 천성이란 것은 다름 아니라 인간 속에 있는 하늘이다.

이처럼 신·인간·자연은 서로 연속하는데, 그 연속의 기초가 되는 것이 기氣이다. 기라 함은 가스 형상의 미립자로서 만물을 구성하는 원자와 같은 것이다. 그 가스 형상의 미립자의 집합이 성길 때에는 가벼워서 위로 떠올라 천공이 된다. 집합이 조밀해지면 무거워지고 응고되어 물·흙·금속 등 액체나 고체를 만든다. 인간도 예외는 아니다. 인간의 호흡에 의해 천기天氣를 내 속에 흡입해 피·살·뼈를 만들고, 더 나아가 정신을 형성한다.

하늘·땅·사람 삼자가 '하나의 기(一氣)'로 구성되어 있다는 연속적 우주관은 다름 아니라 범신론의 입장에서 도출된 결과일 수밖에 없다.[2]

연속적 세계관 – 대립보다도 융합이 우선

기독교적 유신론에 기초한 근대적 세계관에서는 전부를 대립의 관계에서 포착하려는 경향이 강하다. 하지만 신은 인간 안에 깃들고, 그 인간은 그대로 자연의 일부라는 중국적 범신론의 입장에서는 모든 것을 우선 융합의 형태로 포착하려는 경향이 지배적이다. 그 실례 중에 주요한 것만을 들어보겠다.

먼저 영혼과 내면의 문제이다. 이 구별은 기독교에서는 각별히 엄격한 듯하다. 하지만 인간의 정신도, 육체도 다 같은 하나의 '기'로 구성되어 있다고 보는 중국에서는 이를 대립 관계에 놓인 이원二元적인 것으로 파악하지는 않는다. 물론 양자를 무차별적 평등으로 생각하지 않으며, 정신적인 것을 높이 평가하고 육체적 욕망을 낮게 본다는 점은 있다. 그러나 양자는 질적으로 단절된 것은 아니며 다만 평가의 상하라는 차이가 있는 데 지나지 않는다.

더욱이 낮은 가치밖에 없다는 이유로 육체적 욕망을 금지하려는 따위의 생각은 없다. 왜냐하면 육욕肉慾은 죄악이 아닐 뿐 아니라 정신이 깃드는 육체를 배양하기 위해 필요불가결한 것이기 때문이다. 『예기禮記』에 "음식남녀飮食男女에는 사람의 큰 욕망이 존재한다"라는 말이 있는데, 이 말은 식욕이나 성욕이 인간에게 빠뜨릴 수 없는 중요한 욕망이라는 의미로 인용되는 일이 많다. 맹자孟子가 선정善政이라고 하는 것도 결국은 민중의 음식남녀의 욕구를 만족시킬 수 있는 정치이다. 이처럼 욕망 자체는 긍정하는 것이므로 중국에는 '금욕禁欲' 사상은 존재하지 않는다. 다만 그 행위의 지나침을 조절하는 '절욕節欲' 이 있을 뿐이다.

영혼과 내면의 경우와 마찬가지로 선과 악의 사이에도 근원적인 대립은 없다. 성선설性善說을 제창한 맹자는 본성이 선한 인간이 간혹 악한 일을 하는 일이 있는데, 그것은 환경 등 외부적 조건에 의한 것이어서 그 조건만 개선하면 자연히 선해진다고 한다. 바꿔 말하면 악은 선에 대립하는 독자적 원리는 아니고, 선이 불완전한 상태에 놓여 있을 때 악이 되는 것이다. 극단적으로 말하면 악이라 함은 심지어 불완전한 선이라고 할 수도 있을 것이다.

맹자의 성선설과 대립한 순자荀子의 성악설性惡說도 인간에 근원적 죄악의 존재를 인정하는 것은 아니다.

이상과 현실 사이에도 본질적 단절은 없다. 유럽식 사고방식에서는 이상은 현실로부터 떨어진 곳에 있고 바로 그렇기 때문에 이상이라 불리는 것이다. 하지만 중국에서는 이상은 현실에 가까운 곳에 있다고 한다. 맹자는 "도道는 가까이 있는데도 이를 멀리서 구한다"고 말했다. 진리는 신변 가까운 곳에 있는데 사람들은 멀리 떨어진 곳에서 구하려 한다는 의미이다. 이상은 현실을 떠난 높고 먼 곳에 있는 것은 아니고 비근한 현실에 근거해 있다. 아니, 이상은 이미 현실 속에 부분적으로 포함되어 존재하는 것이다.

중국인은 곧잘 고대 존중론자라고 불린다. 언제나 이상을 과거에 두고, 요堯·순舜을 이상적 성왕聖王으로 숭앙해 마지않았다. 그것은 중국인의 성벽性癖이라고도 할 수 있지만 다른 측면에서는 이상과 현실을 연속 관계에 두는 데서 나왔다고 할 수도 있다. 이상을 과거 역사의 어느 시점에 두면 그 이상은 일찍이 한 차례 실현된 적이 있다는 증명이 되어 현실성의 보증을 받게 된다. 중국인이 현실주의적이라는 것은 이상을 버리고 현실을 취한다는 의미는 아니고, 이상을 현실 가까이 두고 이상을 현실 속에서 구하는 것을 가리키는 것이다.[3]

또한 중국인이 논리적 분석에 서투르고 체험적 직관을 중시한다는 것도 역시 이 연속적 세계관과 밀접한 관계가 있다. 논리적 사고라는 것은 앞에서도 서술했듯이 분석·이해·판단이라는 말이 보여주는 대로 전체가 하나인 것을 분해해 대립 관계를 만들어내고, 또 다시 이것을 종합하는 데서 성립한다. 비유해서 말하면 인간을 머리·몸통·수족으로 분해하고 이들을 모은 것이 인간이라는 것이 논리적 사고이다. 이 사고법의 결점은 살아 있는 것을 죽여버리는 것이다. 이에 비해서 체험적 직관은 살아 있는 것 전체를 그대로 파악하는 것을 특징으로 한다. 그것은 대립보다도 융합을 앞세우는 입장이며, 연속적 세계관에서 발생한 사고법이라고 할 것이다.

이처럼 하늘이 비인격화해서 만물 속에 내재하게 된 것은 범신론적 세계관, 연속적 세계관을 성립시켜, 그것이 중국 사상의 모든 분야에 침투하고 있음을 알 수 있는 것이다.

3. 천성과 천명

천성 – 인간 속에 깃든 하늘

천신의 비인격화는 범신론 세계관을 낳음과 함께 중국인 인간관의 기초가 되는 천성天性과 천명天命 사상을 산출했음을 거론할 필요가 있다.

하늘은 비인격화되는 동시에 만물 속에 내재하게 되며 사물 하나하나 속에 깃드는 것으로 된 것임은 이미 서술한 대로이다. 물론 인간도 만물의 하나이므로 그 안에 하늘이 깃드는 것이다. 그러면 인간에 깃든 하늘이란 무엇인가. 그것은 다름 아닌 '천성'이며, 혹은 단지 '성性'이라 불리는 것이 그것이다.

맹자가 성선설을 제창한 것은 유명한데, '성'이 인간에 내재하는 하늘이라고 한다면 이는 당연한 귀결임에 틀림없다. 하늘은 원래 신이며 선善 그 자체이므로, 그것이 인간 안에 들어와 천성이 되었다면 천성은 선 이외에 어떤 것도 될 수 없다. 맹자의 성선설이 길이 유교의 정통 사상이 된 것은 참으로 당연한 것이었다.

　다만 그 성이 선해야 할 인간이 종종 악한 일을 범한다는 현실의 모순이 갖가지 수정설이 발생하는 원인이 되었다. 그 전형적인 예는 주자朱子의 학설이다. 주자에 의하면 만물의 본질이 되어 있는 것은 천리天理인데, 그 천리가 인간에 내재한 것을 성性이라 부른다. 인간의 성은 이理이고 선하다. 그러나 현실의 인간은 육체를 갖고 육체는 이理와 함께 기氣로 구성되어 있는 것이므로 거기에 불가피하게 기의 원리가 들어온다. 기는 이와는 달리 음陰과 양陽, 정精과 조粗 등의 다양성을 갖추고 있으므로 현실의 인간성은 갖가지 개성을 갖게 된다. 따라서 본연本然의 성은 모두 다 같이 선하지만 기질氣質의 성은 각기 다른 것이며, 거기에 불순한 요소가 들어오게 된다고 한다.

　이와 같이 인간의 본성에 관해서는 각양각색의 논의가 일어났지만 성선설의 기본 방향은 흔들린 적이 없었다고 해도 좋다. 그것은 성선설이 인간 본성이 하늘에 근거한다는 전통에 충실했기 때문이다.

　　후에 서술할 순자는 성악설을 제창했는데, 그의 하늘에 대한 관점은 전통적인 그것과 크게 다른 것이었다.

천명 – 인간을 외부에서 제약하는 운명

　이처럼 하늘은 인간의 내면에 깃들어 천성이 되었다. 그러면 하늘은 인간 속에 완전히 내재화해버린 것인가 하면 그렇지는 않다. 하늘은 여전히 초월적 측면을 남기고 있고, 인간의 외부에 있는 것이라는 일면을 보유하고 있었다. 그것이 이른바 천명이다.

천명의 본뜻은 천신의 명령이라는 의미이다. 그러나 하늘의 인격성이 희박해져서 비인격화됨과 함께 천명의 의미도 저절로 변화했다. 그 변화라 함은 천명이 '운명運命'이란 의미를 갖게 된 것이다. 운명이란 것은 인간의 바깥에 있으면서 인간 본연의 상태를 규정짓는 일종의 힘이다. 그것은 하늘에 근원을 갖는 힘이기 때문에 인력으로는 어떻게도 할 수 없다는 성질을 갖고 있다.

"사람의 일(人事)을 다하고 천명을 기다린다"는 말이 있다. 인간에게 가능한 일은 온 힘을 발휘할 따름이며, 일의 성사 여부는 인력을 넘어선 운명에 의해 결정되는 것을 말한 것이다. 이 말 자체는 문헌의 출처가 분명하지 않지만 이에 가까운 것으로, "군자는 올바름을 행하고 나서 명을 기다릴 뿐"(『맹자』), "인사는 끝났으니 하늘을 기다릴 뿐"(『안자춘추晏子春秋』) 등의 말이 있듯이 예로부터 있었던 사상이다.

이 운명으로서의 천명사상은 학파의 대립을 넘어 모든 중국 사상 속에 깊이 침투해 있다. 그것은 비단 지식계급만이 아니라 일반 민중 사이에도 널리 볼 수 있는 것이다. 그런 의미에서는 민족의 사상이라고 할 수도 있다.

운명대로 따른다는 것은 아무래도 소극적이고 어두운 인상을 주는 듯이 보이지만 실은 반드시 그렇지는 않다. 맹자도 "비록 단명短命으로 끝날지라도 그것으로 마음의 흔들림이 없이 오로지 몸을 수양하고 천명을 기다리는 것이야말로 명에 근거하는(立命) 도라 할 것이다"라고 말했듯이 인위人爲의 한계에 나타나는 천명을 고요히 기다리는 것이 평온한 마음의 경지, 안심입명安心立命의 도를 가져오는 것이다. 그중에도 가장 운명 순응의 사상이 중심이 된 것은 도가道家 사람들이며, 특히 장자莊子였다. 운명을 감수하고 천명대로 안주한다는 태도야말로 셀 수 없는 전란이나 자연재해를 견뎌내고 끊임없이 생명의 싹을 틔웠던 잡초와도 같은 중국 민족의 끈질김의 근원이었다고 할 것이다.

이리하여 인간은 내면은 천성으로 구성되고 외면은 천명의 규제를 받는다. '성'과 '명'이란 것은 불가분의 관계에 있으므로 여기에 '성명性命'이란 숙어가 생겨난다. 후세 널리 사용된 '생명生命'이란 단어는 이 성명으로부터 전화된 것이다. 성명이란 다름 아니라 내외의 양면에서 하늘에 의해 구성된 인간 존재를 가리키는 것이다.

운명과 사명 – 천명의 두 가지 의미

그러나 천명에 관해서는 아직 하나의 문제가 남아 있다. 그것은 비교적 적은 예이기는 하지만 천명이 때로는 사명使命이란 의미로 쓰이는 경우가 있는 것이다.

원래 천명이 '사명'의 의미로 쓰일 수 있는 소지는 예로부터 있었다. 그것은 어느 특정 인간이 천자가 되는 것은 천명에 의한 것이라 여겨졌던 것이다. 결국 하늘의 명령에 의해 천자가 되는 것은 하늘의 사명을 받은 것일 수밖에 없다. 이 사명이란 사상은 하늘이 인격성을 상실한 후에도 그대로 계승되었다. 따라서 천명에는 '운명'과 '사명'의 두 의미가 포함되게 된다.

이것은 사고방식에서 보면 무척 기묘한 것이다. 운명의 경우는 "자기로서는 이 이상의 것은 할 수 없다"는 한계 의식이 강하게 느껴지고 그만큼 소극적인 태도에 결부되기 쉽다. 이와는 반대로 사명의 경우는 "이것만은 어떻게 해서라도 해내야 한다"는 적극적인 태도에 결부된다. 심리적으로 보면 양자는 상반된 방향을 가리키는 말이다. 동일한 단어에 상반되는 두 가지 의미를 가지는 것은 때로는 혼란을 일으키는 점이 있다.

그 좋은 예로서 『논어』에 "오십 세로 천명을 안다"는 한 구절이 있다. 이 천명은 운명인 것인가, 그렇지 않으면 사명인 것인가라는 해석을 둘러싸고 한대漢代부터 현재에 이르기까지 학자들의 의견이 대립한 채 남아 있다. 그중에는 청조淸朝의 유보남劉寶楠과 같이 양측의 의미를 겸비하고 있다는 절충설을 제창하는 자도 있다. 유명한 말이면서 그 의미가 확정되어 있지 않다는 것은 대단한 아이러니라고 할 수밖에 없다.

생각건대 이것은 대립보다도 융합을 중시하는 연속적 사고법에서 나온 것이어서 운명도, 사명도 "하늘에서 주어진 것"이라는 점에서는 공통된 것이므로, 그 공통점을 포착해 말한 것일 터이다. 그 의미가 불확정이라 해도 어쩔 수 없다.

이상의 「중국 사상의 일반적 성격」, 「하늘 사상과 범신론적 세계관」에서 제시한 여러 항목은 말하자면 음악의 주조음主調音에 해당하는 것으로, 역대의 중국 사상가들은 이를 기초로 하면서 각각의 교향곡을 만들어냈다고 해도 좋다. 이하는 시대를 좇아가면서 주요한 사상에 관해 보기로 하겠다.

中國思想史

제3장

전국 시대의
제자백가

770B.C.		403B.C.	221B.C.	206B.C.	8A.D.
	춘추시대	전국시대	진	전한	

551 ━━ 479 공자   372? ━━ 289 맹자

? ━━ 묵자   300? ━━ 235? 순자

? ━━ 310? 장자

320? ━━ 250? 공손룡자

? ━━ 234 한비자

1. 제자백가가 발생한 사회적 배경

주의 봉건제와 춘추전국 시대

기원전 11세기 무렵부터 시작된 주周 왕조는 약 9백 년간의 명맥을 보존해 기원전 3세기 중반 진秦에 의해 멸망되기까지 계속되었다. 단지 기원전 8세기 중반 무렵에 시작하는 춘추春秋 시대, 이를 이은 전국戰國 시대에는 주 왕실은 종교적 권위를 보유할 뿐으로, 실질적으로는 제후국諸侯國들의 힘이 강해서 말하자면 군웅할거의 상태가 길게 이어졌다.

원래 주의 지배 제도는 중국에서 말하는 바의 봉건제封建制였다. 중앙에 왕실[天子]이 있고 그 일족의 자제들을 각지의 제후로 봉해서 왕실의 수비를 담당하게 하는 제도이다. 그렇지만 제후는 이 같은 동성同姓인 자들만이 아니라 혈연관계가 없는 이성異姓인 제후들도 있었는데, 왕실은 이들과 혼인관계를 맺어 동족 의식을 갖도록 힘썼다. 이 때문에 천자와 제후는 부자·형제 관계에 있고, 천하天下는 일가一家라는 대가족주의 정신을 지배 원리로 삼았다. 말하자면 동족회사의 형태로 천하를 경영하고자 한 것이다. 이것이 다름 아닌 주의 봉건제이다.

그렇지만 이 동족회사풍의 경영에도 커다란 약점이 있었다. 창립 초기는 좋다 해도 세월이 가고 세대가 바뀌자 긴요한 핏줄의 연대 의식이 희박해져간다는 치명적 결함이 나타났다. 그렇게 되자 종래의 피붙이 원리에 대신해 힘의 원리가 작동하게 된다. 결국 실력 본위의 시대이다. 실력 본위가 되면 힘이 강한 자가 이기는 것은 당연할 것이다. 강력한 제후는 천자를 능멸하고, 그 제후의 국내에서도 유력한 신하[귀족인 경卿·대부大夫]는 군주를 능멸한다는, 이른바 하극상의 현상이 일어난다. 물론 제후 상호간의 실력 다툼도 격화되어 사실상의 군웅할거 상태에 빠진다. 이것이 춘추전국이라 불리는 시대이다.

떠돌이 실직 지식인의 발생 – 제자백가

춘추이든, 전국이든 그 시대에 질적 차이가 있었던 터는 아니고, 단지 편의상의 구별을 두는 데 지나지 않는다. 다만 전국 시대가 되면 전란의 상태가 한층 더 격화된 것은 사실이다. 그런데 어느 나라에서나 그렇지만 전국 시대에는 다수의 유랑하는 실직자들이 발생한다는 현상이 나타난다. 그것은 국가들의 흥망이 격렬하기 때문에 망국의 신하들은 직위를 잃고 새로운 취직자리를 찾아 여러 나라를 유랑하기 때문이다. 중국의 전국 시대에도 엄청난 수의 떠돌이 실직자 무리가 발생했다.

다만 일본 센고쿠(戰國) 시대[1467~1573]의 낭인浪人은, 이를테면 사나다 유키무라(眞田幸村)나 고토 마타베에(後藤又兵衛)

같은 창 한 자루 든 무사가 많았지만 고대 중국의 전국 시대에는 혓바닥 하나가 생명인 변론가들이었다는 차이가 있다. 결국 지식인 낭인이었다.

왜 이 같은 차이가 가능했던가? 좁은 땅에 많은 군웅들이 북적대던 일본에서는 전투의 규모도 작고 단 한 번의 싸움으로 나라의 승패가 결정되는 일이 많았다. 오다 노부나가(織田信長)가 이마가와 요시모토(今川義元)를 오케하자마(桶狹間)의 전투로 일거에 타도해버렸던 것도 그런 것이었다. 천하를 판가름한 세키가하라(關原) 전투도 한나절 만에 끝났다고 한다. 그 경우 전략이나 직접적 무력이 차지하는 비중이 크고 군사 전문가나 무예의 달인이 갖는 중요도가 높다. 그렇지만 저 넓은 중국에서는 한 번이나 두 번의 전투로 나라의 운명이 결정되는 일은 없고, 자연히 장기전 형태를 띤다. 따라서 직접적 전력보다도 정치나 경제에 밝은 문사文士를 존중하게 되었다.

특히 열국列國 간의 경쟁이 격화한 전국 시대에는 실직 지식인을 환영하는 풍조가 생겼다. 종래의 제후국에서는 봉건적 동족회사풍의 경영이 시행되어 수뇌부의 구성도 전부 세습적 신분에 의해 결정되고 있었는데, 이래서는 경쟁의 시대에 대응해 나가지 못할 것이 명백해졌다. 자연히 새로운 두뇌를 도입할 필요를 통감하게 된다. 그런 상황에서는 당시 발생하고 있던 엄청난 수의 실직 지식인들의 두뇌를 빌리는 것이 최선의 방법이었다.

이리하여 열국에 채용된 떠돌이 실직 지식인의 대표적 예로서는, 송宋나라의 논리학파 사람으로 위魏 혜왕惠王에게 출사해서 재상이 된 혜시惠施, 초楚나라 사람으로 순자荀子에게 배우고 진秦 시황제始皇帝의 재상이 되어 분서焚書를 시행하게 한 이사李斯 등을 들 수 있다. 그러나 이들은 실직 지식인 중에서도 혜택 받은 사례이며, 동족사회풍 전통이 강한 제후국에 수용되는 데에는 어려움이 많았으니 다만 유세객遊說客으로 일시적 고용에 만족해야만 했다. 결국 실직 지식인들 대부분은 국가 경영의 상담에 참여하는 고문이 되었던 것이다.

이처럼 정치나 경제에 관한 학식을 자본으로 해서 제후들 사이에 유세하고 있었던 상담역 고문들, 실업 지식인 무리가 다름 아닌 이른바 제자백가諸子百家였다.

중국 사상사에서 차지하는 제자백가의 위치

제자백가의 사상은 백가라는 명칭이 보여주듯이 갖가지 유파로 나뉘고 변화가 풍부했다. 『한서漢書』「예문지藝文志」는 이 것을 (1)유가儒家, (2)도가道家, (3)음양가陰陽家, (4)법가法家, (5)명가名家, (6)묵가墨家, (7)종횡가縱橫家, (8)잡가雜家, (9)농가農家라는 아홉 갈래(九流)로 분류했다. 이 분류는 거의 타당한 것으로 보이기 때문에 후세에서는 이에 그대로 따르는 것이 통례가 되어 있다.

제자백가의 사상 내용은 전체적으로 정치색을 띤 것이 많다. 이것은 그들이 정치 상담역이었기 때문이다. 그러나 그 주장의 내용은 극히 방향이 다양하며, 이 점에서는 후세 중국의 추종을 허용치 않는 면이 있다. 그 원인을 생각해보면 후세에는 통일 왕조 시대가 장기간 계속되고, 더욱이 유학만이 공인된 정통 사상이 되어 암묵리에 사상 통제가 이뤄졌기 때문에 전체로서는 단조로움에 빠지기 쉬워졌다는 사실이다. 이에 반해 전국 시대에는 사회의 무질서에서 생겨난 자유가 있었다. 이 무질서에 의한 자유가 사상계의 백화제방百花齊放을 허용했던 것이다. 제자백가 시대야말로 중국 사상의 황금시대라는 설이 있는데, 이 설에도 일리가 있다고 할 만하다.[4]

더욱이 제자백가 중에는 도가의 장자莊子와 같이 정치 영역을 떠나 영원의 인생 문제에 몰두함으로써 길이 후세 중국인의 인생관의 기초를 만든 사람도 있었다. 또한 묵자墨子와 같이 지식인의 상식을 깨뜨려 유신론을 제창하고, 국가와 가족에 대한 사랑을 넘은 박애설을 창도한 사람도 있었다. 이 같은 점에서 보면 제자백가 사상이 중국 사상사에 구축된 하나의 금자탑이었다는 데에는 의문이 없다.

2. 공자

공자의 전기

공자孔子는 춘추 시대 말기 사람으로 전국 시대 제자백가의 배출보다도 한 걸음 앞서 있는데, 말하자면 정치 상담이라는 직업을 창시한 대선배격에 해당된다.

공자(기원전 551~479)는 지금의 산동성山東省에 있었던 노魯나라 곡부曲阜에서 태어났다. 성은 공, 이름은 구丘, 자字는(성년식 때 붙이는 별명) 중니仲尼라 한다. 공자의 조상은 이웃의 송宋나라 사람으로 상당한 신분에 있었으나 노나라로 옮겨온 가문이다.

노나라는 주의 무왕武王의 아우 주공周公의 자손이 봉해진 나라로 문화 수준이 높았으나 국세는 떨치지 못해, 말하자면 해가 기우는 국가였다. 성인이 된 후 공자는 노나라의 하급 관리가 되었는데, 35세 때 노의 군주가 북쪽에 이웃한 제齊나라에 망명하는 사건이 일어났으므로 공자도 노를 떠나 제에 가서 8년간 유랑 생활을 보낸 다음 43세 때 노로 돌아와 재야의 신분인 채로 문하의 제자들을 양성하는 데 힘썼다. 51세 때 초청을 받아 관직에 올라 그 재능을 인정받고 한때는 국정에 참여할 정도의 지위에 이르렀지만 곧 실각하고, 56세 때 노나라를 떠나 유세의 여로에 올랐다. 이때 공자는 많은 문인門人들을 거느리고 위衛·진陳·채蔡 등 여러 나라를 두루 방문했지만 그의 이상을 채택하는 군주는 눈에 띄지 않아서, 12년간에 걸치는 유랑 여행을 끝내고 68세 때 재차 고향인 노에 돌아왔다. 그 후에는 자택에서 오로지 제자 교육에 전념했는데 73세로 생애를 마쳤다.

위대한 범인 – 상식의 가르침

공자에게는 저서가 없다. 이는 공자만이 아니라 고대 사람들에게 공통되는 사실이다. 그 언행록인 『논어』는 제자 또는 손제자들에 의해 편집되었다. 『논어』 이외에도 공자의 언행을 기록한 것이 적지 않게 있지만 많은 것은 후대로부터 추가된 기록이어서 신뢰하기에 부족한 것이 대부분이다. 공자의 사상에 충실한 기록은 『논어』 이외에는 없다고 해도 지나치지 않을 것이다.

『논어』를 읽고 우선 받는 인상은 공자가 상식적 인간이며 범인凡人이었던 것은 아닐까라는 것이다. 공자를 곧잘 석가나 그리스도 혹은 소크라테스 등 위대한 종교가나 철학자에 비견하는 것이 눈에 띄는데, 공자의 경우는 이들 위인과 조금 느낌이 다른 점이 있는 것 같다.

그리스도를 비롯한 위대한 사상가에 공통되는 것은 그들이 상식을 부정하고 뛰어넘어 새로운 진리를 발견해 사람들에게 전했다는 사실이다. 이를테면 그리스도는 예언자라 불린다. 예언은 단지 미래의 일을 알릴 뿐만 아니라 언제나 상식을 뛰어넘어 상식의 저편에 있는 진리를 알리는 것일 터이다. 그 때문에 예언은 "그러나 내가 너희에게 고한다"는 말에서 시작한다. 그 "그러나"란 단어에서 볼 수 있듯이 예언은 늘 상식을 부정하고 그것을 넘어선 진리를 말하려 한다. 이를 테면 예언자는 "수평선 저편에 섬이 보인다"고 한다. 하지만 범인의 눈에는 그것이 보이지 않는다. 그것은 범인이 상식이라는 평지 위에 서 있는데 예언자는 한 계단 높은 언덕 위에 서 있기 때문이다.

하지만 『논어』에 보이는 공자의 말에는 예언자와 같은 상식을 넘어선 진리에 관해서 말한 것이 눈에 띄지 않는 듯하다. 첫째로 공자는 초월적 신에 관해 말한 적이 없고, 영원의 문제에 관해서도 극히 냉담했던 것 같아 보인다. 그 관심은 이 현실의 인생에 어떻게 대처해야 할까라는 문제에 한정되어 있다.

이를테면 『논어』의 첫 권 첫 번째 말은 "배우고 때때로 익히니 또한 즐겁지 않은가. 벗이 먼 곳에서 찾아오니 또한 즐겁지 않은가"라는 한 구절에서 시작한다. 거기에는 독서와 우정이 가져오는 즐거움이라는 일상적인 사실 속에서 삶의 보람을 발견하는 상식인의 태도를 볼 수 있다.

또한 공자가 중시한 도덕 중에 중용中庸이 있다. 중용이라 함은 "중간쯤에 있으라, 평범하라"는 가르침이다. 좌우 두 극단의 사상도 각기 진리를 갖고 있으며, 더욱이 그것이 단적인 형태로 표현되고 있기 때문에 사람을 끌어들이는 강한 매력을 갖추고 있다. 그러나 그 좌우 진리의 어느 것인가를 절대화할 때 거기에 뜻밖의 함정이 대기하고 있는 것은 아닐까. 중용을 취하라는 가르침은 그 자체는 매우 평범하고 지나치게 상식적인 가르침이다. 하지만 하나의 진리를 절대화하지 않고 늘 제삼의 입장이 있을 것을 생각한다는 가르침이라면 거기에도 하나의 진리가 있을 것이다.

이처럼 공자의 가르침은 전부 상식의 가르침이다. 다만 공자는 상식을 넘어서는 대신에 상식 아래 숨어 있는 진리를 발굴하고자 노력했다. 상식을 넘어선 진리가 아니라 상식 속에 있는 진리를 추구했다. 그런 의미에서 공자는 위대한 범인이었다고도 할 수 있다.

그리고 이 같은 공자의 입장은 이상을 이 세상이 아닌 높고 먼 곳에서 구하지 않고 낮고 가까운 현실 속에서 찾으려 하는 점에서 저 범신론적 세계관에 기초한 것이라 할 것이다. "도는 가까이에 있다"는 맹자의 말은 공자의 경우에도 그대로 통하는 것이다.

힘에 의한 정치와 도덕에 의한 정치

이처럼 공자는 상식인이며 현실주의자였다. 그러면 공자에게는 이상이 없었느냐 하면 결코 그렇지는 않다. 그렇기는커녕 때로는 "아침에 도를 들으면 저녁에 죽어도 좋다"는 과격한 말을 하기까지 했다. 그 도라는 것은 물론 높고 먼 철학적 진리는 아니고 인간이 걸어야 할 길, 인간 생활을 인도하는 올바른 도리란 뜻이다.

그러면 인간 생활의 올바른 본연의 상태란 무엇인가. 그것은 공자가 살았던 시대와 분리될 수는 없다. 공자가 살았던 춘추 시대 말기에는 주 왕실의 지배는 유명무실해지고 제후 간의 투쟁이 격화되고 있었을 뿐 아니라 제후국 내부에서도 실력 있는 신하가 군주를 능멸한다는 하극상이 만연해서, 이 때문에 천하 사람들은 끊임없이 전란의 위협을 받는 형편이었다.

공자는 이러한 난세를 초래한 근본적 원인이 힘에 의한 정치에 있음을 발견했다. 힘을 원리로 하는 한 거기에 발생하는 것은 강약의 관계밖에는 없다. 강약이 있는 곳, 거기에 끊임없는 다툼이 일어나는 것은 필연이다. 따라서 이 혼란한 시대에 평화를 가져오기 위해서는 힘에 의한 정치를 부정하고 도덕에 의한 정치를 실행하는 것 이외에는 없다. 이것이 공자가 발견한 '도'였다.

가족애의 정신을 천하·국가로 확대하다

하지만 생각해보면 도덕에 의한 정치만큼 관념적이고 비현실적인 것은 없지 않을까. 하지만 공자에게는 확고한 신념이 있었다. 그 도덕이라 함은 일찍이 과거에 이상에 가까운 사회를 실현한 실적이 있으며, 더욱이 현재 아직 사람들의 생활 원리로 계속 살아 있는 것이었다. 그 도덕이란 무엇인가. 그것은 다름 아닌 가족도덕이다.

앞서 서술했듯이 주의 봉건제는 가족제도를 기본으로 해서 세워진 것이었다. 천자는 아버지이고 제후는 그 자제라는 피붙이 의식이 그 봉건제를 지탱하는 지주가 되었다. 그 피붙이 의식이 옅어지고 가족주의 정신이 상실된 데에서 봉건제의 붕괴가 시작되었던 것이다. 따라서 현재의 난세를 구하는 길은 오직 하나, 주 초기 봉건제의 정신이었던 가족도덕을 부흥시키는 것 이외에는 없다. 한마디로 말하면 공자의 이상은 주 초기의 가족제에 의한 지배로 돌아가는 것이었다. "심하도다, 나의 쇠퇴함이여! 오래되었구나, 내가 다시 꿈에 주공周公을 보지 못한 것이!" 하고 공자가 탄식한 것은 주공이 주 초기의 정신을 체현한 인물로 간주되었기 때문이다.[5]

그러면 주 초기의 가족도덕을 부흥시키기 위해서는 구체적으로는 어떠한 방책을 취하면 좋을까. 과연 천하의 정치에는 이미 가족도덕의 이념이 상실되고 말았다. 그러나 개별 가족이나 촌락에는 아직 가족제의 정신은 강하게 남아 있는 것은 아닌가. 이런 현실을 발판으로 해서 가족애가 미치는 권역을 점차 넓혀 이를 한 나라에 미치게 하고, 더 나아가 나라의 집합인 천하天下에 확대하면 된다. 결국 "가까이에서부터 먼 데로 미친다"는 원리에 따르면 된다. 공자의 이 정신을 표어화한 것이 다름 아닌 『대학大學』의 "수신제가치국평천하修身齊家治國平天下(몸을 수양하고, 가족을 정제整齊하며, 국가를 다스리고, 천하를 평화롭게 한다)"이다.

효를 근본으로 삼는 도덕적 국가의 재건

물론 목전에 있는 가정 안의 도덕도 한층 강화할 필요가 있다.

『논어』에서 공자는 최고의 도덕으로 인仁을 강조했다. '인'이란 무엇이냐는 제자의 질문에 대해 공자는 "다른 사람을 사랑하는 것(人愛)"이라고 답하고 있다. 인애仁愛라는 숙어가 생긴 것도 공자 때문이다. 그러나 그의 인애는 무차별의 박애는 아니다. 후에 묵자가 비판했듯이 공자의 인은 차별애였다. 왜 차별이 있는 사랑인가. 그것은 가장 가까이 있는 가족에 대한 사랑을 기본으로 해서 출발해, 보다 먼 자에 대한 사랑을 그 연장선 위에 두었기 때문이었다. 맹자는 "같은 실내에 사는 사람끼리 다툼이 일어나면 옷차림도 개의치 않고 달려가 중재해야 하지만 이웃집에 다툼이 일어났을 때는 문을 닫고 모른 척하고 있어도 괘념하지 않는다"고 했다. 공자는 이처럼 노골적인 말은 하지 않기로 정평이 있지만 근친에 대한 사랑에 최고 중점을 둔 것은 사실이었다.

이는 '효孝'를 보편적 도덕인 '인'의 근본으로 삼았던 데에도 나타나 있다. 『논어』에 "군자君子는 근본에 힘쓴다. 근본이 서면 도道가 생긴다. 효제孝弟[悌]란 것은 인의 근본인가"라고 말한 것이 그러하다. 효제의 '제'는 아우답다는 것으로 형에 대한 도덕이지만 어버이에 대한 효의 중요함에는 미치지 못한다. 따라서 가족애, 가족도덕이란 것도 결국은 효의 관념에 집중, 요약된다고 해도 좋다.

이렇게 생각하면 공자의 정치 이상은 가족도덕인 효의 정신에 입각한 도덕국가의 재건이란 데에 있었다. 그리고 공자의 의식에서 그것은 주의 건국 정신으로 돌아가는 것이기도 했다.

예의 존중 – 덕의 약점을 보충하는 것

이처럼 공자는 힘에 의한 정치를 배제하고 도덕에 의한 정치가 필요함을 역설한다. 따라서 국가 권력을 배경으로 한 법률이나 형벌의 필요성을 인정하지 않는다. "이를 인도하는 데 정치로써 하고, 이를 정제하는 데 형벌로써 하면 백성(民)은 처벌은 면해도 부끄러움이 없어진다"고 한 것은 권력정치에 의해 백성을 지도하고 형벌로 백성을 단속하는 것 따위로는 백성은 오직 법망을 빠져나갈 것만 생각하고 악한 일을 부끄러워하는 마음을 갖지 않게 되는 것을 말한 것이다.

그렇지만 법률을 폐지하고 오로지 민중의 도덕적 자각을 기대한다는 정치는 이미 정치는 아니고 정치의 방기와 다름없는 것이 아닌가. 그것이 정치가 되기 위해서는 너무나도 비현실적이기 때문이다.

도덕정치가 갖는 이 약점에 관해서는 공자도 잘 이해하고 있었던 듯하다. 그래서 도덕과 아울러 보다 강제력이 있는 '예禮'를 합쳐 말함으로써 그 약점을 보충하려고 한다. 예란 것은 무엇인가. 그것은 예의禮儀의 동작규칙이라는 하찮은 절차도 포함하지만 그보다는 훨씬 넓은 의미를 갖고 있는데, 인간의 사회적 행동이 정착해 틀을 이루어 양식화하고, 그것이 '관례'·'습속'으로서 지켜지는 것을 가리킨다. 가장 넓은 의미로는 사회적 전승傳承의 전부, 따라서 문화 전체를 가리킬 적도 있다. 중화中華와 이적夷狄의 구별이 예의 유무로 결정되는 것도 이 때문이다.

예가 덕과 다른 점은 덕이 내발적인 것임에 대해 예는 사회의 '관례'로서 외부로부터 인간을 구속한다는 데에 있다. 물론 구속력에서는 예는 법에 미치지 못하지만 덕보다는 강하다. 따라서 구속력이 강한 순위로 나열하면 법·예·덕이 되며, 예는 법과 덕의 중간 성격을 갖고 있음을 알 수 있다. 공자는 예의 이런 성격을 이용해서 덕의 약점을 보충하려 한 것이다.

공자의 예에 대한 평가는 무척 높다. "이를 인도하는 데 덕으로써 하고, 이를 정제하는 데 예로써 하면 부끄러움이 있고 또 바로잡힌다"고 하여 덕과 예가 우월한 교화력이 있음을 강조했다. 또한 "공손한데 예가 없으면 수고롭고, 신중한데 예가 없으면 두려우며, 용감한데 예가 없으면 문란하고, 정직한데 예가 없으면 편협하다"고 하여, 예가 없으면 어떠한 미덕도 갑자기 악덕으로 전화한다고 한다. 그리고 결론적으로는 "예를 알지 못하면 자립할 수단이 없다"며, 예를 알지 못하면 군자로서 인격도 확립하지 못한다고 단언하는 것이다.

이렇게 보면 공자의 정치적 입장은 덕치주의임과 아울러 또 예치주의이기도 했음을 알 수 있다. 말하자면 덕과 예 두 가지를 병행하는 입장이었던 것이다.[6]

예의 기능 – 전통적 질서의 유지

예를 존중해서 "예양禮讓으로 나라를 다스린다"는 공자의 방침은 유교를 기존의 전통적 신분질서를 보존하는 방향으로 기울게 했다는 점에 주의할 필요가 있다.

예란 것은 사회적 전승의 전부이다. 손 한 번 들고 발 한 번 내딛는 동작 말단에 이르기까지 인간 행동은 사회의 관례로부터 면제될 수는 없다. 이처럼 예가 지배하는 범위는 극히 넓다.

그러나 가장 중심이 되는 예의 기능은 무엇인가. 봉건사회에서는 그것은 신분의 차별을 명확히 해서 이를 보존해 지키는 데 있었다. 예는 작게는 일상의 기거起居·동작이나 의복·주거의 본연의 자세로부터 크게는 관혼상제冠婚喪祭의 의식에 이르기까지 왕王·공公·경卿·대부大夫·사士라는 신분의 격차에 대응해 세밀히 이를 규정한다. 예는 신분의 격식을 나타내는 상징이므로 예를 지키는 것은 바로 봉건적 신분질서를 그대로 지키는 것이다. 노의 가신 계씨季氏가 천자의 무악舞樂인 팔일八佾을 자기 집 정원에서 시연했을 때 공자가 "이것을 참아야 한다면 어떤 것을 참지 못할까!"라고 격노했던 것은 그 예를 넘어서는 행위가 봉건적 질서를 어지럽히고 곧 하극상으로 통하는 것이었기 때문이다. 참으로 예는 "존비尊卑의 차이, 상하上下의 제도"(『예기禮記』)를 정하는 것이었다.

이와 같이 예는 법을 대신해서 사회 질서를 유지하고 보존하는 것이었으므로 예의 존중을 강하게 주장하는 유교가 보수주의, 전통주의의 방향을 취하는 것은 자연스러운 추세일 것이다. 공자가 예의 필요를 강조한 때는 이미 주의 봉건제가 붕괴해가고 있었으므로 그것은 시세에 대한 저항의 의미를 갖고 있으며, 그런 의미에서는 일종의 이상주의였다고 할 것이다. 그러나 진 시황제로부터 최후의 청조淸朝에 이르기까지 2천여 년에 걸치는 왕조 지배 체제가 확립된 시대에는 이른바 체제 옹호의 사상으로 화하는 것은 자연스러운 추세였다. 한漢의 숙손통叔孫通이 유교의 효용을 말하며, "함께 나아가 취하기(進取)는 어려워도 함께 지켜 이루기(守成)는 쉽다"고 한 것은 그 본질에 아주 적중한 말이라 할 것이다. 그것은 기존 질서의 보수

保守에 가장 적합한 사상인 것이다. 바로 그 까닭으로 인해 2천
여 년에 걸치는 역대 왕조들은 유교를 그 정책의 원리로 삼아
온 것이며, 또한 일본의 도쿠가와(德川) 막부幕府 등도 이를 모
방한 것이다. 또한 같은 이유로 왕조지배 체제로부터 해방의
기운이 움트기 시작할 때 유교는 그 집중적 공격을 받는 전면
에 서지 않을 수 없었던 것이다.

공자의 사상에 관해서는 아직 말해야 할 많은 것이 남아 있
다. 그러나 부분적으로는 이미 「중국 사상의 일반적 성격」에서
도 접한 바가 있었고 이후의 부분에서도 거듭 거론할 기회가
많을 것이다.

3. 맹자

맹자의 전기

　맹자孟子(약 기원전 372~289)는 공자의 사후 약 백 년 지나 태어난 사람이며, 물론 공자로부터 직접 가르침을 받은 것은 아니다. 성은 맹, 이름은 가軻, 자는 자여子輿 또는 자차子車라고 한다. 출생국은 공자의 노나라에 가까운 추鄒나라였다. 일찍부터 공자의 가르침을 존중하고 믿어서 공자의 뒤를 이어받은 대 유학자가 되었다. 유교를 '공맹孔孟의 도'라고 하는 것도 이 때문이다. 다만 맹자의 시대는 공자의 시대보다도 더 한층 전란의 양상이 심각해지고 있고, 또 제자백가가 다투어 일어나고 있었으므로 그만큼 맹자의 의론도 첨예해져 있음을 확인할 수 있다.

　맹자도 당시의 제자백가와 마찬가지로 각국 제후들 사이를 유세하며 다녔지만 어느 군주도 맹자의 학설이 너무나 이상적이고 비현실적이라 하여 이에 귀를 기울이지 않았다. 다만 일시적으로 제齊나라에서 경卿의 신분을 얻었다는 전설이 있는 정도에 지나지 않는다. 결국 당시의 백가와 마찬가지로 정치 상담역으로 세월을 보내다가 만년에는 학문과 교육에 전념하며 생애를 마쳤다.

덧붙이면 맹자가 어릴 적 그 모친이 교육 환경을 고려해 세 차례 거처를 옮겼다는 유명한 '맹모삼천孟母三遷'의 전설이 있다. 이는 전한前漢의 『열녀전列女傳』에 보이는 이야기인데, 그 진위에는 문제가 있으며, 맹자가 성선설과 관련해 환경이 인간에 미치는 중요성을 말한 점에서 거기에 부회附會해 생겨난 전설일지도 모른다.

민본주의와 혁명의 시인

맹자 사상의 근본은 가족도덕에 의한 정치 및 이를 보충하는 것으로서 예禮의 존중을 말한 점에서는 공자 사상과 다를 것이 없다. 그러나 전국시대의 양상이 한층 심각해진 것을 반영해 공자에게 볼 수 없었던 새로운 경향도 나타나고 있다.

그 하나는 민중을 위한 정치를 강조하고 그것을 위해서는 혁명도 부득이하다는 주장이다. 맹자의 유명한 말에 "민民이 귀하고 사직社稷은 그 다음이며 군주는 가볍다"는 말이 있다. 사직의 사社는 국토를 상징하는 신, 직稷은 곡물신이어서 국가 최고의 신을 의미하므로 국가의 동의어로 돌려 쓸 수 있는 것이다. 맹자에 의하면 하늘이 어느 특정 인간을 군주로 임명하는 것은 그 인간을 사랑하기 때문은 아니고 인민에게 행복을 가져오는 정치를 시키기 위한 것이다. 따라서 귀중한 것은 민중이고 군주는 그 종복에 지나지 않게 된다.

따라서 만일 군주가 그 사명을 잊고 개인의 이익에 치우쳐 민중의 행복을 살피지 않는 따위의 일이 있으면 그는 이미 군주로서 자격을 잃고 필부匹夫, 즉 단순한 한 개인에 지나지 않게 된다. 이 같은 필부는 추방되어도 좋고 정벌해도 무방하다는 것이다. 결국 혁명革命의 시인이다.

원래 혁명이란 어휘는 오경五經의 하나인 『역경易經』에 보이는 것으로, 그것은 천명天命을 개혁改革한다는 의미이다. 지금까지 갑이라는 군주에게 있었던 천명을 고쳐서 을이라는 군주에게 옮긴다는 것이며, 군주를 교체시킨다는 뜻이다. 중국에서 혁명 사상은 그 기원이 매우 오랜 것이다.

이와 같이 '민'을 근본으로 삼는 맹자의 사상, 이른바 민본주의는 혁명을 시인할 정도로 철저한 것이었다.

민중을 위한 정치 – 가부장제 국가의 이념

그러나 여기서 주의를 요하는 것은 과연 맹자는 "민중을 위한 정치"를 강조했지만 "민중에 의한 정치"는 꿈에도 생각하지 못했다는 것이다.

다음과 같은 이야기가 『맹자』에 보인다. 어느 때 맹자는 제후에게서 많은 재화를 증여받고 자기가 탄 수레 뒤에 수십 대의 수레가 늘어선 호화로운 여행을 한 적이 있었다. 제자 한 사람이 "선생님, 이는 조금 사치가 지나친 것은 아닙니까"라고 했더니, 맹자는 "나는 천하의 제후들에게 도道를 설교하는 임무가 있는 사람이다. 그런 사람이 이 정도 사치를 하는 것은 당연하지 않은가"라고 답하고 있다. 결국 맹자의 민본주의라는 것은 자기는 한 단계 높은 특별석에 있어 아래에 있는 민중을 사랑으로 대해주는 것이다. 민중 사이에 내려가 그 의견을 듣는다는 정치는 아니다.

이것은 민도가 낮은 사회에서는 피할 수 없는 결과라 할 수 있다. 공자도 "민民은 따르게 할 수 있고 알게 할 수는 없다"[*]고 했다. 그 의미는 민중은 무지하므로 지도자의 명령에 복종시킬 수는 있지만 왜 그래야 하는지 이유를 알게 할 수는 없다는 것이다. "민중에 의한 정치"를 생각하지 못한 것은 그 역사적 제약에 의한 것이라고 할 수밖에 없다.

그러나 그 밖에 중대한 이유가 하나 더 있었다. 그것은 독재정치란 것이 다름 아닌 가족주의 국가의 본질에 뿌리내리고 있다는 것이다. 보통 가정의 관리, 가족 안의 정치는 아버지의 독재 아래 있었다. 미성년의 자식은 아직 판단력을 갖고 있지 않다. 무엇이 정말 자기를 위한 것인지 판단할 힘도 없다. 따라서 부친은 설령 자식의 의지에 어긋나더라도 자식의 이익이 되도록 관리를 할 필요가 있다. 거기에 아버지의 독재가 생긴다. 그것은 선의에 의한 독재이다.

이 아버지에 의한 지배를 그대로 국가 체제에 옮긴 것이 다름 아닌 가족주의 국가이며, 가부장제家父長制 국가이다. 이 가부장제의 근대판이라 해야 할 것이 이른바 계몽전제주의인데, 그 대표자인 프로이센의 프리드리히 대왕은 "모든 것은 인민을 위해. 하지만 무슨 일이라도 인민에 의해 이뤄져서는 안 된다"고 했다.[**] 이는 그대로 맹자의 입장이며 또한 유교의 입장이기도 했다.

* 『논어』「태백편泰伯篇」에 "民可使由之, 不可當使知之(민가
  사유지 불가당사지지)"라는 말이 있다. 이 가可·불가不可는
  가능·불가능이어서, '해야 한다' '해서는 안 된다'는 당當·
  부당不當의 뜻은 아니다. 후자의 뜻으로 해석하는 것은 한
  비자류의 법가적 해석이다.

** 프리드리히 대왕(1712~1786)은 계몽전제군주라고 불리
  며, 국민의 복지를 최우선으로 해 "짐은 국가 제일의 사환"
  이라고 했다. 그러나 다른 한편으로는 "All for the people,
  nothing by the people"이라고도 말하고 있다. 이는 오랜
  가부장제 이념 위에 서 있었기 때문이다. 이 프리드리히 대
  왕의 사상을 당시 선교사를 통해 유럽에 소개된 유교의 영
  향을 받은 것이라고 보는 설도 있다.

구체적 정책 – 정전제와 학교의 설립

맹자는 인민의 복지를 도모하기 위해 여러 가지 구체적 정책
을 생각했다. 그의 생각으로는 '민'이라는 것은 일정한 재산이
없으면 일정불변의 마음을 지닐 수 없다("항산恒産 있는 자는 항
심恒心 있고, 항산 없는 자는 항심 없다"). 만일 일정불변의 마음
이 없으면 어떠한 악한 일도 하기 쉬워진다. 일정한 재산을 주
지 않고 버려두고서 악한 일을 했으니까 형벌을 가하는 것은
미리 그물을 펼쳐두고 사냥감을 잡는 것과 마찬가지라는 것이
다.

그러면 서민에게 일정한 재산을 주는 데는 어떻게 하면 좋
은가? 그러기 위해서는 주 초기에 시행되었던 정전법井田法을

사전	사전	사전
사전	공전	사전
사전	사전	사전

부활시키는 것이 좋다. 정전법이란 것은 우선 9백 무畝의 토지에 정방형의 구획을 만들어 그 주변부 백 무 씩을 8개 가구에 분배하고, 중앙의 백 무는 공전公田으로 삼는다. 공전은 8가구가 공동 경작해 조세로 납부시키는 것이다. 이 정전법의 의도는 토지를 균등하게 분배함과 함께 조세 부담을 경감시키는 데 있다.

이 같은 정전법이 실제로 고대에 있었는지는 의문이며, 또 맹자의 정전설 자체도 실현되지 못한 채 끝났다. 그러나 후세에 북위北魏에서 시작해 수隋·당唐에서 실시된 균전均田 제도는 적어도 그 정신면에서 맹자의 정전설에서 영향을 받은 면이 있다고 할 수 있다.[7]

이처럼 서민의 생활이 안정된 다음에는 이들에게 교육을 베풀 필요가 있다. 그래서 맹자는 국도國都뿐 아니라 향리鄕里에도 널리 학교를 설립해 교육의 보급을 도모할 것을 제창했다. 맹자의 말에 "천하의 영재를 얻어 교육한다"는 말이 있는데, 이는 '교육'이나 '육영育英'이라는 어휘의 문헌 출처가 된 것이다.

맹자의 성선설 – 범신론의 전통

맹자의 도덕설로서 유명한 것은 성선설이다. 인간의 본성을 논하는 풍조는 맹자 전후부터 왕성해진 것으로, 그중에서 성선설을 제창한 것이 맹자였던 터이다. 맹자에 의하면 인간은 본능적으로 측은惻隱(타인의 불행을 가엾게 여김), 수오羞惡(악한 일을 부끄러워하고 미워함), 사양辭讓(윗사람에게 겸손하게 양보함), 시비是非(일의 옳고 나쁨을 판단함)라는 네 가지 '정情'을 갖추고 있다. 그 네 가지 정을 육성해내면 각각 인仁·의義·예禮·지知라는 네 가지 '덕'이 되어 완성된다고 한다. 따라서 인간은 본능적, 생득적으로 선해질 가능성을 갖추고 있으니, 그 본성은 선이 되는 것이다.

그러면 그 본성이 선한 인간이 때때로 악한 일을 하는 것은 왜 그럴까. 그것은 인간이 놓여 있는 환경에 기인한다. 이를테면 흉작인 해에 불량소년이 배출되는 현상이 있는데, 이는 빈궁이라는 환경이 본성이 선한 인간을 악에 빠지게 하는 증거이다. 경제적 조건만 좋아지면 인간은 자연히 선량해질 것이다. 이는 근대 사회주의 학설의 사고방식에도 통하는 것이어서 이 입장을 취하는 사람들은 은연중에 맹자풍의 성선설을 전제로 하고 있다고 해도 좋다.[8]

그러나 또 다시 문제가 되는 것은 설령 외부 환경에 기인한다고는 해도 환경에 따라서는 악에 빠진다고 한다면 역시 인간성 속에는 악을 지향하는 성질이 숨어 있다는 것이 아닐까. 만일 인간이 악을 지향하는 성질을 완전히 숨긴 것이 아니라면 어떠한 환경에 놓여 있다고 해도 악한 일을 하지는 않기 때문이다. 결국 맹자의 성선설로는 악의 기원을 충분히 설명할 수가 없는 것이다. 이 때문에 송의 주자朱子는 맹자의 성선설을 계승하면서도 인간의 '성'을 본연本然의 성과 기질氣質의 성으로 양분해 이 난점을 타개하고자 시도하고 있다.

그렇다 해도 맹자는 왜 성선설을 제창할 필요를 느꼈던 것일까. 그 동기 내지 이유는 무엇이었던가? 이에 관해서는 두 가지 사고방식이 있을 수 있다.

하나는 그의 정치학설이 이를 요구한다는 것이다. 맹자는 '덕'과 '예'에 의한 정치라는 공자의 사상을 그대로 계승했다. 덕에는 강제력이 전혀 없고, 예는 어느 정도의 구속력을 갖는다고는 하지만 형벌의 뒷받침이 없기 때문에 그 힘은 역시 약하다. 만일 인간의 본성이 악이라고 하면 덕이나 예는 쓸모가 없고 법만이 유력한 수단이 된다.

이는 맹자에게는 참을 수 없는 것이다. 덕과 예에 의한 정치가 가능하기 위해서는 인간의 본성이 선이라는 것이 절대 조건이다.

둘째로는 좀 더 근본적 이유로서 맹자가 전통적인 범신론의 세계관 위에 서 있었다는 것을 들 수 있다. 하늘은 비인격화함과 함께 만물 속에 내재하게 되고 인간 속에도 깃든 것이다. 인간 속에 있는 하늘이라 함은 다름 아닌 천성이다. 그러고 보면 인간의 본성은 하늘 자체이고 다름 아닌 선이다. 맹자의 성선설은 이 범신론의 전통을 그대로 계승하고 있는 것이다. 그것이 길이 유교의 정통적 학설로서 유지된 것도 이런 이유에 기인했을 것이다.

『맹자』라는 책이 『논어』와 나란히 존중받게 된 것은 송의 주자가 이를 '사서四書' 안에 넣은 이후의 일이다. 그때까지 『맹자』는 경부經部에는 들 수 없었고 그만큼 존중되지도 않았다. 그 원인은 아마 맹자의 혁명설의 과격함이 위정자에게 경원敬遠되었던 점에 있다고 생각된다.

4. 순자

순자의 전기

유가의 순자荀子(기원전 약 300~약 235)는 성은 순, 이름은 황況이라고 한다. 후세의 문헌에는 순경荀卿이나 손경孫卿이라 쓰인 것도 있는데, 이는 순과 손, 황과 경이 음이 통하기 때문이라고 볼 수 있다. 그 생존 시대는 맹자의 만년 혹은 사망 직후부터 시작해 진 시황제의 즉위 직전까지 걸치는 것으로 추정된다. 그는 조趙나라 출신인데 각지를 유세하고, 만년에는 초楚나라 난릉현蘭陵縣 지사가 되었지만 곧 물러나 생애를 마쳤다.

예치주의 - 유가의 한계선상에 선 순자

순자의 정치 학설에서 중심은 무엇보다도 예를 중시한 것이며 예치禮治주의를 제창한 데 있다. 공자는 도덕에 의한 정치를 강조해 덕치德治주의를 제창했으나 도덕만으로 정치를 하는 것은 비현실적이므로 이를 보강하기 위해 예를 존중할 것을 주장했다. 예란 것은 사회적인 '관례'이며 도덕과는 달리 인간을 외부에서 구속하는 힘을 갖추고 있다. 따라서 공자의 입장은 말하자면 덕과 예, 두 수단을 병행하는 데 있었다고 해도 좋다. 순자도 유가이므로 역시 기본적으로는 두 수단을 병행하는 입장에 있었다. 그러나 그가 공자·맹자와 다른 점은 두 수단의 병행이라고는 해도 실은 덕보다도 예에 중점을 옮겼다는 데 있다. 한마디로 순자는 예치주의의 입장에 서 있었다.

그러면 왜 덕에서부터 예로 옮겨가는 일이 나타난 것일까. 아마 그것은 순자의 시대가 공자나 맹자의 시대보다도 난세의 양상이 한층 격화되었기 때문일 것이다. 이 같은 난세에는 이미 사람들의 자발적 도덕심에 호소하는 정치가 성공하는 것은 절망에 가깝다. 어떻게든 강제력을 갖는 정치의 원리가 필요하다. 그러기 위해서는 예를 두고 달리 방법이 없다. 이것이 순자의 신념이고 예치주의를 제창한 이유였다.

하지만 강제력이란 점에서 예는 법에 훨씬 미치지 못한다. 법의 위반에는 형벌이 부과되지만 예를 위반하면 기껏해야 사회적 비난이 수반되는 데 지나지 않는다. 그런데 왜 순자는 법치주의를 제창할 수 없었던 것일까.

그것은 순자가 역시 유가의 사람이었기 때문이다. 공자가 가장 증오한 것은 다름 아닌 이 법치주의이며, 만일 이를 시인하면 유가의 적이 될 수밖에 없다. 그것을 순자에게 바라는 것은 무리이다.[9]

생각해보면 순자는 유가의 한계선 위에 서 있었던 것이며,

한 걸음만 더 나가면 법가가 될 가능성이 있었다. 실제로 법가의 대표자가 되는 한비자韓非子, 그의 벗으로 진 시황제의 재상이 되어 법가 정책을 시행하는 이사李斯는 모두가 순자의 문하에서 배웠다고 한다.

예는 선왕이 만든 것 – 자연에 대한 인위의 우위

그러면 인간의 행동을 규제하는 예禮는 어떻게 해서 발생한 것인가. 공자는 예의 기원에 관해서는 거의 말한 적이 없었다. 맹자는 그 성선설과 관련해 인간이 본능적으로 갖추고 있는 사양(윗사람에게 양보함)이라는 감정을 그대로 육성해가면 예가 된다고 말했다. 바꿔 말하면 예는 인간의 자연스러운 천성에서 생긴다는 것으로 자연발생설의 입장을 취했다. 하지만 순자는 이 자연발생설을 부정하고 예는 군주의 자각적 판단이라는 인위人爲에서 생긴 것이라 한다.

순자에 의하면 자연 그대로의 인간은 무한한 욕망을 지닌 존재이다. 만일 이를 방임해두면 사람들 사이의 욕망은 서로 충돌해서 사회는 커다란 혼란에 빠진다. 그래서 고대 군주, 즉 선왕先王은 이 혼란을 구하기 위해 그 사람의 신분에 따라 욕망의 한정된 몫인 분한分限을 정했다. 이 '분分'을 정하는 것이 다름 아닌 예이다. 예는 신분의 차별을 규정함과 아울러 그 신분에 대응한 권리와 의무를 규정하는 것이다. 이 예를 지킴으로써 사회는 비로소 안정된 질서를 보존할 수가 있다.

예가 선왕의 인위에서 생겼다는 순자의 주장에서 두 가지 중요한 결과가 발생했다.

그것은 자연보다도 인위를 존중해 인위를 자연보다도 우위에 둔다는 순자의 독특한 사상이 생겨난 것이다. 인위 우위의 사고방식은 뒤에 서술할 그의 성악설性惡說이나 천天 이론의 공통된 바탕이 되고 있는 것으로 순자의 일관된 사상이다.

　원래 중국 사상의 전통에서 말하면 인간은 자연에 따라야 하는 것이었다. 『논어』에 "오직 하늘만이 위대하다. 오직 요堯만이 이를 본받는다"고 했듯이 하늘을 본받는다는, 즉 자연에 따른다는 사상은 태고 이래의 전통이 있는 것이다. 그것은 장기간 농경생활을 계속해온 중국 민족의 습성이라고도 할 수 있다. 순자는 이 기나긴 중국 전통을 뒤엎고 인위를 존중하고 자연을 폄하했다. 그것은 혁명적이라고 할 수 있을 정도의 가치 전도顚倒였다.

　왜 순자가 이 같은 인위 우위의 입장을 취하게 되었는가 하면 그 동기의 하나로 노장의 자연설에 대한 반발을 들 수 있다. 당시 이미 노장의 자연주의가 사회 일반에 유력해져가고 있었던 것으로 보이는데, 순자는 이 풍조에 반항해 "장자는 하늘에 가려져 사람을 알지 못한다"(장자는 자연의 작용에만 눈이 어두워져 인위의 가치를 간과하고 있다)고 했다. 총체적으로 순자의 사상에는 노장에 대한 안티테제라고 볼 수 있는 것이 많다.

　일본 에도(江戶) 시대의 오규 소라이(荻生徂徠)도 똑같이 자연에 대한 인위의 우위를 제창했는데, 이것이 순자 학설의 영향을 받았다는 것은 그의 『독순자讀荀子』에 의거해도 명백하다.

군주 중심의 정치 – 후왕의 설

선왕이 예를 처음으로 만들었다는 주장에서 발생하는 두 번째 결과는 순자가 군주 중심의 정치를 말하게 된 것이다.

그의 선배에 해당하는 맹자는 민본주의를 제창해 "민이 귀중하다. 사직은 그다음이고 군주는 가볍다"고 하고, 백성을 위한 정치를 하지 않는 군주는 이미 군주가 아니므로 이를 추방해도 좋고 죽여도 무방하다고 혁명을 시인했다. 하지만 순자는 일전하여 정치는 어디까지나 그 중심을 군주에 두어야 한다고 했다. 왜냐하면 국가의 질서를 유지하기 위해 가장 필요한 예는 다름 아닌 군주에 의해 제정된 것이기 때문이다.

원래 예는 법과는 달리 그 구속력이 약하다. 그것은 형벌의 뒷받침이 결여되어 있기 때문이다. 만일 예의 실행을 유효하게 하는 무언가의 권위가 없으면 공들인 예도 빈 글로 끝날 우려가 있다. 그 권위란 무엇인가. 다름 아닌 군주이다. 군주가 있어야만 예도 비로소 그 기능을 발휘할 수가 있다. 따라서 예에 의한 정치란 것은 군주에 의한 정치여야 한다. 예를 제작한 선왕은 동시에 예를 유효하게 하는 권위이기도 한 것이다.

그러나 선왕의 존재만으로 예의 유효성은 보증될 것인가. 과연 선왕은 성인聖人이고 절대적 권위의 소유자이기는 했지만, 그는 고대 사람으로 지금은 이 세상에 없는 사람이다. 따라서 현재 시대의 예를 유효하게 하는 데는 불충분하다. 현재의 예가 권위를 갖게 하려면 역시 살아 있는 현재의 왕자王者[군주]가 필요한 것은 아닐까. 여기에 순자는 선왕과 함께 후왕後王, 즉 현재의 군주를 존중할 것을 주장했다.

이는 유가로서는 파천황破天荒의 설이며, 맹자의 '선왕의 도

道’ 지상주의와는 날카롭게 대립하는 것이었다. 그것은 군주 중심의 정치를 말함과 함께 한비자류 법가 사상으로의 경사를 보여주는 것이었다. 순자를 유가의 이단자로 볼 수 있는 이유의 하나가 여기에도 있다고 할 것이다.

성악설

자연보다도 인위를 우위에 두는 순자의 사상에서는 유명한 성악설性惡說이 생겨난다. 자연 그대로의 인간은 무한한 욕망을 갖는다. 만일 이 욕망을 방임해 두면 타인의 욕망과의 충돌을 초래하게 되고 사회는 혼란에 빠질 것이다. 이로부터 알 수 있듯이 인간의 자연의 본성을 방임하면 반드시 악으로 향하는 것이다. 인간의 본성은 악이라고 할 수밖에는 없다.

본성이 악한 인간을 선으로 이끌기 위해서는 의식적인 작위, 즉 인위에 의해 이를 조절할 필요가 있다. 선왕이 예를 창작해 서민의 욕망을 조절한 것은 바로 인위에 의해 자연을 제어한 것이다.

성선설을 창도한 맹자는 "인간이 학문·수양을 하려는 마음을 갖는 것은 그 성性이 선한 증거이다"라고 했는데, 이는 '성'과 '위僞'의 구별을 알지 못하는 데서 나온 오류이다. 본성이란 것은 하늘로부터 자연히 주어진 것이고 배운다는 의식적 작위가 필요하지 않는 것이다. 이에 대해 '위'란 것은 인위인 것이며, 학문이나 수양 등 노력이 필요한 것은 전부 인위에 속한다. 만일 인간의 본성이 선하다고 하면 학문이나 수양 등의 인위는 불필요해지는 것은 아닐까. 학문·수양이 필요하다는 것은 다름 아니라 인간의 본성이 악하기 때문일 수밖에 없다.

또한 맹자는 "사람의 본성은 선하지만 외부의 환경이나 조건에 의해 그 본성을 잃고 그 결과로 악을 행하는 것"이라고 한다. 이 또한 오류이다. 원래 자연의 본성은 외부의 환경에 의해 상실되거나 하는 것은 아니다. 이를테면 눈이나 귀의 자연스러운 작용은 어떠한 환경에 놓이더라도 상실되는 일이 없다. 환경에 따라 악한 일을 한다는 것은 그 잠재적 본성인 악이 표면으로 떠오르는 것이다.

이상이 『순자』란 책의 「성악편性惡篇」에 보이는 성악설의 윤곽이다. 이것만 보면 순자의 성악설은 아무래도 기독교적인 원죄설과 유사한 것처럼 생각되는데, 실은 그렇지는 않다. 「성악편」에서는 맹자의 성선설과의 대결을 강하게 의식했기 때문에 자연히 '성'을 악으로 단정한 것이었고, 순자의 본의는 반드시 그렇지는 않았다. 이런 것은 같은 『순자』란 책의 「예론편禮論篇」이나 「정명편正名篇」을 보면 알 수 있다.

「예론편」에 의하면 '자연의 성'은 가공되기 전의 소재와 같은 것이며, 이에 비해 '위', 즉 인위는 이 소재를 가공해 아름다운 물건으로 만들어낸 것이다. 만일 인위의 가공이 없으면 '자연의 성'은 아름다운 사물이 되지 못한다. 그러나 소재가 되는 본성이 없으면 인위도 가할 방법이 없다. 따라서 본성과 인위가 합침으로써 비로소 성인聖人이 완전히 이뤄진다고 한다. 이 설에 따르면 본성은 악하지 않고 가치중립적인 것이며, 더욱이 인위(예)를 베풀기 위해서는 필요불가결한 소재라는 것이 된다.

또한 「정명편」에서는 다음과 같이 말한다. 세상에는 나라를 다스리기 위해서는 무욕無欲이나 과욕寡欲이 필요하다고 말하는 자(老子)가 있다. 그러나 욕망은 하늘로부터 주어진 것이며, 없애거나 적게 하는 것은 불가능할 뿐 아니라 도리어 다욕多欲에 빠지는 역효과를 초래한다. 무릇 욕망의 다소는 개인의 성격에 기초하는 것으로 국가의 통치와 혼란과는 관계가 없다. 정치에 중대한 것은 욕망을 없애거나 적게 하는 것은 아니고 욕망을 조절하는 것, 결국 절욕節欲이라고 한다. 여기서도 자연의 욕망 자체를 악이라 하는 것은 아니고 가치중립적인 것으로 보고 있음을 알 수 있다.

따라서 순자의 성악설은 이를 문자 그대로 해석해서는 안 되고, 그 참 뜻은 '자연의 성'이 선은 아니고 가치중립적인 것이며 이것을 조절하고 수식하는 인위의 예에 높은 가치를 인정하는 데 있다고 할 것이다.

하늘은 사람을 다스릴 수가 없다 – 하늘에 대한 사람의 우위

이와 같이 순자의 성악설은 인간 본성의 가치중립성을 주장한 것이라고 볼 수 있으나 그렇다고 해도 성선설이 아니었던 것은 확실하다. 그렇다면 여기에 또 새로운 문제가 발생한다. 앞서 맹자의 성선설은 그 범신론적 세계관, 결국 하늘이 인간 속에 깃들어 천성이 된다는 관점의 필연적인 귀결이라고 서술했다. 범신론적인 하늘 사상에 의거하는 한 본성은 인간 안에 있는 하늘이고 선하다고 할 수밖에 없다. 그럼에도 순자가 성의 선함을 부정한 것은 그의 하늘에 대한 관점이 전통적인 관점과 근본적으로 다르기 때문은 아닐까. 대체 순자는 하늘을 어떤 것으로 보고 있었던 것일까.

한마디로 말하면 하늘은 자연 자체이고 인위를 본질로 하는 인간과는 명확히 구별하지 않으면 안 된다는 것이다.

순자도 전통적인 하늘의 관점에 따라 "하늘이 만물을 낳는다"는 사실은 승인한다. 그러나 하늘의 작용은 거기까지이다. 거기에 태어난 것들에 질서를 부여하는 것은 인간의 작용이며, 다름 아닌 예라는 인위이다. "하늘은 사물을 낳아도 변별할 수 없고, 땅은 사람을 신고 있어도 다스릴 수 없다."(「예론편」) "천지天地는 생명의 시작이고 예禮·의義는 통치의 시작이다. 그러므로 천지는 군자君子를 낳고 군자는 천지를 다스린다."(「왕제편王制篇」) "천지는 생명의 근본이고 군주와 스승(君師)은 통치의 근본이다. 천지가 없으면 어찌 태어나며 군주와 스승이 없으면 어찌 다스려질 수 있을까. 천지가 합쳐 만물이 태어나고 본성과 인위가 합쳐서 천하가 다스려진다."(「예론편」)

여기서도 볼 수 있듯이 하늘과 사람, 자연과 인위의 사이에는 확연한 분업이 있으며, 하늘은 사람을 낳는 데 대해 사람은 하늘을 비롯한 만물에 질서를 부여한다는 역할을 갖는다. 이 분업이란 점에서만 보면 하늘과 사람은 대등하다고 할 수 있으나 자연보다 인위를 중중하는 순자의 입장에서 말하면 하늘보다도 사람 쪽이 높은 위치를 차지하게 된다. 이는 전통적인 중국인의 하늘에 대한 관점을 근저에서부터 뒤엎는 것이라 해야 한다.

무신론 - 하늘을 존중하기보다도 이용하라

전통적 중국의 범신론적 세계관에서 말하면 하늘은 인간을 비롯한 만물 안에 깃든 것이므로 하늘과 사람은 연속 관계에 있게 되어 천인합일天人合一 사상이 지배적이었다. 하지만 순자는 하늘과 사람은 명확히 분리되어야 한다고 했다.

그것은 왜 그런가 하면 하늘이 단순한 자연물이고 의식이나 행동을 갖는 인간 존재와는 본질적으로 다른 것이기 때문이다. 하늘은 자연현상으로서 일정한 법칙, 이를테면 밤낮이나 사계절의 교체 등에 볼 수 있는 운행 법칙을 갖지만 인간의 의식적 행동의 법칙과는 전혀 관계가 없는 것이다. 따라서 세간에서 말하듯이 정치가 나쁘면 일식이나 월식 등 하늘의 재해災害가 일어난다는 따위의 일은 완전히 근거가 없는 것이다. "그러므로 하늘과 사람의 구분에 밝으면 지인至人[품격이 지극한 인물]이라 해야 한다."(「천론편天論編」)

이처럼 자연물인 하늘은 그 자체의 법칙에 의해 운행하는 것이므로, 하늘에 제사해 행복을 얻으려 하거나 가뭄이 계속된다고 해서 기우제를 올리거나 하는 것은 전혀 무의미한 것이다. 물론 기우제 후에 비가 내린다는 것은 있을 수 있지만 그것은 우연의 일치에 지나지 않고, 제사라는 인간 행위가 하늘에 작용한 것은 아니다.

그러면 제사란 것은 완전히 무용한 것이고 폐지해야 할 것인가. 이는 순자에게는 실은 곤란한 문제였다. 왜냐하면 순자가 가장 존중해 마지않는 예 안에는 제례祭禮가 있고, 제사 의식을 폐지하는 것은 불가능하기 때문이다. 또한 하늘을 제사하는 의식도 천자의 특권으로서 습속화되어 있어서 이를 일거에 중지할 수는 없을 것이다. 더욱이 가뭄에 기우제를 하지 않거나 큰일을 결정할 때 점복을 통해 신의 뜻을 묻는 것을 그만두면 민중의 불안을 초래할 우려가 있다.

그래서 순자는 말한다. "일식이나 월식을 물리치는 의식을 하거나 가뭄에 기우제를 하고, 점복을 해서 대사를 결정하는 것은 이를 통해 바라는 소원을 이룰 수 있다고 생각하기 때문은 아니다. 그것은 장식적인 의식으로서 시행될 뿐이다. 그러므로 위정자인 군자君子는 그것을 장식적인 의식으로 시행하지만 민중은 그것을 신을 제사하는 것이라 믿는 것이다. 이를 장식적 의식이라 이해하고 있으면 폐해는 없지만 실제로 신을 제사하는 것이라 생각하면 폐해가 일어날 것이다."(일월식에서 이를 구제하고 가뭄에 기우제를 지내며 점복을 한 다음 대사를 결정하는 것은 그렇게 해서 구하는 것을 얻는다는 것은 아니다. 그것으로 문식文飾[문화적 수식]하는 것이다. 그러므로 군자는 그것을 문文으로 삼고 백성은 그것을 신神으로 삼는다. 그리하여 '문'으로 삼으면 길하고 '신'으로 삼으면 흉하다.—「천론편」)

제사를 단순한 장식적 의식, 말하자면 일종의 연출로서 행하는 것은 오늘날 근대 건축의 기공식 등에도 눈에 띄는데, 2천여 년 전 순자의 무신론적 입장은 이미 근대인의 수준에 이르고 있었음을 알 수 있다. 그러나 이 같은 무신론적 입장은 이미 공자에게도 그 맹아가 준비되고 있었던 것이며, 다만 순자는 이를 더 철저히 했을 뿐이라고도 말할 수 있을 것이다.

하지만 순자는 이것에만 머물지 않았다. 그는 한 걸음 더 나아가 말한다. "하늘을 위대하다고 생각하는 것은, 하늘을 사물로서 기르고 그것을 제어하는 것에 비해 어느 쪽이 나은가, 하늘을 좇아서 칭송하는 것은 천명을 제어해 이용하는 것에 비해 어느 쪽이 나은가."(「천론편」) 그 의미는 부질없이 하늘을 위대한 것으로 사모하는 것과 이를 일개 자연물로 길들여 인간의 의지에 따르게 하는 것 가운데 어느 것이 우월한 태도일까. 부질없이 하늘에 복종해서 이를 찬미하는 것과 천명을 인간의 의지에 따르게 하고 이용하는 것 가운데 어느 편이 우월한 태도일까라는 것이다.

순자의 이런 자연관의 방향은 근대적 자연과학의 기본적 사고방식과 일치하는 것이며, 중국 사상으로서는 극히 이질적인 것이라고 할 만하다. 하늘, 즉 자연을 인간에서 단절해서 하늘과 인간을 분리한다는 태도는 그 후 후한後漢의 왕충王充에게 계승되지만, 하늘을 일개 자연물이라며 인간의 의지를 따르게 하고 이를 이용하라고 하는 것은 완전히 순자의 독특한 사상으로, 그 전에도 후에도 없었던 일이라 해도 좋다. 아마 노장의 자연주의에 대한 반발에서 시작된 인위 존중의 사상이 그 궁극에까지 도달함으로써 얻어진 결과일 것이다.[10]

순자의 사상은 모든 점에서 유가로서는 이단적 요소가 풍부하다. 따라서 유가 내부에서 순자의 사상을 계승한 자는 드물다. 그 '예' 사상은 법가에 의해 발전되어 법으로 변질했다. 또한 자연에 대한 인위의 우위를 주장하는 사상은 일본의 오규 소라이(荻生徂徠)에 의해 계승되었다.

5. 한비자

한비자의 전기

　법가의 한비자韓非子는 『사기』에 의하면 진 시황제 밑에서 재상이 된 이사와 함께 일찍이 순자의 문하에서 배웠다고 한다. 그 사상 계통으로 말하자면 있을 법한 일로 생각된다. 법가의 책으로서 오늘날까지 전해진 것은 『한비자』 외에 『관자管子』・『상자商子』・『신자申子』・『신자愼子』 등이 있지만, 어느 것도 『한비자』와 마찬가지로 전국 시대 말기에 쓰인 것으로 생각된다.

　한비자(?~기원전 234)는 전국시대 한韓나라(산서성山西省 남부에서 하남성河南省 중부)의 공자公子, 즉 공실公室의 일족으로 이름을 비非라 했다. 이사와 함께 유가의 순자에게 배웠던 적이 있다. 그는 말더듬이로 말하기는 힘들었지만 논문을 쓰는 것에는 뛰어났다. 당시 그의 조국인 한은 주위 강대국의 위협을 받아 국토는 축소 일로에 있었기 때문에 누차 부국강병富國

強兵을 한의 군주에게 설득했지만 전혀 채택되지 않았다.

그가 쓴 논문이 때마침 이웃나라 진의 국왕, 훗날의 시황제 눈에 띄었다. 시황제는 그 논문을 보고 감동해 이 사람을 꼭 보고 싶다고 했다. 그때 한비자와 함께 순자에게 배웠던 이사가 시황제의 재상이 되어 있었는데, "그 논문은 한비가 쓴 것입니다"라고 고했으므로 시황제는 즉시 사자를 보내 한비자를 초청하려 했지만 한의 군주는 아까워하여 허용하지 않았다.

그래서 시황제는 한을 공격해 강제로 한비자를 맞이했다. 시황제는 크게 기뻐했는데, 이를 본 이사는 "한비는 한나라의 공자이므로 결국은 진나라를 위해서는 일하지 않을 것이 틀림없다. 그를 죽여버리는 것이 상책이다"라고 권했으므로 시황제도 어쩔 수 없이 한비자를 감옥에 가두었다. 나중에 시황제는 생각을 고쳐먹고 사면하고자 했지만 그때는 이미 이사가 한비자에게 독약으로 자살하게 한 뒤였다고 한다. 『사기』열전列傳에 실린 이야기이다.

법가 사상이 일어난 이유 – 봉건국가의 합리화

그러면 왜 전국 말기에 한비자를 비롯한 법가 사람들이 나타난 것인가. 그것은 전국 말기의 열국이 종래의 봉건국가 조직으로는 존립을 유지할 수 없다는 것을 자각하기 시작했기 때문이다.

봉건국가는 대부大夫나 사士 등 세습 신분의 신하에 의해 구성되어 동족회사풍의 경영이 행해지고 있었는데, 열국 간에 경쟁이 격화되어가자 이 같은 체제로는 이미 대응해내지 못하게 되었다. 제자백가가 나타난 것도 새로운 두뇌의 도입을 요구받게 된 결과였는데, 전국시대도 말기에 가까워지자 그것만으로는 필요를 충족하지 못하고, 봉건국가의 기구 자체를 합리화할 필요가 절박해지게 되었다.

그러면 봉건국가를 합리화하기 위한 새로운 원리는 무엇인가. 그것은 법이다. 종래의 봉건국가를 지탱하고 있던 것은 충효忠孝의 도덕이나 의리·인정이라는 인간적인 것이었다. 인간적인 것은 이치로는 납득되지 않는 것, 비합리적인 것이다. 따라서 인정이나 도덕으로는 국가의 합리적 운영은 할 수 없다. 이에 대해 법은 비정한 것이고 기계적·형식적으로 운용할 수 있는 것이다. 한비자를 비롯한 법가 사람들이 출현한 것도 이 같은 시대의 요구에 답하기 위한 것이었다.

도덕에 대한 법의 우위

한비자가 배웠다는 순자는 예禮에 치중했다지만 유가였던 만큼 도덕의 부정까지는 생각하지 않았다. 하지만 한비자에 오면 여러 가지 각도에서 법이 도덕에 비해 절대적 우월성이 있음을 강조한다.

첫째, 유가가 말하는 것과 같은 도덕에 의한 정치란 것은 인구가 적고 생활이 안락했던 고대에서만 효과가 올랐던 것이고, 오늘날처럼 인구가 증가해 생존경쟁이 격화된 시대에는 통용되지 않는다. 옛 사람에게 도덕심이 강했다는 것은 재물이 풍부했기 때문이며, 지금 사람이 재물을 다투는 것은 도덕심이 낮아진 때문이 아니라 재물이 결핍된 결과이다. 이 같은 격렬한 시대에는 도덕은 효과가 없고 오로지 법으로 다스릴 수밖에 없다.

그럼에도 유가와 같이 고대의 요堯·순舜 성왕聖王 시대에 유효했다는 이유로 언제까지나 도덕정치의 필요를 고집하는 것은 시대의 변화를 알지 못하는 것이다. 그 옛날 송宋나라의 농부가 밭에 나갔더니 토끼가 잘린 나무 그루터기에 머리를 부딪혀 죽어 있는 것을 보았는데, 이것이 수지맞는 일이라 하여 그다음부터는 밭일을 그만두고 계속 잘린 그루터기만 지켜보았지만 다시는 토끼가 나타나지 않았다고 한다. 도덕이 과거 시대에 유효했다는 이유로 언제까지나 이를 계속 지키는 것은 이 '나무 그루터기 지키는 어리석음'을 되풀이하는 것이다.

둘째, 도덕은 소수자에게만 통용되는 원리여서 다수자에게 적용할 수는 없다. 원래 도덕을 지키는 인간은 한 나라 안에 열 사람 있으면 좋은 정도에 지나지 않는데, 이 같은 소수자의 원리를 한 나라라는 다수자에 적용하려 하는 데에 근본적으로 무리가 있다.

원래 다수자에게 선한 일을 하게 하려는 데는 절망적 곤란이 따르지만 악한 일을 하지 않게 하는 것은 용이하다. 이를테면 길에 떨어져 있는 물건을 습득하면 사형에 처한다는 법률을 만들면 길에 백 냥의 금이 떨어져 있어도 이를 줍는 것은 빨갛게 불에 달궈진 철을 손에 쥐는 것과 같으므로 대도大盜 도척盜跖이라도 손을 내미는 일은 없을 것이다.

게다가 도덕은 인정人情 위에 서 있는 것인데, 인정이란 좁은 범위에만 성립하는 것이며, 더욱이 그마저도 충분히 이행할 수 없다. 이를테면 가정 안에서 어버이는 자식을 사랑하지만 자식은 어버이의 명령에 따르지 않는 자가 많다. 유가는 가족도덕의 정신으로 국가를 다스리라고 하는데, 이는 한 집의 가족조차 충분히 다스릴 수 없는 원리로 커다란 나라를 다스리려는 것이니 처음부터 불가능한 것이다.

셋째, 도덕은 본질적으로 사적私的인 것이고 국가의 공공성公共性과는 상반하는 것이다. 이를테면 이런 이야기가 있다. 옛적 노나라 병사로 전장에 나가면 언제나 도망치는 자가 있었다. 공자가 이상하게 생각해 그 이유를 묻자 그 병사는 "우리 집에는 연로한 부친이 계신데 내가 죽으면 부양할 자가 없어지기 때문입니다"라고 답했다. 그래서 공자는 "이는 어버이에 대한 효행이 감복할 만한 자다"라고 칭찬하며 노의 군주에게 아뢰어 표창해 주었다. 거기까지는 좋았는데, 그 후의 일을 보면 노의 군대가 전장에 출동할 때마다 병사들이 일제히 도망하게 되어 노나라는 드디어 쇠퇴하고 말았다.

무릇 인간에게 도덕을 깊이 가르친다는, 이른바 도덕 교육이란 것은 불가능하다는 것이 거론된다. 그것은 인간이 지닌 도덕성이 수명의 장단 등과 같이 선천적으로 결정된 것이며 인위로는 변하지 않기 때문이다.

이를테면 성인의 전기 등을 읽고 자기도 이런 사람이 되고 싶어하는 것은 전혀 무의미한 것이다. 그것은 모장毛嬙이나 서시西施 같은 미인을 바라보며 아무리 아름답다고 감동해보아도 자기의 용모는 조금도 나아지지 않는 것과 같다. 그러기보다는 집에 돌아가 연지나 백분을 바르면 조금은 볼만해진다. 그 연지나 백분에 해당하는 것이 즉 법이다. 법은 인간에게 악한 일을 하지 않게 하는 것, 결국 인공적인 선인을 만드는 것이다.

이처럼 한비자는 그 특유의 독설과 풍자를 뒤섞으며 유가의 덕치주의를 통렬히 비판하고 법치法治의 우월성을 주장한 것이다.

법 운용의 기술－형명참동의 설

이와 같이 한비자는 법의 우월성을 강조하는 동시에 그 법을 운용하는 기술, 즉 법술法術이 필요함을 말하고 있다.

그 기술 중 첫째는 형명참동形(刑)名參同이란 것이다. 형形은 구체적 실질, 명名은 표면의 명목이라는 의미이니, 명실名實이 일치하는지 대조, 검토하는 것을 의미한다. 이를테면 어떤 직명職名을 지닌 관리가 그 직명에 대응한 실적을 올리고 있는지 어떤지 검토하는 것이 즉 '형명참동'이다. 그 관리가 직명보다 낮은 실적밖에 올리지 못하는 경우에는 물론 처벌하지만 그 직명을 넘어 높은 실적을 올린 경우에도 처벌한다.

언젠가 한韓 소후昭侯가 선잠을 자고 있을 때 관冠 담당자가 이를 보고 옷을 입히기 시작했다. 소후는 잠을 깬 다음 옷이 입혀 있는 것을 보고 기뻤지만 "누가 옷을 입힌 것인가"를 묻자 "관 담당입니다"라는 대답이 나왔다. 그러자 소후는 옷 담당자를 직무 태만의 이유로 처벌함과 아울러 관 담당자도 월권을 이유로 처벌했다고 한다.

직명을 넘어선 실적이 있는 자를 처벌한다는 것은 아무튼 이상한 것 같지만 실은 법의 일률성, 그 기계적, 형식논리적 적용이란 점에서 근대법의 정신에 합치하는 것이다. 봉건시대 법의 운용은 재판관의 인정人情에 따른 것이 모범이 되었는데, 그러면 재판관의 개성이라는 비합리적 요소가 늘어나고 법 적용의 공평성을 현저히 잃게 된다. 근대법은 이 같은 결함을 제거하기 위해 인정이라는 비합리적 요소를 배제하고, 법문을 기계적, 형식상 합리적으로 해석, 적용하려 한다. 한비자의 형명참동 사상은 근대법의 정신을 선구적으로 취득한 것이라 할 것이다.

노자 사상의 흡수 – 허정무위

한비자의 법술, 즉 법 운용 기술 중 두 번째로 거론되는 것은 법의 운용자인 군주가 힘써 허정무위虛靜無爲의 태도를 취해야 한다며, 도가 노자老子의 사상을 채용하고 있는 것이다.

생각건대 이것은 아주 기묘한 결합이다. 그도 그럴 것이 법가는 극단적인 통제주의 입장에 있는 데 비해, 도가는 무위자연無爲自然을 말하며 정치적으로는 자유방임의 입장에 있기 때문이다. 양쪽 극단에 있는 두 사상이 어떻게 해서 결합된 것일까. 사실상으로 보면 한비자는 노자의 말을 자기 사정에 맞게 재해석해 이용하고 있음을 알 수 있다.

한비자는 말한다. 군주는 마음이 허정虛靜[텅 빈 고요함]에 머물러야 한다. 허정 상태에서는 감정에 동요되지 않으니 여러 일을 냉정히 판단할 수 있다. 또한 군주는 무욕無欲이어야 한다. 군주가 자신의 욕망을 밖으로 내보이는 따위의 짓을 하면 신하가 이에 편승할 우려가 있기 때문이다. 또한 군주는 무위無爲[인위가 없음]여야 한다. 군주는 형명참동이라는 무기를 손에 넣고 있으니, 정치의 실무는 전부 신하에게 맡기고 고요히 이를 관찰하고 있으면 된다. 그러면 신하는 이를 두렵게 생각해서, "밝은 군주는 위에서 무위인데 여러 신하는 아래에서 두렵고 긴장한다"는 상태가 가능해진다.(「주도편主道篇」)

이로써도 알 수 있듯이 '허정무위'라는 말 자체는 노자와 같지만 그 내용은 뚜렷이 법가적이며, 목적을 위해서는 수단을 가리지 않는다는 법가 특유의 음험함이 엿보이고 있다. 따라서 한비자가 이용한 노자의 사상은 그 본래의 모습을 잃고 있다고 해도 좋다.

중국의 옛 서적이 일반적으로 그렇지만 『한비자』란 책도 원저 부분과 후인이 가필한 부분이 복잡하게 뒤섞여 들어가 있다. 문제의 노자 사상을 받아들인 부분에 관해서도 「주도편」이나 「양각편揚榷篇」에서는 노자 사상을 법가류로 해석하고 있는데, 「해로편解老篇」이나 「유로편喩老篇」은 노자의 말을 비교적 충실히 해석하고 있고, 법가류의 해석은 그다지 표면에 나오고 있지 않다. 또 「육반편六反篇」이나 「충효편忠孝篇」에서는 역으로 노자의 설이 정치에 쓸모가 없는 비현실적인 사상이라 하여 이에 공격을 가하고 있다. 이 가운데 어느 편이 한비자의 원저인지 혹은 후세 사람이 가필한 부분인지에 관해서는 학자들의 의견이 나뉜 상태이다. 필자로서는 「육반편」이나 「충효편」이 원저 혹은 그것에 가까운 것으로 보고 싶다. 더구나 호적胡適은 이들 여러 편이 「육반편」을 제하고 모두가 후인의 가필이라는 입장을 취하고 있다.

전국 말기부터 진秦·한漢 초기가 되면 제자백가 사이에도 서로 다가가는 풍조가 나타났다. 도가의 『장자』 등을 보아도 후기 도가의 사상을 서술한 「외편」이나 「잡편」에서는 유가나 법가의 설에 접근한 것이 보인다. 이 점에서 생각하면 법가가 도가 사상을 받아들였을 뿐 아니라 도가 쪽에서도 적극적으로 법가에 다가가는 경향이 있었던 듯하다.

이 같은 법가와 도가의 접근에 의해 생겨난 '황로黃老' 사상이라 불리는 것이다. 전한 초(기원전 202)부터 무제武帝에 의한 유교의 관학화官學化에 이르기까지 약 70년간 최고의 전성을 누린 것이 이 황로 사상이다. 『사기』에 한비자의 일을 서술하며 "형명법술刑名法術의 학문을 좋아했다. 그 취지는 황로에 근본을 둔다"고 한 것은 저자 사마천이 이 황로 사상의 전성기를 산 사람이었기 때문이다.

진 시황제에게 채택된 법가 사상

춘추전국의 5백 년을 넘는 분열 시대에 종지부를 찍고 대제국의 통일을 가져온 것은 진秦의 시황제始皇帝였다. 그 통일의 원리로 채용한 것이 다름 아닌 법가 사상이다.[11] 분서갱유焚書坑儒라 불린 강경한 수단에 의한 사상 통일은 완전히 한비자의 사상 그것을 실행에 옮긴 것이라 해도 좋다. 『한비자』의 「오두편五蠹篇」에서 "유학자는 문文으로 법을 어지럽히는" 자이며, "밝은 군주의 나라는 서간書簡[죽간竹簡·목간木簡의 문서]의 '문'이 아니라 법을 가르침으로 삼고, 선왕先王[고대의 성인군주]의 말이 아니라 관리를 스승으로 삼는다"고 했다. 법률 서적 이외에는 무용하며 관리를 교사로 삼으라고 주장한 것인데, 시황제는 이를 그대로 진 제국의 방침으로 삼았던 것이다.

또한 시황제가 천 년의 전통을 가진 봉건제를 폐지하고 새로이 군현제를 천하에 시행한 것은 근대 일본의 메이지유신에서 번藩을 폐하고 현縣을 둔 것에 필적하는 획기적 혁신이었다. 이를 헌책한 것은 한비자의 벗으로 진의 재상이었던 이사이다. 이사도 순자 문하에서 나왔으나 법가로 전향한 인물이었다.

이처럼 법가의 주장이 시황제에 의해 실현된 것은 법가 사상이 백가 중에서도 가장 현실성이 풍부했음을 증명하는 것이다. 다만 진이 겨우 15년을 채우지 못하고 멸망한 것은 그 법가 정책이 너무나도 지나치게 노골적이었던 탓으로 천하의 반감을 샀기 때문이다. 한漢 이후 역대 왕조는 진의 실패를 경계삼아 법가 대신 유가 사상을 간판으로 내걸게 되었으나 이것이 법가 사상의 멸망을 의미하는 것은 아니다. 대제국의 통일이 도덕만으로 유지되는 터는 아니므로 당연히 많은 법률이 만들어지고 법치가 관철되고 있었다. 따라서 유교주의의 가면에 숨어서 한비자의 정신은 영구히 살아남았다고 해야 할 것이다.

6. 묵자

묵자의 전기

묵가墨家의 시조 묵적墨翟은 그 생존 연대나 출생 국가에 관해 확실한 것은 알 수 없다. 여러 가지 조건에서 생각하면 기원전 460년부터 기원전 370년경의 사람으로 추정되는데, 만일 이를 사실이라고 하면 공자 사후 얼마 안 되어 태어나서 맹자가 태어나기 직전에 세상을 떠난 셈이 된다. 그 출생 국가에 관해서도 송宋나라라는 설도 있지만 오늘날에는 공자와 같은 노魯나라라는 설이 유력하다. 그 경력에 관해서도 『사기』에 송의 대부大夫가 되었다고 나와 있을 뿐 상세한 것은 알려져 있지 않다.

일설에 의하면 '묵'은 '문신'으로 옛날 형벌을 받은 자에게 이를 새겨 넣었으므로 죄수의 경력을 가진 자일 것이라고 하고, 또 일설에는 그의 책 속에 기구의 제작법을 설명한 부분이 있으므로 수공업자 출신일 것이라고 한다. 그의 문인 중에는 비지식계급인 자도 적지 않게 포함되어 있었던 듯하므로 비천한 신분 출신으로 보는 데도 이유가 없는 것은 아니다. 그러나 묵자는 여행 때도 대량의 서적을 수레에 싣고 운반했다는데(「귀의편貴義篇」), 이 같은 학식을 전국 시대의 비천한 신분인 자가 얻을 수 있었는지는 의문이 남는다고 할 수 있다.

그의 출신은 어떻든 송나라에 출사해 대부가 되었던 적도 있는 듯한데, 그 생애의 대부분은 전국 시대의 제齊 · 위衛 · 월越 · 초楚 등 여러 나라를 유세하며 다녔던 것 같다. 그 점에서는 다른 제자백가와 마찬가지여서 역시 떠돌이 실직 지식인이었다고 할 것이다.

겸애설 – 공자의 인을 부정한 인류애

묵자 사상의 중심은 겸애兼愛 학설에 있다. 겸兼이란 말은 '겸하다', '널리'의 뜻으로 겸애란 일체 인간을 무차별적으로 사랑하는 것이다. 애愛라는 점에서는 공자의 인仁과 유사한 것 같아 보이지만 실은 양자 간에는 본질적인 거리가 있다. 묵자에 의하면 공자의 인은 '별애別愛', 즉 차별애여서 이 차별애로부터는 평화는커녕 도리어 분쟁이 생긴다는 것이다.

공자의 인은 가족애를 출발점으로 한다. 이는 주 초기 가족주의 정치의 부활을 이상으로 삼은 데서 오는 당연한 결과이다. 인은 무엇보다도 먼저 내 부모형제를 사랑하는 것에서 시작한다. 이 가족에의 사랑을 국가에, 그리고 국가의 집합인 천하로 넓혀간다고 하는 것이 유교의 이상이다. 이는 삼단논법식 순서를 밟는 것으로 과연 나무랄 데 없는 것 같이 보이지만 실은 그렇지 않다.

　무릇 사랑의 범위가 확대된다는 것은 유가가 말하듯이 직선적으로 나아가는 것일까. 가족애를 그대로 확대하면 애국심이 될까. 전쟁 장면을 생각해 보자. 그 경우 애국심은 가족애의 부정 없이는 성립할 수 없을 것이다. 또한 애국심을 확대하면 그대로 인류애로 될 수 있을까. 여기서도 전쟁 장면을 생각해보면 좋다. 인류애는 애국심의 극복 없이는 성립되지 않는다. 그렇다면 사랑의 확대는 직선적으로 진행하는 것은 아니고 늘 자기부정 위에 성립한다는, 말하자면 변증법적 전개에 의할 수밖에는 없는 것임을 알 수 있다.

　원래 인류애는 가족애나 애국심이라는 특정 집단에 대한 사랑과는 본질적으로 다른 것이다. 특정 집단에 대한 사랑은 그것이 아무리 순수한 것이라 해도 본질적으로 에고이즘의 확대라는 성격을 면치 못한다. 이기주의의 요소를 갖는 사랑은 늘 '증오'와 이웃하고 있다는 사실로 인해 간단히 판별할 수가 있다. 모성애는 모친의 자기희생 위에 성립하지만 그것은 이웃집 자식에 대한 증오와 쉽사리 양립한다. 따라서 모성애의 본질은 역시 확대된 이기주의이다. 애국심도 또한 적국에 대한 증오와 용이하게 결합한다. 따라서 애국심을 아무리 양적으로 확대해도 인류애가 되지는 않는다.

　인류애는 가족애나 애국심이라는 특정 집단에의 사랑을 확대함으로써 얻을 수 없고, 도리어 그것에 대한 완전한 부정 위에 성립한다. 이것은 인류애를 설파하는 종교에 관해서 보면 명백할 것이다. 자비의 가르침을 말하는 불교는 불도의 수행자를 '출가出家'라 부른다. 그것은 가족에서 탈출함과 아울러 국가로부터도 탈출하는 것이므로 '출국出國'이라 부르는 것이 적합하다. 또한 박애를 주장하는 기독교도 "나보다도 아비와 어미를 사랑하는 자는 내게 알맞지 않다", "내가 지상에 평화를 주기 위해 왔다고 생각하지 말라. 내가 온 것은 평화가 아니라 검을 주기 위함이다. 내가 온 것은 아들을 아비로부터 갈라놓고, 딸을 그 어미로부터 갈라놓기 위한 것이다"라고 하고, 또 "카이사르의 것은 카이사르에게 돌려주고 하느님 것은 하느님께 돌려드려라"고 한다. 여기에서도 출가와 출국을 읽어낼 수 있을 것이다.

묵자의 겸애는 확실히 이 같은 성질을 갖춘 사랑이며 인류애이다. 그것은 공동체를 근본으로 하는 유교의 인과는 이질적일 뿐 아니라 바로 그것의 부정 위에 성립한다. 바로 그런 이유로 묵자는 "유가의 인은 차별애이며, 그것은 천하의 평화를 가져오기는커녕 도리어 다툼의 근원을 만드는 것이다"라고 강조해 마지않는다. 또한 묵가 학설이 천하에 성행하는 것을 증오해 그 박멸을 사명으로 삼은 맹자가 "묵씨는 겸애를 한다. 이는 아비가 없는 것이고 아비와 임금이 없는 것은 금수禽獸의 사랑이다"라고 극구 매도한 것도 바로 이 때문이다.

겸애는 하늘의 의지에 의한다 – 중국에는 드문 유신론자

인류애인 겸애는 가족애나 애국심이 공동체를 기초로 하고 있는 데 반해 특정의 기반을 갖지 않는다. 왜냐하면 인류는 가족과 민족 내지 계급 등과는 달라서 공동체는 아니기 때문이다. 적어도 오늘날까지의 단계에서는 그러하다. 이 때문에 인류애라는 말은 흔히 관념적인 공허한 울림밖에 주지 못하는 일이 많다. 그러면 인류애에 현실성을 부여하는 것은 무엇인가. 그것은 신의 존재에 대한 신앙, 바꿔 말하면 종교밖에는 없다. 사실 묵자의 겸애설의 배경에는 인격신으로서 하늘에 대한 열렬한 신앙이 있었다.

원래 중국 민족은 인격신으로서 하늘을 예로부터 숭배하고 있었다. 그러나 그 신앙은 특히 지식계급 사이에는 점차 희박해져, 공자의 시대가 되면 이미 하늘은 그 인격성을 잃고 천도天道나 천리天理라는 로고스적인 존재로 변화해버렸다. 만물 속에 천도가 널리 존재함을 믿는 점에서는 범신론적인데, 인격신의 존재를 믿지 않는 점에서는 무신론적이다. 유가의 순자는 하늘을 일개 자연물이라 간주해 이를 인간의 의지에 복종시켜 이용하라고 하며 철저한 무신론을 제창했는데, 그것은 이미 공자의 사상 속에 잠재하고 있었던 경향을 표면화했던 것이라고도 할 수 있다. 단지 유가만이 아니다. 제자백가 전부가 그러했다. 다만 묵자만이 유일한 예외인 것이다.

묵자는 인격신으로서 상제上帝의 존재를 굳게 믿고 의심하지 않는다. 그리고 겸애란 것은 바로 이 신의 의지에 기초하는 것이다. 하늘은 사람들이 서로 사랑하기를 바라며, 이에 따르는 자에게는 행복을 주고 거스르는 행위를 하는 자에게는 엄벌을 내린다. 묵자는 이것을 되풀이해 강조한다. 상제 하나만이 아니다. 널리 산천의 신들이나 조상의 영혼의 실재를 주장한다. 이들 신들을 제사하는 것은 사람들을 화합시켜 단결시키는 데 도움이 된다는 것이다.

이처럼 유신론의 입장을 취하는 묵자는 무신론자이면서 제례의 필요를 말하는 유가의 모순을 비판한다. "귀신이 없다고 하면서도 제례를 배우니 이는 아직 손님이 없는데 손님맞이 예를 배우는 것과 같고 물고기가 없는데 어망을 만드는 것과 같다"(「공맹편公盟篇」)고 말한 것이 그것이다. 유신론을 강력히 주장하는 묵자에게는 유가의 편의주의를 참을 수 없었던 것이다.

다만 신들의 실재에 대한 묵자의 증명 방법은 극히 소박한 것이어서, "예로부터 전해지는 서적이나 이야기에 이 같은 신들의 일을 말하고 있으므로 그 존재에는 의심이 없다"고 하는 어조인 것이다. 이렇게 된 한 가지 이유로는 중국인이 논리적 논증에 서투른 데 따른 것이기도 하지만 그가 말하려고 하는 상대 중에 비지식계급 사람들이 적지 않게 포함되어 있었던 것에도 기인한다고 생각된다. 뒤에서도 언급하듯이 묵자를 중심으로 한 사람들은 일종의 신흥종교 비슷한 집단을 형성하고 있어서, 『묵자』란 책이 전체적으로 평이한 표현을 사용하고 있는 것도 아마 이 때문일 것이다.

하늘의 명령과 의지 – 운명의 부정과 섭리의 긍정

이와 같이 인격신으로서 천제天帝의 실재를 굳게 믿는 묵자는 다른 한편으로는 이른바 천명天命의 존재를 강하게 부정한다. 언뜻 보면 이는 기묘한 모순처럼 생각되지만 실은 그렇지는 않다.

앞에서도 서술했듯이 천명의 본뜻은 천신의 명령이라는 것인데, 하늘이 비인격화함과 더불어 천명도 운명의 의미로 전화했다. 공자가 "생사는 명命에 있고 부귀는 하늘에 있다"고 한 것은 생사나 부귀는 천명, 즉 운명에 의해 결정되는 것이며 인간의 노력으로는 좌우할 수 없음을 술회한 것이다. 공자는 실은 인격신으로서 하늘의 존재를 믿지 않았던 것인데, 무신론자인 공자가 천명 즉 운명의 존재를 믿고, 유신론자인 묵자가 이를 부정하는 것은 무슨 까닭일까.

묵자는 천명의 존재를 강하게 부정하는 대신 천지天志, 즉 하늘의 의지가 존재함을 강력히 주장한다. 하늘의 의지는 다름 아닌 겸애인 것이니, 하늘은 사람들이 서로 사랑하기를 바라고 이에 따르는 자에게는 행복을 주고 거스르는 자에게는 벌을 내린다는 '섭리'를 베푼다. 따라서 묵자가 말하는 '천지'라 함은 하늘의 섭리를 의미한다고 해도 좋다.

그러면 천명과 천지, 운명과 섭리는 어떤 점에서 다른 것일까. 운명이 갖는 특색은 그것이 맹목적이고 비합리적인 것이다. 공자는 그가 가장 사랑하던 제자인 안회顔回를 잃었을 때 "아아! 하늘이 나를 버리는구나. 하늘이 나를 버리는구나" 하고 통곡하고, 제자 백우伯牛가 불치병에 걸렸을 때는 "그를 잃음은 '명'이구나. 이 사람에게 이 병에 있다니. 이 사람에게 이 병이 있다니!" 하고 통탄했다. 참으로 운명은 맹목적인 것이며, 사람의 선악을 묻지 않고 그 마성을 드러내 엄습하는 것이다.

이에 반해서 섭리라는 것은 신의 계획에 기초해 만들어진 질서인 것이다. 묵자에 관해 말하면 겸애는 천제의 의지이며, 이 의지에 따르는 자는 반드시 행복을 받고 거스르는 자는 반드시 천벌을 받는다. 이 합리적인 질서에는 조금의 광기狂氣도 없다. 따라서 여기에는 운명에서 볼 수 있는 어두운 비합리성은 전혀 없다.

원래 운명이 맹목적인 것은 이를 주재하는 이성적인 신이 존재하지 않기 때문이다. 그 의미에서 운명론·숙명론은 신이 없는 입장에서 생기는 필연적인 결과일 수밖에 없다. 유교가 "인사人事를 다하고 천명을 기다린다"고 하듯이 인위의 한계에 처해 늘 운명론에 빠지지 않을 수 없는 것은 그 무신론의 보답이다.[12]

『묵자』의 「비명편非命篇」에서는 당시 세상에 지배적이었던 운명론·숙명론을 격렬히 공격한다. 여기서는 유가를 지명하고 있지는 않지만 「비유편非儒篇」에서는 유가의 문도門徒가 수명과 빈부는 물론 국가의 안위安危·치란治亂에 이르기까지 전부가 천명에 의해 결정되고 있으며 인간의 힘으로는 좌우할 수 없는 것으로 말하고 있다고 한다. 만일 이 같은 숙명설을 믿는다면 관리는 그 직무를 게을리 하고 서민은 그 농사를 소홀히 해서, 그것은 곧 가난과 혼란으로 통하게 될 것이다. 이 폐해를 없애기 위해서는 근거 없는 천명을 믿지 말고 오로지 하늘의 의지대로 겸애의 정신에 따라 천하의 복리를 위해 근로, 노력하라고 설득하는 것이다.

근로와 절약·검소의 생활 – 장례 절감과 음악 반대

후세에 묵자 학파를 비난하는 것은 이구동성으로 그가 근검 역행勤儉力行하여 금욕적이고 비인간적이었음을 지적한다. 맹자는 묵자가 겸애설을 실천해, 천하 사람들의 이익을 위해서는 설령 머리 정수리에서 발뒤꿈치까지 닳더라도 노동을 한다고 했으며(「진심편盡心篇」), 순자는 묵자가 실용주의자로 문화적 수식을 알지 못하는 인간이라 했다.(「해폐편解蔽篇」) 장자는 그가 금욕주의자로서 인정人情의 자연에 거스르는 자라고 말하고 있다.(「천하편天下篇」) 모두가 묵자 일파가 근로·절검節儉의 생활을 실행하고 있었음을 이야기하는 것이다.

그러나 묵자가 근검을 말했다는 것은 금욕을 존중하기 위해서는 아니다. 그 책의 「사과편辭過篇」이나 「절용편節用篇」에도 볼 수 있듯이 군주의 사치가 민중을 고통스럽게 한다는 견지에서 군주에게 근검 생활을 요구하는 것이 본래의 취지였다. 그러나 그러기 위해서는 스스로 근검을 실천할 필요가 있음을 인정한 것으로 자연히 근검주의를 일반화하는 결과가 되었던 것이다.

근검주의의 표현으로서 유명한 것은 이른바 장례의 절제와 음악의 반대이다. 장례의 절제란 것은 장례비를 절약해 간략히 하라는 것이다. 조상 숭배가 성대한 중국에서는 장례를 후하게 해서 복상 기간을 길게 하는 풍습이 행해져왔다. 묵자에 의하면 서민 중에는 후장厚葬 때문에 파산하는 자가 많으며, 천자, 제후는 거대한 능묘를 축조하고 호화로운 부장품을 준비하기 위해 중세를 부과해 서민을 괴롭힌다. 더욱이 그 이전의 장례식에는 수백, 수십 인을 죽여 순사자殉死者로 삼으니 그 피해는 컸다. 또 부모의 상은 삼 년이란 장기간에 걸치므로 관리는 그 직무를 폐하고 서민은 그 농사를 포기해 생활은 더욱 고통스럽게 된다. 따라서 장례는 가능한 한 간략히 하고 상례 기간은 짧게 줄이는 것이 급무라고 주장한다.

또한 음악 반대란 것은 음악을 비난해 이를 폐지하라고 하는 주장이다. 묵자가 음악을 부정하는 것은 음악을 즐기지 않기 때문은 아니다. 후장과 긴 상례와 마찬가지로 그것이 민중의 생활을 압박하기 때문이다. 천자, 제후는 음악을 즐기기 위해 장대한 고대 누각을 조영하고 화려한 악기를 수집하는데, 그 비용은 전부 민중의 부담이 된다. 더욱이 음악에 빠져 정치의 일을 게을리 하므로 민중의 생활을 고통스럽게 한다. 따라서 음악은 전폐하라고 하는 것이다.

이 장례 절제와 음악 반대의 논의는 유가가 예악禮樂을 중시하는 주장을 하는 것과 정면으로 대립하는 것이다. 유가의 묵자에 대한 비난이 이 점에 집중하는 것도 당연할 것이다. 더욱이 유가만이 아니라 다른 여러 학파 중에도 이를 공격하는 자가 적지 않다. 그 이유는 묵자의 이 주장이 사대부士大夫, 즉 관료·지식인의 특권을 전면적으로 부정하는 것이 되기 쉽기 때문이다.

과연 맹자 등은 국가는 지배자를 위해 있는 것은 아니고 민중을 위해 있는 것임을 설파하며 혁명을 시인할 정도의 민본주의를 강조했다. 그러나 그 민본주의란 것이 지배자인 지식인의 특권을 전면적으로 부정하는 것 같지는 않다는 점은 맹자 자신이 때로는 호화로운 여행을 하고 더욱이 그것을 당연한 것이라고 주장한 사실에도 엿볼 수 있다. 하지만 겸애에 기초한 묵자의 민본주의는 지배계급의 특권인 예악도 부정하는 근검주의와 결합된 것이며, 지식인의 특권을 전면적으로 부인하는 것에 다름 아니다. 질서가 안정된 진·한 시대에 들어섬과 함께 묵가가 완전히 그 모습을 감추게 된 것은 여기에도 그 이

유의 하나가 있었던 것이다.

묵자의 비전론 – 침략전쟁의 부정과 방어전의 긍정

묵자의 겸애설에서 생긴 가장 특색 있는 것은 그 비전론非戰論, 특히 침략전쟁 부정론이다. 전쟁을 부정하는 경향은 다소의 정도 차이는 있어도 제자백가에 공통적으로 보이지만 묵자만큼 철저한 것은 달리 예를 찾을 수 없다고 해도 좋다. 묵자는 말한다. 만일 세간에 한 사람의 인간을 죽이는 자가 있으면 이를 범죄자로서 사형에 처한다. 만일 열 사람을 죽인 자가 있으면 그 죄는 열 배가 되고 백 사람을 죽이면 그 죄는 백 배가 되는 것이 도리이다. 하지만 한 나라의 사람들을 공격해 모두 죽인다고 하면 이를 불의라 하기는커녕 도리어 이를 정의의 행위로서 상찬한다. 이만큼 부조리한 것은 없지 않은가.

무릇 지금 세상의 군주는 현재 소유하는 영토에 만족하지 못하고 이를 확장하기 위해 침략전쟁을 일으키는 자가 많다. 그 희생이 되는 것은 죄 없는 서민이며, 그 재산과 생명을 잃는 자가 무수한 지경에 이른다. 이는 겸애를 바라는 하늘의 의지에 거스르는 중대한 죄악이며, 결단코 허용되지 않는다. 이같은 견지에서 묵자는 전쟁이 가져오는 참화와 해독을 역설해마지않는다.

다만 묵자가 부정하는 것은 공격전, 즉 침략을 위한 전쟁에 한정된다. 이를테면 주周 무왕武王이 무도한 군주인 은殷의 주왕紂王을 토벌한 것은 '주誅[죄인을 죽임]'이며 공격은 아니다.(「비공편非攻篇」) 따라서 서민을 괴롭히는 폭군을 토벌하는 전쟁을 부정하는 것은 아니다. 또한 대국에게 침략을 받았을 때 방어전은 물론 정당방위이므로 당연한 것이라 한다. 그것은 고사하고 약소국이 강국의 침략을 받은 경우에는 그 의뢰를 받아 방위전에 참가하기까지 하는 일이 드물지 않았다. 그 사례는 『묵자』 등에도 분산적으로 적지 않게 보인다. 묵자는 방위전의 명인이었다고 하며, 묵자 집단이 방위전을 맡으면 그 방위는 몹시 견고했으므로 일반적으로 일을 굳게 지키는 것을 '묵수墨守'라고 부르게 되었다고 한다. 묵자 집단이 전쟁 대비나 전술에 능했던 것은 『묵자』 권말의 「비성편備城篇」 이하 십여 편이 오로지 전쟁 대비나 병기에 관해 서술하고 있는 데서도 나타난다.

뒤에도 서술하듯이 방위전에 능한 것이 후세의 묵자 집단에 전쟁청부업자와 같은 성격을 갖게 하기도 했다. 이는 역사의 아이러니라고 할 수밖에 없다.

묵가 집단 – 거자를 지도자로 하는 종교결사의 성격

전국 제자백가 중에서 최대의 사회 세력을 갖고 최고의 융성을 한 것은 유가이지만 이에 필적하는 세력을 갖고 있었던 것은 다름 아닌 묵가였다. 한비자는 "세상의 현학顯學(저명하고 유력한 학파)은 유묵儒墨이다"라고 했으며, 그 밖에 장자, 순자나 잡가雜家의 책에서도 '유묵'이라고 병칭하는 일이 많아서, 이 두 학파가 전국 시대를 관통해 가장 유력한 학파였다는 것을 보여주고 있다.

그러면 왜 유묵 두 학파가 세간에서 유력해졌을까. 그 원인은 유묵 어느 쪽이나 집단 조직을 갖추었던 데 있는 것 같다. 다른 제자백가는 이를테면 법가·도가·명가名家 등에 볼 수 있 듯이 그 학파 안에서는 사상적 공통성은 있다고 해도 집단으 로 행동이나 생활을 했던 터는 아니며 각기 한 마리 이리 같은 존재일 수밖에 없었다. 하지만 유묵 두 학파는 집단으로서 조 직을 갖추고 있어서, 이것이 사회적 세력을 양성하는 요인이 되었던 것이라 생각된다.[*]

묵가의 경우에서 보면 겸애라는 높은 이상도 그렇지만 이를 지탱하고 있었던 것은 천제天帝를 정점으로 산천의 신들이나 조상의 영혼이 실재함을 믿는 다신교적 신앙이었으니, 이 신앙 을 중심으로 신흥 종교풍의 집단조직이 성립할 가능성이 있었 다. 이 같은 경향은 이미 묵자의 생전에도 있었던 듯하며, 한대 의 『회남자淮南子』에도 "묵자는 180인의 제자가 있었는데, 모 두 명령이 있으면 끓는 물이나 불의 위험도 피하지 않고 돌진 하는 자뿐이었다. 이는 그 교화教化에 의한 것이다"(「태족훈泰族 訓」)라고 서술하고 있다. 또한 『묵자』의 「공수편公輸篇」에도 묵 자의 제자 금활리禽滑釐가 300인을 인솔하고 약소국인 송을 후 원해 그 성에 들어가 초의 대군을 막은 이야기가 보인다.

나아가 묵자 사후에도 그 집단의 지휘자를 '거자鉅子'(鉅는 巨, 크다는 뜻)라 부르며, 이 '거자'를 중심으로 철벽의 단결을 유지했다. 거자의 지위에 오른 자의 예로서는 맹승孟勝·전양 자田襄子·복돈腹䵍 등을 들 수 있다. 이 중에 맹승은 초의 양성 군陽城君과 친교를 맺고 있었는데, 양성군이 망명해 그 영지가 정부에 몰수당하게 되자 맹승은 정부군과 싸우려 했다. 그 제 자가 "지금 선생님이 전사하면 묵가 집단을 이을 자가 없어집니다"라며 반대하자, 맹승이 "지금 만일 내가 양성군을 위해 죽지 않으면 묵가 사람들의 신용이 없어지고 묵가 사람을 스승 삼는 자도 없어질 것이다. 나는 지금 '거자'의 지위를 송에 있는 전양자가 이어받게 하겠다. 전양자는 훌륭한 인물이므로 묵가의 후계자가 없어질 염려는 없다"고 하고 그대로 전투에 나아가 죽었다. 이때 맹승을 좇아 전사한 제자는 183인이었다고 한다.(『여씨춘추呂氏春秋』「상덕편上德篇」)

또 거자 복돈이 진秦에 있었는데, 그 아들이 살인죄를 범했다. 진 혜왕惠王은 복돈을 존경하고 있어서 이를 불문에 부치려 했는데, 복돈은 "묵가의 법에서는 사람을 죽인 자는 사형에, 사람을 상해한 자는 이에 상당하는 형에 처하는 규정이 있습니다. 설령 왕이 사면한다 해도 나로서는 묵가의 법을 시행하지 않으면 안 됩니다"고 하고 마침내 그 아들을 죽였다.(같은 책 「거사편去私篇」)

이처럼 묵가 집단의 규율이 엄했던 것은 그것이 일종의 종교결사로서의 성격을 갖추고 있었기 때문일 것이다.**

---

* 집단생활을 영위하기 위해서는 경제적 뒷받침, 일정한 직업이 있어야 한다. 묵가의 경우는 뒤에 서술할 전쟁청부업이었다고 생각되는데, 유가의 경우는 무엇이었을까. 그것은 아마 관혼상제冠婚喪祭의 직업이었다고 생각된다. 원래 예악禮樂을 중시하는 유가는 관혼상제 의식의 전문가이므로 그 특기를 이용해 각지를 편력했던 것 같다. 『묵자』의 「비유편非儒篇」에 "유자들은 평소에는 타인에게서 곡물을 받아 걸식하는 따위의 생활을 하고 있는데 장례식이 있으면 겨

우 음식을 얻는다. 따라서 부자집에 장례식이 있다는 소문을 들으면 크게 기뻐하며 이것으로 끼니거리가 얻어걸렸다고 말한다"고 했다. 또 『장자』「외물편外物篇」에는 "유자는 『시경詩經』의 문구를 노래하거나 '예'의 규정을 따르면서 무덤을 파 도둑질을 하는 자들이다. 두목격의 유자가 '이미 동쪽 하늘이 밝아왔다'고 재촉하자 수하 유자들은 '아직 속옷을 벗기지 못했다. 게다가 죽은 자의 입에 아직 구슬이 남아 있다.『시경』에도 〈푸르런 보리가 무덤 한쪽 둔덕에 우거져 있다. 생전에 남에게 베풀지도 않고 죽어서 입 안에 구슬을 문다니 무슨 짓이냐〉라고 쓰여 있지 않은가" 하고 답하며 죽은 자의 머리카락을 잡고 턱수염을 잡아당겨서 양쪽으로 벌려 입 안의 구슬을 끄집어냈다"고 서술하고 있다. 물론 유가에 적의를 가진 반대 학파의 기술이기는 하지만 적어도 유가 사람들이 관혼상제의 직업으로 생계를 꾸리고 있었다는 이야기일 것이다.

** 묵가 집단이 전쟁청부업자의 성격을 갖게 된 경우에도 그 단결의 핵심이 된 것은 역시 다신교적 신앙이었다고 생각된다. 『묵자』의 책 끝부분에 군비를 서술한 여러 편이 있는데, 그 속에 「영적사편迎敵祠篇」이 있어, 적이 공격해오는 것에 대비해 사방에 신단을 설치하고, 또 사社의 성소에 무당을 두어 전승을 기도하게 하는 등의 일을 말하고 있는 것은 묵가 집단이 갖는 종교적 성격의 일단을 보여주는 것이다.

묵가 집단의 전쟁청부업자 성격

묵가 집단의 중핵이 된 것은 신흥종교풍의 다신교적 신앙이었으나 그 집단생활을 지탱한 경제적 기반은 유가와 같은 관혼상제의 직업은 아니고 방위전 전문의 전쟁청부업이었던 듯하다.

앞서 묵자가 그 겸애설에서 전쟁을 부정했다고 서술했는데, 그것은 공격전, 즉 침략을 위한 공격을 부정한 것이어서 방어를 위한 전쟁을 부정한 것은 아니었다. 그러기는 고사하고 묵자가 방위전의 명수로서 알려지고 있었던 것은 이미 서술한대로이다. 그리고 단순히 자신을 지킬 뿐 아니라 그 겸애 정신에서 대국의 공격을 받는 약소국을 원조하러 나아가게 되었다. 맹자가 말한 대로 "천하의 이익을 위해서는 설령 정수리에서 발뒤꿈치까지 닳더라도 노동을 한다"는 묵자의 정신이 이 같은 형태로 나타났던 것이다.

이미 묵자 자신이 약소국에 대한 군사원조를 실행하고 있다. 대국인 초가 송을 공격하려고 하자 묵자의 명을 받은 제자 금활리 등 300인은 수비 기계를 갖추고 송의 성에 들어가 그 방어에 임했다.(『묵자』「공수편」) 이것이 묵자의 사후에는 반은 직업적인 성격을 갖게 되었다.

원래 어느 나라의 전국 시대에서도 전쟁청부업에 대한 수요는 발생하는 것이다. 유럽 중세에도 금전적 보수에 의해 움직이는 용병대가 왕성하게 활약했다고 하며, 일본에서도 센고쿠 시대의 승병僧兵 중에는 주변 다이묘(大名)의 의뢰를 받고 출동해 반 용병으로 변한 사례가 있다. 묵가도 그 집단을 유지해 나가기 위해서는 경제적 뒷받침이 요구되는 터인데, 이 묵가의 요구와 전국 시대 국가들의 수요가 일치했기 때문에 좋든 싫든 상관없이 전쟁청부 집단의 성격을 갖게 되었던 것이라 생각된다.

그 실례는 이미 맹승·전양자·복돈 등 거자에 인솔된 묵가 집단에서 볼 수 있는데, 이 밖에 기록에 나타나지 않은 사례가 있었다고 상상된다. 다만 그들의 명예를 위해 덧붙여 말해야 할 것은 묵가 집단은 오로지 약소국의 방위전에 한해 출동했다는 것, 더욱이 형세가 그르쳐진 경우에는 아낌없이 자기 목숨을 희생했던 것이다. 묵자의 겸애 정신은 이 점에서도 상실되지 않았다고 할 것이다.

묵가 집단의 분열과 그 쇠망

이처럼 묵가 집단은 강고한 단결을 자랑하고 있었는데, 묵자 사후 햇수가 지나감에 따라 점차 상호간에 의견 대립이 생기고 분열의 기운이 나타났다. 『한비자』「현학편顯學篇」에 "묵자가 죽은 다음 상리씨相里氏의 묵가, 상부씨相夫氏의 묵가, 등릉씨鄧陵氏의 묵가, 세 파로 나뉘었다. 각각 주장하는 바가 다르고 모두 자기 의견이 올바르다고 하고 있다"라고 했다. 『장자』「천하편天下篇」에는 "묵가 상리근相里勤의 제자, 오후伍侯 일파, 남방 묵자인 고획苦獲·기치己齒·등릉자鄧陵子라는 한 집단은 다 같이 묵자의 말을 실은 경전을 받들지만, 그런데도 그 해석은 어긋나 일치하는 점이 없다. 서로 상대를 묵가의 별파別派라고 단정하며 '견백동이堅白同異'라는 궤변을 사용해 상호 비난하며 서로 엇갈리고 공통점이 없는 말로 응수하고 있다.

거자를 성인처럼 숭앙해 그를 집단의 지도자로 삼으며, 그 후계자가 되는 것을 목표로 해서 지금에 이르기까지 결말을 보지 못한다"고 서술하고 있다. 여기에 나타나 있는 인명에 관해서는 상세한 것은 전혀 알 수 없지만, 적어도 세 파로 분열한 것, 그리고 '견백동이'의 논리 내지 궤변을 사용해 논쟁했던 것은 확실한 것 같이 생각된다.

'견백동이'의 변별이라 함은 "'견'[단단함]은 촉각으로 알 수 있는 상태의 이름(名)[개념]이고, '백'[흰색]은 시각으로 알 수 있는 상태의 이름이어서 양자는 별개의 것이다. 따라서 '견백석'堅白石[단단하고 하얀 돌]이라는 하나의 개념은 성립하지 않는다"고 하듯이 같은 것을 다른 것처럼 속이는 말을 하고, 다른 것을 같은 것처럼 마구 논하는 것을 가리키는데, 논리를 전문으로 하는 명가名家가 사용했던 논법의 하나이다. 『묵자』에도 「경설經說」·「대취大取」·「소취小取」라는 여러 편이 있어서 이런 종류의 논리를 전개하고 있다. 그러나 이 같은 논리학이 발생한 것은 제자백가 사이의 논쟁이 왕성해진 전국 시대 중기의 일이므로, 물론 묵자 당시에 있었던 것이라고는 생각되지 않으며, 『장자』가 말한 대로 세 갈래 묵가, 즉 '삼묵'三墨으로 분열한 다음의 일일 것이다.

그렇다 해도 묵자 사후에 왜 '삼묵'의 분열이 발생한 것일까. 이에 관한 사료는 전혀 남아 있지 않으므로 상상에 의지할 수밖에 없다. 다만 원인의 하나로 생각되는 것은 묵가 집단이 지식인과 비지식인이라는 이질적 분자를 끌어들였다는 것이다. 묵자의 제자에는 기묘한 성명을 가진 자들이 있으니, 이를테면 복돈이나 질비跌鼻(「공맹편」)라는 인물이 나온다. 이는 통상의 성명이라고는 생각되지 않고 아마 별명에 가까울 것이다. 그렇다면 묵자 집단에는 별명으로 불리는 종류의 인물, 즉 농민이나 수공업자가 적지 않게 포함되어 있었던 것으로 보인다.

원래 신흥 종교적 색채가 있는 묵가 집단은 무신론적 경향이 강한 지식인보다도 일반 민중을 지향하는 성격을 갖고 있다고 해도 좋다. 게다가 전쟁청부업이란 요소가 부가되어가자 이는 아무래도 서민 노동자를 주력으로 할 수밖에는 없게 됐을 것이다. 따라서 묵자 집단에는 많은 민중이 참가하고 있었다고 생각할 수 있다. 그러나 다른 한편으로 묵가 집단 속에는 여타 제자백가와 마찬가지로 제후를 상대로 상담업을 지향하는 지식인층이 존재한 것도 사실이다. 이러한 복잡한 구성을 갖는 집단이었기 때문에 점차 위화감이 빚어지게 되고 마침내 분열을 초래하는 결과가 되었던 것은 아닐까.

그렇다 해도 전국 말기에도 여전히 "따르는 무리가 더욱 많고 제자가 더욱 성대해서 천하에 충만했다"(『여씨춘추』「당염편當染篇」)고 일컬어졌던 묵가가 진 시황제의 통일 후 급속히 쇠퇴해 후계자도 자취를 감추게 된 원인은 무엇이었을까. 묵가 집단을 지탱하고 있던 전쟁청부업이 통일 제국 아래 성립할 수 없는 상황에 몰렸던 것도 그 원인의 하나일 것이다. 이 때문에 묵가의 말기 유파는 이른바 임협任俠의 무리로 변해서 불법적 존재로서 가까스로 그 명목적 잔재를 남겼다고도 할 것이다.

하지만 그 쇠망의 본질적 이유는 무엇보다도 묵자의 사상 자체에 내재했던 것은 아닐까. 원래 묵자의 사상은 중국 지식인에게 어울리지 않는 조건을 갖추고 있었다. 첫째로 묵자의 가르침은 천제를 정점으로 하는 다신교 신앙 위에 성립되어 있었다. 이는 무신론적 경향이 강한 지식인에게는 어울리지 않았다. 둘째로 묵자는 그 근검주의 입장에서 예악을 비롯한 일체의 사치를 추방했다. 그것은 지배계급의 특권을 전부 부정하는 것과 결부된다. 하지만 진·한 이후 2천여 년의 통일왕조 시대는 지식인 사대부가 지배계급이 되었기 때문에 그 특권을 부정하는 묵자 사상에 반감을 갖는 것은 당연할 것이다. 이 때문에 묵자는 인정人情을 이해하지 못하는 금욕주의자라는 평가밖에 받을 수 없었다.

게다가 최대의 장해가 된 것은 다름 아닌 묵자의 겸애 사상 그것이었다. 가족이나 국가라는 생활공동체를 넘어선 인류애 사상은 세계신에 대한 신앙을 기초로 해서 비로소 성립한다. 정치적 관심만 강하고 종교심이 결핍된 중국 지식인 중에는 인류애의 본질을 정당하게 이해할 수 있는 자가 드물었다. 묵자의 겸애설을 최초로 높이 평가한 것은 중국인이 아니고 기독교도인 톨스토이였다.

7. 노자

노자의 전기

공자가 유가의 시조가 되었듯이 도가道家의 시조로 여겨지는 것은 노자老子이다. 그러나 노자만큼 전기가 명확하지 않은 인물은 없으며, 그 가운데는 그 실재를 의심하는 설조차 있을 정도이다.

노자의 전기로는 한의 사마천司馬遷의 『사기』「노자전」이 가장 오래되었다. 그 대요大要는 다음과 같다.

"노자는 초楚의 고현苦縣(하남성河南省 녹읍현鹿邑縣) 사람이며, 성은 이李, 이름은 이耳, 자는 백양伯陽, 시호諡號는 담聃이라 한다. 주 왕실의 수장실守藏室(도서관) 사서司書를 하고 있었는데, 어느 날 공자가 방문해 노자에게 '예禮'에 관해 질문한 적이 있다. 그러자 노자는 공자의 위선을 매도하고 곧 내쫓았는데, 그래도 공자는 노자가 용과 같은 훌륭한 인물이라 하며 감복했다. 노자는 '자연自然의 도道'를 존중해 세상에서 은둔해 무명無名인 채로 끝마치기를 염원하고 있었던 것이다.

그 뒤에도 노자는 주에 있었는데, 곧 주 왕실이 더욱더 쇠퇴하는 것을 보고 중국을 떠날 것을 결의하고 관소關所까지 갔다. 그러자 관소의 수비 담당관인 윤희尹喜가 이를 보고 '선생은 세상에서 은둔하려 하십니다만 그 전에 반드시 나를 위해 저서를 남겨주시기 바랍니다'라고 소망했으므로 노자는 상하 두 편, 5천여 자를 저술했다. 지금 전하는『노자』5천 자가 이것이다. 그 후 노자는 어디론가로 떠나 그 종말을 알지 못한다.

일설에는 초에 노래자老萊子란 인물이 있어 공자와 동시대이며 책 15편을 저술했는데, 이 사람이 노자라고도 한다. 또한 노자는 도를 닦고 장수를 누려 160여 세 또는 200여 세까지 살았다고 한다. 다시 일설에는 주에 태사太史 담儋이란 인물이 있어 패왕霸王의 출현을 예언한 적이 있는데, 이 태사 담이 노자라는 설도 있고, 또 이를 부정하는 설도 있다. 어느 쪽이 옳은지 명확하지 않다. 또 노자에게는 자손이 있어서 그 한 사람은 이가李假라 하고 한 문제文帝에게 출사했으며, 그 아들 해解는 제齊(산동성山東省)에 거주했다."

이 가운데 후반 부분을 보면 기원전 100년경 사마천 시대에는 노자의 전기에 갖가지 이설이 있고 정확한 전기는 알지 못하게 되었음을 알 수 있다. 가장 오랜 전기인『사기』가 이러하므로 정확한 전기를 아는 것은 절망적이라고도 할 것이다. 따라서 노자의 인물이나 시대를 엿보기 위해서는 이들 전기보다도 현존『노자』란 책의 내용에서 판단하는 편이 유효할 것이다.

제일 문제가 되는 점은『사기』가 노자를 공자와 동시대 사람이라 하고 있는 것이다. 이는 오늘날 학계에서는 완전히 부정되고 있다고 해도 좋다. 그 이유는 여러 가지 있는데, 근본적으로 『노자』란 책이 이를 허용할 수 없기 때문이다. 『노자』는 늘 대립자를 의식하면서 말하고 있다. 그 대립자란 것은 누구인가. 세간적 상식의 도덕이며, 바꿔 말하면 유가의 도덕이다. 안티테제는 테제의 후에 나타날 수 있으므로 노자의 사상은 공자 사상보다 뒤에 나온 것이다. 더욱이 유교 도덕이 이미 세간에 유력해져 있던 시기에 『노자』란 책이 나타난 터이므로 그것은 공자의 사후 상당한 세월이 지난 다음의 일이어야 한다. 따라서 만일 노자란 인물이 실재하고 있었다면 공자보다도 뒤에, 더욱이 상당히 뒤의 사람이었다는 것이다.

이와 더불어 중요한 문제는 『노자』의 저자가 한 사람인가 그렇지 않으면 복수인가라는 것이다. 『노자』의 문장 속에는 전국 시대에 널리 유행되고 있던 격언이나 속담이라고 생각되는 것이 적지 않게 포함되어 있어서, 극단으로 말하면 한 사람의 저작은 아니고 일종의 격언집인 게 아닌가라는 의문이 생긴다. 만일 그렇다면 현재의 『노자』는 도가 학파 사이에 축적되어온 명언을 모은 것이며, 그 저자는 '수많은 노자들'이라는 것이 된다.

그러나 입장을 바꿔서 『노자』란 책에 관해 보면 그 문체에 훌륭한 통일성이 갖춰져 있어 단순한 명언 모음집이라고는 생각되지 않는 점이 있다. 따라서 이 점에서 보면 역시 『노자』의 저자는 한 사람이든지, 적어도 어느 시기에 한 사람의 저자가 이를 편집해 자기의 말로 고쳐 표현한 것이라 할 수밖에 없다.

이와 같이 노자 자신의 전기도, 또한 그 사람의 저서로 되어 있는 『노자』에도 갖가지 성가신 문제가 있어서, 이에 명쾌한 해결을 내리는 것은 불가능하다고 해도 좋다. 결국은 하세가와 뇨제칸(長谷川如是閑)도 말하듯이 "소에 올라탄 백발 동안童顔의 선인仙人은 이 사상 체계의 예술적 상징이라고 보면 된다"고 말한 것쯤으로 낙착할 수밖에는 없을 것이다.

자연의 도 – 자유방임의 정치

노자는 장자 등과 함께 도가라 불리듯이 '도道'라는 것을 강조한다. 그러나 '도'란 말은 노장의 전용어는 아니고 이미 공자도 자주 이를 사용하고 있어 유가에서도 중요한 의미를 갖고 있다. 그럼에도 특히 노장 학파를 도가라 부르는 것은 그 도의 내용이 유가의 도와 달리 특수한 내용이 있었기 때문이다. 한마디로 말하면 공자의 도가 인·의·예·지라는 인위人爲를 내용으로 하고 있었던 데 대해, 노자의 도는 자연自然을 내용으로 하는 것이었다.

똑같이 전란의 시대에 살면서 공자와 노자는 그 전란의 원인에 관한 견해가 완전히 반대였다. 공자는 그 원인을 인의仁義의 도덕이 상실된 데 있다고 하고, 그 도덕의 회복이야말로 난세를 구하는 유일한 도라고 했다. 이에 반해 노자는 그 같은 인위적 인의충효야말로 오늘날의 난세를 가져온 원흉이며, 따라서 인위의 도덕을 근저로부터 부정하고 자연으로 돌아가는 것이야말로 인간에게 평화를 가져오는 도라고 한 것이다.

"위대한 도(大道)가 폐기되자 인의가 있고, 지혜가 나오자 큰 거짓(大僞)이 있으며, 육친六親이 화합하지 않으니 효자孝慈가

있고, 국가가 어둡고 어지러우니 충신이 있다."(제18장)

'대도', 즉 '자연의 도'가 행해질 때는 인의의 도덕 따위는 전혀 필요하지 않다. 자연의 대도가 폐기되었을 때 비로소 인의의 필요를 부르짖는 것이다. 지혜라는 인위가 나타나는 곳에 커다란 거짓이 생긴다. 지혜야말로 다름 아닌 거짓의 근원이다. 일족이 화합하고 있을 때에는 부모에게 효도하고 자식에게 자애를 베풀라는 가르침이 필요 없다. 국가가 혼란했을 때 비로소 충신이 찬양을 받는 것이니 잘 다스려진 국가에서는 충신이 필요 없다. 따라서 충효가 장려되는 것은 그만큼 국가나 사회가 건강하지 못한 상태에 빠져 있는 증거이다.

그러면 이 혼란한 세태를 정상으로 돌리는 데는 어떻게 하면 좋은가? 유가와 같이 도덕이나 예禮·의義의 확립에 의해 이를 바로잡으려 하는 것은 완전한 역효과를 초래하는 데 지나지 않는다. 왜냐하면 도덕이야말로 현재의 혼란을 야기한 원흉과 다름없기 때문이다.

"민民을 다스리기 어려움은 위에서 인위를 한 탓이다."(제75장)

"법령이 더욱 분명해지면서 도적이 많아진다."(제57장)

위정자가 서민에게 정도를 지키게 하기 위해서 갖가지 배려를 하고 도덕이나 법률 등 인위적 수단을 설정하는 것은 더욱더 서민을 흉악한 데로 가게 해서 다스리기 어려운 상태에 빠지게 한다. 따라서 서민을 정상으로 복귀시키기 위해서는 위정자가 일체의 인위적 정책을 방기하고 서민을 자연 그대로의 상태에 방임하는 것이 최상의 도이다.

"성聖을 끊고 지知를 버리면 민의 이익은 백 배가 된다."

"우리가 행함이 없으니(無爲) 민이 저절로 변화하고, 우리가 고요함을 좋아하니 민 스스로 올바르다."(제57장)

"대국을 다스리는 것은 작은 생선을 삶는 것과 같다."(제60장)

일본에도 "물고기는 다이묘(大名)에게 굽게 하라"는 격언이 있다. 물고기는 느긋하게 굽는 것이 좋은데, 이를 하인에게 굽게 하면 이미 다 구워진 것은 아닌지 안절부절못해 끊임없이 뒤집는 통에 물고기의 몸통이 부스러져버린다. 만지작거리지 말고 방임해두는 것이 대국을 다스리는 요령인 것이다.

자연주의의 출발점 – 태고 그대로인 중국 농촌

이처럼 자유방임으로 인위도 대책도 없는 정치란 것은 아무래도 무책임하고 비현실적인 것처럼 보인다. 그러나 거기에는 노자 나름의 현실적 근거가 있었다. 그것은 목전에 태고太古 그대로의 생활 상태를 계속하고 있는 농촌이 존재하고 있다는 사실이다.

중국에서는 진·한 이래 대제국의 통일이 지속되었음에도 농촌은 태고 그대로에 가까운 생활 상태를 완강하게 보존해왔다. 그것은 중국의 지역이 너무나도 광대하고 정부의 지배력이 지방의 농촌에까지 침투하지 못했기 때문이다. 농촌 생활을 노래한 격양가擊壤歌(땅을 두드리면서 노래하는 통속적 악곡)에 "해가 뜨면 농사짓고 해가 지면 쉬며, 우물을 파서 마시고 밭을 갈아 먹는다. 임금님의 힘, 내게 무슨 필요 있을까"라는 문구가 있는데, 이는 중국 농민의 의식을 잘 나타낸 것으로 알려져 있다.

노자의 이상은 이 태고의 소박한 농촌 생활을 그대로 주의 깊게 보존하고 이 같은 촌락의 집합 위에 국가를 만드는 데 있었다. 따라서 국가의 정부는 이 농촌의 자연 상태를 지키듯이 세심한 배려를 해야 한다. 「소국과민장小國寡民章」으로 알려진 제80장은 이를 잘 보여주고 있다.

"소국에서 주민이 적은 곳에서는 설령 도구는 있어도 사용하지 않게 한다. 사람들에게 생명을 소중히 하게 해서 먼 곳에는 이주하게 하지 않게 한다. 그러면 배와 수레가 있어도 탈 기회가 없고 무기는 있어도 진열해둘 뿐 사용하는 일은 없어질 것이다. 사람들에게 옛날대로 새끼줄을 맺어 약속의 표시를 하고, 지금 먹고 있는 것이 맛있고 지금 입고 있는 것이 아름답고 지금 살고 있는 집이 안락하다고 여기며, 현재의 생활이나 풍습을 즐겨 만족하게 한다. 그렇게 되면 설령 이웃나라가 바로 눈앞에 있어 그 닭이나 개 소리가 들려올 만큼 근거리에 있어도 주민들은 늙어죽을 때까지 경계를 넘어 왕래하는 일은 없을 것이다."

이것이 다름 아닌 노자의 자연주의 사상의 출발점이 되었던 것이다. 그가 찬미해 마지않는 무지無知 · 무욕無欲, 끝내는 도덕과 예의가 없으며, 한마디로 말해 문화가 없는 상태는 이 같은 '소국과민'[작은 나라 적은 백성]의 이상향을 배경으로 태어난 것이다. 더욱이 그것은 단순한 유토피아는 아니다. 왜냐하면 그것은 중국의 전통적 촌락공동체의 현실이기도 했기 때문이다.[13]

지식의 부정 – 체험적 직관의 존중

이처럼 노자는 지식·욕망·기술·도덕·법률 등 문화의 내용이 되는 것 전부를 부정하며 태고의 자연 그대로의 농촌 생활로 돌아가라고 주장한다.

그러면 왜 지식이나 욕망 등은 부자연한운 것일까. 먼저 지식에 관해 보자. '안다'는 것의 본질은 '와카루(わかる)'['알다']란 말이 보여주듯이 사물을 '나누다(分[わ]ける)'라는 것에 있다. 판단判斷이라 함은 사물을 반으로 쪼개 자르는 것이며, 분석分析이라 함은 사물을 나눠서 쪼개는 것이고, 이해理解라 함은 사물에 속한 이理[금, 결]에 따라 분해하는 것이다. 인간은 하나의 사물을 그대로 '아는' 것이 불가능해서 반드시 이를 이분二分함으로써 비로소 아는 것이 가능한 것이다.

따라서 지식으로 파악한 세계는 반드시 좌와 우, 그것과 이것, 전과 후, 선과 악, 미와 추라는 상대적 차별의 모습으로 나타난다. 하지만 이처럼 이분된 모습은 과연 그 사물의 본래의 형태, 있는 그대로의 모습인 것일까. 인간의 신체를 머리·몸통·수족으로 분단한 다음 다시 한 번 그러모아 이것이 인간이라고 설명하더라도 그것은 이미 죽은 인간이어서 살아 있던 인간은 아니다. 분단한다는 인공을 가함으로써 사물은 그 생명을 잃고 있는 그대로의 모습이 사라지는 것은 아닌가. 있는 그대로의 사물, 자연의 모습인 사물은 어디까지나 하나이고 분단을 허용하지 않는 것이다.

노자는 만물의 근본이 되는 진리를 '도道'라고 부르는데, 그 도를 또 '1'(一)이라는 이름으로 부른 적이 많다. "1을 품다", "하늘은 1을 얻어 맑고, 땅은 1을 얻어 평안하며, 신은 1을 얻어 낳는다", "만물은 1을 얻어 태어난다"는 등 전부가 그 예이다. 1이라는 것은 분할을 허용하지 않는 전체자인 것이며, 분할을 본질로 하는 지식으로는 포착할 수 없는 것이다.

그러면 지식에 의한 분할을 허용하지 않는 '1'은 무엇으로 포착할 수 있을까. 그것은 체험적 직관直觀에 의할 수밖에 없다. 노자는 이 같은 직관을 '밝음(明)'이라 부른다. "명命으로 돌아감을 상常[불변]이라 하고, 상을 아는 것을 밝음이라 한다", "작은 것을 아는 것을 밝음이라 한다", "그 빛을 이용해 밝음에 복귀한다"는 것이 그러한 것이다. 직관의 빛에 비춰 나온 모습이 그 사물의 참모습이라는 것이다.

이와 같이 상대적 차별의 지식을 부정하는 노자는 당연한 결과로 학문도 유해무익한 것으로 부정한다. "학學[학문]을 끊으면 근심이 없다", "성聖[도덕]을 끊고 지知[지식]를 버리면 민民의 이익은 백 배이다"라는 것이 그것이다.

욕망은 부자연한 것 – 족함을 아는 자는 부유하다

부자연한 것은 지식만은 아니다. 인간이 갖는 욕망도 또한 자연에 반하는 것이다. 왜냐하면 갓난아이(赤子)나 농민을 봐도 알 수 있듯이 자연 상태에 가까운 인간일수록 욕망이 적고 반대로 문화생활을 하고 있는 인간일수록 많은 욕망을 갖고 있기 때문이다. 인간이 물질을 욕구하는 것은 그 물질이 있음을 알고 있기 때문이다. 결국 욕망은 지식의 인도를 받아 생겨난다. 지식이야말로 욕망을 비대하게 하는 장본인이나 다름없다.

지식에 의한 욕망의 비대화는 어떠한 결과를 초래할까. "오색五色은 사람의 눈을 멀게 하고, 오음五音은 사람의 귀를 듣지 못하게 하며, 오미五味는 사람의 입을 마비시키며, 말을 달려 사냥하는 놀이는 사람의 마음을 미치게 하고, 진귀하고 얻기 어려운 재화는 사람의 행위를 사악하게 한다"는 것이다. 따라서 인간은 무지함과 아울러 무욕이어야 한다.

그렇지만 노자는 욕망을 전체로서는 부자연하다고 하면서도 생명을 유지하기 위한 최저한의 욕망까지 부정할 작정은 아니었던 듯하다. 그것은 노자가 이상으로 하는 갓난아이나 농민이 완전히 무욕은 아닌 데서도 알 수 있다. 따라서 노자가 말하는 무욕은 실은 "바탕(素)을 드러내고 질박함(樸)을 품으며, 개성(私)과 욕망을 적게 한다"고 하듯이 정확하게는 '과욕寡欲'이라고 해야 할 것이다. 그 최저한의 욕망이 지식에 의해 증대될 때 비로소 부자연한 성격을 갖게 된다. "족함을 아는 자는 부유하다"(제33장)고 하듯이 노자가 자주 '족함을 아는 것(知足)'을 말하는 것은 욕망의 최소한을 지키기 위한 것과 다르지 않다.

선악의 피안 – 빛을 누그러뜨리고 티끌을 함께하다

지식이나 욕망이 부자연한 것과 마찬가지로 도덕도 부자연한 것이다. 도덕의 근본이 되는 것은 선과 악의 구별인데, 이러한 가치판단도 역시 판단인 이상 지식과 마찬가지로 하나인 것을 인위적으로 이분한다는 부자연을 범하고 있다. 따라서 선과 악이라는 판별은 사물의 있는 그대로의 모습에 반하는 것일 수밖에 없다.

"유唯와 아阿는 같은 대답하는 소리인데 서로 떨어진 거리가 얼마인가. 선과 악은 서로 떨어진 거리가 얼마인가." 윗사람한테는 '예' 하고 대답하고, '응'하고 답해서는 안 된다고 한다. 그러나 어떻게 대답하더라도 긍정에는 다름이 없지 않은가. 선이라 하든 악이라 하든 그 차이는 상대적인 것이고, 그 사람의 판단을 기준으로 결정한 데 지나지 않으므로 절대적인 것은 아니다. 그 상대적일 수밖에 없는 것을 절대화하면 어떻게 될까. "천하 모두가 미美가 아름다움인 줄만 안다면 이는 추함일 뿐이며, 모두 선善이 선함인 줄만 안다면 이는 선하지 않을 뿐이다."(제2장) 선함과 아름다움도 이를 절대화해서 고집하면 그것은 그대로 추악함으로 전화한다.

그러면 선악, 미추美醜의 차별 이전의 '1'의 입장에 서면 어떠한 태도가 나타날 것인가. "선한 것은 나도 이를 선함으로 여긴다. 선하지 못한 것도 내가 또한 이를 선함으로 여긴다." (제4장) 바꿔 말하면 전부를 선함으로 긍정하는 것이다. 왜냐하면 '도'는 선악의 피안에 있기 때문이다.

여기에서 유명한 '화광동진和光同塵'이란 말이 생긴다. "그 날카로움을 꺾고 그 어지러움을 풀어서, 그 빛을 누그러뜨리며 그 티끌을 함께 한다."(제4장·제56장) 설령 날카로운 예지를 갖추고 있더라도 이를 억제해 둔하게 하고 타인과의 분쟁을 풀어내는 데 힘쓰며, 설령 거울과 같은 빛을 갖추고 있더라도 이를 누그러뜨려 밝게 하지 않고 만인의 티끌 속에 묻혀서 함께 조화를 이룬다는 것이다. 그것은 단순한 처세를 위한 편의적 타협은 아니다. 자연의 도에서는 전부가 동일한 것임을 이해하고 있기 때문이다.

유약·비하의 인생철학 – 갓난아이·여성·물

이처럼 무지, 무욕, 무도덕을 인간의 자연 상태라 하게 되면 이에 가장 가까운 것은 갓난아이일 것이다. 노자는 "갓난아이로 돌아가라"는 것을 강조해 마지않는다. "덕德을 간직하는 그 두터움이 갓난아이에 비견된다"(제55장) "기氣를 뜻대로 하고 부드러움(柔)을 발휘해 영아嬰兒와 같이 될 것인가"(제10장) "영아가 아직 웃지 않는 것과 같다"(제20장) 등이 모두 그런 예이다.

갓난아이는 인간의 자연 상태인데, 거기에 볼 수 있는 것은 유약柔弱하다는 '덕'이다. 그것은 그대로 여성에도 통한다. "남성의 굳세고 강함의 한계를 알고 여성의 부드럽고 온화함을 지켜가면 곧 천하의 물을 모으는 골짜기가 될 수 있을 것이다. 천하의 물을 모아 골짜기가 되면 불변의 덕이 몸을 떠나지 않게 되어 영아로 복귀할 수가 있을 것이다."(제28장) "대국大國이란 것은 냇물이 흐르는 하류에 위치하는 것이고 거기에 전체의 물이 합류하는 장소이다. 여성은 그 고요함(靜)에 의해 남성에게 이기고 그 고요함 때문에 아래에 위치한다. 모든 위대한 것은 아래에 위치해야 하는 것이다."(제61장) "나는 세상 사람들과 달리 모친의 젖가슴에서 양육되는 것을 높이며 구하는 자이다."(제20장) "천하에는 시초가 있어 이를 천하의 어머니라 부른다. 이 어머니를 체득한 바탕 위에 그 자식인 만물을 알고, 자식을 안 다음에 거듭 어머니로 돌아가 이를 귀중하게 지킨다면 생애에 그 몸의 평안함(安身)이 가능할 것이다."(제52장)

이와 같이 여성의 원리를 천지의 근원에 두는 노자의 사상은 그 근본에서 농경민의 색채를 짙게 띠고 있는 것으로 생각된다. 농민은 오곡의 풍성한 결실을 여성의 생식력에 결부시켜 여성을 신으로 삼는 일이 많다. 이는 사막이나 초원에서 유목민의 신이 남성이 되고 아버지라 불리는 일이 많은 것과는 대조적이다. 다음의 문장 등은 바로 생식력 그 자체의 숭배를 보여준다고 해도 좋을 것이다.

"골짜기 신은 죽지 않으니 이를 현빈玄牝[현묘玄妙한 암컷]이라 한다. 현빈의 문, 이를 천지의 뿌리라 한다. 끊어짐이 없이 존속하는 것처럼 이것은 사용해도 소진되지 않는다."(제6장)

골짜기 사이에 있는 신은 불사의 생명을 갖는다. 이 신을 현묘하고 신비한 암컷이라 부른다. 이 여성의 음문이야말로 천지의 근원이라 불리는 것이다. 거기로부터 유출된 샘은 끝없이 계속되는 되는 것처럼 보이고 아무리 길러내 사용해도 그 힘을 잃은 적이 없다. 노자의 이 발상의 근본이 된 것은 아마 농민의 생식기 숭배였을 것이다. 유가가 남성적이고 도회형의 사상이었다고 한다면, 이것은 여성적이고 농촌형의 사상이다.

노자의 사상이 농민적이었던 것은 그 유약柔弱의 주장과 결부되어 물을 존중하는 점에서도 볼 수 있다.

"최상의 선(上善)은 물과 같다. 물은 곧잘 만물을 이롭게 해도 다투지 않는다. 뭇사람이 싫어하는 곳(낮은 곳)에 있으니 '도'에 가깝다."(제8장)

"천하에 물보다 유약한 것은 없다. 그런데도 굳세고 강한 자를 공격하는 데 이 물에 잘 이기는 자가 없다. 이를 바꿀 도리가 없기 때문이다. 약함이 강함에 이기고 부드러움(柔)이 굳셈(剛)에 이기는 것은 천하가 알지 못하는 것은 아닌데도 잘 이행

하지 못한다."(제78장)

이 여성과 물에 공통되는 유약함, 즐겨 낮은 지위에 나아간 다는 성질은 그대로 농민의 성질이기도 하다. 농민은 도시에 사는 지배자의 명령대로 유순하게 복종하며, 이에 반항하는 일도 없다. 얕보고 낮추어도 이에 분노함이 없이 다만 묵묵히 나날의 일에 근면할 뿐이다. 태고의 자연생활을 영위하는 농촌에서 이상사회를 찾아낸 노자는 동시에 그 인생철학에서도 농민의 처세 태도를 높이 평가하는 것이다.

부드러움은 굳셈에 이긴다 – 다툼을 부정하는 철학

그러나 노자가 유약과 비하卑下의 철학을 설교하고 여성과 물의 덕을 찬미했다고 해도 그것은 패배자의 지위를 감수하라는 주장은 아니다. 도리어 약자야말로 참된 강자이며, "약함은 강함에 이기고 부드러움은 굳셈을 이긴다"(제78장)는 역설의 진리를 알고 있기 때문이다.

저 물은 네모나 원의 그릇에 따른다고 하듯이 상대에 따라 그 모습을 바꾸니 그만큼 유연하면서 순종적인 것은 없다. 그럼에도 시간을 들이면 바위도 관통하는 가공할 힘을 비장하고 있는 것은 아닌가. 이에 반해 굳세고 강한 것은 굳세고 강한 까닭으로 취약함이 있다. 단련되어 예리한 도검류는 오래 가지 못한다—"단련해 날카롭게 하면 오래 보존할 수 없다."(제9장) 따라서 종국적인 승리를 거두는 것은 늘 약자이다.

또한 낮은 데 몸을 두는 것은 어쨌든 패자의 비참함을 상기시키는 점이 있다. 그러나 실은 그렇지는 않다.

"강과 바다가 곧잘 많은 골짜기의 왕이 되는 이유는 그것이 곧잘 아래에서 낮추기 때문이다. 그래서 많은 골짜기의 왕이 된다. 이로써 민民의 윗자리에 오르려면 반드시 말을 낮추어 그들 아래에 있어야 한다. 민에 앞서려 하면 반드시 몸을 낮추어 그들 뒤에 서야 한다. 이로써 성인聖人은 위에 있어도 민은 무겁다고 하지 않고, 앞에 있어도 민은 해롭다고 여기지 않는다. 이로써 천하는 추대함을 즐겨 싫증을 내지 않는다. 그가 다투지 않는 까닭으로 천하가 그와 좀처럼 다투지 않는다."(제66장)

바다나 큰 강이 많은 냇물을 모아 커진 것은 많은 냇물보다도 낮은 위치에 있기 때문이다. 남과 다투어 물리치고 남의 윗자리에 서려고 하는 자는 천하의 왕자王者가 될 수는 없다. 왜냐하면 민중은 그를 두려워하고 증오하기 때문이다. 다만 남의 하위에 있으려는 자, 남보다 뒤에 있으려는 자만이 천하의 왕자가 될 수 있는 것이다.

이처럼 유약한 자, 하위에 서는 자가 굳세고 강해서 상위에 있는 자에게 이긴다는 것인데, 그 이기는 방법은 강자가 약자에 이기는 것과는 다르다. 그것은 저항을 수반하지 않고 이기는 방법이므로 다툼이 없는 승리이다. 이 다툼이 없는 '부쟁不爭'이란 것이 노자에게는 중요하다. 왜냐하면 그것은 전쟁의 부정으로 이어져 전국 시대의 화근을 단절하는 것과 연결되고 있기 때문이다.

"선한 사士인 자는 무武를 즐기지 않으며, 잘 싸우는 자는 노하지 않고, 적에게 잘 이기는 자는 그와 어울려 상대하지 않고, 사람을 잘 쓰는 자는 낮추어 그 아래가 된다. 이를 다툼이 없는

덕德이라 한다."(제68장)

"병兵은 상서롭지 못한 도구(器)로서 군자의 도구가 아니다. 어쩔 수 없이 그것을 쓸 때는 욕심 없이 깨끗한 마음(恬淡)이 최상이다. 이겨도 찬미하지 않는다. 이를 찬미하는 자는 살인을 즐기는 것이다. 살인을 즐기는 자는 뜻을 천하에 두어서는 안 된다. ……죽인 사람이 많으면 비애로 슬피 운다. 전승했을 때는 상례喪禮로 이에 대처한다."(제31장)

"병을 일으켜 서로 공격할 때 슬퍼하는 자가 승리한다."(제9장)

자연의 섭리에 대한 신뢰

다만 이 같은 다툼 없는 철학을 말하는 것도 좋지만, 평온무사한 세상이면 어떨지 몰라도 격렬한 약육강식의 시대에 그것을 관철시키는 것은 불가능하지 않을까. 부드러움이 아무리 굳센 것에 이긴다 해도 갓난아이나 여성과 같이 무저항 그대로의 상태로는 돌연 세상의 거친 물결에 삼켜져버릴 우려가 있는 것은 아닐까.

그 염려는 쓸데없다. 왜냐하면 인위를 버리고 무위無爲가 된 바로 그 순간에 자연自然이 갖는 위대한 작용이 나타나기 시작하기 때문이다.

"천도天道는 다투지 않고도 잘 이기며, 말하지 않아도 잘 응답하고, 부르지 않아도 저절로 와서 묵연히 일을 잘 도모한다. 하늘의 그물이 넓고 넓어서 성기면서도 놓치지 않는다."(제37장)

천도, 자연의 섭리는 어떠한 것과도 다투지 않고 승리를 거두며, 부르지 않아도 올바른 응답을 하고, 부르지 않아도 자연히 찾아오며, 침묵 속에 면밀한 계획을 세운다. 하늘의 섭리라는 그물은 부근 일대에 넓게 둘러쳐져 있고, 그 그물눈은 거칠어서 얼핏 보기에 어려움 없이 빠져나갈 것 같이 보이지만 실은 물고기 한 마리도 도망칠 수가 없다는 것이다.

노자에게는 신의 신앙이란 것은 없다. 묵자와 같은 특수한 경우를 제하고, 전국 시대의 제자백가 간에는 하늘은 그 인격성을 잃고 도道나 이理라는 로고스적인 존재가 되어 있었다. 노자의 경우도 마찬가지이다. 따라서 만능의 신에 의한 섭리라는 사상은 없었다. 그러나 이것에 대신할 것으로서 하늘의 도, 즉 '자연의 섭리'가 있었다. 신의 섭리에 대한 신앙이 없었던 대신에 자연의 섭리에 대한 절대적 신뢰가 있었다.

자연의 섭리는 인간이 의식적인 영위, 즉 인위를 작용시키고 있을 때에는 나타나지 않는다.

인간이 그 인위를 제거하고 무위가 되었을 바로 그 순간에 이 자연의 위대한 작용이 나타난다는 것이다.

노자는 자주 "인위를 하지 않으면서 하지 않는 것은 없다(無爲而無不爲)"고 말한다. 그 경우 '무위'의 주체는 인간이지만 '하지 않음이 없다'는 주체는 자연의 섭리이다. 인간이 그 책동을 중지함과 동시에 무한의 기능을 갖는 자연의 섭리가 나타날 것이다. 인간은 이 같은 자연이 갖는 만능의 작용에 의해 지켜지고 있으므로 설령 무위·무책이었어도 조금의 불안도 품을 필요가 없는 것이다.

자연의 섭리에 대한 절대적 신뢰, 이것은 노자만이 아니라

도가 학설 일반에 보이는 공통의 사상이다. 그것은 도가적 자연주의가 성립하기 위한 필수적 전제조건이라고 해도 좋다.

정치적 현실에 대한 관심에서 철학으로의 이행

이상 서술한 범위에서의 노자의 사상은 전체적으로 정치사상 내지 인생철학의 틀을 벗어나지 않았다고 할 수 있다. 그러나 노자는 이 틀을 깨트리고, 나아가 철학 내지 형이상학形而上學의 영역으로 발걸음을 내딛으려 한다. 이것은 전국 시대 제자백가의 사상으로서는 완전히 이례적인 것일 뿐 아니라 중국의 사상가로서는 극히 드문 예이다. 왜 노자는 형이상학의 세계에 발을 들여놓은 것일까.

첫째는 노자가 다른 제자백가처럼 국가 경영의 상담역으로서 제후 사이에 유세하며 다니지 않고 현실 정치 세계와의 사이에 일정한 거리를 둔 것이 원인이었다고 생각된다. 노자 자신은 지식인이자 문화인이면서 아마 재야의 은둔자로서 삶을 끝마친 사람으로 상상된다. 정치적 현실로부터 한 걸음 물러난 것이 그의 사상에 철학적 근거를 붙이게 만드는 여유를 주었을 것이다.

둘째는 그 무위자연無爲自然의 사상 자체가 철학적 표현을 요구했다는 사정을 생각할 수 있다. 자연을 실현하기 위해서는 상식적인 사고라는 인위를 부정해야만 한다. 자연히 노자의 말은 "바른 말은 반대로 뒤집는 것과 같다"(제78장)고 하듯이 반어反語가 되고 역설逆說이 될 수밖에 없다. 이처럼 상식을 부정하는 역설은 이미 상식의 말로 말할 수가 없고, 상식을 넘어선 철학의 지혜가 필요할 것이다.

무의 철학 – 만유를 낳는 근원인 무

노자의 근본적 입장은 자연이란 한 어휘로 궁극에 이른다. 하지만 현실의 인간은 깊이 부자연에 빠져 있다. 이 부자연에서 벗어나 자연으로 돌아오기 위해서는 어떻게 하면 좋은가? 그러기 위해서는 부자연의 근원인 인위를 철저히 제거할 수밖에 없다.

"학문을 하면 나날이 보태지고, 도를 하면 나날이 덜어진다. 덜고 또 덜어냄으로써 무위에 이른다. 인위를 하지 않으면서 하지 않음은 없다."(제48장)

보통 학문을 연마한다는 것은 매일 그 지식을 늘려간다는 덧셈 방향을 취하는데, 자연의 도를 수행함은 역으로 지식을 비롯한 인위를 덜어간다는 뺄셈 방향을 취한다. 『노자』란 책에 무지와 무욕을 비롯해 무극無極 · 무명無名 · 무물無物 등 무無가 붙은 단어가 많은 것은 다름 아닌 이 때문이다. "덜고 또 덜어낸다"는 부정否定의 극치에 도달하면 그것은 '무'가 될 수밖에 없을 것이다.

보통 무라고 하면 아무것도 없는 상태이며 거기서는 아무런 적극적 작용도 나오지 않는 것이라고 생각할 수 있다. 결국 무위이다. 하지만 노자는 "무위이면서 하지 않음은 없다"고 하며 무위이면서 만능의 작용을 한다고 한다.

"삼십 개의 바퀴살이 바퀴통 하나를 공유한다. 그 무無에 들어맞아 수레에 작용이 있다. 찰흙을 이겨서 그릇을 만든다.

그 무에 들어맞아 그릇의 작용이 있다. 들창과 지게문을 뚫어서 방을 만든다. 그 무에 들어맞아 방의 작용이 있다. 그러므로 유有가 이롭게 되는 까닭은 무가 작용을 하기 때문이다."(제11장)

삼십 개의 바퀴살이 수레바퀴의 중심에 있는 바퀴통에 모인다. 바퀴통에는 수레 축을 관통하는 구멍이 있는데, 이 공간이 수레로서의 기능에 유용하게 쓰이고 있다. 점토를 굳혀 식기를 만들면 안에 빈 부분이 생기는데, 이 텅 빈 부분에 음식물을 담는다는 식기의 기능이 있다. 집에는 출입문이나 창이라는 공간 부분이 있는데, 이 공간 부분이 없으면 집의 기능은 상실될 것이다.

이것이 이른바 '무용無用의 용用'이다. 그러나 정직하게 말하면 이 노자의 비유는 그다지 교묘하다고는 할 수 없다. 이것보다도 『회남자淮南子』「설림훈說林訓」의 비유 쪽이 적절하다.

"작은 새를 잡기 위해 새잡이 그물을 펼친다. 작은 새가 걸린 것을 보니 한 그물눈만이 쓰임새가 있는 것 같이 보인다. 그렇다고 해서 처음부터 한 그물눈만 펼쳐두어서는 작은 새는 걸리지 않는다. 쓰임새가 없는 것처럼 보이는 무수한 그물눈이 '무용의 용'을 이루고 있었던 것이다."

그렇지만 이 무용의 용에서는 무는 유有의 작용을 돕는다는 보조적 역할을 연출하고 있을 뿐이며, 만능의 작용을 갖는다고 하기에는 거리가 먼 것이다. 실은 무에는 이보다도 훨씬 중요한 작용이 있다.

"천하 만물은 유에서 생기며, 유는 무에서 생긴다."(제30장)

"천지간은 역시 풀무 같은 것인가. 텅 비었으면서 다함이 없

고 움직이니 점점 더 나온다."(제5장)

천하의 만물은 천지天地라는 유로부터 생긴다. 그러나 천지라는 유 자체는 무로부터 생긴다. 그러고 보면 무야말로 만물의 시작이며 만물이 생겨나는 근원이다. 만일 무로부터 유가 생기는 것을 의심하는 자가 있다면 저 하늘과 땅 사이에 있는 무한한 공간을 보라. 하늘과 땅 사이는 무인데, 마치 풀무 가죽 자루의 공간에서 무한한 공기를 내보내듯이 무한한 만물을 낳는 것이 아닌가.

그러고 보면 무는 만유萬有를 낳는다는 위대한 작용의 소유주임을 알 수 있다.

무인 동시에 하나인 도

이와 같이 만물의 근원인 도는 그 내용이 무이다. 하지만 다른 한편으로는 또 도를 '1(一)'로 파악하기도 한다.

"옛적에 1을 얻은 자로는, 하늘은 1을 얻어서 맑고, 땅은 1을 얻어서 평안하며, 신은 1을 얻어서 신령하고, 골짜기는 1을 얻어서 가득 차고, 만물은 1을 얻어서 발생하며, 제후와 왕들은 1을 얻어서 천하의 수장이 된다."(제39장)

"이로써 성인聖人은 1을 품어 천하의 표본이 된다."(제29장)

"영백營魄(육체)에 실어 1을 품으니 떠날 수 없는 것인가."(제10장)

이 1이 무엇을 의미하는가에 관해서는 갖가지 견해가 있다. 1의 내용을 알기 위해서는 다음 한 구절이 중요한 의미가 있을 것이다.

"도는 1을 낳고, 1은 2를 낳고, 2는 3을 낳고, 3은 만물을 낳는다. 만물은 음陰을 지고 양陽을 안는다."(제42장)

이는 도에서부터 만물이 산출되는 과정을 서술한 것인데, 당시 전국 말기부터 유행한 음양설陰陽說을 이용하고 있다. 음양이라는 것은 만물을 구성하는 원자라고도 할 수 있는 기氣의 두 종류로서 음기陰氣와 양기陽氣이다. 따라서 '2'는 음양 2기二氣를 가리키고, '1'은 2기가 분화하기 이전의 1기一氣를 가리키는 것이라고 볼 수도 있을 것이다. 그리고 "도는 1을 낳는다"고 하므로 1은 도는 아니고 도에서 파생된 것임을 알 수 있다.

이는 확실히 그와 같지만 뒤집어 생각해보면 '1을 얻다', '1을 품다' 같은 경우의 1은 이를 도라고 바꿔 말해도 되며, 오히려 그편이 좀 더 적합한 것은 아닐까. 왜 노자는 일부러 도를 1로 바꿔 말했던 것일까.

노자가 여기서 말하고 싶었던 것은 무, 즉 도가 미분화로 혼일混一의 상태에 있다는 것은 아니었을까. 분별적 지혜에 의해 파악된 것은 '유'만이며, 도는 유의 범위 밖에 있다. 도가 무에서부터 만유萬有의 세계로 유출되려 할 때 그 직전에 혼돈된 하나의 존재(一者)의 모습을 취할 것이다. 그것은 전체로 하나이기 때문에 분할될 수 없고, 따라서 논리적인 사고의 대상이 되지는 않는다. 이를 파악하는 것은 체험적 직관뿐이다. 이제 노자의 도에서 체험적 직관의 일례를 들어보기로 하자.

도의 신비적 직관

"도道가 물物인 상태는 황홀恍惚한 가운데 유무를 분간할 수 없는데 그 속에 '물'이 있다. 어슴푸레한 어둠 속에 정精이 있다. 그 '정'은 매우 참되어서 그 속에 진실(信)이 있다. 예로부터 지금까지 그 이름(名)이 없어지지 않고 만물이 발생하는 데 작용한다. 나는 무슨 수로 만물의 발생이 그런 줄 아는가? 이럼으로써 아는 것이다."(제21장)

"도란 것은 황홀하고 몽롱해서 보고 확인하기가 어려운 것이다.

하지만 그 황홀해서 보고 확인하기 어려운 가운데 무언가 형체 같은, '물' 같은 것이 있다.

그 어슴푸레한 어둠 속에 영묘한 어떤 것이 있다. 그 영묘함은 부정하기 어려운 진실함을 지니며 그 속에는 확실함이 있다.

태고부터 지금까지 도라고 불리는 존재는 변함이 없고 '물'의 시초인 것들을 통할하고 있다.

나는 왜 '물'의 시초가 되는 것들이 도에 통할되고 있는지를 알 수 있을까. 그것은 이 같은 도의 직관에 따른 것이다."

이것이 노자에 의한 도의 체험적 직관이다. 무한한 도 가운데 들어가면 마치 짙은 구름 속에 둘러싸인 것처럼 앞뒤도 분명하지 않은 암흑의 혼돈을 보는 생각이 들 것이다. 더욱이 그 혼돈 속에 무언가 영묘한 어떤 것이 있고, 부정하기 어려운 진실성과 확실성을 갖는 것이 있다는 것이다. 그것은 아마 무한의 힘을 비장한 도의 모습임에 틀림없다.

이 같은 도의 직관을 신비적 체험이라 부를 수도 있을 것이다. 그러나 이것은 노자가 밀교密敎적이고 비의秘儀적인 신비주의의 신봉자였던 것을 반드시 의미하는 것은 아니다.

신비주의라는 말은 긴 역사가 있는 만큼 오늘날에는 실로 잡다한 의미를 갖게 되었다. 통속적인 용법으로는 신비적이란 것은 초능력이나 오컬트[연금술·점성술 등] 류까지 포함하고 있는데, 철학적 의미에서 신비주의란 것은 논리의 매개를 거치지 않고 직접 대상을 파악하려는 입장을 가리킨다. 따라서 그것은 초능력이나 종교적 비의의 실천이 필요한 것은 아니다. 극단적으로 말하면 물을 H와 O로 분해하는 대신에 '물은 아름답다'고 느끼면 그것도 또한 신비적 체험의 하나라고 할 것이다.

동양에서 무의 철학의 시조

돌이켜 보면 노자는 작은 나라, 적은 백성(小國寡民)의 이상향 실현이라는 것에서 출발해 그 자연주의를 정치나 인생 문제로 확장하고, 최후에는 무無의 형이상학에까지 도달했다.

만일 노자가 무위자연의 정치를 설파하는 것만으로 끝났더라면 그것은 유교에 대립하는 정치사상의 하나라는 것에 머물고 말았을 것이다. 그러나 동시에 노자에게는 현실을 초월한 영원의 세계에 대한 동경이 있었다. 이것이 노자를 중국에서 최초의 철학자이게 했다.

더욱이 그것만은 아니고 노자는 중국에서 최초로 무를 발견한 철학자라는 영예를 안게 된 것이다. 보통 서양 철학이 곧잘 '유有의 철학'인데 비해 동양 철학은 '무無의 철학'의 성격이 짙다고 일컬어진다. 불교의 '공空' 사상이 인도를 대표하는 것이라면 중국을 대표하는 것은 노장의 '무' 사상이다. 그 선구자로서 노자의 비중은 크다.

하지만 동시에 선구자에게 늘 붙어다니는 역사적 제약에서 완전히 벗어날 수는 없었다. 과연 노자는 무의 세계로 한 걸음발을 내딛기는 했지만 그 가장 깊숙한 경지에 도달했다고는 생각되지 않는다. 그 이유 중 첫째는 그가 남긴 『노자』란 책이 상징시와 같은 경구의 단편을 집합한 것이다. 이로부터 체계적 철학을 구성하는 것은 불가능하지는 않다 해도 매우 곤란하다. 둘째 이유는 노자가 최후까지 정치에 대한 관심을 계속 갖고 있었던 것처럼 생각되는 것이다. 이것은 노자 사상을 특징짓는 것은 아니었지만 정치의 무거운 족쇄가 형이상학 세계로의 자유로운 비상을 방해하는 결과가 되었던 것은 아닐까.

'무'의 철학의 참된 완성은 다음의 장자를 기다려야 했다.

8. 장자

장자의 전기

　도가에 속하는 사람들의 전기는 명확하지 않은 점이 많다. 이것은 그들이 무명인 채로 끝나는 것을 염원했기 때문일 것이다. 장자莊子의 전기도 노자 정도는 아니지만 역시 불분명한 부분이 많다. 그 전기로서 가장 오랜 『사기』 「장자전」의 요지를 들기로 한다.

　"장자는 몽蒙 사람이다. 이름은 주周라 한다. 몽 지방의 칠원漆園 관리였던 적이 있다. 양梁(위魏가 원명이다) 혜왕惠王, 제齊 선왕宣王과 동시대였다. 그 학문은 넓었으며, 그 근본은 노자와 같았다. 그 저서는 십여만 자에 미치는데, 대체로 우언寓言(비유적 이야기)이 많다. 그 교묘한 문장으로 유가·묵가를 공격했는데, 당시 학자들은 그 예봉을 피할 수가 없었다. 그러나 그 말은 너무나도 분방하고 제멋대로여서 당시의 왕공王公으로서 그 인물을 인정하는 자는 없었다. 다만 초楚 위왕威王 혼자 장

142

자를 존경해 사자를 보내 그를 재상으로 맞이하려 했지만, 그는 '제사의 소처럼 희생으로 오르는 것은 사절이다. 나에게는 더러운 도랑 속에서 한가롭게 사는 편이 성질에 맞는다'고 거절했다."

몽이라는 땅은 현재의 하남성河南省 상구현商邱縣 동북에 해당되며, 전국시대에는 송宋의 영토 안에 있었다. 장자는 그 땅의 칠원을 관리하는 관직에 있었다고 하지만 관리라 해도 지위는 낮고 은둔자의 세상살이를 위한 일이었다고 생각된다. 그의 생존 시대는 양 혜왕과 제 선왕과 동시대였다는데, 이 두 왕의 재위 연대는 기원전 371년부터 기원전 300년에 걸치고 있다. 유가의 맹자는 이 두 왕과 면회한 적이 있으므로 장자는 맹자와 동시대인이었던 셈이 된다.

그보다도 확실한 것은 장자는 명가名家(논리학파)인 혜시惠施와 친우 관계에 있었던 것 같다.

그중에는 장자의 처가 죽자 혜시가 조문을 온 이야기나 장자가 혜시의 무덤을 찾은 이야기도 있으므로 양자가 친밀한 관계였음을 추측하게 한다. 혜시는 송 출신이고 장자와는 같은 나라 사람이었는데, 후에 양의 혜왕이나 양왕襄王 밑에서 재상의 지위에 올랐다. 그 재세 기간은 대체로 기원전 370년경부터 기원전 310년경까지라고 추정되고 있으니, 장자의 생존 연대도 거의 이와 평행하는 것으로 보아도 좋을 것이다.

『장자』란 책의 구성 – 「내편」과 「외편」·「잡편」

장자의 사상을 이해하는 데 중대한 관계가 있는 것은 현재

전해지고 있는 『장자』란 책의 구성이다. 『장자』 33편은 크게 나눠서 「내편內篇」·「외편外篇」·「잡편雜篇」 3부로 구성되어 있는데, 이 중에는 장자의 자필 부분 내지는 그것에 가까운 것과 장자의 후학들이 이어서 쓴 부분이 섞여 있다. 그리고 장자 본래의 사상과 후학들이 이어서 쓴 부분에서는 그 내용에 상당히 큰 변화가 있으며, 때로는 모순되는 것조차 보인다. 이를 구별하지 않으면 장자 사상의 이해 자체가 혼란에 빠질 위험이 있다.

대략 말해서 『장자』「내편」은 장자 본래의 사상에 충실한 부분이고, 「외편」·「잡편」은 후학들이 이어서 쓴 부분이라는 견해가 유력하며, 학계의 대세도 이 견해에 기울어 있다고 해도 좋을 것이다. 그래서 여기서는 장자의 사상을 「내편」과 「외편」·「잡편」으로 구분해서 서술하기로 한다.

『장자』란 책이 현재의 구성으로 정착된 것은 비교적 새로운 것이어서 3세기 말 서진西晉의 곽상郭象 이후의 일이다. 곽상의 『장자주莊子注』는 현존 주석서로서는 가장 오랜 것인데, 그는 동시에 현재 형태의 「내편」·「외편」·「잡편」 세 부문의 분류를 확정했다. 다만 이 세 부문의 분류는 이전부터 있었던 것에다 부분적으로 손을 댄 것으로, 특히 「내편」은 곽상 이전부터 이미 확정되어 있었다고 보이는 단락이 있다.

「내편」 전체를 장자 본래의 사상이라 하는 데 관해서는 오늘날 여전히 이론이 없는 터는 아니지만 적어도 『장자』란 책 속에서 가장 내용이 훌륭하다는 점에 관해서는 아마 의문의 여지는 없을 것이다. 「외편」·「잡편」을 후인의 저작으로 보는 근거로, 하나는 그 내용의 수준이 낮아져 있다는 점에 있는데, 거기에 대한 하나 유력한 근거가 있다. 전국 시대 말기부터 한 초기에 걸친 장자 이해에 관해서 보면 「내편」의 '만물제동萬物齊同'의 사상이 망각되고 오로지 「외편」·「잡편」의 '자연의 성性'에 무게를 두는 방향만이 중시되고 있다는 사실이다. 이는 「외편」·「잡편」이 다름 아니라 전국 시대 말기부터 한 초기라는 비교적 새로운 시대의 움직임을 배경으로 쓰였음을 보여주는 것이다.

(1) 장자 「내편」의 사상

만물제동설

장자의 본래 사상에 가깝다고 생각되는 「내편」은 다시 7편으로 나뉘어 있는데, 그중에서도 특히 중요한 것은 「제물론편齊物論篇」에 나오는 사상이다.

장자는 노자와 마찬가지로 무위자연無爲自然의 도道를 근본적 토대로 삼고 있다. 그러나 무엇을 도라 하고 무엇이 '자연'인가 하는 문제가 되면 양자 간에는 상당히 큰 간격이 생겨난다.

장자가 먼저 최초로 제기한 것은 있는 그대로의 진리는 어떻게 파악되는가라는 인식론의 문제이다. 상식에 의한 진리의 파악 방식이 사물을 이분한다는 인위에 의한 것임은 이미 노자의 '지식의 부정' 항목에서 서술했다. '알다'(わける)라 함은 '나누는(分ける)' 것이며, '판단'이라 함은 사물을 반으로 나눠 자르는 것이고, '분석'이라 함은 사물을 나눠 쪼개는 것이고,

'이해'라 함은 '이'理[결]를 따라 분해하는 것이다. 이 같은 분별分別이라는 인위에 의하는 한 있는 그대로의 자연의 진리는 파괴되고 놓치게 되고 만다.

이 점을 장자는 더욱 깊이 추구해간다. 상식에서는 하나의 공간을 여기와 저기, 앞과 뒤, 좌와 우라는 따위로 이분한다. 그리고 여기와 저기라는 따위의 장소가 실재한다고 믿고 있다. 하지만 과연 그럴까. 여기라는 것은 나라는 인간이 당장에 있는 장소를 가리키고, 저기라는 것은 내가 있지 않은 장소를 가리키고 있다. 만일 내가 지금 있는 장소로부터 이동했다면 지금까지 여기였던 것이 저기가 되고, 저기였던 것이 여기가 되어서 역전해버린다. 결국 여기·저기라는 구별은 나의 신체에 대해서만 존재하는 상대적인 것에 지나지 않는다. 만일 인간의 신체를 떠난 절대적 공간을 생각하게 된다면 피차는 물론 전후, 좌우도 없고, 다만 '하나'의 확장이 있을 뿐이다. 옳고 그름이나 선과 악이라는 가치의 차별에 관해서도 똑같은 말을 할 수 있다. 인간은 습기를 싫어해 가옥에 살지만 미꾸라지는 진흙 속에 즐겨 산다. 인간은 높은 곳을 두려워하지만 원숭이는 높은 나무 위에 살기를 좋아한다. 그러고 보면 바른 것도 그른 것도, 혹은 선도 악도 자기가 보는 것에만 있을 뿐, 상대적인 것에 지나지 않음을 알 수 있다.

더욱 알기 쉬운 것은 아름다움과 추함의 차별이다. 모장毛嬙이나 여희麗姬는 절세의 미인으로 유명한데, 이 두 사람의 미인이 뜰에 내려서면 연못의 물고기는 그 모습을 두려워해 물속 깊이 잠기며, 나무에 노는 작은 새들은 놀라서 날아오르고, 사슴 무리는 놀라서 갈피를 못 잡고 달아날 것이다. 그러고 보면 미인이라는 것은 인간이 보기에만 있는 데 지나지 않고 인간 이외에는 아름다움으로 통용되지 않음을 알 수 있다.

이와 같이 생각하면 상식의 세계에 존재하는 모든 상대적 차별은, 만일 인간이라는 국한된 입장을 떠나 인간 이외의 혹은 인간 이상의 입장에 서면 일거에 사라지고 말 것임에 틀림없다. 뒤에 남은 세계는 이원二元적 대립이 없으므로 하나이며, 차별이 없으므로 한결같이 동일하다. 이것이 다름 아닌 '만물이 하나같다(萬物齊同)'는 설이다.

이 만물제동의 경지에 도달하기 위해서는 사물을 둘로 나눠 차별하는 인위를 없애는 것, 결국 무위가 필요하다. 거기에 인위를 가하지 않은, 있는 그대로의 '자연'의 진리가 나타난다. 따라서 만물제동의 경지라는 것은 다름 아닌 무위자연의 세계에 대한 별명이다.

무로부터 무한으로 – 유무의 대립의 부정

만물제동의 입장에서 보면 상식의 세계에 있는 상대적 차별의 모습은 전부 사라진다.

그러면 여기에 문제가 되는 것은 유有와 무無의 대립이다. 노자는 "천하의 만물은 유에서부터 생기며 유는 무에서 생긴다"고 말했는데, 만유萬有의 근원에 무를 두었지만 거기에는 유와 무를 구별하는 의식이 아직 남아 있었던 것은 아닐까.

노자는 "무에서 유가 생긴다"고 했다. 결국 만유의 시초는 무라는 것이다. 그러나 이것은 이상하다. '시초'란 것은 무한히 거슬러 올라갈 터이므로 노자가 말하는 시초가 아직 없었던 때의 시초가 있을 터이며, 다시 또 "그 시초가 없었던 때의 시초"가 아직 없었던 시초가 있는 것이다. 이처럼 '시초'란 것은 무한의 저편으로 후퇴해가게 될 것이다.

마찬가지로 만일 만유의 시초에 '무'를 두게 되면 그 무에 앞서는 "아직 무가 없었던 때의 시초"를 생각해야 한다. 다시 또 그 "아직 무가 없었던 때의 시초"가 아직 없었던 시초가 있을 터이다. 결국 시초가 되는 무는 무한히 후퇴하게 된다.

그렇다면 노자와 같이 고정된 무를 만유의 시초에 두는 것은 착오임을 알 수 있다. 그러면 만유의 시초가 되는 것은 무엇인가. 그것은 '무無'는 아니고 '무한無限'이어야 한다.

그러면 '고정된 무'와 '무한'의 차이는 어디에 있는 것일까. 고정된 무라는 것은 유를 배제하는 무인 것이다. 따라서 유와는 적대 관계에 있는 무이다. 상대적 차별 위에 성립되는 무이다. 따라서 만물제동의 입장에서는 당연히 배제될 차별의 무이다.

이에 비해 무한은 유를 배제하는 따위의 것은 아니다. 그렇기는 고사하고 유를 한없이 포용하기만 해서 무한이라 불리는 것이니, 유를 배제하는 것이 아니라 포용하는 것이다. 무한에는 상대적 차별이란 것이 전혀 없다. 따라서 무한은 만물제동 자체이다.

전부를 하나같다고 하고 만물에 차별을 인정하지 않는 만물제동의 입장이란 것은 실은 바로 이 무한 속에 몸을 두는 것이다. 만물제동의 경지라 함은 모든 것을 무차별로 포용하는 무한자無限者의 경지에 대한 별명이라 할 것이다.

여기에 서술하는 것은 『장자』의 「제물론편」의 본문에 나의 말을 다소 섞은 것이다. 여기에 보이는 장자의 논법에는 논리학파인 명가名家의 영향이 보인다고 생각된다. 아마 그의 친우인 혜시惠施 등의 영향일 것이다. 그러나 명가의 논리는 단지 논쟁이나 유희로 타락한 것이 많고 불모의 의론에 빠지는 일이 적지 않았는데, 장자는 이를 매우 유효하게 이용했던 것이라 하겠다.

무한자는 거울과 유사하다

이와 같이 무한은 무는 아니다. 왜냐하면 그것은 무한의 유를 그 속에 포용하기 때문이다. 그러나 또한 무한은 유도 아니다. 왜냐하면 유가 늘 유한有限인데 반해 무한은 문자대로 한정이 없기 때문이다. 따라서 무한은 유한의 대립을 넘어선 차원에 있는 것이며, 유와 무 양자를 포용하는 것이다.

이 같은 무한자의 성질을 장자는 거울에 비유해 설명한다.

"무한한 것과 완전히 일체가 되어 형태 없는 세계에 노닌다. 하늘에서 주어진 것을 그대로 받아들이고 그 이상의 것을 얻으려 하지 마라. 오로지 마음 비우기(虛心)를 해라.

최고에 오른 인간의 마음의 작용은 마치 거울과 같다. 거울은 가는 자를 가게 두고 오는 자는 오는 대로 받아들인다. 상대의 형태에 조응해서 그 모습을 비추면서도 이를 붙잡아두려고 하지는 않는다. 그러므로 모든 사물에 응하면서도 그 자신을 상하는 일은 없는 것이다."(「응제왕편應帝王篇」)

거울의 표면은 무색투명하고, 그런 의미에서는 허虛이고 무이다. 하지만 스스로 허무虛無이기에 만물의 모습을 비추는 것이 가능한 것이다. 만일 이것이 사진 필름과 같은 '유'라면 한 사물의 모습을 담을 수는 있지만 그 대신 다른 사물을 배제하게 된다.

무한자는 이 거울과 비슷하다. 무한자는 언뜻 보기에는 허무와 같이 보인다. 그러나 이 허무는 유를 배제하는 것은 아니다. 그렇기는 고사하고 오는 자는 전부 거절함이 없이 맞아들이는 공간이다. 하지만 그것은 한 사물에 집착하는 일도 없다. 가는 자는 뒤쫓지 않는 것이다. 이 점만으로 보면 무한자는 냉담하고 비정非情하기까지 하다. 그러나 이 냉담과 비정이야말로 만물을 맞아들이기 위한 불가결한 조건인 것이다. 장자는 자주 허심과 허무염담虛無恬淡의 마음을 가지라고 한다. 가득 찬 자루는 이미 새로운 사물을 받아들일 수 없다. 마음을 텅 비운다는 것은 새로운 사물을 맞이하기 위한 공간을 만드는 것이다. 그것은 비정함을 권유하는 것 같아 보여도 실은 무한자가 되라는 권유와 다르지 않다.[14]

만물제동 세계의 체험 – 하늘을 나는 대붕

그러나 이 같은 무한자가 되고, 전부를 무차별로 받아들이는 만물제동의 경지란 것은 너무나도 비현실적인 꿈 이야기에 지나지 않는 것은 아닌가. 하지만 일정한 조건만 갖추어지면 그 경지의 일단을 체험하는 것은 반드시 불가능하지만은 않다.

우주선에 오른 미국 군인은 푸르게 빛나는 지구를 바라보며 갖가지 감상을 술회했다. 그가 만일 동양인이었다면 어떠한 감개를 토로했을까. 장자 시대에는 물론 우주선은 없었으므로 그 대신에 대붕大鵬이라는 거대한 새를 9만 리 상공에 날게 했다. 그 눈으로 본 지상의 모습은 어떠한 것이었을까.

"지상에는 아지랑이가 흔들리고 먼지가 자욱이 꼈으며 온갖 생물이 숨 쉬고 있는 데, 공중은 푸른색 하나로 보일 뿐이다.

저 푸르디푸른 색은 하늘 그 자체의 본래의 색일까. 그렇지 않으면 멀리 끝이 없기 때문에 저와 같이 보이는 것일까. 아마 후자임에 틀림없다.

그리고 보면 저 대붕이 하계下界를 내려다봤을 경우에도 역시 푸른색 하나로 보일까."(「소요유편逍遙遊篇」)

무한한 높이에 도달한 대붕의 눈으로 보면 지상의 인간의 기쁨과 슬픔, 그 위에 또 전쟁과 평화라는 것까지 전부 그 대립의 모습이 사라지고, 청색 하나의 색깔 속에 보이지 않게 되어 버린다. 만물제동의 경지가 거기에 있음이 틀림없다.

그러나 이 같은 특수한 조건이 없어도 이에 가까운 체험을 일상생활에서 하는 일이 있다. "있을 적에는 기분 내키는 대로 미워하더니, 없어지고서야 사람은 그리워한다"는 옛 노래에 있듯이, 그 먼 옛날 서로 미워했던 인간이라도 장기간 떨어져 지내보면 그 증오가 그리움으로 변하고 있음을 깨달을 것이다. 그때 인간은 비록 순간일지라도 만물제동의 경지에 몸을 두고 있는 것은 아닐까.

필연적 운명의 긍정

이처럼 만물제동의 설은 모든 대립과 차별을 넘어서 일체를 그대로 포용하고 긍정하는 무한자가 되라고 주장하는 것이다.

"만물이 죄다 그렇다며 긍정으로 서로 감싼다."(제물론편)

"사물에 대해 봄날처럼 된다."(덕충부편德充符篇)

전부를 있는 그대로 좋다고 하며 따뜻한 시인是認의 마음으로 품어 만물을 봄과 같은 온화한 마음으로 접하는 것이 다름 아닌 만물제동의 경지이다.

그러나 만물이라는 표현법으로는 조금 인간에게 소홀한 느낌이 없지는 않다. 만일 만물을 '인생의 전부'라는 말로 치환하면 훨씬 친근감이 더할 것이다. 만물제동이란 것은 인생의 전부를 그대로의 상태로 좋다 하며 주어진 운명을 그대로 시인하는 태도인 것이다.

인생에는 갖가지 대립과 모순이 가득 차 있다. 행복과 불행, 부와 귀, 명성과 오욕, 장수와 단명, 끝내는 수재로 태어나는가 둔재로 태어나는가, 혹은 또 미인으로 타고나는가 그렇지 못한가 등, 열거하면 한도 없다. 이러한 것들은 인간의 힘으로 어느 정도까지 변화시킬 수 있다 해도 대부분은 인력을 넘어선 것이다. 그중에도 죽음의 필연은 피할 수 있는 수단이 아무것도 없다.

이들 인력을 넘어선 필연은 보통 운명이라 불리고 있다. 따라서 만물제동의 입장을 인생의 현실에 밀착시켜 생각할 때 이는 "인간의 운명을 그대로 긍정하는 입장이다"라고 바꿔 말해도 좋다.

운명이란 것은 인력을 넘어선 필연인 것이다. 필연이란 어휘의 정의도 가지각색인데, 그중 하나에 "자기 이외의 이질적인 것의 개입을 허용하지 않고, 자기의 동질성을 보존하는 것"이라는 정의가 있다. 그 경우 필연에서 볼 때 이질적인 것으로 인위를 들 수 있다. 필연이 인위의 개입을 허용하지 않는 것은 인위가 필연과는 이질적인 것이기 때문이다.

그런데 '자연'의 정의는 어떤가. 자연은 타연他然의 반대말이므로 "타자의 도움을 빌리지 않고 그 자신에 내재하는 작용에 의해 그렇게 되는 것"일 터이다. 자연의 입장에서 '타자'라는 것은 인위와 다름없으므로 자연은 인위를 타자로서 배제한다.

그러면 자연과 필연은 인위를 배제한다는 점에서 일치하는 것이어서, 양자는 서로 겹치는 개념이다. 따라서 노장의 '무위자연'이란 것은 "인위의 획책을 버리고 필연의 운명대로 따르라"고 바꿔 말해도 좋은 것임을 알 수 있다. 그리고 그것이 또한 '만물제동'의 경지이기도 한 것이다.

"인력으로는 어떻게 할 수 없다고 깨달았을 때 운명대로 따르는 것이야말로 지극히 높은 덕이라고 할 것이다."(「인간세편人間世篇」)

"성인은 어떤 것도 잃을 우려가 없는 경지, 일체를 그대로 받아들이는 경지에 노닐며, 전부를 그대로 긍정하는 것이다. 청춘을 좋다고 하고 노년을 좋다고 하며, 인생의 시작을 좋다고 하고 인생의 종결을 좋다고 한다."(「대종사편大宗師篇」)

생사를 하나같이 하다 – 죽음의 세계에 대한 찬미

그런데 인간에게 주어진 운명 속에서 죽음만큼 강력하고 무자비한 것은 없다. 아무리 운명을 정복한다고 호언장담하는 인간이라도 죽음의 운명 앞에 세워졌을 때 자기의 무력함을 뼈저리게 느끼지 않을 수 없다. 죽음은 인생의 일대사이다. 모든 종교의 출발점은 죽음의 문제였다고 해도 좋을 만큼 그것이 갖는 의미는 중대하다.

운명의 긍정을 설파하는 장자가 죽음에 관해 가장 많은 말을 하고 있는 것도 당연할 것이다. 여기서는 만물제동의 원칙론만으로 끝내는 것이 아니고 여러 가지 각도에서 죽음의 문제에 접근하고자 한다.

"전부를 무차별적으로 긍정하는 입장에서 보면 삶만을 기뻐하는 것이 미혹이 아니라고 어떻게 말할 수 있을까. 역으로 죽음을 싫어하는 것은 마치 어릴 적 고향을 떠난 자가 고향을 잊어버린 것과 비슷한 것은 아닐까."(「제물론편」)

"옛날 여희麗姬가 처음 진晉나라에 연행되어 왔을 때 두려운 나머지 눈물로 옷깃을 적실 따름이었다. 멋진 세간이나 침대를 왕과 함께하고 소와 돼지의 진미를 시중 받게 되면서부터는 왜 그때는 그 정도로 슬퍼했는지 후회했다고 한다. 죽음의 세계도 가보면 뜻밖에 즐거운 것은 아닐까 그때는 이 여희처럼 왜 삶만을 원하고 죽음을 두려워하고 있었던 것인지 후회하는 것은 아닐까."(위와 같음)

죽음의 세계의 즐거움을 말한 것은 「내편」보다도 오히려 「외편」에 많다. 그 예를 한두 가지 들어보겠다.

"언젠가 장자가 여행을 하고 있을 때 길가에 해골이 나뒹굴고 있었다. 장자는 이것을 주워서 숙소에 가서 베개를 대신해 잠들자 해골이 꿈속에 나타나 '죽음의 세계에는 군주와 신하라는 성가신 것도 없고 더위와 추위에 고생하는 일도 없다. 임금의 즐거움도 죽음의 세계의 즐거움에는 미치지 못한다'고 알려주었다. 하지만 장자는 이를 믿을 수 없어 '운명의 신에게 의뢰해서 또 한 번 당신을 환생시켜 주려고 생각하는 데 어떤가?'라고 했더니, 해골은 얼굴을 찌푸리며 '어림도 없어. 임금의 즐거움을 버리고 인간 세계의 노고를 되풀이하는 따위, 정말 질색이다'라고 답했다."(「지락편至樂篇」)

"언젠가 장자의 처가 죽었다. 벗인 혜시가 조문하러 나갔더니 장자는 책상다리를 한 채로 쟁반을 두드리며 노래를 부르고 있었다. 그 지나침에 혜시도 어이가 없어 나무랐더니 장자는 답했다. '아니, 아내가 막 죽었을 때는 나도 가슴이 무너지는 것 같았지. 하지만 잘 생각해보면 인간은 형체가 없는 세계로부터 태어나 곧 또 형체 없는 세계로 돌아가는 거야. 그것은 춘하추동 사계절이 순환하는 것과 완전히 같지 않은가. 게다가 천지라는 광대한 집 안에서 좋은 기분으로 잠들려고 하는 인간을 울부짖어 일어나게 하는 것은 분별없는 짓으로 생각되고. 그래서 나는 울기를 그만둔 거라네.'"(「지락편」)

이와 같이 장자는 죽음의 세계를 찬미해 마지않았기 때문에 육조六朝시대 사람들 중에는 "장자는 삶을 싫어하고 죽음을 즐기려는 자이며 죽음의 철학자다"라는 견해를 갖는 자도 있었다. 이에 대해서 서진西晉의 곽상郭象은 "그것은 만물제동 사상에 어긋난다. 생사를 하나같이 여기기 때문에 삶에서는 삶에 안주하고 죽음에서는 죽음에 안주해야만 한다. 이것이 장자의 본뜻이다"(「지락편」)라고 말했다. 참으로 그와 같았을 것이다. 장자는 죽음을 시인함과 동시에 삶도 시인해야 하며, "죽음과 삶을 하나같이 한다"는 것이 그 본뜻이었다.

중국 민족의 운명관의 철학적 기초

이처럼 장자는 그 만물제동의 사상을 통해 인간 운명의 전부를 긍정하는 입장에 이르게 되었다. 그것은 한마디로 말해 운명 순응의 사상이다. 물론 이는 장자 개인의 체험과 사색에서 나온 것이지만 그 배경에는 중국 민족 특유의 강한 운명주의가 있음을 간과할 수 없다.

중국은 오랜 문화의 역사를 지닌 국가이지만 메소포타미아·이집트·인도 등 고대 문명의 여러 나라들과는 다른 성격을 갖고 있다. 이들 고대 문명의 여러 나라들은 모두가 태양과 물이 풍부한 지역에 있었다. 그 지역에 조속히 문화의 꽃이 핀 것은 말하면 온실의 조건을 갖추고 있었기 때문이다. 그렇지만 고대 중국 문명을 육성한 황하黃河 유역은 위도가 높기 때문에 길고 엄혹한 겨울이란 계절이 있다. 더욱이 우량은 적고 반건조 지대에 속하는데, 의지하는 황하는 유례없는 거친 강이어서 그것이 가져오는 혜택은 홍수 피해의 크기에는 미치지 못한다. 가뭄 재해와 홍수는 중국 농업의 숙명이었다.

그러나 그것은 문명의 지속이라는 것과 관계가 있다. 메소포타미아나 이집트 문명은 세계에 앞장서 꽃피었으면서도 곧 그 생명이 끝날 수밖에 없었던 것은 여러 가지 역사적 사정이 있었다 해도 온실 문명이란 성격이 그 근저에 있었기 때문은 아닐까. 홀로 중국만이 고대 문명국이면서 그 문화 수준을 지속시켜나가고 오늘날에도 초대국의 열에 드는 유일한 예외적 국가이다.

그 비밀은 어디에 있을까. 엄혹한 자연 조건은 중국 농민을 단련시켜주었다. 더욱이 그것은 '자연과 싸운다'는 적극적인 군세고 강한 정신은 아니고 '자연에 순응한다'는 소극적인 순응의 정신을 양성했던 것이다. 근대적 사고에 친숙한 사람들은 유약함보다도 군세고 강한 정신을 높이 평가한다. 그러나 그것은 군세고 강한 것은 군세고 강하다는 이유에서 오는 취약함이 있음을 잊고 있지는 않는가. 군세고 강함은 일과성이고, 유약함은 지속성을 갖는다. 여기서도 '부드러움이 곧잘 군셈에 이긴다'는 노자의 가르침을 상기해야 할 것이다.

이 자연에 순응한 생활이 중국 농민에게 운명 순응의 사상을 가르쳤다. 그것은 농민뿐 아니라 중국 민족의 사상이 되어 성장했다. 중국어의 '메이파쯔(沒法子, 어쩔 수 없다)'라는 말이 독특한 울림을 갖는 것은 잘 알려져 있다. 천명대로 살아라, 주어진 운명에 따르라는 인종忍從의 사상은 후퇴로의 길이 되기는 고사하고 내일로 향한 전진의 동력이 되었던 것이다. 도가의 반대 학파인 유가에서도 "사람의 일(人事)을 다하고 천명을 기다린다"고 한다. 인사의 한계선에서 나타나는 천명에 안주하는 것이 맹자가 말한, "천명에 근거해 마음을 평안히 한다(立命安心)"는 '도'였다. 여기서도 운명 순응의 사상을 볼 수가 있다.

이 의미에서 장자의 만물제동, 운명 순응의 설은 중국 민족이 갖는 운명관에 철학적 기초를 주었다고 할 수 있을 것이다.

(2) 장자 「외편」·「잡편」의 사상

『장자』의 「내편」이 장자 자신의 사상에 충실한 것이라 볼 수 있는 데 대해 「외편」·「잡편」은 그 사상의 후계자들이 이어서 쓴 문장을 많이 포함한 것으로 알려져 있다. 그중에는 「내편」의 사상을 충실히 발전시킨 것도 눈에 띄지만 이를 이질적인 방향으로 전개시킨 것도 적지 않다. 그중에는 장자보다도 오히려 노자에 가까운 것, 혹은 유가나 법가에 접근해 있었던 것 등 갖가지 경향을 보여주는 것이 있다. 이제 그것들 속에서 특징 있는 것들을 골라 살펴보겠다.

인간 내면에 있는 자연 – 다섯 가지 해석 방향

「내편」의 마지막 도달점은 운명대로 살라고 하는 것이었다. 운명이라 함은 인간 외부에 있는 필연이며, 자연이었다. 따라서 「내편」의 주장은 '인간 외부에 있는 자연'에 따르는 것이었다고 해도 좋다.

그러나 「외편」·「잡편」 속에는 일전하여 '인간의 내면에 있는 자연'을 중시하는 자가 나타났다. 그러면 내면에 있는 자연이란 무엇인가. 그것은 인간의 천성天性이다. 바꿔 말하면 인간의 자연적 본성本性대로 살라는 것이다.

이 때문에 「외편」·「잡편」에서는 '자연으로 돌아가라'는 것은 '인간 본성으로 돌아가라'는 것을 의미했다. '그 성性으로 돌아간다(反性)', '그 시초로 돌아간다(復初)', '그 성정性情으로 돌아가고 그 시초로 돌아간다'(「선성편繕性篇」), '너의 정情과 성性으로 돌아가라'(「경상초편庚桑楚篇」), '명命으로 돌아간다(復命)'(「칙천편則天篇」), '돌아가 너의 천天에 따르라'(「도척편盜跖篇」) 등의 표현이 많은 것은 그 때문이다. 그 가운데 '복명'만은 노자의 책에 보이는데, 그 밖의 복초·반성·반정성反情性 등의 말은 여기서 처음으로 나타나는 것이다.

그러나 한마디로 자연의 본성으로 돌아간다고 해도 구체적으로 무엇이 본성인가라는 문제에서는 논자 중에서도 견해가 다양하게 나뉜다. 지금 이들 중 주요한 것을 다섯 방향으로 크게 구별해 보겠다.

1) 성이 허무라는 것 – 유의 배제

먼저 첫째로 들 수 있는 것은 인간 본성의 내용이 허무虛無라는 것이다. 이 견해에 서는 입장에서는, 감각의 대상이 되는 오색色·오미味·오성聲, 희노애락이란 감정의 대상이 되는 부귀나 명예, 인위적 지혜를 늘리는 학문, 끝내는 인의예지 등 도덕에 이르기까지 전부를 인간의 본성을 잃게 하는 것으로 배척한다. 이들의 사물은 노자가 이미 부정한 것이니, 그 입장이 노자에 가까운 것임은 명백하다.

이처럼 인간에게서 감각·감정·지식·도덕을 제거한 다음에 무엇이 남을 것인가. 아무것도 남지 않는 것이 실정일 것이다. 그러고 보면 인간의 본성은 허무인 것이다. 바꿔 말하면 "허무염담虛無恬淡, 적막무위寂漠無爲"(「천도편天道篇」)라는, 욕망도 행동도 없는 상태가 인간에 있는 '자연의 본성'이다.

이것은 명백히 노자가 말한 허무를 그대로 인간의 본성으로 삼은 것이며, 노자의 영향을 강하게 받고 있음을 보여준다. 장자의 「내편」도 물론 허무를 말하지만 그것은 전부를 받아들이기 위한 빈 공간이었다. 따라서 노자의 무처럼 유를 배제하는 것은 아니었다. 하지만 같은 『장자』에서도 「외편」·「잡편」에서는 장자의 무보다 노자의 무에 가까웠기 때문에 감각·욕망·

지식의 대상이 되는 유를 배제하는 것을 강조하게 되었다. 이는 「내편」의 입장에서 보면 명백한 후퇴이다.

2) 성이 천분이라는 것 – 자득의 사상

둘째로는 성性이 성분性分, 즉 하늘에서 주어진 몫이라는 것이다. 이것을 '천분天分'이라고 바꿔 말해도 좋다.

"자연에서 받은 성이라면 그것에 그대로 만족하면 된다. 오리의 다리는 짧고 학의 다리는 긴데 이를 무리하게 자르거나 잇거나 할 필요는 없다."(「변무편駢拇篇」)

이것은 인간이 그 타고난 성대로 만족하면 된다는, 이른바 만족을 알고 분수에 안주함(知足安分)을 말한 것으로 '자득自得'이라 불린다. 자득이라는 것은 자기가 얻은 것에 만족한다는 것이다. 『장자』의 가장 오랜 주석인 『곽상주郭象注』는 그 전편에 걸쳐 자득의 사상에 의거한 주석을 가하고 있다.

3) 성이 생이라는 것 – 양생설의 발생

셋째는 성性과 생生을 동일시하고, 인간의 본성을 생명 현상에서 구하고자 하는 것이다.

원래 성은 '타고남'이고, 생은 '태어나다', '살다'라는 뜻이다. 양자의 관계는 극히 가깝다. 현재는 생명生命이라 쓰는 것이 보통이 되었는데, 이것이 옛적에는 성명性命이라 쓰였다. 『장자』의 「외편」·「잡편」에는 '성명', '성명의 정情'이란 어휘가 자주 나타나는데, 이는 '생명', '생명의 있는 그대로의 모습'이란 의미라고 말해도 좋다.

「외편」·「잡편」에서는 성명을 보존한다는 양성養性의 도가 언급된 것이 많은데, 이는 현대어의 '양생법養生法'에 가까운 것이다. 다만 그 양생법은 현대의 양생법과는 달라서 욕망이나 감정을 가능한 한 적게 하고 고목나무나 불 꺼진 재와 같은 상태가 되는 것을 이상으로 삼는다. 따라서 건강을 위해 약을 마시거나 운동과 체조를 하는 적극적인 양생법은 부자연한 것으로 배척된다. 전국 시대에는 이미 이 같은 적극적인 양생술을 주장하는 일파가 있었던 듯한데, 「외편」·「잡편」 속에는 이를 인위적인 부자연한 것으로 비하하고 조소하는 자가 있다.

"세간에는 숨을 토하거나 들이쉬는 호흡을 하며, 또 곰의 나무 오르기나 새의 빌돋움 모습을 하기도 하며 수명을 연장하려는 자가 있다. 이들은 도인道引의 사士라 불리는 패거리로서 신체의 양생에 힘써 팽조彭祖와 같은 장수를 얻고자 하는 자이다. 하지만 이는 이상하다. 만일 '도인'이란 인위를 버리고 자연의 장수를 하는 경지에 이르게 되면 일체를 망각함과 함께 일체를 소유하는 것이 비로소 가능해질 것이다."(「외편」「각의편刻意篇」)

여기서 말하는 '도인'은 또한 '도인導引'이라고도 쓰였으며, 일종의 유연柔軟 체조와 같은 것이다. 이 같은 양생술은 곧 불로장생不老長生을 목적으로 하는 신선술神仙術 속에 채택되고, 다시 또 그 발전 형태인 도교道敎에도 도입되었다.

4) 성을 천진의 정에 구하는 것 - 유교 도덕에의 접근

넷째로 자연의 본성을 자기 내면에 있는 진실에 구하여, 이른바 천진난만의 정情을 이에 적용하는 것이다.

"진眞이라 함은 마음이 순수하고 성실한 것을 말한다. 마음이 순수, 성실하지 않으면 아무리 표면을 꾸며도 타인의 마음을 움직일 수는 없다. 이에 반해 참된 슬픔은 소리를 내지 않아도 슬프고 참된 친함은 웃는 얼굴을 보지 않아도 친함을 느끼게 하는 것이다. 그러므로 진을 존중하는 자는 세속의 '예禮'에 구속되지 않는 자이다."(「어부편漁父篇」)

이 글 속에 있는 "참된 슬픔은 소리를 내지 않아도 슬프고 참된 친함은 아직 웃지 않아도 친하다"는 한 구절은 그 입장을 가장 잘 표명하고 있다. 육조六朝 시대 초기에 나타난 죽림칠현竹林七賢의 한 사람인 완적阮籍은 모친의 복상 기간에도 술을 마셨는데 드디어 출관 때가 되자 외마디 소리를 지르며 피를 토했다고 한다. 또한 마찬가지로 왕융王戎은 부친 상중에 술과 고기를 그만두지 않았지만 슬픔의 진정眞情을 견디지 못하고 수척해져 죽을 것 같이 되었으므로 세상에 '사효死孝[죽을 지경의 효도]'란 이름을 얻었다고 한다. 모두가 천진天眞의 도를 실행한 것이다.

이 천진의 입장은 세간적 예의 형식을 부정하는 점에서는 아무래도 반유교적이다. 그러나 유교도 예의 형식만을 존중해 그 정신을 무시하는 것은 아니다. 『논어』에도 "예禮, 예라 하는데 옥과 비단(玉帛)을 말할까. 악樂, 악이라 하는데 종과 북(鐘鼓)을 말할까"라고 한다. 예악의 본질은 옥백이나 종고라는 형식에 있는 것이 아니고 예에서는 공경(敬)의 마음, 음악에서는 조화(和)의 마음에 있다. 그러고 보면 천진의 정을 중시하는 것은 그 깊은 점에서는 유교와 일치하는 것은 아닐까. 왕융이 예악을 무시하는 태도가 '사효'라 불린 것도 그 때문이다.

실제로 「외편」 속에는 「천도편」과 같이, 예악은 '도'의 말절 未節에 지나지 않는다고 하면서도 천지의 도에는 춘하추동의 선후존비先後尊卑라는 서열이 있으므로 인간의 도에서도 군신 부자君臣父子의 차별이 있는 것은 당연하다고 하며, 유교 도덕 에의 현저한 접근을 보여주는 것도 있다.

　전국 시대 말기에는 제자백가 사이에 상호 접근의 경향도 보이는데, 장자 학파 사이에도 유교 사상에 타협적 태도를 보 이는 것이 있었음을 알 수 있다.

5) 성이 본능적 욕망이라는 것 – 쾌락주의에의 길

　다섯째로 자연의 본성을 본능적 욕망 속에 구하려는 자가 있다. 「잡편」 속의 「도척편」이 바로 이런 것이다.

　이 편은 고대의 대도적으로 알려진 도척盜跖이 공자를 매도 하는 것을 주제로 하고 있는데, 그 속에 다음과 같은 말이 있 다.

　"지금 너에게 인정人情이란 어떤 것인지 가르쳐주겠다. 눈은 미색美色을 보고 싶어 하고, 귀는 미성美聲을 듣고 싶어 하고, 입은 미식美食을 얻고 싶어 하며, 마음의 욕망은 채워지기를 원 하는 것이다.

　그런데 인간의 수명은 최고라 해도 백 세, 중 정도는 80세, 짧은 자는 60세에 지나지 않는다. 더욱이 그중에 질병이나 육 친의 죽음 등 갖가지 우환의 기간을 공제하면 입을 벌려 웃고 사는 것은 한 달 중 고작 4, 5일에 지나지 않는다.

　천지는 무궁한데 사람에게는 죽어야 할 때가 있다. 유한한 몸을 천지의 무궁함에 비하면 참으로 천리마가 지게문의 틈새를 달려 지나가는 것과도 비슷하며, 참으로 한순간밖에 안 된다. 이 잠깐 동안의 인생에서 그 마음의 욕망을 채울 수 없고 그 수명을 기를 수 없는 자가 도道에 통한 인간이라고 할 수 있을까."

같은 「도척편」은 또한 무족無足(만족이 없음)이라는 가공의 인물의 입을 빌려 다음과 같이 서술한다.

"가무나 여색, 맛좋은 음식이나 권세 등은 가르침에 의지하지 않아도 그 즐거움을 깨닫게 한다. 쾌적한 것에 기꺼이 접근하고 싫은 것을 미워해 피하는 것은 따로 스승에 의지하지 않고 자연히 하는 것이다. 이것이야말로 인간의 본성이 아닌가!"

이 무족이란 자의 주장은 지족知足이라는 인물에 의해 부정된다는 줄거리로 되어 있지만 무족의 말은 앞의 도척의 말과 일치하는 것이니, 역시 이것이 「도척편」 작자의 본심으로 볼 수 있다.

「도척편」의 사상은 『열자列子』「양주편楊朱篇」으로 인계되어 더 한층 철저해지게 되었다.

차별의 입장에 빠진 「외편」·「잡편」

이와 같이 「외편」·「잡편」의 많은 부분은 자연을 인간의 내면에 있는 것으로 보고 이 인간성의 자연에 따르는 것을 이상으로 삼는다. 여기까지는 어느 편이나 일치하지만, 인간에게 있는 자연의 성性이 갖는 구체적 내용이 무엇인가라는 문제에서는 그 해석은 극단으로 분열된다. "성이 허무라는 것"은 노자의 입장에 가깝고, "성이 생生이라는 것"은 양생설이나 신선설과 결합할 가능성이 있으며, "성을 '천진의 정情에서 구하는 것"은 유교 도덕에 접근하며, "성이 본능적 욕망이라는 것"은 본능적 쾌락주의로 발전할 가능성이 있다.

왜 이 같은 분열이 발생하는가? 그것은 인간이 복잡한 방향성을 감춘 존재이기 때문이다. 인간에 있는 자연의 성을 한 가지 뜻으로 규정하기는 어렵다. '자연'이란 것만을 기준으로 삼으면 인간의 성은 어떤 것으로도 파악할 수 있는 복잡성을 갖추고 있기 때문이다. 이것이 「외편」·「잡편」의 사상적 분열을 초래한 근본적 원인일 것이다.

똑같이 자연이라고 하면서 「내편」에서는 이를 인간 외부에 있는 운명으로서 파악했다. 더욱이 이 외부에 있는 운명과 인간과의 합일을 이상으로 삼았기 때문에 거기에 '만물제동'의 사상이 생겨났다. 거기에서는 전부가 하나같은 것이므로 내면과 외부의 구별도 물론 없어진다. 그렇지만 「외편」·「잡편」과 같이 자연을 오로지 인간의 '내면'에서 구하는 입장에서는 내면의 '성'을 중시하고 외부의 사물을 경시한다는 태도가 불가피하게 나타난다. 그것은 내외의 차별이며, 그만큼 「내편」이 강조한 만물제동의 입장에 위반하는 것이라 해야 한다.[15]

사상의 세계에서는 언제나 진보가 있다고 한정되지는 않으며, 그 변질이나 타락도 있을 수 있는 것이다.

중국 사상사에서 노장 사상이 연출한 역할은 크다. 진·한 이후 2천여 년간 통일된 왕조 시대에는 유교가 국가의 공인된 교조가 되었기 때문에 노장은 그 그늘에 숨었지만 그 실제의 힘은 여전히 보존되고 있었다. 불교가 서역西域에서 전해졌을 때 그 매개가 된

것은 노장 사상이며, 또한 그 불교를 중국화시켜 선禪과 정토淨土의
사상을 형성하는 데에도 참여해 그 힘을 보여주었다.

9. 열자

열자의 전기와 그 책의 성격

도가 중에서 노자와 장자를 잇는 인물로 알려져 있는 것은 열자列子이다. 그러나 열자의 전기는 전혀 알지 못한다고 해도 좋으며, 『사기』의 열전에도 열자는 없다. 다만 『장자』란 책 속에 그 이름이 자주 나타나므로 혹시 실재한 도가의 은사隱士였을지도 모른다.

그보다도 더욱 문제가 되는 것은 그 저서로 되어 있는 『열자』였으니, 예로부터 이를 완전한 위서僞書라고 보는 설이 유력하다. 이 책을 최종적으로 한 권의 책으로 정리한 것은 4세기 초 동진東晉의 장잠張湛인데, 그 내용에서 생각하면 한 초기부터 동진에 이르는 약 5백 년간의 도가계 사상가들의 문장을 모은 것이라 볼 수 있는 단락이 많다. 따라서 이를 전국 시대 제자백가의 책으로 볼 수는 없다. 그러나 그 사상 내용에는 특색 있는 것이 있어 한대 도가 사상의 전개를 아는 데 쓰임새가 있으므로 그 흥미 있는 부분만을 뽑아 서술해보겠다.

인생은 성대한 가옥과 아름다운 의복·음식·여인이 있을 뿐

『열자』「양주편」은 양주楊朱라는 제자백가 중의 인물의 입을 빌려 다음과 같은 의미를 갖는 서술을 했다.

"백 년은 사람의 수명의 최대한인데, 설령 백 세까지 살았다 해도 무심한 유년기가 그 반을 차지한다. 그 나머지 반은 걱정 거리나 노고로 소모된다. 그렇다면 뒤에 남은 것은 겨우 십 몇 년에 지나지 않는다. 더욱이 이 얼마 안 되는 기간 중 마음으로 즐기고 만족할 수 있는 것은 얼마나 될까.

무릇 인간은 이 세상에 태어나 무엇을 하고 무엇을 즐기는 것일까. 아름다운 의복과 용모, 가무나 여색밖에 무엇이 있을까. 만일 도덕과 법률에 속박되어 그 즐거움을 누릴 수 없다면 감옥에 유폐된 수인과 무슨 다른 점이 있을까.

태고의 사람들은 인생이 한순간임을 이해하고 있었으므로 자연의 성 그대로 노닐고, 죽은 다음의 명성 따위는 괘념하지 않았다. 살아 있을 동안만은 성인 요堯·순舜과 폭군 걸桀·주紂의 구별이 있을 테지만 죽고 나면 똑같이 썩은 뼈다귀가 된다. 사후의 명성 따위에 마음이 끌려 살아 있는 동안의 즐거움을 희생시키는 것은 어리석기 그지없는 것은 아닐까!"

이처럼 「양주편」은 인생의 덧없음을 말하며 자연의 욕망을 채우는 데에 유일한 삶의 보람을 찾아내려 한다. 그러나 모든 욕망을 무차별적으로 긍정하는 것은 아니고, 거기에 독특한 선택이 있다. 수명·명성·지위·재화 네 가지는 필연의 운명에 의해 결정되는 것이므로 얻으려고 해서 얻어지는 것은 아니다. 그러면 인간에게 본성적 욕망이란 무엇인가.

"성대한 가옥, 아름다운 의복과 미식, 미녀, 이 네 가지만 있으면 그 밖에 무엇을 구할 필요가 있을까. 이 네 가지를 소지하면서 그 밖에 다른 것을 구하려는 것은 한없는 욕망이라 할 수밖에 없다. 한없는 욕망은 인간 자연의 본성을 해치는 것이다."

이 「양주편」의 주장은 앞서 "성은 본능적 욕망이다"에서 거론했던 『장자』 「잡편」 내 「도척편」의 주장과 흡사하며, 이를 더한층 철저하게 한 것임을 알 수 있다. 이 같은 도가적 쾌락주의는 육조 시대 초기 위魏·진晉 시대(3~4세기)에 특히 유행했던 것으로, 진의 장한張翰이 "나에게 사후의 명성을 얻게 하는 것은 생전의 한 잔 술만 못하다"고 한 유명한 말이 이를 대표하고 있다. 이 때문에 「양주편」은 위·진 시대의 작품일 것이라고 보는 설이 유력한데, 비록 그렇다 해도 그것이 『장자』 「도척편」의 쾌락주의의 연장선상에 있는 것임은 확실할 것이다.

운명론에서 숙명론으로

또한 『열자』의 「역명편力命篇」은 인력과 운명을 의인화擬人化해, 이 양자의 대화로부터 시작해, 전체적으로 운명을 논하고 있다. 그 논지는 앞서 서술한 장자의 운명 순응의 사상 방향에 따르고 있으나 여기서는 운명의 지배력이 한층 강대해진 것으로 파악되고 있다.

그 하나로는 운명을 '숙명'으로 파악하고 있음을 들 수 있다. 장자는 운명을 반드시 예정된 것으로는 생각하지 않았는데,

「역명편」에서는 "생명과 형체를 받을 때 이미 이를 규제하는 자가 있다"면서 태어남과 동시에 미리 정해진 운명, 즉 숙명이 존재함을 주장하고 있다. 이러한 숙명론에서는 『역경易經』에 보이는 것과 같은 운명을 예지하는 기술 내지 주술呪術이 발생할 가능성도 있다고 할 것이다.

둘째로는 장자의 운명은 인력과 대립하는 것이었는데, 「역명편」에서는 그 인력도 운명 속에 포함시키려 한다. 이를테면 소홀召忽은 주군을 위해 죽었지만 그것은 자기의 의지에 의한 것은 아니고 죽지 않을 수 없는 운명에 의해 죽은 것이다. 또한 포숙鮑叔은 적수였던 관중管仲을 천거했는데, 이것도 그 의지에 의한 것은 아니고 천거하지 않을 수 없는 운명의 필연이 그렇게 하게 했다고 한다. 여기서는 인력은 주관적 의식에 지나지 않고 객관적으로는 전부 운명의 힘이라는 것이다. 그 결과 인력과 운명의 대립은 사라지고 모두가 운명이 될 것이다.

무위를 넘어선 자연 – 대승 도가의 사상

같은 『열자』의 「중니편仲尼篇」은 종래 노장의 입장을 넘어서 새로운 도가의 경지를 연 것으로 주목해야 할 점이 있다. 이 편은 공자와 제자 안회顔回의 문답에서 시작한다.

"어느 날 안회가 공자 앞에 나오자 공자는 울적한 안색을 하고 있었다. 이상히 여긴 안회가 '저는 스승님께서 하늘을 즐기고 명을 알기 때문에(天樂知命) 근심이 없다고 하신 말씀을 받들고 있습니다. 그런데 스승님은 어떻게 하고 계신 겁니까' 하고 묻자 공자는 답했다.

'그것은 지난 이야기다. 지금부터 말하는 것이 진실이다. 너는 하늘을 즐기고 명을 아니 근심이 없다는 것만 알고, 하늘을 즐기고 명을 아는데도 근심이 있다는 중대한 사실을 알지 못하는 것이다.

자기 몸만 수양하고 영달·빈궁의 운명에는 내가 관여하지 않는다는 태도를 취해 마음이 동요되지 않는 것은 이른바, 하늘을 즐기고 명을 알아서 근심이 없는 것이다.

하지만 나는 시서예악詩書禮樂을 공부해 천하를 다스리고자 노력하고 있는데도 조금도 그 효과가 나타나는 조짐이 없다. 그래서 나도 비로소 시서예악이 쓸모가 없다는 것을 알았지만 그렇다고 해서 이를 대신할 유효한 길도 찾을 수 없다. 이것이 하늘을 즐기고 명을 아는 자의 근심이란 것이다.

그러나 나도 지금 비로소 깨달을 수 있었다. 하늘을 즐기고 명을 안다는 말에서 즐기고 안다는 것은 상식적인 즐기고 안다는 것은 아니고, 즐김도 없고 앎도 없는 것이 진정한 즐김과 앎인 것이라고.

그러고 보면 즐긴다든지 안다든지 하는 것에 구애됨이 없이, 모든 것을 즐기고 알아도, 모든 것을 근심해도, 하는 일이 없어도 다 괜찮은 것이다.

이와 같이 모든 것을 달관하는 입장에 설 때, 만일 그것이 부득이한 도道라면 쓸모가 없다는 이유로 시서예악을 버릴 필요도 없고, 이를 대신할 새로운 방법을 탐색할 필요도 없게 되는 것이다.'"

종래의 도가가 자연이라고 한 것은 무위를 조건으로 해서 성립하는 것이었다. 그러나 이 『열자』 「중니편」에서는 무엇을 하든, 하지 않든 다 괜찮다는 것을 자연이라 부르는 것이니 무위나 유위有爲를 넘어선 자연을 주장하고 있음을 알 수 있다. 따라서 이 새로운 입장에서 보면 사람은 좋아하는 것은 무엇을 해도 좋으며, 유교 도덕을 좋아하는 자에게는 시서예악을 배우는 것이 자연이라는 것이다. 만일 무위자연을 고수하는 것을 소승小乘 도가라 부른다면 이것은 결국 대승大乘 도가라 불러야 할 것이다.

이 「중니편」의 대승 도가의 입장은 그 끝맺는 말에서 유감없이 제시되고 있다.

"사실을 아는 능력이 있으면서도 그 사실을 잊을 수 있고, 실행할 능력을 갖고 있으면서도 그것을 행하지 않을 수 있는 것이 다름 아닌 참된 앎(眞知)과 참된 능력(眞能)이다. 만일 처음부터 아는 능력이 없으면 사실을 아는 것도 있을 수 없으며, 처음부터 실행할 능력이 없으면 실행할 수 없는 것은 당연하다. 그것은 말 그대로 무지, 무능이지 참된 앎과 능력은 아니다.

따라서 흙덩어리와 같은 것은 비록 행동하지 않아도 그 때문에 참된 무위라고 할 수는 없다."

도가가 강조하는 무지無知·무위無爲는 어디까지나 부정否定에 중점이 두어져 있었던 것인데, 열자는 이를 흙덩어리의 무위·무지에 지나지 않는다고 하며, 그에 앞서 유위有爲·유지有知가 없으면 안 된다고 한다. 그 결과는 학문과 수양의 필요를 인정하지 않을 수 없게 된다. 앞서 공자의 입을 빌려 시서예악의 가르침을 소극적으로 긍정한 것은 이 때문일 것이다. 다만 그렇게 해서 얻은 학문이나 수양에 구속되지 않는, 자유로운 태도를 자연이라 여겼던 것이다.

이런 『열자』「중니편」의 대승 도가풍의 사상은 후기 도가 사상에 공통적으로 볼 수 있는 것이다. 이를테면 『장자』「잡편」의「천하편」은 후기 도가의 작품으로 보이는데 그 가운데 신도愼到 등을 비평한 문장에서, "신도 등은 앎을 버리고 그 자신을 버리고 흙덩이와 같은 무지의 사물이 되는 것을 이상으로 했다. 이 때문에 세간의 식자는 저 신도의 '도'는 살아 있는 인간의 도는 아니고 죽은 자에 이르는 도라고 비평했다'고 서술하고 있다. 이 '세간 식자'의 입장은 그대로 「천하편」 작자의 입장이며 또한 후기 도가의 사람들의 입장이기도 했다.

후기 도가에 보이는 적극성은 곧 유가나 법가에 접근하는 것을 가능하게 한다. 『장자』「외편」의「천운편天運篇」도 "사람을 죽이기도 살리기도 하는 것은 정치를 운용하기 위한 수단인데, 이 같은 수단을 참으로 활용할 수 있는 것은 자연의 도를 체득한 자에 한정된다"고 한다. 이는 한비자풍의 법가 사상에 통하는 것으로, 표면에서 보면 도가인데 이면으로 돌아가면 법가이다. 이 같은 도가와 법가의 접근은 곧 황로黃老 사상을 낳게 되고 전한前漢 초기에 대유행을 보게 되었다.

10. 명가 – 논리와 궤변

논리학파가 발생한 원인과 그 시기

제자백가 중에서 논리를 문제로 제기한 사람들을 총칭해 명가名家라 부른다. 이를 명가라 하는 것은 명名(말 내지 개념)과 실實(사실)의 일치 내지 불일치를 주된 문제로 삼았기 때문이다.

원래 중국어는 고립어의 전형이어서 단어에 형태의 변화가 없고 그 문법적 기능은 오로지 문장 중에 놓인 단어의 위치, 즉 어순語順에 의해 결정된다. 따라서 단어에는 고정된 품사가 없고 그 놓인 위치에 의해 명사·동사·형용사·부사 등 어느 것으로도 자유롭게 변화한다. 어떤 의미에서는 융통성이 많은 언어이지만 그만큼 직감에 의지하는 요소가 많고 논리적인 엄밀성이 부족한 결점이 있다. 따라서 중국인은 예로부터 논리적 표현에 서툴렀다. 막스 베버가 『논어』를 가리켜 "그 표현 형식만으로 보면 아메리카 인디언 추장의 어투와 빼닮았다"고 한 것도 이 때문이다.

그런 중국인이 논리를 문제로 삼게 된 것은 전국 시대 중기에 와서 제자백가 사이의 논쟁이 격화되었다는 역사적 사정이 있었기 때문이다. 이미 묵자에 관한 부분에서 서술했듯이 묵자 사후 그 학파가 분열해서 서로 정통임을 주장하고, '단단함과 흰색의 같고 다름(堅白同異)에 관한 분별'을 사용해 서로 논란을 했다고 한다.(『장자』「천하편」) 그리고 『묵자』란 책에 있는 「경經」·「경설經說」·「대취大取」·「소취小取」 등의 편은 이들 묵가의 여러 분파의 논리학을 전한 것이라 볼 수 있다.

『묵자』란 책 속의 논리를 다룬 부분은 묵자 사후 제자들에 의해 쓰였을 것이므로 물론 묵자 이후의 시기에 속한다. 더욱이 그 논의 속에는 '단단한 돌과 하얀 돌의 같고 다름'이나 '백마는 말이 아니다'라는 따위의 명가의 논제가 나타났으며, 게다가 이를 부정하는 주장이 보이므로, 이미 명가의 논리학이 세간에 널리 유행하고 있었음을 상기시키는 점이 있다. 따라서 『묵자』의 여러 편은 명가의 선구가 된 것은 아니고 그 전성기든가 그렇지 않으면 조금 뒤에 쓰였을 것이다.

그러면 명가가 나타난 시기는 언제일까. 명가의 주요한 인물은 흔히 맹자나 장자와 전후한 시대에 활약했던 것으로 생각하면 역시 전국 시대 중기, 기원전 3백 년을 중심으로 한 시기였다고 생각된다.

　

『묵자』의 「경」·「경설」·「대취」·「소취」라는 여러 편에 관해서는 중국에서는 청조淸朝 말기부터 연구가 시작되어 중화민국 시기 호적胡適의 『선진명학사先秦名學史』나 담계보譚戒甫의 『묵경역해

『묵경이해墨經易解』・『묵경발미墨經發微』는 그 논리가 불교의 인명因明과 유사한 것이라고 주장했다. 일본에서도 그 연구가 있는데, 최신 연구로는 『묵자』(야부우치 기요시藪內淸 저, 헤이본샤平凡社, 『중국고전문학대계中國古典文學大系』 제5권)가 있으며, 고심의 흔적이 보이고 또 평이하게 설명되어 있다. 다만 본문에 오탈이 많기 때문에 어느 연구자도 모두 문자를 고치거나 문장의 순서를 바꿔 넣는 방법을 취하고 있다. 이는 말과 글자 하나하나에 큰 비중을 갖는 논리에 관한 책에서는 치명상을 초래할 위험성이 있다. 따라서 이들 연구는 모두 시론의 범위를 벗어나지 못하고 있다고 할 것이다.

혜시 – 역물십사의 궤변

명가 중에서 가장 유명한 것은 혜시惠施와 공손룡公孫龍이다. 혜시는 장자와 같은 나라인 송나라 사람이라 하며 양자 사이에 친교가 있었음은 이미 장자에 관한 부분에서 서술했다. 그 생존 연대는 거의 기원전 360년~기원전 310년경이라 추정된다. 그 재능을 인정받아 위魏(양梁) 혜왕의 재상이 되었는데, 그 뒤 쫓겨나 초로 갔다가 또 송으로 돌아갔다고 한다. 그 정치적 주장은 전쟁을 그만두고 평화를 추구한다는 경향이 강했으므로 그를 묵가 계통의 사상으로 보는 설이 있다. 확증은 없지만 다수의 변론가가 묵가 계통에서 나온 것을 생각하면 그럴 가능성이 있는지도 모른다.

혜시가 득의로 한 논제는 『장자』 「천하편」에 소개되어 있는, 이른바 역물십사歷物十事[사물에 대한 이력 열 가지]이다.

역물십사라 함은 (1)무한의 크기를 갖는 것에는 그 바깥쪽이란 것이 없다. 이를 '대일大一'이라 한다. 무한히 작은 것에는 그 안쪽이란 것이 없다. 이를 '소일小一'이라 한다. (2)두께가 없는 것은 아무리 겹겹이 쌓아도 두께는 가능하지 않다. 하지만 그 두께가 없는 것은 천 리里의 크기를 갖는다고 할 수도 있다. (3)하늘과 땅은 같은 높이에 있고, 산과 연못은 같은 높이에 있다. (4)태양은 중천에 있는 동시에 동서 어느 쪽인가로 기울고 있다. 만물은 생겨나는 동시에 죽고 있다. (5)큰 '유類'의 개념에서 보면 같지만 작은 '종種'의 개념에서 보면 다른 경우 이를 '작은 동이(小同異)'라 한다. 만물은 근본에서는 완전히 같은 동시에 개체로서는 각기 다른데, 그 경우 이를 '큰 동이(大同異)'라 한다. (6)남방南方은 끝이 없는 동시에 끝이 있다. (7)오늘 월越나라로 출발하는 것은 어제 월나라에 도착했다는 것이다. (8)쇠사슬처럼 이어진 지혜의 바퀴는 풀 수가 있다. (9)나는 세계의 중앙에 해당하는 장소를 알고 있다. 그것은 북쪽 나라 연燕의 북쪽, 남쪽 나라 월의 남쪽에 있다. (10)만물을 널리 사랑하면 천지간의 모든 것은 일체가 된다.

이 역물십사에는 명제가 걸려 있을 뿐 논증이 붙어 있지 않다. 논리에서 중요한 것은 논증 쪽인데, 가장 소중한 것이 결여되어 있는 것이다. 그래서 근대의 연구자는 이에 대해 여러 가지 해설을 시도하고 있지만 어느 것도 사적인 생각에 머무르는 것은 어쩔 수 없다.

다만 하나 말할 수 있는 것은 시간, 공간을 초월함과 동시에 이를 내포하는 무한자無限者의 입장에 서면 설명할 수 있는 사항이 많다는 것이다. 이를테면 (3)"하늘과 땅이 같은 높이에 있고 산과 연못은 같은 높이에 있다", (4)"태양은 중천에 있음과 동시에 동서 어느 쪽인가로 기울고 있다", ⑹"남방은 끝이 없는 동시에 끝이 있다", ⑼"세계의 중앙은 북쪽 나라 연의 북쪽, 남쪽 나라 월의 남쪽에 있다"고 한 것은 무한의 공간에서는 고저나 방위 따위는 없고 그것을 결정하는 것은 인간의 주관에 지나지 않음을 서술한 것이라고 이해할 수 있다.

또한 ⑷ 후반부 "만물은 생겨나는 동시에 죽고 있다", ⑺"오늘 월나라로 출발하는 것은 어제 월나라에 도착했다는 것"은 무한의 시간에서 보면 인간의 주관에 따른 시간의 자리매김인 과거, 현재, 미래 따위는 그 의미를 잃고 만다는 것을 서술한 것이라고 볼 수 있다.

만일 이처럼 혜시의 논리 내지 궤변의 중심이 상식의 상대적 차별을 무한자의 입장에서 부정하는 데 있다면 그것은 장자의 철학적 입장과 대단히 가까운 것이다. 장자가 무한자의 입장에서 만물제동설을 제창한 것은 이미 서술한 대로이다. 장자의 「제물론편」의 논법이 명가의 논법을 상기시키는 듯한 곳이 있다는 것도 이미 언급해 두었다. 혜시와 장자 사이에는 친교가 있었던 것 같으니 서로 영향을 주었을 가능성은 충분하다.

다만 이 역물십사는 『장자』 「천하편」에도 "혜시는 이 논법을 널리 변론가들에게 보여주고 서로 토론하며 즐겼다"고 하듯이 다분히 오락적인 성격이 있는 궤변에 지나지 않았던 것으로 보인다. 아마 정치가로서 혜시의 본령은 다른 곳에 있었음에 틀림없다. 그렇지 않으면 한 나라의 재상의 지위를 얻는 것은 불가능했을 것이다. 다만 당시는 열국의 공방이 격렬한 시기였으므로 외교에서 변론이 큰 비중을 차지하고 있었음은 인정해야 한다.

공손룡자 – 백마는 말이 아니다

전국 시대의 명가 중 그 저서가 비록 일부분이라 해도 오늘날 전해지고 있는 것은 공손룡公孫龍뿐이다. 그러나 본문에 오탈자가 많기도 해서 연구자가 다루기 힘든 골치 아픈 책이라는 점에서는 『묵자』의 「경」·「경설」 등 여러 편과 완전히 마찬가지다.

공손룡은 기원전 320년~기원전 250년경의 사람으로 추정되며, 앞의 혜시보다는 후배에 해당되는 듯하다. 조趙나라 출신으로 각지를 유세하고 다니며 연燕의 소왕昭王이나 조趙의 혜문왕惠文王에게 전쟁을 그만두도록 설득한 적이 있으므로 그 정치적 입장은 혜시와 공통되는 점이 있었던 것 같아 보인다. 후에 조 혜문왕의 아우로 실력자였던 평원군平原君의 빈객이 되어 그의 후대를 받았다. 그 뒤 평원군의 곁을 떠나 얼마 안 가 사망한 듯하다.

『열자』「중니편」을 보면, 공손룡이 득의로 한 논제로서 다음 일곱 조를 들고 있다. (1)의지(意)는 마음(心)은 아니다. (2)뜻(指)은 사물에 도달할 수 없다. (3)사물은 다함이 없다. (4)그림자는 이동하지 않는다. (5)머리카락의 털은 천 균鈞[30근] 무게의 사물을 끌어당긴다. (6)백마는 말이 아니다.

이것만으로는 너무 간단해서 논제 그 자체도 잘 알 수가 없다. 그래서 『장자』「천하편」의 '변론가 21개 사항(辯者二十一事)', 즉 당시의 변론가들이 즐겨 논제로 삼았던 21개 조 중에서 앞의 7조에 해당하는 것을 들어보면, (2)뜻은 사물에 도달할 수 없다. 설령 도달했다고 해도 사물은 무한히 있으므로 다 대응하지 못한다. (3)1척尺의 채찍은 매일 절반씩 잘라낸다 해도 영구히 다하지 않는다. (4)나는 새의 지상 그림자는 전혀 움직이지 않는다. (7)고아인 말은 처음부터 어미가 없다 등이 있다.

지금 이들 중 공손룡을 유명하게 한 '백마는 말이 아니다'는 논제만을 거론해보겠다. 이 논제는 그의 저서인 『공손룡자』에서도 볼 수 있다. 지금 이 책의 논술의 요점을 정리해 서술하면 다음과 같다. 보통은 '백마는 말이 아니다'라고 한다. 그러나 이는 올바르지 않다. '백마는 말의 일종이다'라고 해야 옳다. 왜냐하면 백마라는 개념의 범위는 좁고 말이라는 개념의 범위는 넓기 때문이다. 좁은 개념과 넓은 개념을 등치하는 것은 명백한 오류가 아닐까. 따라서 '백마는 말이다'라는 상식이 오류라면 이를 부정하는 '백마는 말이 아니다'가 옳은 터이다. 이것이 공손룡이 말하고 싶었던 것이라고 생각된다. 이를 '백마비마白馬非馬'라는 충격적 표현으로 주장하고, 더욱이 갖가지 비유나 말솜씨를 구사했기 때문에 궤변가의 대표자가 되었을 것이다.

또 하나 견백동이堅白同異의 분별이라 불리는 것이 있다. 이는 대단히 유명해 궤변의 대명사처럼 쓰이는 것인데, 역시 『공손룡자』에서도 볼 수 있다. 견백이라 함은 '단단하고 하얀 돌'이란 뜻으로 견백석이란 하나의 물체는 존재하지 않고 견과 백과 석, 삼자가 각각 독립하든가 혹은 견석과 백석으로 이분되어 존재하든가를 논제로 삼는 것이다. 이 중 견과 백을 분리시킨 이유는 비교적 알기 쉽다. 단단하다는 성질은 손의 촉각에 의해 알 수 있는 것이고, 희다는 성질은 눈의 시각으로 알 수 있는 것이므로 양자는 별개의 것이라 생각하는 것도 가능하다. 그러나 논의는 그것만으로 끝나지 않고 더욱 복잡해져서 분규가 이어진다.

원래 공손룡도 혜시 등과 마찬가지로 그 본령은 정치 조언자라는 데 있었으므로 논리를 순수 학문의 입장에서 추구하려는 의지가 있던 것은 아니었다. 따라서 거기서는 체계적인 논리학이 발생할 가능성은 없고, 기껏해야 변론가 사이에 놀이로서 혹은 외교 때의 변론에 쓰임새가 있는 것으로 행해졌던 것이니, 결국 궤변으로 끝날 운명이었다고 할 것이다.[16]

공손룡보다는 조금 후배에 해당하는 유가의 순자는 그 「정명편正名篇」에서 명가가 이름[개념]을 어지럽힌다고 비난 공격했는데, 이 무렵 궤변의 유행도 융성기를 지나고 진 시황제의 천하 통일 후에는 완전히 자취를 감추었다.

다만 4세기 초 서진西晉에 노승魯勝이라는 은사隱士가 『묵자』의 「경」·「경설」의 주와 『형명刑名』 2편을 저술해 5백 년간 단절된 학술을 재흥시키고자 했지만 이에 찬동하는 자도 없고, 그 저서도 전해지지 않고 끝났다.

결국 중국의 논리학은 전국 시대 제자백가에서 그 맹아를 보였을 뿐으로 그 결실은 겨우 장자의 '만물제동' 학설에만 머물렀다. 역시 중국은 논리학에서는 불모지였다고 할 수밖에 없다. 여기에는 여러 가지 이유를 생각할 수 있는데, 중국 지식인의 본령이 정치가였던 것이 전문 과학의 발달에 불리한 조건이 되었음은 확실하다. 막스 베버가 "인도에서는 중국과는 대조적으로 모든 기술技

術이 전문화했다"고 한 것은 매우 시사하는 점이 많다고 하겠다. 오히려 이 점에 관해서는 28쪽의 주를 참조하기 바란다.

11. 음양오행설

중국인의 세계관의 기초가 된 음양오행설

제자백가 중에 음양오행가陰陽五行家라 불리는 일파가 있는데, 그 시조는 전국 시대 중기 사람 추연鄒衍으로 되어 있다. 그러나 음양설陰陽說을 추연이 창시한 것은 아니며, 또한 음양가라는 한 학파가 독점한 것은 아니고 당시의 사상계 일반에 서서히 형성되어 갔던 것이라 생각된다. 더욱이 이 음양설 내지 오행설五行說은 전국 시대 말기 이후 중국 사상계에 깊이 뿌리를 내려 후세에 이르기까지 중국인의 세계관의 기초가 되었다. 중국 사상을 알기 위해서는 음양오행설의 지식이 필요불가결하다고 할 것이다.

하나의 기로부터 음양 두 개의 기로

우선 음양설에 관해 서술하자면, 음양이란 것은 기氣의 두 종류, 즉 음기陰氣와 양기陽氣를 가리키는 것이라 볼 수 있다. 따라서 음양 이원二元의 근본이 되는 기의 개념에 언급해두지 않으면 안 된다.

앞서 '하늘의 비인격화와 범신론적, 연속적 세계관'을 서술했을 때 기의 개념에 관해 언급했었는데 한 번 더 간단히 반복해 두고자 한다. 기는 가스 상태의 미립자로 만물을 구성하는 원자와 같은 성격의 것이다. 그 집합이 성길 적에는 가볍기 때문에 위로 떠올라 천공天空을 구성한다. 그 집합이 조밀해지면 무거워져 굳어지고 물·흙·금속 등 액체나 고체가 된다. 생물도 또한 같은 기에 의해 구성된다. 인간은 호흡을 통해 하늘의 기를 받아들이고, 그것이 피·살·뼈가 되어 신체를 만든다. 정신도 같은 기로 구성된다. 맹자가 '호연浩然의 기(광대한 기)'를 배양한다고 하며, 내 마음의 기를 배양하면 그것이 천지간을 가득 채울 만큼 위대해진다고 한 것은 물론 비유적 의미이기는 하지만 그 비유가 성립하는 이면에는 이 같은 원시적 세계관과 인간관이 있었다고 해도 좋다.

이처럼 옛적에는 '하나의 기'(一氣)로 만물이 구성된다는 세계관이 지배적이었는데, 그러는 가운데 동질同質의 '기'만으로 다양한 만물의 변화를 설명하는 것이 무리함을 차츰 깨닫게 되었다. 이를테면 불과 물은 한쪽은 뜨겁고 다른 쪽은 차갑다. 더욱이 불은 물을 끼얹으면 꺼지듯이 완전히 상반하는 성질을 갖추고 있다. 이를 동일한 기로 설명하는 것은 아무래도 곤란하다.

그래서 같은 기에도 두 종류가 있다고 생각하는 편이 설명이 보다 합리적이 되지는 않을까. 그 두 종류란 것은 음기와 양기이다. 이것이 음양설이 발생한 이유일 것이다.

이 음양설에 의하면 만물·만사는 전부 음양으로 이분된다. 그 대표적인 것을 예시하면 다음과 같다.

양	하늘·밝음·봄·여름·낮	남자·아버지·임금	동·남·높음·앞·오른쪽·겉	굳셈·움직임
음	땅·어둠·가을·겨울·밤	여자·아들·신하	서·북·낮음·뒤·왼쪽·속	부드러움·고요함

음양설을 조직화한 『역경』

그러면 음양설이 어느 무렵부터 발생했는가 하면 그것은 반드시 명확하지는 않다. 일설에 의하면 음양설은 『논어』나 『맹자』에도 아직 나타나고 있지 않으므로 전국 시대 말기에 가까워서 시작된 것은 아닌가 한다. 그러나 공자나 맹자 등 유가는 철학이나 형이상학에는 그다지 관심을 갖지 않았으므로, 설령 음양설이 이미 있었다고 해도 이에 언급하지 않았을 가능성이 다분히 있다. 이에 반해 『노자』나 『장자』에는 음양이란 단어가 보이고 있으니 전국 시대 중기에 이미 있었음은 확실하다. 이를 다시 소급하면 전국 시대 초기 혹은 그 이전에 기원을 구하는 것도 불가능해지는 않을 터이다.

기원 문제는 잠시 제쳐두고 음양설을 가장 조직적으로 또 체계적으로 발전시켰던 것으로는 『역경易經』[『주역周易』]을 들 수 있다. 『역경』에 관해서는 오경 부분에서 다시 거론할 테지만 여기서는 음양설과 관련되는 부분에 관해 서술하겠다.

『역경』의 이론 내지 해설 부분은 물론 문자로 쓰여 있지만 그 중심이 되는 주제는 상징 부호를 사용해 표현되고 있다. 그것은 ▬와 ▬▬였는데, 전자는 '양효陽爻', 후자는 '음효陰爻'라 부르며 각각 양기와 음기를 나타낸다.

만물·만사는 전부 양기와 음기의 조합에 의해 성립하고 있으므로 이 두 가지 부호를 사용해 그 사물의 구조를 명백히 할 수 있는 것이다. 말하자면 원자 구조식으로 가장 기초적인 것은 양효와 음효를 3단으로 중첩시킨 것이다. 두 종류의 '효'를 3단으로 조합한 경우 최대한의 조합은 2^3, 즉 8이다. 이것을 팔괘八卦라 부른다.

| 乾 | 坤 | 震 | 巽 | 坎 | 離 | 艮 | 兌 |
| 건 | 곤 | 진 | 손 | 감 | 리 | 간 | 태 |

따라서 만사는 팔괘의 구조식에 의해 설명할 수 있는데, 여덟 개의 원리만으로 전부를 설명하는 것은 조금 모자라는 감이 있으므로 실제로는 이 팔괘를 다시 2단으로 중첩시킨 구조식을 이용한다. 여덟 종류를 2단으로 중첩시킨 경우 그 최대한의 조합은 8^2, 즉 64이다. 이를 64괘라 부른다.

(이하 생략)

| 乾卦 | 坤卦 | 屯卦 | 蒙卦 | 需卦 | 訟卦 |
| 건괘 | 곤괘 | 둔괘 | 몽괘 | 수괘 | 송괘 |

인간이 놓인 상황을 알기 위해서는 점대(서죽筮竹)를 조작해서 최종적으로 얻은 수자가 홀수이면 ▬를 놓고, 짝수이면 ▬ ▬를 놓는다. 그것이 6효에 이르면 현재의 상황을 보여주는 괘를 얻을 수 있다. 전체는 음양의 복잡한 조합으로 결정되므로 그 구조식을 읽어내면 이에 대처하는 길도 저절로 명백해지는 것이다.

오행설 – 목화토금수

음양설은 그것만으로 단독으로 행해질 가능성을 갖고 있지만 실제로는 오행설과 결합해 일반에 유행하게 되었다.

오행설도 어느 무렵 발생했는지 정확하게 알 수 없지만 아마 음양설보다는 조금 뒤늦게 발생한 것이라 생각된다. 오행이란 것은 『서경書經』「홍범洪範」에 처음 보이는 어휘로 목木·화火·토土·금金·수水를 가리킨다. 『서경』에서는 인간 생활의 기초가 되는 물질로 열거되고 있는 듯한데, 이것이 나중에는 만물을 구성하는 5개 요소인 것으로 생각하게 되었다. 그러면 음양 두 요소와 어떤 관계가 될 것인가. 양자가 합체한 음양오행설에서는 음양이 가장 기초적인 요소, 오행은 음양의 조합에 의해 생겨난 보다 고차원의 요소라고 한다. 이를 그림으로 나타내면 다음과 같이 된다.

순음純陰 순양純陽 음다양소陰多陽少 음소양다陰少陽多 음양균陰陽均

　따라서 오행은 이를 분해하면 음양 이원二元으로 환원할 수 있지만 5개 요소로부터 출발하는 편이 편리한 경우도 있으므로, 양자가 결합한 음양오행설의 형태로 만물·만사의 현상을 설명하는 수가 많다.

　그런데 음양설에서는 만물을 둘로 분류했는데, 오행설에서는 이를 다섯으로 분류하게 된다. 그 주요한 것만을 들어보겠다.

	목	화	토	금	수
사계	봄	여름	토용土用	가을	겨울
방위	동	남	중앙	서	북
색	청	적	황	백	흑
도덕	인仁	의義	예禮	지知	신信
신체	비脾	폐肺	심心	간肝	신腎

자연철학 및 역사철학의 기초 이론으로서 음양오행설

음양오행설의 '기'는 만물 전체를 구성하는 것인데, 그것은 정지, 고정된 상태에 있는 것이 아니라 일정한 법칙에 따라 교대, 변화하는 것이다. 이를테면 어느 시기에는 양기가 강성해서 지배적 세력을 지닐 적이 있지만 그 최성기를 지나면 "양이 극에 이르러 음이 생긴다"고 하듯이 음기의 세력과 교대해 음양의 순환교대가 이뤄진다고 한다.

오행도 마찬가지여서 목·화·토·금·수가 각각 일정한 주기에 따라 순환교대를 하게 된다. 그 교대의 법칙에 관해서는 두 가지 사고방식이 있으니, 하나는 토·목·금·화·수의 순서로 교대한다는 것으로, 목은 토에 이기고, 금은 목에 이기며, 화는 금에 이기며, 수는 화에 이긴다는, 이른바 오행상승설五行相勝說이다. 다른 하나는 목·화·토·금·수의 순서로 두고, 목은 화를 낳고, 화는 토를 낳으며, 토는 금을 낳고, 금은 수를 낳는다는 오행상생설五行相生說이다.

이 같은 음양오행의 순환교대의 법칙을 천문·지리·역사 전반에 걸쳐 적용한 것은 앞서 거론한 전국 시대 중기의 추연이다. 추연은 천문이나 지리에 관해서도 대담하게 새로운 설을 제출함으로써 세간에서 '담천연談天衍'이란 별명을 얻었다고 하는데, 왕조王朝 교체 이론에서도 이른바 오덕종시五德終始의 설을 세웠다. 이는 오행상승설에 의해 왕조 교체를 설명하는 것으로, 토덕土德의 왕조 다음에는 목덕木德의 왕조가 나타나 대신한다는 것이다.

우虞(토) → 하夏(목) → 은殷(금) → 주周(화) ⟨ 진秦(수) — 한漢(토)

한漢(수)

우에서 주까지의 왕조 교체는 추연의 설(『문선文選』 주注 인용)
에 의한 것이다. 진·한에 관해서는 두 설이 있다.

여기서 알 수 있는 것은 음양오행설이 자연철학임과 동시에
역사철학이라는 것이다. 음양오행설은 주야나 사계四季라는 자
연 현상의 순환교대를 설명함과 함께 같은 법칙을 그대로 정
치상의 지배자인 왕조의 순환교대에도 적용한다. 그러면 자연
계와 인간계의 구별이 없고, 자연 법칙과 역사 법칙의 차별이
없다. 이는 자연과 인간을 연속 관계에서 파악해 양자간에 단
절을 만들지 않는 중국 사상의 전통(제2장 참조)이 표현된 것
이다.

이와 같이 음양오행설은 사상의 모든 분야를 뒤덮는 성격을
갖고 있었으므로 자연과학 영역에서는 물론 송학宋學·주자학
朱子學 등 신유학新儒學에서도 그 세계관을 구성하는 기초 이론
으로 채택되었다. 한대 이후 2천여 년에 걸쳐 음양오행설이 사
상계에서 연출한 역할은 매우 큰 것이었다.[17]

12. 잡가 – 전국 시대 말기 제자백가의 교류

직하의 학문과 유·도·법가의 접근

초기에는 각기 독자적 주장을 갖고 있던 제자백가도 이윽고 전국 시대 말기에 가까워감에 따라 상호간에 영향을 주고받는 경향이 뚜렷해지고, 그 가운데는 서로 다가서는 모습을 보이는 일도 드물지 않게 되었다.

특히 이 경향을 조장한 것은 지금의 산동성山東省에 있었던 제齊나라의, 이른바 '직하稷下의 학學'이었다. 제의 위왕威王(재위, 기원전 356~319)은 그 도성의 직문稷門 가까이에 숙사를 설립하고 유세하는 제자백가 지식인들을 거주시켰는데, 그 아들 선왕宣王(재위, 기원전 319~300)은 이를 더욱 융성하게 하여, 음양가 추연, 도가 신도愼到·전병田騈·접자接子·환연環淵 등 76인에게 사대부의 지위를 수여했으며, 기타 제자학 사인士人들의 수는 수백 인에 이르렀다고 한다. 세간에서는 이들을 직하의 학사라고 일컬었다. 양왕襄王(재위, 기원전 283~264) 때에는 유가의 순자도 여기를 방문해 그 연구소장격의 지위에 올랐다고 한다. 그들은 정치상의 직무가 아니라 오로지 강학講學의 편의를 받았다고 하니, 아마 서로 토론하는 것으로 나날을 보냈을 것이다.

이처럼 제자학 사인들은 그들 사이의 접촉 기회가 많아짐에 따라 상호 자극이나 영향을 교환하게 되었다. 이를테면 유가 순자의 사상은 도가에 대한 대립 의식에서 출발했다고 해도 좋다. 그가 가장 강력하게 주장한 인위의 예禮는 도가풍의 자연주의에 대한 반발에서 나왔으며, 그 성악설은 도가의 자연의 성性 그대로 살라고 하는 주장을 부정하는 데서 출발했다고 볼 수가 있다. "장자는 하늘에 가려져서 사람을 알지 못한다"(「해폐편解蔽篇」)는 순자의 말은 그 반자연주의 입장을 잘 보여주고 있다. 도가의 자연주의에 대한 반발이 순자 사상의 출발점이 되었다고 해도 지나친 말은 아니다.

순자가 도가에 반발했던 것과는 역으로 법가의 입장에서 도가에 접근해간 사례도 많다. 『한비자』란 책에는 「해노편解老篇」·「유노편喩老篇」 등과 같이 노자 사상을 차용한 여러 편이 있음은 앞서 서술했는데, 이들도 명백히 법가가 도가에 다가서는 모습을 보여준 사례이다. 역으로 또한 도가가 법가에 접근한 것을 보여주는 사례도 적지 않다. 『장자』의 「외편」·「잡편」 속에는 「천운편天運篇」과 같이 "사람을 죽이기도 살리기도 하는 것은 정치를 운용하기 위한 수단인데, 이 같은 수단을 바로 활용할 수 있는 것은 자연의 도를 체득한 자에 한정된다"는 등의 말을 하고 있다. 또한 직하의 학사 중에도 신도 등은 『사기』 「열전列傳」에서는 "황로黃老의 도덕道德을 배웠다"고 하여 도가

계의 인물로 보는 데 반해, 『순자』나 『한서漢書』「예문지藝文志」에서는 그를 법가라 하고 있어 그 소속이 분명치 않다. 아마 본령은 도가였는데 법가에 접근한 인물일 것이다.

이와 같이 전국시대 말기에는 제자백가 사이에 교류가 융성해진 결과 이른바 '잡가雜家'라는 것이 발생했다. 그 전형적인 예의 하나로 『관자管子』를 들 수 있다. 『관자』는 춘추 시대의 대정치가로 알려진 제의 관중管仲(?~기원전 645)의 저서로 되어 있다. 만일 이것이 사실이라면 공자보다 백 년이나 이전의 책이라는 것인데, 내용에서 생각하면 전국 시대 말기 법가계 학자들의 논의를 편집한 것이라 볼 수밖에 없다. 그 사상은 법가를 주류로 하고는 있지만 유가나 도가 등의 요소도 대단히 많고, 아무래도 잡가로서의 성격이 짙다.

여씨춘추 – 전국시대 말기 잡가의 대표

그러나 잡가의 책을 대표하는 것으로는 역시 『여씨춘추呂氏春秋』를 첫째로 들어야 한다. 이 책은 진 시황제의 재상이었던 여불위呂不韋(?~기원전 235)가 그 문하에 식객食客으로 배양하고 있던 학자들의 논문을 편집해 만들어낸 것이다.

여불위는 원래 대상인이었는데, 시황제의 부친 장양왕莊襄王이 인질이 되어 조趙나라에 있었던 일에 착안해 온갖 획책, 운동을 거듭한 끝에 그를 본국인 진秦의 왕위에 올리는 데 성공했다. 즉위 후 진의 장양왕은 여불위의 은덕을 깊이 유념해 그를 재상에 임용했다. 얼마 안 가 장양왕이 세상을 떠나고 그 아들 정政, 즉 뒷날의 시황제가 13세로 즉위했는데, 유년이란 점도 있어 정치를 전부 여불위에 위임했다. 따라서 여불위의 권세는 당시의 진나라에서 절대적인 것이었다.

당시의 풍습으로 열국의 실력자는 다수의 식객을 배양하는 것이 관례였다. 위魏의 신릉군信陵君, 초楚의 춘신군春申君, 조의 평원군平原君, 제의 맹상군孟嘗君 등 모두가 그러했다. 이 식객이란 것은 앞서 들었던 제의 직하 학사와 같은 성격을 갖는 것으로 유랑 지식인이며 제자백가라 불리는 사람들이었다. 열국의 실력자가 다투어 이들을 빈객으로 배양한 것은, 하나는 명성을 높인다는 허영심에서 나온 것도 있지만 동시에 지식인 자문단으로서 효용이 인정되었을 것이다. 물론 여불위도 대국의 실력자라는 면목으로 보아도 다수의 식객을 포용할 필요가 있었고 그 수는 무려 3천 명에 달했다고 한다.

그래서 여불위는 이들 식객의 대표자에게 각기 논문을 쓰게 하여 이를 편집해 『여씨춘추』라는 서명을 붙였다. 이것을 보면 '천지·만물·고금의 일'을 전부 알 수 있다는 것이다. 이 책이 완성되었을 때 이를 수도 함양咸陽의 성문에 진열해 천하의 유사遊士·빈객賓客의 열람을 위해 제공하고, "만일 한 자라도 증감할 수 있는 자가 있으면 1천 금의 상금을 줄 것이다"라는 포고를 했다고 한다.

여불위는 전부터 시황제의 모친인 태후와 사통하고 있었는데 시황제가 성년이 되어 이를 알게 될 것을 두려워해 갖가지 공작을 한 것이 뜻밖의 화근이 되어 마침내 재상직을 해임당하고 하남河南 땅으로 유배되었다. 다시 2년 후 변경인 촉蜀으로 옮겨지게 되자 사형을 면치 못할 것을 알고 자살했다. 그때가 시황제의 천하 통일을 앞둔 13년 전이었다.

지금 이 책을 보면 유·묵·법·도가와 그 밖의 여러 학파의 설이 모여 문자 그대로 잡가의 서적임을 알 수 있다. 이것은 원래 경향이 다른 여러 학파의 논문을 모은 것이므로 당연한 결과라고도 하겠다. 그러나 조금 들어가 고찰해보면 유가나 법가의 사상이 각기 순수성을 보존하고 있는 것은 드물고 많은 경우 서로 교착해 절충적인 성격을 갖고 있음을 알 수 있다. 이를테면 "무릇 현자와 어리석은 자를 부리는 도道는 각기 다르다. 어리석은 자를 부리는 데는 상벌賞罰로써 하고, 현자를 부리는 데는 의義로써 한다"(「지분편知分篇」)고 한 것은 현자에는 유가의 도덕으로, 어리석은 자에는 법가의 상벌로 임할 것을 주장한 것이니, 유가와 법가의 장점을 각각 인정하고 이를 적당히 구별해 써야 한다고 말한 것이다. 여기에도 전국 시대 말기 제자백가 간의 교류의 흔적을 볼 수가 있다.

　이처럼 『여씨춘추』는 잡다한 사상들을 그러모아 이루어진 것이지만 그중에서 가장 큰 비중을 차지하고 있는 것은 도가 사상이다. 진 시황제가 법가 독존의 정책을 취하게 되는 것은 그의 천하 통일 이후의 일이며, 『여씨춘추』가 쓰인 것은 그보다 십수 년이나 전에 있었던 것이다. 도가가 주류가 되어 있었다고 해도 이상한 일은 아니다.

　다만 도가가 주류의 위치를 차지하고 있다고는 해도 그 내용은 본래의 노자나 장자의 사상을 충실히 전한 것은 아니다. 노자에 관해 말하면 한비자류의 노자 해석, 결국 무위를 가장하는 것이 군주의 최상책이라는 해석을 한다. 이를테면 "아무리 박식한 군주라도 알지 못하는 것이 있는 것이다. 그런데 자신의 교지巧知를 믿고 신하들을 어리석고 졸렬한 자로 생각해 무엇이든 독단으로 하면 반드시 실패하는 일이 있다. 그러면 군주의 위엄을 손상하게 된다"(「지도편知度篇」)는 부류의 논의다. 그 근저에는 군주의 권력을 강화하려는 법가적 의도가 숨겨져 있다고 할 것이다.

또한 『여씨춘추』에 나타난 장자의 사상에 관해 보면 장자 사상의 본질적 부분, 즉 「내편」의 만물제동설, 죽음과 삶을 하나같이 보고 운명대로 살아간다는 설은 거의 무시되고 있다고 해도 좋다. 그 대신 『장자』 사상의 보다 뒤에 나온 부분, 즉 「외편」·「잡편」의 사상에 중점이 두어져 있다. 장자의 「외편」·「잡편」에서는 인간 내면에 있는 자연의 성性을 중시하는 경향이 강한데, 그중에는 성과 생명을 동일시하고 생명을 배양하는 데 중심을 두는 것이 있다. 『여씨춘추』에 보이는 장자적 사상이란 것은 실은 이 양생설養生說과 다르지 않다.

더욱이 양생설을 정치와 결부시켜, "천하를 다스리려 하는 자는 먼저 그 몸을 다스려야 한다. 몸을 다스리는 것은 신체의 신진대사를 왕성하게 하며, 사기邪氣를 제거하고 정기正氣를 새롭게 해서 천수를 온전히 하는 것이다."(선기편先己篇) 등의 말을 하며, 군주의 양생이 중요한 것임을 말하고 있다.

이와 같이 『여씨춘추』에 보이는 도가 사상이란 것은 본래의 노장 사상의 모습을 잃고 뚜렷이 정치색을 띠게 되었다. 원래 본래의 노장 사상을 충실히 지키게 되면 재야의 은자隱者로서 끝날 수밖에는 없는 터인데, 전국 시대 말기 도가 사람들은 한 나라의 군주나 실력자에 접근해 그 지식인 자문단의 일원이 되기를 바랐으니 자연히 정치적, 현실적이 되지 않을 수 없었다. 이것이 후기 도가의 일반적인 특징이며, 나중에 한대 초기에 유행했던 황로黃老 사상의 근본이 되는 것이다.

中國思想史

제4장

진의 천하 통일과
법가 사상의 승리

진의 통제 정책과 한비자

　기원전 4백 년경 시작해 150년 이상 이어진 전국 시대도 기원전 221년 진 시황제의 천하 통일에 의해 종결되었다. 여기에 백화제방百花齊放의 풍취가 있었던 제자백가의 활동도 종결되고, 사상계도 커다란 전기를 맞이하게 되었다.

　시황제가 창설한 새로운 정치 제도는 그 후 중국 국가의 고유 양태에 결정적 영향을 남겼다. 그중에도 9백 년의 전통을 지닌 봉건제를 폐지하고 새로이 군현제郡縣制를 건립한 것은, 단순히 정치 제도에서만 아니라 문화적, 사상적으로도 중대한 변혁을 가져오게 되었다. 다만 진은 겨우 15년 만에 멸망되었으므로 이 제도상의 변혁이 실제로 효과를 나타내는 것은 한대漢代 이후의 일이다. 따라서 이 문제에 관한 검토는 한대의 항목으로 넘기려 한다.

　우선 진대에 나타난 중요한 사상사의 사실로서는 법가의 학술에 의한 강력한 사상 통일을 들어야 한다. 진은 춘추전국의 오랜 분열의 뒤를 이어받아 정치 제도에서도, 또한 도량형·통화·문자·차궤車軌 등 일상생활에 필수적인 제도에서도 철저한 통일을 도모했다. 그것은 필연적으로 사상 세계에도 영향을 미치는 것이었다.

이미 법가의 한비자는 나라를 해치는 것의 하나로 학자에 의한 국정의 비판을 들었다. 그들은 시세의 변화를 알지 못하고, 부질없이 고대를 이상화해서 현대의 정치를 비판한다. 도덕에 의한 정치는 태평무사한 상고上古 시대에서만은 유효했다 해도 현재와 같은 격렬한 실력 경쟁의 시대에 통용되는 것은 아니다. 그것은 탁상공론으로 국가의 법을 어지럽히는 것이며, 온갖 해만 있고 한 가지 이익도 없는 것이다. 모름지기 유가·묵가를 비롯한 여러 학파의 학술을 금해서 학문은 오로지 법령을 배우는 데만 한정하고, 관리를 교사로 삼아야 한다. 이것이 『한비자』「오두편五蠹篇」의 대요이다.

한비자 자신은 일찍이 함께 순자의 문하에서 배우고 그 후 시황제의 재상이 되어 있던 이사李斯의 중상에 걸려 옥사했지만 얄궂게도 그 유지의 실현은 다름 아닌 이사 그에 의해 이루어지게 되었다.

분서갱유 – 제자백가의 소멸

시황제의 천하 통일로부터 8년 후(기원전 213) 함양궁咸陽宮에 주연을 열었을 때 박사博士 관직에 있던 70인이 축사를 말한 적이 있었다. 박사 중 한 사람인 순우월淳于越이 앞으로 나와 "지금 폐하는 군현제를 채택하셔서 자제子弟는 제후가 되지 못하고 서민과 동일한 지위에 있습니다. 만일 반란이 일어나면 폐하를 지켜야 할 제후가 없어서 위험하기 그지없습니다. 역시 주周가 봉건제에 의해 천 년의 긴 수명을 얻었던 것을 따라야 합니다. 옛적을 스승 삼지 않고서 국가의 장구함이 보존된 예는 없습니다"라는 상주를 올렸다. 그래서 시황제는 재상 이사의 의견을 구했다. 물론 이사는 시황제에게 군현제를 채택하게 한 장본인이니 이 의견에 찬성할 리가 없다. 이를 기회로 전부터 지녔던 지론을 다음과 같이 말했다.

"전국 시대의 분열 시기에는 열국의 제후들은 다투어 유랑하는 학사들을 후대했으나 지금은 정세가 전혀 다릅니다. 천하는 통일되고 존중해야 할 원리는 다만 하나가 되었습니다. 그런데 세상의 학자들은 법령이 나올 때마다 개인 의견으로 멋대로 비판하며 이로써 자신을 높이는 자가 많습니다. 만일 이 같은 상태를 방치해두면 위의 권위는 상실되고 서민의 마음은 동요할 것이니, 모름지기 엄하게 금단해야 합니다. 그 구체적 방법으로는 (1)먼저 국가의 사관史官이 간직하고 있는 서적 중 진의 기록 이외의 것은 전부 불살라 폐기하기로 합니다. (2)다음에 박사의 관리가 보존하고 있는 서적을 제하고 민간에서 『시경』·『서경』이나 제자백가의 책을 소장하고 있는 자는 이를 군현 관청에 제출시켜 전부 소각하기로 합니다. (3)또한 도로상에서 『시경』·『서경』을 의론하는 자가 있으면 바로 사형시켜 시신을 장터에 내다놓아 구경시킬 것을 규정합니다. (4)옛날로써 지금을 비방하는 자가 있으면 일족과 함께 사형에 처합니다. (5)이러한 사실이 있음을 알면서 검거를 게을리한 관리는 범인과 같은 죄로 처형합니다. (6)이 법령 시행 후 30일이 지나 아직 그 책을 불태우지 않은 자는 경黥을 치고[얼굴에 먹물을 새겨넣는 고대의 형벌] 노역형에 처합니다. (7)예외로 소각하지 않는 것은 의약·복서卜筮·종수種樹(농업) 관련 책뿐입니다. (8)만일 법령을 배우고자 희망하는 자가 있으면 관리가 교사를 맡기로 합니다."

이사의 이 제안은 시황제에게 채택되어 그대로 실시되었다. 이것이 유명한 '분서焚書'이다.

이때의 분서가 어느 정도까지 철저하게 시행되었던가는 기록이 없으므로 잘 알 수 없다. 한 견해로는 저토록 광대한 영토에서, 더욱이 교통이 미발달한 시대의 일이므로 먼 지방까지 두루 미치는 것은 곤란했다고 할 수도 있다. 그러나 다른 면에서 보면 당시는 아직 종이가 없고 서적은 전부 죽간竹簡이라는 것이었으니 설령 서적 한 부라도 그 부피는 크다. 따라서 이를 사람 눈에 띄지 않게 숨기기는 곤란하므로 상당히 대량의 서적이 불태워졌다고 볼 수도 있다. 산동성에 있었던 공자의 고택에서는 그 자손이 『상서尚書』·『예기禮記』·『논어』·『효경孝經』 등을 벽 속에 넣고 겉을 발라, 이것이 한대에 들어와서 발견되었다고 한다.

분서의 다음 해(기원전 212) 이른바 '갱유坑儒' 사건이 발생했다.

시황제는 전국 시대 말기부터 발생해 있던 신선神仙설을 믿어, 신선의 방술方術을 행하는 방사方士들을 측근에 두고 있었다. 그러나 구하는 선약仙藥은 좀처럼 손에 들어오지 않는다.

이대로 가면 죄를 얻을 것을 두려워한 노생盧生·후생侯生 등 방사들은 함께 모의해 도망쳤다. 이를 알게 된 시황제는 크게 노해 그들이 은혜와 의리를 배반했을 뿐 아니라 민중을 미혹하는 유언비어를 퍼뜨렸다는 의심이 있다며 제생諸生[사인들]을 일제히 검거해 조사했다. 제생은 자기 죄를 면하기 위해 서로 타인의 죄를 폭로했으므로 법에 저촉된 자가 460여 인에 이르렀다. 시황제는 이들을 전부 함양의 도읍에서 생매장하는 형벌에 처했다. 이는 '분서갱유'라 불리며 시황제의 학문 탄압을 상징하는 사건으로서 후세에 길이 전해지게 되었다.

갱유라고는 하지만 『사기』에서는 '제생諸生'이라 하고 있는 데 유의할 필요가 있다. 제생이라 함은 학식을 갖춘 인간이란 정도의 의미로 반드시 유자儒者에만 한정되지는 않는다. 전후 사정으로 생각하면 생매장된 460여 인의 대부분은 신선술을 하는 방사였는지도 모른다. 다만 시황제의 장자인 부소扶蘇가 간한 말 속에 "제생은 모두 공자를 읽으며 본받는다"고 했으므로 유자를 포함하고 있었던 것은 사실일 것이다. 이를 '분서갱유'라고 부르게 된 것은 한대에 들어가서부터인데, 공안국孔安國의 「고문상서서古文尚書序」에 보이는 것이 이른 예에 속한다. 아마 한대 유자들이 시황제에 대한 증오의 관념에서 '갱유'란 단어를 썼을 것이다.

정치적 무질서에 의한 사상의 자유

이렇게 해서 제자백가 시대는 진 시황제의 통일과 함께 끝나고, 여기에 법가만 유일하게 존중되는 시대가 찾아왔다. 그러나 법가의 왕좌는 겨우 15년 만에 붕괴될 운명이었다. 그것은 법가 정책이 갖는 엄혹함에 민중이 견딜 수 없었기 때문이다. 진의 멸망은 너무나도 어처구니없는 것이었다. 기원전 210년 시황제가 죽자 그 아들인 이세황제(二世皇帝)가 즉위했는데, 이듬해에는 일찍이도 천하의 대란이 발생했다. 그 단서가 된 것은 진승陳勝과 오광吳廣의 인솔에 의한 농민반란이다. 두 사람은 오늘날의 하남성河南省 농민으로 징발되어 북방 수비에 임하게 되어 무리를 이끌고 갔는데 도중에 장마로 도로가 막혀 기한 안에 목적지에 도착하는 것이 불가능해졌다. 그렇지만 진의 법률에는 명령받은 기한에 늦는 자는 전부 사형당하는 것으로 규정되어 있었다. 그래서 두 사람은 "지금부터 목적지에 가도 죽고 반란을 일으켜도 죽는다. 똑같이 죽는 것이라면 천하 사람들을 위해 죽는 것이 어떤가?"라고 결심하고 무리와 함께 반란을 일으켰다. 당시 천하에는 원한의 분위기가 가득 차 넘쳤으므로 이것이 도화선이 되어 대폭발을 일으켰다. 돌연 각지에서 군웅群雄이 떨쳐 일어나 3년 후 진 제국은 맥없이 괴멸되었다.

진의 비극은 후세에 커다란 교훈으로 남았다. 법가 사상은 정치 현실에 근거한 것인 만큼 전란과 분열의 시대를 수습하기 위해서는 위대한 효과를 발휘했다. 시황제의 법가 정책이 성공한 이유도 여기에 있다. 그러나 그 반면에 커다란 약점도 있었다. 그것은 오로지 국가 권력의 강화를 목표로 하는 것인 만큼 민중의 희생을 강제한다는 것이다. 그 무리함은 언젠가 반드시 민중의 불만을 심화시켜 곧 대폭발을 초래할 것임에 틀림없다. 그것은 결국 지배자에게도 불리하다. 지배자는 현실

정치를 운영하기 위해 법치주의를 필요로 하기는 하지만 이를 노골적으로 표면화하는 것이 불리함을 깨닫지 않을 수 없었다.

진의 뒤를 이어받은 한 왕조는 잠시 자유방임의 정책을 취해 민심의 안정을 도모했다. 법가의 요소를 받아들인 도가 사상, 이른바 황로黃老 사상이 유행한 것도 이 시기의 일이었다. 그러나 그것도 70년간 정도로 끝나고, 무제武帝가 즉위해 유교를 국가의 지도 원리로 삼게 되면서부터 유교만이 유일하게 존중받는 시대를 맞이하게 되었다. 그래도 한대 이후 2천 년에 걸친 통일 왕조의 시대는 다소의 부침이 있었다고는 해도 유교 지배가 장기간 지속되었다. 따라서 전국 시대 제자백가의 성황은 두 번 다시 그 모습을 나타낼 수가 없었다.

되돌아보면 제자백가 시대란 것은 중국 사상사에서 극히 특이한 것이었음을 알 수 있다. 과연 진·한 이후 사상계에서는 전국 시대의 사상계를 넘어서는 깊이와 정밀함을 보여주는 점이 있다 해도, 전체로서는 유교 일색으로 온통 도배되어 제자백가 사상의 다채로운 취향을 나타낼 수 없었다. 겸애를 설파하는 묵가, 논리와 궤변을 종횡으로 휘두른 명가, 정면에서 대담하게 도덕을 부정하는 한비자 등의 전통은 전국 시대를 최후로 영구히 자취를 감추고 말았다. 만일 제자백가의 전통이 그대로 유지, 발전되었더라면 중국 사상사는 지금 보는 것보다도 훨씬 변화가 풍부한 것이 되었을 것임에 틀림없다.

중국의 불행은 유교라는 하나의 교리가 2천 년이란 장기간에 걸쳐 사상계를 지배했다는 사실에 있다. 물론 유교는 법가 따위와는 달리 분서갱유라는 강경 수단을 취하는 일은 드물었다. 그러나 그 배후에는 왕조라는 강대한 권력이 있었다. 더욱이 지식인이 전부 관리 내지 관리 지향형의 인간이었다는 중국 특유의 사정은 이 관제 사상에 대한 저항을 극히 미약한 것으로 만들어버렸다. 다만 겨우 육조六朝 시대[위진남북조魏晉南北朝 시대]만이 지식인의 귀족화라는 사정의 도움을 받아 노장 사상의 유행과 불교의 수용이 가능해서 제자백가 시대를 상기시키는 정황을 드러내는 데 머물렀다.

사상은 무엇보다도 자유를 요구한다. 강력한 왕조 지배 아래에서는 진실로 생명 있는 사상은 발생하지 않는다. 전국 시대나 육조 시대는 분열의 시기이며, 정치적으로는 암흑의 시대이다. 그럼에도 풍부하고 다채로운 사상이 발생한 것은 다름 아니라 거기에 무질서에 의한 자유가 있었기 때문이었다.

中國思想史

제5장

진·한 대제국의 성립과 사상계의 동향

403B.C.	221B.C.	206B.C.		8 25	220	
춘추	전국	진	전한	후한	육조	

무제(재위)
141B.C. ████ 87B.C. 27 왕충
████ 100

1. 한 초기의 사상계

군현제의 성립과 민간으로부터의 관리 등용

　기원전 221년 진 시황제는 장기간에 걸친 춘추전국 시대의 분열을 통일해 중국 최초의 대제국을 실현하는 데 성공했다. 이후 중국은 2천여 년의 통일 왕조 시대로 들어가게 되었다. 물론 통일 왕조 시대라 해도 왕조 교체 때에는 분열과 전란의 시기가 나타났지만 그것은 대국에서 보면 일시적 현상에 지나지 않고, 전체로서는 강력한 왕조의 통일적 지배로 귀결되는 것이 정상적 상태였다고 해도 좋다. 그런 의미에서 진 시황제는 2천여 년의 통일 왕조 시대를 창시한 개조였다.

　더욱이 시황제는 단순히 통일 왕조의 창시자였을 뿐 아니라 왕조에 의한 천하 지배의 근본 기구를 확립하고, 그 기구는 이후 2천여 년간 각 왕조를 통해 유지되었다. 그것은 다름 아니라 장구한 전통을 지닌 봉건제를 폐지하고 새로이 군현제를 천하에 시행한 것이다.

중국에서도 시황제 이전에는 주의 왕인 천자天子 아래 세습적 제후가 있고, 그 제후의 신하도 각각 세습 신분이 주어져 있었다. 제후의 봉토封土는 천자에 대해 반독립국의 성격을 갖추고 있었으며, 마치 에도 시대 큰 번藩의 제후가 보유한 봉토와 유사했다. 봉건제가 갖는 지방분권적 성격이 곧 춘추전국 시대의 분열과 전란을 가져오는 원인이 되었다. 이 사실을 성찰한 시황제는 열국 제후들을 남김없이 멸망시킨 것을 기회로 세습제 제후나 그 신하들을 일체 두지 않고 천하의 지배는 전부 황제 아래 직속시킨다는 대원칙을 세웠던 것이다.

물론 천자 독재라 해도 저 광대한 국가의 정무를 한 사람의 손으로 처리하는 것은 불가능하다. 그래서 천자의 수족이라는 용도를 담당하는 관리를 임명해 중앙 정부에 배치함과 아울러 각지에 지방관을 두어서 황제의 지배를 침투시키게 되었다. 이를 위해 천하를 36군郡으로 나누고 군 아래에 복수의 현縣을 두어, 각각의 장관으로 군에는 태수太守를, 현에는 령令을 둔다는 제도를 설립했다. 이것이 군현제이다. 따라서 군현제라 함은 실질적으로는 관리에 의한 정치 제도와 다르지 않다.

시황제의 군현제는 그 후 2천여 년에 걸쳐 유지되었으나, 진은 겨우 15년 만에 멸망했으므로 아무래도 이를 정비해 확고한 제도로 만들어낸 것은 진을 이은 한 왕조이다. 한은 무제武帝(재위 기원전 141~87) 때 민간에서 관리를 등용하는 제도, 이른바 선거選擧 제도를 정립했다. 이는 지방관의 추천이 주체가 된 것으로, 각 군의 장관에게 그 지방의 주민 중 유학儒學을 익혀 덕행이 우수한 자를 뽑게 하고, 이들에게 효렴孝廉이라는 칭호를 주어 조정에 추천하게 했다. 조정은 이 지방관의 추천을 받은 효렴을 관리로 임명하는 것이다. 효렴의 추천에는 유학과 덕행 이외에는 가문이나 재산의 유무 등은 일체 그 조건이 되지 않았으므로 원칙으로는 서민에게 개방되어 있었던 셈이다. 사실 한대의 재상 중에는 가난한 농민에서부터 벼락출세한 자도 있었다. 그런 면에서는 대단히 민주적, 근대적인 제도였다고 할 것이다.

지식인 즉 관리라는 공식의 성립

군현제의 확립으로 2천여 년 중국 문화사 및 사상사의 성격이 결정적인 규정을 받게 되었다. 그것은 첫째로는 문화 내지 사상이 강한 정치색을 띠게 된 것, 둘째로는 유학이 유일한 존중을 받는 원칙이 확정되었기 때문에 사상 세계는 물론 모든 학문·종교·문학·예술 분야가 유학의 지배 아래 놓이게 된 것이다.

이미 앞의 '중국 관리의 특수성'에서 서술한 것처럼 중국의 관리는 절대적 매력을 지닌 직업이다. 그 권세나 명예는 물론 수입은 어떠한 실업가도 미치지 못할 만큼 막대한 것이었다. 더욱이 관리가 되는 길은 일반 서민에 널리 열려 있는 것이므로 적어도 독서가 가능한 정도의 인간은 모조리 관계官界에 들어가기를 열망하게 되었다. 그 때문에 지식인 전부가 관계에 흡수되어, 지식인 즉 관리라는 중국 특유의 공식이 성립했다. 과거의 중국에서 관리가 아닌 사상가, 관리가 아닌 시인이나 예술가가 극히 드물었던 것은 이 때문이다. 물론 관리에는 정원이 있고, 관계 진입을 이루지 못한 지식인도 다수 있었지만

이 사람들도 관료 지향적 의식을 지닌 자가 대부분이었다. 이 때문에 중국의 문화 내지 사상이 강한 정치색을 띠게 된 것이다.

둘째 유학 하나만 존중을 받는다는 것도 정치 편중이라는 첫 번째 사실과 서로 중첩되는 성질을 갖는 것이다. 원래 유교는 "수신修身·제가齊家, 치국治國·평천하平天下"[『禮記』 「大學篇」]라고 하듯이 개인이나 가족의 도덕을 중시하는 데서 출발하지만 궁극의 목적은 천하·국가를 다스리는 데 있다. 따라서 유교는 도덕의 가르침인 동시에 그 이상으로 정치의 가르침이다. 그것은 군현제 국가의 관리에게 가장 어울리는 학문이고 사상이었다. 유교가 2천여 년 왕조 시대의 이데올로기가 될 수 있었던 것은 바로 이 때문이었다.

하지만 동시에 여기에 중국 사상에 숙명적인 비극이 준비되어 있었음을 간과할 수 없다. 그 정치에 대한 편향 때문에 중국에는 그리스 철학이나 인도 종교에 필적하는 것이 끝끝내 발생하지 못했다고 할 수도 있기 때문이다. 그것은 중국인에게 능력이 없었기 때문이라는 것은 아니고, 사회적 조건과 역사적 사정이 그렇게 만들었다고 보아야 할 것이다.

황로 사상 – 한 초기 도가 사상의 유행

이와 같이 한은 무제 때부터 유학을 국교의 지위에 두는 과정에 들어섰지만 초대 고조高祖[유방劉邦]에서부터 유교의 국교화에 이르기까지 약 80여 년간은 오히려 도가 사상의 전성기였음을 유의해 둘 필요가 있다.

한 고조가 처음 천하를 통일했을 때 진이 멸망한 것은 시황제의 탄압 정책이 민중의 강한 반감을 산 결과임에 비추어 힘써 자유방임 정책을 취하도록 유념했다. 처음 관중關中 땅에 들어왔을 때 유명한 약법約法 삼장三章을 발포했다는 것도 그 표현의 하나였다. 법삼장이라 함은 "사람을 죽인 자는 사형, 사람을 상해한 자 및 도적질을 한 자는 각각 해당하는 형벌에 처한다"는 것으로, 그 이외의 법률을 두지 않는다는 것이다. 이는 "대국을 다스리는 것은 작은 생선을 삶는 것과 같다"며 자꾸 손대지 않는 편이 낫다는 노자의 사고방식에 따른 것이다.

이 고조의 방침은 그 아들 문제文帝 때에도 그대로 지켜졌다. 어느 때 수석 재상인 주발周勃과 차석 재상인 진평陳平이 어전에 알현했을 때 문제가 주발에게 "지금 1년간 소송 사건은 어느 정도인가"라고 질문하자 주발은 "모릅니다"고 했다. 그래서 "지금 천하 전곡錢穀의 세입·세출이 얼마나 되는가" 묻자 이것도 "모릅니다"고 답했다. 관록 있는 주발도 식은땀으로 몸을 적셨다. 그래서 문제가 같은 것을 진평에게 질문하자 진평은 "소송의 일은 사법 장관에게, 전곡의 일은 재무 장관에게 하문해 주십시오"라고 한다. 문제가 "그러면 그대의 직무는 무엇인가"라고 물었더니 진평은 "재상은 천자를 도와 음양을 다스리고 사방 오랑캐(四夷)를 어루만져 안정시키며 백성을 친하여 따르게 하고 관리가 그 직무를 다하도록 지켜보는 것입니다"라고 답했다. 이를 듣고 문제는 몹시 감동해서 진평을 칭찬했다.

어전을 물러나온 후 주발이 "그런 좋은 답이 있으면 왜 처음부터 내게 가르쳐주지 않았는가" 힐난하자 진평은 웃으며 "저런 질문에 일일이 답하고 있으면 마지막에는 지금 수도 장안에 도적이 몇 명 있는지 질문받을 것"이라고 말했다고 한다. 재상이면서 국가의 세입이나 세출을 알지 못한다는 것은 다소 심한 얘기지만 한대 초기에는 오히려 그런 편이 좋았던 것이다.『사기』에 의하면 진평은 황로黃老 사상의 신봉자였다. 진평뿐 아니라 전한前漢 초기에는 황로 사상을 받드는 자가 많았다.

황로 사상의 내용

그러면 '황로'란 무엇인가 하면 황제黃帝와 노자老子란 것이다. 황제는 전설상의 옛 제왕의 이름인데, 고대를 존중하는 관념이 강한 중국에서는 그 학설이나 기술에 권위를 붙이기 위해 그 기원을 가능한 한 옛 시대의 위인과 결부시키는 경향이 있다. 유교에서도 그 기원을 주공周公이나 공자보다도 소급해 요堯·순舜 등 옛 제왕에 결부시키는데, 도가에서도 이에 대항하기 위해 노자보다도 오랜 황제를 내세웠을 것이다. 한대 이전에는 황로라는 용어는 눈에 띄지 않으니 아마 한대에 들어와서 만들어진 용어일 것이다.

그러면 황로 사상의 내용은 어떤 것이었을까. 황실 일족인 유덕劉德은 황로술黃老術을 좋아해 "늘 노자의 만족함을 안다는 지족계知足計를 지녔다"고 한다. 또한 급암汲黯이 지방관이 되어 "황로의 말을 좋아하고 백성을 다스리는 데 청정淸靜을 본지로 삼아 대국을 헤아릴 뿐 작은 일에 구애되지 않았다"고 하며, 구경九卿의 반열에 들어간 후에도 무위를 존중하고 법률의 세부 구절에 구애되지 않아 사법관인 장탕張湯과 충돌했다고 전하는 사례 등으로 생각하면 노자풍의 무위의 정치를 이상으로 삼은 것이었음을 엿볼 수 있다.

또한 『사기』의 저자 사마천司馬遷의 부친 사마담司馬談은 『육가요지六家要旨』를 저술했는데, 이에 의하면 음양가·유가·묵가·법가·명가는 각각 일장일단이 있지만, 홀로 도가는 이들 5가의 장점을 겸비하고 더욱이 간이簡易하고 요점을 얻어 무위이면서 하지 않음이 없는 만능의 용도를 지녔으니 가장 우수한 것이라고 상찬하고 있다. 도가 사상에 대한 사마담의 이 평가는 무제에 이르기까지 한 초기 일반 지식인의 평가를 대표한다고 할 수 있을 것이다.

더욱이 황로 사상에는 두태후竇太后라는 아주 유력한 지지자가 있었다. 두태후는 무제의 조부에 해당하는 문제의 황후로, 그 아들인 경제景帝에서 손자인 무제 시대의 초년에 이르기까지 황태후로서 은연한 세력이 있었다. 두태후는 열성적인 황로 애호자였기 때문에 그 아들 경제도 『노자』를 읽고 그 도를 존중하지 않을 수 없었다. 어느 때 박사 관직에 있었던 원고생轅固生이 노자의 책에 대해 "저것은 가인家人의 말—재야 서민의 말에 지나지 않는다"고 혹평한 것에 노해서 노역형을 가하려 했는데 경제의 주선으로 간신히 구제를 받았다고 한다. 무제의 즉위 후 유교를 중시하는 풍조가 나타나기 시작했지만 두태후 재세 중에는 목적을 이룰 수 없었고, 기원전 135년 태후가 죽은 다음 비로소 실현이 가능해졌다.

한 초기 80년간 도가 사상이 극도의 전성에 이른 것은 그 당시 성립한 유교의 경전이 노장 사상을 채택해 받아들인 사실에도 나타나 있다. 이것이 나아가 후세의 송학, 주자학이 무의

식중에 노장 사상의 깊은 영향을 받는 먼 원인이 되었다고 할
것이다.

　유교 경전 중 특히 노장의 사상이나 형이상학적 요소를 받아들
였다고 볼 수 있는 것으로 『역경』의 「계사전繫辭傳」이나 『예기禮記』
의 「중용中庸」·「악기樂記」·「예운禮運」 등 여러 편을 들 수 있다. 이
들은 전부 송학의 성립에 즈음해 그 중요한 근거가 된 경전이다.
또한 『사기』 「노자전」에 공자가 노자에게 예禮를 물었다는 사실이
있는데, 이런 것들도 공자보다 노자를 상위에 둔다는 전한 초기 풍
조에서 생겨난 전설일 것이다.

　더구나 황로 사상의 유행은 무제가 유교 하나만 존중함과 함께
종말을 고했지만 그 후에도 황로라는 용어 자체는 여전히 쓰였다.
다만 무제 이후 황로는 노자에 가탁한 신선설神仙說을 가리키는 일
이 많고, 그 내용이 변질된 것에 유의할 필요가 있다.

2. 유교의 승리와 경학의 성립

한 초기 유교의 상태

그러면 한 초기 유가는 어떠한 상태에 있었던 것일까. 무제에 의해 유학이 관학官學으로서 국교적 성격이 주어지기 시작하기까지의 경과에 관해 보기로 하겠다.

당시 유자들은 공자의 출신지라는 관계도 있어서 특히 지금의 산동성 지방에 많이 집중되어 있었던 듯한데, 그들의 생활을 지탱한 것은 주로 관혼상제 직업이었던 것으로 보인다.(111쪽 참조) 말하자면 음지의 생활이었는데, 이 상황은 한 고조가 천하를 통일했을 때에도 조금도 바뀌지 않았다. 대체로 한 고조는 시골 촌장 출신으로 호방한 성격의 소유자여서, 형식을 꾸미고 말만 꺼내면 예의나 도덕을 시끄럽게 말하는 유자儒者 따위는 아주 질색이었다. 간혹 유자가 면회를 청해 방문하면 고조는 그 특유의 모자인 유관儒冠을 벗겨 앞에 두고 거기에다 소변을 봤다고 한다.

그렇지만 이 호걸인 고조에게도 한 가지 고뇌가 있었다. 그 것은 즉위 후 대신과 장군들이 무뢰한 출신의 교양 없는 사람 들만 모인 집단이었다는 것이다. 옛 동료인 고조를 존경하지 않을 뿐 아니라 연회석상에서 술이 돌면 옛 공적 이야기를 하 고는 떠들기 시작해 칼을 뽑아 기둥을 치는 따위의 난동을 부 린다. 여기에는 관록 있는 고조도 정말 애를 먹고 있었다.

이때 유자 중 숙손통叔孫通이란 인물이 있었다. 그는 평범한 유자는 아니고 처세의 도에 뛰어났다. 그 때문에 유자 집단에 서는 "너는 곡학아세曲學阿世─학문을 왜곡해 세상에 아부하 는 자"라는 매도를 당했을 정도이다. 숙손통은 고조가 입을 닫 고 있는 것을 보고 그의 유자 혐오를 알면서 고조의 심리를 역 이용해 설득했다. "분명히 유자란 것은 새 사업을 시작할 적(創 業)에는 전혀 쓸모가 없습니다. 그러나 일단 완성된 것을 지켜 내는 것(守成)에는 적합합니다. 한 번 저에게 조정 의식의 모범 을 시행하게 해주십시오." 이에 대해서는 고조의 마음도 움직 여 백관에 명해서 숙손통과 그 제자들에 의한 조근朝覲의 의식 을 견학하게 한 다음 몇 회나 연습을 거듭하게 했다. 이윽고 장 락궁長樂宮에서 정식으로 백관 조근의 의식이 시행되자 그 장 엄함에 가장 감격한 것은 다름 아닌 고조 자신으로 "내 오늘에 야 비로소 황제인 것이 귀함을 알겠다"고 탄성을 내뱉는 지경 이었다. 숙손통은 바로 문교장관격인 태상太常에 임명되고 조 정의 의식 전반을 도맡게 되었다.

이로써 유교는 고조에게 그 이용 가치를 인정받고 비로소 국가 권력의 일각에 파고들 단서를 잡았다. 그러나 고조 단계 에서는 유교는 그 예禮라는 형식적 일면이 채택되는 데 머물고, 그 사상의 가치가 인정된 것은 아니었다. 사상계에서는 여전히 도가 사상이 압도적 우세를 차지하고 있었던 것이다.

유교 유일의 독존 확립과 지식인에의 침투

이처럼 한 초기 약 80년간은 도가의 자유방임 사상이 극도의 전성을 누렸는데, 이는 한 왕조의 기초가 아직 충분히 굳혀지지 않았다는 것, 진의 탄압 정치에 대한 반동이 있었다는 것이 주된 원인이었다. 그렇지만 고조의 증손 무제가 즉위하게 되자 왕조의 기초도 점차 공고해지고 곧 흉노匈奴 정벌을 비롯한 적극 정책의 방향으로 전환하는 기운이 무르익게 되었다. 이 단계가 되자 이미 자유방임의 도가 사상은 부적격하게 되고, 이를 대신하는 강력한 통일 정치의 원리에 대한 요구가 높아지게 되었다.

강력한 통제 원리라 하면 한비자류의 법가 사상을 능가하는 것은 없다. 그러나 법가의 형벌주의를 노골적으로 내세우는 것이 불리함은 이미 진의 멸망으로 실험이 끝난 상태다. 그래서 근본은 법가의 입장을 채택하면서도 표면을 온화하게 할 수 있으면 가장 현명한 방법임에 틀림없다. 그러기에는 도덕에 의한 정치를 주장하는 유교를 표면의 간판으로 삼는 것이 득책이다. 물론 정치는 힘을 원리로 하는 것으로 도덕이 현실에 쓸모가 없음을 알고는 있지만 앞서 숙손통이 적절히 말했듯이 '일단 완성된 것을 지키는' 것이 유교의 특기이다. 여기에 유교가 한 왕조에게 공인된 이유가 있었다. 무제 아래 재상이 된 공손홍公孫弘이 "법률이나 실무에 숙습함과 함께 그것을 유술儒

術로 수식했다"고 일컬어지는 것은 이때의 사정을 잘 이야기하고 있다. 알맹이의 대부분은 법가 정치이지만 유가 사상으로 그것의 외관을 수식한 것이다.

그러나 유교가 국교의 지위에 오른 것이 이 같은 편의적이고 소극적인 이유 때문만은 아니다. 유교 자체의 내용에도 천자의 독재 정치를 적극적으로 지지하는 측면이 있었다. 앞서 맹자에 관한 부분에서 서술했듯이 유교는 가족주의를 국가 관리의 원리로 삼는, 이른바 가부장제家父長制 국가를 이상으로 한다. 그리고 한 가족 안에 아버지의 전제가 있듯이 한 나라의 아버지인 군주는 국민에 대해 선의善意에 기초하는 전제정치를 행해야 하는 것으로 생각한다. 왜냐하면 민중은 미성년의 자식과 같은 자이며 판단력을 갖지 못하기 때문이다. 이른바 "All for the people, nothing by the people"을 원리로 하는 것이다. 따라서 이것은 천자 독재제에 도덕적 근거를 부여해 이를 합리화하는 데 큰 역할을 한다. 유교가 2천여 년에 걸쳐 왕조 시대의 지도 원리가 된 것은 이 같은 이유가 있었기 때문이다.

그래서 한 무제는 즉위 후 5년인 건원建元 5년(기원전 136) 처음 오경박사五經博士란 관직을 설치했다. 이듬해인 6년에는 황로 애호자로 유학의 장해였던 두태후가 죽었으므로 황로나 법가 등을 비롯한 제자백가의 학술을 물리치고 유자 수백 인을 불러들였으며, 유자인 공손홍은 재상에 임용되기에 이르렀다. 또다시 그다음 해에는 앞서 서술한 효렴의 선거 제도를 설치해, 민간에서 유학을 익히고 덕행 있는 자는 지방관의 추천에 의해 관리로 임용하기로 함으로써 유학이 지방 말단의 지도층에까지 침투하는 길을 열었다.

이와 동시에 문교부에 해당하는 태상太常이란 관청에 오경박사 5인과, 학생에 해당하는 제자 50인의 정원을 두고 유학 연구를 담당하게 함과 함께 자격시험에 급제한 자를 관리로 임명하기로 했다. 이때는 아직 특정의 명칭은 없었던 듯한데 얼마 안가 태학太學이라 불리게 되고 그 규모도 차츰 커져, 다음 대의 소제昭帝 때에는 제자 백 명, 원제元帝 때는 1천 명, 성제成帝 말기에는 3천 명에 달하기에 이르렀다. 후한後漢은 도읍을 장안長安에서 낙양洛陽으로 옮겼는데, 그 말기 환제桓帝(재위 147~166) 때에 수도의 태학생 수는 무려 3만에 이르렀다. 태학 제도는 앞서 효렴 선거와 함께 유교 정신을 지식인에게 침투시키는 데 절대적 역할을 수행했다고 할 수 있다.[18]

대학의 역사로 말하면 아마 중국의 대학이 세계에서도 가장 오래되었을 것이다. 후한의 수도 낙양의 태학은 그 규모도 크고 더욱이 완전 기숙사 제도였으므로 순제順帝 때에는 240동, 1,850실의 설비가 있었다고 한다. 학생 수가 3만에 달했을 때는 더욱 대규모가 되었을 것으로 생각된다. 다만 교관인 박사의 정원은 있었지만 따로 강의를 하는 것은 아니고 학생은 자학·자습하든지 적당한 스승을 찾아내 배우는 것이 보통이었다. 수업 연한의 제도도 없고 매년 실시되는 자격시험에 급제하면 그대로 태학을 떠나 관리가 되었다. 연령도 일정하지 않고 13세 소년이 있는가 하면 60세를 넘은 자도 드물지 않았다. 학내에는 학생들의 향리鄕里에서 나는 토산물을 교환하는 시장이 있고, 학생 간의 분쟁에 대비해 재판소 겸 형무소 설비도 있었다. 당시 학생의 일거리로 가장 보편적이었던 것은 '용서傭書[필경筆耕]', 즉 서적의 필사이다. 학생운동으로서는 후한 말기 환관宦官과 일반 관리의 대립 항쟁[당고黨錮]이 격화했을 때 태학생 수천 명이 일반 관리 편이 되어 조정에 몰려가 상서上書한 예 등이 유명하다.

오경의 성립

이와 같이 유학이 국가가 공인한 유일의 정통 사상이 된 결과 그것이 일종의 종교적 권위를 갖게 되는 것은 자연스러운 추세이다. 원래 유교는 도덕이나 정치의 가르침이며, 엄밀한 의미에서는 종교는 아니다. 그러나 천지를 비롯한 신들이나 조상에게 제사하는 예를 존중하는 점에서는 종교와 통하는 일면이 있고, 또한 성인聖人 숭배를 극단으로까지 밀어붙이면 신의 숭배와 유사해질 가능성이 있다. 요컨대 의사擬似 종교적 성격을 갖게 된다.

종교적 권위를 갖게 되면 당연히 그것이 의거할 성전聖典이 필요해진다. 그것이 경서經書 혹은 경전經典이라 불리는 것이다. 원래 '경經'이란 것은 직물의 날실[縱系]이고 '위緯'가 씨실[橫系]인 것과 대응한다. 그런데 날실은 직물의 최초에서 최후까지 관통하는 것이므로 경은 '상常'인 것, 영구불변한 것이라는 의미가 생겨난다. 따라서 "경서란 영구불변한 진리를 실은 책"이라는 해석이 성립한다. 또한 날실은 직물에 조리를 통하게 하고 질서를 주는 것이라는 점에서 "경이란 도道이며, 법法이며, 이理이다"라는 뜻풀이가 생긴다. 또한 이를 동사적으로 하면 "사물에 조리를 붙이고, 다스리고 정리한다"는 의미가 된

다. 경영經營·경세제민經世濟民[세상을 다스려 백성을 구제함]·
경제經濟라는 용례가 그것이다. 따라서 경서의 의미를 종합하
면 "불변의 도리道理를 전하고 세상을 다스리는 것을 목적으로
하는 서적"이라는 것이 될 것이다.

그런데 한 무제는 오경박사란 관직을 두었는데, 여기서 '오
경五經'의 내용이 확정되었다. 실은 오경이나 육경六經이란 명
칭은 전국 시대 말기 무렵부터 있었지만 그 내용은 반드시 일
정하지는 않았다. 그러면 한 이후의 오경이란 무엇을 가리키
는가 하면 『시詩』·『서書』·『예禮』·『역易』·『춘추春秋』이다. 이를
『시경』·『서경』·『역경』 등, '경'자를 붙여 부른 것은 송학에 이
른 다음부터의 일이다

『시詩』 중국 고대의 가요집이다. 옛적에는 3천 편이 있었던 것을
공자가 순정한 것만을 골라 현재의 3백 편으로 만들었다고 일컬어
지는데, 이는 공자를 위대하게 하기 위해 나온 후세의 전설에 지나
지 않는다. 현재의 『시』 3백 편은 「풍風」·「아雅」·「송頌」 셋으로 크
게 나뉘어져 있다. 「풍」은 「국풍國風」이라고도 하며, 주周 초기부터
중기(기원전 10세기~6세기)에 걸쳐 각국의 민요를 수집한 것이다.
「아」는 조정의 의식이나 연회 때에 노래한 시로 여기에는 「대아大
雅」와 「소아小雅」의 구별이 있다. 「송」은 천자나 제후의 종묘 제사
에 노래한 것으로 「주송周頌」·「노송魯頌」·「상송商頌」의 구분이 있
다. 이처럼 고대의 가요를 모은 것이며, 특히 「국풍」 등은 민요집이
므로 연애의 노래 등도 포함되어 있다. 그래서 경전으로 어울리지
않는다는 점에서, 특히 한대의 주석가 등은 이를 권선징악勸善懲惡
의 의미를 갖는 교훈시로 무리하게 해석하는 자가 많다.

『서書』 『상서尚書』라고도 불린다. 『시』가 가요집인 데 비해 『서』
는 고대 제왕의 조칙이나 사적을 모은 것이다. 따라서 고대의 역사
사실이나 사상을 아는 데 중요한 의미를 갖고 있다. 다만 요堯·순
舜·우禹라는 옛 제왕에 관한 부분은 후세에 첨가해 쓰인 것으로 사
실史實이라기보다는 전설이나 신화에 가깝다고 볼 수 있다. 『서』에
는 금문과 고문 두 종류의 텍스트가 있어 그 진위를 둘러싸고 각양
각색의 번거로운 문제가 많다.

『역易』 『주역周易』이라고도 한다. 『역』은 원래 점복占卜을 하는 책
이었다. 점이란 행위의 기원은 대단히 오래지만 현재의 『역』이라는
서적은 비교적 그 성립이 새로운 것으로 볼 수 있다. 공자나 맹자
시대에는 아직 존재하지 않았다고 보는 설이 유력하며, 전국 시대
말기의 순자가 들고 있는 오경 속에는 『역』이 들어 있지 않다. 따
라서 『역』이 유교 경전이 된 것은 한대에 들어온 다음의 일이라고
생각된다. 그러면 왜 한대에 와서 『역』을 오경 속에 넣었는가 하면
『역』이 인간의 운명을 예지하고 이에 대처할 적당한 방법을 강구
함으로써 인생을 행복하게 한다는 기능을 갖고 있기 때문이다. 원
래 유교는 도덕론 위에 세워진 것으로 행복론에 관해서는 극히 냉
담했다. 이는 유교의 대중화에 장해의 하나가 되었다고 볼 수 있다.
이 결함을 보충하기 위해 새롭게 추가된 것이 『역』일 것이다. 다만
『역』은 점복서임과 함께 형이상학形而上學적 요소도 갖는다.('형이
상'·'형이하'라는 용어가 나온 문헌 전거가 『역』이다) 특히 『역』의
해설적 부분인 「계사전繫辭傳」에는 그런 경향이 짙다. 결국 음양설
陰陽說을 기본으로 하는 만물 생성生成의 이론이 설명되고 있기 때
문이다. 이 때문에 노장이나 불교가 융성해진 육조 시대에는 『역』
과 노장을 합쳐 삼현三玄이라 부르고, 이를 근본으로 삼은 현학玄學

이 유행했다. 또한 철학적 유학인 송학·주자학에서도 『역』을 그 형이상학의 중요한 근거의 하나로 삼고 있다.

『예禮』 『예』라 불리는 경전에는 「의례儀禮」·「주례周禮」·「예기禮記」 3부가 있어, 이를 '삼례'三禮라 부르고 있다. 이 중 「의례」는 사대부士大夫 신분을 지닌 사람의 관冠·혼婚·상喪·제祭 의식을 세밀하게 서술한 것이다. 그 속에는 고대의 습속이나 가족 제도를 아는 데 유용한 자료가 포함되어 있다. 그러나 후세의 관혼상제는 반드시 「의례』의 규정대로 시행되지는 않았으므로 일반에 읽히는 것은 드물고, 전문으로 연구하는 자도 적었다. 「주례」는 주대의 관제官制를 서술한 것으로 「주관周官」이라고도 한다. 주대의 관제를 알기 위해 중요할 뿐 아니라 정치사상이나 제례祭禮 제도, 그 위에 「고공기考工記」 등과 같이 거복車服·기물器物의 제도까지 기록한 것도 있어 주대의 문화를 알기 위해 쓰임새가 있다. 다만 「주례」는 주대의 사실을 그대로 충실히 기록한 것은 아니고 이상화된 요소가 많은 것에 주의할 필요가 있다. 「예기」는 그 내용이 넓고 풍부하며, 나쁘게 말하면 잡다하다. 「왕제편王制篇」처럼 국가의 제도를 서술한 부분이 있는가 하면 「곡례편曲禮篇」과 같이 일상생활의 세밀한 규정을 서술한 것도 있다. 더욱이 「중용편中庸篇」·「대학편大學篇」처럼 철학적 내용을 지닌 것이 있는가 하면 「예운편禮運篇」·「악기편樂記篇」처럼 도가 사상의 영향을 강하게 받은 것도 있다. 사상사적 입장에서 보면 삼례 중에서 가장 문제가 많은 책이라 할 것이다.

『춘추春秋』 공자가 태어난 노魯나라를 중심으로 해서, 기원전 722년부터 기원전 481년에 이르는 242년간, 이른바 춘추 시대의 연대기年代記이다. 저자는 공자로 되어 있지만 오늘날에는 부정적으로 생각하는 것이 보통이다. 극히 간단하고 단편적인 기록에 지나지 않는데, 이미 맹자 무렵부터 "이것은 공자가 천하의 질서를 바로잡으려는 이상을 숨기고 저술한 것이며, 언뜻 보아 아무렇지 않은 듯 쓰여 있는 기사記事의 단어 하나, 구절 하나 속에 대의명분大義名分을 밝히는 깊고 장구한 의미가 담겨 있다"는 견해가 생겨났다. 이른바 『춘추』의 필법筆法이다. 그러나 보통 사람들로서는 그 권장하고 징계하는 의미를 알 수 없으므로 이를 해설하는 세 가지 '전傳'이 저술되었다. 『춘추』의 '삼전三傳'이 그것이다. '삼전'은 본래는 해설서인데, 이것이 없이는 『춘추』의 깊은 뜻을 알 수 없으므로 사실상 '경'의 취급을 받았다. '삼전'이란 『좌전左傳』·『공양전公羊傳』·『곡량전穀梁傳』을 가리킨다. 『좌전』은 『좌씨전左氏傳』이라고도 하고 후세에 가장 널리 읽혔다. 그것은 다른 두 전과는 달리 이론보다 역사적 사실의 뒷받침에 중점을 두었기 때문이다. 『춘추』의 본문은 극히 간략하지만 『좌전』은 그 본문에다 풍부한 사실의 뒷받침을 주었으므로 오늘날 춘추 시대의 역사를 알기 위해서는 가장 중요한 사료로 인정받고 있다. 『공양전』은 『곡량전』과 함께 『춘추』에 비장된 공자의 의도를 밝히는 데 주안을 두고 단어 하나 구절 하나에 독특한 해석을 가하고 있다. 그것이 너무나도 주관적인 자의가 지나치기 때문에 전한 시대에는 널리 유행했지만 그 후에는 『좌전』에 압도되어 그 연구자도 극히 드물게 되었다. 다만 청대淸代 말기에 와서 지식인들 사이에 위기의식이 생김과 함께 혁신을 목적으로 하는 사람들 사이에 존중되어, 이른바 '공양학파'의 성립을 보게 된다.

경학의 성립

오경은 천하·국가를 다스리는 원리를 설명한 책이라는 점에서는 '정전政典'으로서의 성격을 지니고, 다른 한편에서는 성인의 가르침을 기록했다는 점에서는 종교적 권위를 갖춘 '성전聖典'의 성격을 갖고 있다. 결국 정전임과 동시에 성전이라는 이중적 성격을 구비하게 된다. 따라서 한대 이후 오경은 사상계에 절대적 권위를 갖고 군림하게 되었다. 이 때문에 한대 이후의 중국 사상계는 경서가 규정하는 범위를 벗어나는 것이 극히 곤란하게 되고, 사상의 자유로운 전개라는 점에서 보면 매우 불행한 결과를 가져오게 되었다.

이와 같이 경서의 권위가 확립됨과 함께 경서를 연구하고 해석하는 '경학經學'이 발생했다. 이는 기독교의 성서학 내지 신학에 해당하는 것으로 한대 이후의 유학은 경학의 범위를 벗어나지 못했다고 할 것이다. 이를테면 송宋의 주자학朱子學이나 명明의 양명학陽明學 등은 노장과 불교의 영향을 강하게 받은 유학이기는 하지만 최후의 거점은 역시 경서였으며, 다만 그 해석이 종래와 달랐다는 데 머무른다. 따라서 주자학이나 양명학은 경학 내부에서 발생한 시대적인 변천이며, 경학의 외부로 벗어난 것은 아니라고 할 수 있다.

그런데 한대 경학의 특색으로서는 금문경今文經과 고문경古文經의 대립이 있었다는 것, 경서의 외부에 참위讖緯의 서적이 나타나 이것이 경학과 결부되었다는 사실을 들 수 있다. 어느 쪽이든 경학사에서는 중요한 의미가 있는 사실이지만 사상사에서는 그다지 의미가 있다고는 생각되지 않는다.[19]

금고문 문제 전한 초기에 나타난 경서는 전부 금문, 즉 한대에 통용된 글자체로 쓰여 있었다. 하지만 그 후 고문, 즉 오래된 글자체의 경서가 나타났다. 글자체의 상위뿐이라면 문제는 없을 텐데『금문상서』와『고문상서』에서는 편篇이 같고 다른 차이가 있으며, 또「주례」는 고문밖에 없고,『춘추』에 관해서는『공양전』은 금문,『좌전』은 고문밖에 없었으므로 내용의 상위, 나아가서는 사상의 대립이라는 문제로 발전한다. 전한 시대에는 금문이 일찍이 조정의 공인을 받은 만큼 압도적으로 우세했지만 후한에 들어옴과 동시에 양자는 함께 세상에 병행하게 되었다. 전한의 금문경학을 대표하는 학자에『춘추번로春秋繁露』를 저술한 동중서董仲舒가 있다.

참위설 '참讖'은 예언이란 것으로 특히 왕조의 교체, 혁명에 관한 것이 많다. 진 시황제 때 "진을 멸망시키는 것은 호胡이다"라는 예언이 유포되었으므로 시황제는 흉노 정벌을 위한 군사를 일으켰지만 예언의 '호'는 오랑캐가 아니고 이세황제인 호해胡亥를 가리킨 것이라 한다. 후한 광무제光武帝가 황실 부흥을 위해 거병했을 때에도 이 '참'을 이용했다. '위緯'는 씨실이란 뜻으로, 날실인 '경經'을 보조하는 역할을 하는 서적임을 말한다. 위서緯書가 생겨난 것은 전한 말기로 되어 있는데, 그 내용은 제왕의 탄생에 신화적인 이야기를 결부시키거나 공자를 신비화하는 것 같은 경향이 있다. 위서는 앞의 '참'과는 발생적으로는 별개의 것이지만 어느 쪽도 신비적 경향을 갖는다는 점에서는 공통되므로 얼마 안 가 참위설로서 하나로 결합되었다. 참위설은 한대 전체를 관통하여 성행했지만 그 후 점차 쇠퇴하더니 수隋 왕조 때 금지되었다.

3. 한대 사상계의 흐름

회남자 – 한 초기 도가 사상을 대표하다

유교 경학이 성립된 것은 사상사에서 중대한 사건이지만 경학 자체는 유교의 권위를 무조건 신뢰하는 데서 성립하는 신학과 같은 것이므로 사상적 내용은 부족하다고 할 수 있다. 한대 4백 년간은 경학의 전성시대였지만 경학 이외에도 우수한 내용을 갖는 사상이 없었던 것은 아니다. 이제 그중에서 대표적인 것 몇 가지를 들어보겠다.

우선 첫째로 들 수 있는 것은 『회남자淮南子』이다. 이는 한 사람의 저서는 아니고 한 황실의 일족인 회남왕淮南王 유안劉安(?~기원전 122)이 그 문하에 배양하고 있던 학자들의 논문을 편집한 것이다. 따라서 진 시황제의 재상인 여불위가 편집한 『여씨춘추』와 흡사한 성격의 책이다. 다수 학자들의 논문을 모은 것이므로 그 내용도 유가·도가·법가 등 사상이 혼재해 있어, 이른바 잡가雜家의 책이 되었음은 『여씨춘추』와 동일하다.

그러나 『회남자』 안에서 주류를 차지하고 있는 것은 도가 사상이어서 그 분량도 압도적으로 많다. 이 책이 완성된 것은 무제 때로서 아직 유교의 권위가 충분히 확립되지 않았기 때문에 한 초기 이래의 도가 사상 전성의 여풍을 이어받은 것으로 볼 수 있다. 다만 한 초기의 도가는 황로라 불리듯이 노자의 정치사상이 중심이었던 데 대해 『회남자』에서는 장자 사상의 색채가 강해지고 있다. 그만큼 철학적이고 종교적이라고 할 수 있다. 그 일례로서 「전언훈詮言訓」에 다음과 같은 의미의 말이 있다.

"천지가 시작해서부터 나라는 인간이 태어나기까지는 무한의 시간이 걸렸을 것이다. 또한 내가 죽은 다음에도 천지는 그 무한한 존재를 지속할 것이다. 그리고 보면 겨우 오륙십 년간의 수명밖에 없는 인간이 이 광대한 천하의 난리를 근심하는 것은 마치 황하黃河 강물의 수량이 적은 것을 걱정해 눈물로 그 물을 늘리려는 것과도 같다고 할 것이다. 그것은 마치 생명이 사흘밖에 없는 하루살이가 3천 년 수명을 가진 거북을 위해 양생법을 염려해주는 것과도 비슷해서 어리석고 가소로운 것이다. 그러므로 천하가 어지러움을 근심하지 않고 내 몸을 다스리는 것을 즐기는 자야말로 비로소 더불어 '도'를 이야기할 수 있을 것이다."

이 말은 틀림없이 종교적 인간의 말이다. 만일 정치적 인간이라면 이 말이 갖는 이기주의의 여운에 반발을 느낄 것임에 틀림없다. 실제로 중국에 전해진 불교는 유교 측으로부터 "불교는 이기주의다. 왜냐하면 자기 일신의 구제만을 생각할 뿐이며 천하·국가의 이해관계에 무관심하기 때문이다"라는 비난을 계속 받아왔다.

『회남자』에는 도처에 『장자』「외편」·「잡편」의 용어인 '성명性命', '성명의 정情'이라는 말이 나타나고 있다. 그것은 천성天性인 자연의 마음에 따라 살라고 하는 장자의 가르침을 충실히 지킨 것이다. 따라서 그것은 세간적이고 인위적인 도덕이나 예의의 속박을 받음 없이 내면의 마음의 진실에 따라 산다는 인생관과 연결된다.

그러나 『회남자』의 집필자는 다수이기 때문에 똑같이 장자의 철학을 계승하면서도 이를 뛰어넘어 새로운 국면을 열고자 하는 자가 있다. 그것은 자연의 천성 안에 선善이 내포되고 인의仁義가 갖추어져 있다는 주장이다. 이를테면 "천성자연의 정情에 철저하면 거기에는 인의가 처음부터 갖추어져 있음을 알 수 있다"(「숙진훈俶眞訓」), "마음이 처음 상태로 돌아가면 인간의 성은 선하다"(「본경훈本經訓」)는 등의 말이 그것이다. 더욱이 그 인의나 선은 어디까지나 자연의 도에서 생긴 것이고 유가·묵가의 그 개념과는 차원이 다른 것이라고 한다.(「제속훈齊俗訓」) 이 같은 사고방식은 실은 『장자』의 「외편」·「잡편」에 그 기원을 갖는 것이며, 천진天眞의 정의 발로는 그대로 어버이의 죽음을 슬퍼하는 효의 도덕이 되어 나타난다는 주장과 연결되는 것이다. 물론 천진의 정이 발로된 것으로서의 도덕은 의식적으로 행하는 유교 도덕과는 다른 것이지만 결과적으로는 세간 도덕을 시인하는 것이 된다. 그런 의미에서는 유교 도덕에 대한 일종의 타협이라고도 할 것이다.

유교와의 타협은 또한 '자연'에 대한 새 해석으로 나타나고 있다. 보통 자연이라 함은 인위의 부정, 무위를 의미하는 것인데, 「수무훈修務訓」에서는 이에 반해 자연을 인위와 결부시키려 한다.

"무위란 적막寂漠한 상태로 소리도, 움직임도 없는 것을 가리킨다고 하는 자가 있다. 그러나 나는 그렇게 생각하지 않는다. 예로부터 신체를 움직이지 않고 사려의 활동도 없이 생활할 수 있는 자가 있을까. 내가 말하는 무위라 함은 그와 같은 것은 아니다. 무위란 사私적인 의지로 자연의 리理를 구부리려 하지 않는 것이다. 큰 강의 물을 산 위로 끌어올리려 하는 것은 사사로운 행위이고 유위有爲이지만, 그 강물을 낮은 쪽으로 흐르기 쉽게 하는 것은 자연에 따른 행위이다.

세상에는 이 구별을 알지 못하는 자가 많아서, 이를테면 학문은 인위이므로 무용無用하다고 한다. 그리고 인간의 자연의 성性은 각각 장단점이 있어 인위적으로 변하는 것은 불가능하다고 주장한다. 하지만 야성의 사나운 말이라도 조련하고 가르치기에 따라서 수레를 끌거나 사람을 실을 수 있지 않은가. 인간도 교육에 의해 그 자연의 성을 바꾸는 것은 가능하다. 지금 성인聖人도 아니면서 학문을 버리고 자연의 성 그대로 따른다는 것은 마치 배를 버리고 물 위를 발로 걷고자 하는 것과도 같다. 소요逍遙[유유자적]하며 무위의 세계에 노닌다고 한 것은 성인에만 허용된 것이고, 보통 사람에게는 학문을 해서 노력하는 것이 자연인 것이다."

이것은 종래 도가의 '무위자연無爲自然'으로부터 인위를 포함한 '유위자연有爲自然'으로의 전환을 가리키는 것이며 획기적인 의미를 갖는 것이다. 그리고 이 입장은 그 뒤 육조 시대에

『장자』「소요유편逍遙遊篇」에 대한 승려 지둔支遁의 새 해석에
그대로 통하는 것이라 해도 좋다.

『사기』의 「백이전」 – 도덕과 행복의 모순 문제

　『회남자』와 나란히 전한 시대의 사상사에서 중요한 위치를
차지하는 것은 사마천의 『사기』이다. 『사기』는 물론 역사서이
며, 사학 사상의 각도에서 논해야 할 것이기는 하지만 유교의
인생관이 갖는 결함을 밝히고, 중대한 문제를 제기했다는 의미
에서 그 사상사적 역할은 크다.

　『사기』 열전列傳의 처음은 「백이전伯夷傳」에서 시작한다. 백
이는 그 아우 숙제叔齊와 함께 주 무왕武王이 은 주왕紂王을 토
벌해 혁명을 단행하려 하는 것을 간諫했지만 들어주지 않자 마
침내 수양산首陽山에 들어가 굶어죽었다고 전해지고 있다. 정
의를 행하고서도 불행한 일생을 마친 인물이다. 공자는 이 백
이, 숙제의 생애에 관해서 어떠한 의견을 갖고 있었을까. 어느
날 제자 한 사람이 "백이, 숙제는 자기 운명을 원망했을까요?"
라고 질문하자 공자는 "인仁을 구해서 인을 얻었다. 또 무엇을
원망하리오"라고 답했다.(『논어』「술이편述而篇」) 그 의미는 백
이, 숙제는 인의 완성을 추구해서 그 목적을 실현한 것이므로
원망이라 할 것은 아무것도 없었다는 것이다.

　그렇지만 사마천은 이 공자의 의견에 정면으로 반대한다.
백이, 숙제가 임종 때 남긴 시라는 것이 있는데, 여기서는 세상
에 올바른 군주가 없음을 개탄하고 서산西山에서 고사리를 뜯
어먹다 아사餓死해야만 했던 신상을 술회하며, "명命이 쇠미했

구나"라고 끝맺고 있다. 그가 천명을 원망하고 있었음은 부정하지 못할 사실이다.

세상에는 "천도天道는 반드시 선한 사람의 편이다"라는 말이 있다. 그럼에도 백이와 같은 선인이 왜 이 같은 불행에 조우해야만 했을까. 더욱이 그것은 백이 혼자만은 아니다. 공자의 제자 70인 중 가장 뛰어난 인물이라는 안회顏回는 그날의 끼니조차 거를 정도의 빈궁한 생활을 보내고, 더욱이 단명한 채로 세상을 떠난 것이 아닌가. 이와는 반대로 이를테면 도척盜跖처럼 수천 명의 수하를 거느리고 천하를 횡행하며 무수한 살인의 죄악을 범하면서도 천수를 온전히 누린 예가 있다. 선인으로서 불행한 생애를 마치고, 악인이면서도 만족한 인생의 복을 받은 예는 이 밖에도 무수히 찾아낼 수 있다. 그러므로 나는 의심한다. 천도의 섭리는 과연 올바른 것인가, 그렇지 않으면 그릇되어 있는 것은 아닌가라는 것을.

사마천의 이 최후의 말, "천도, 과연 옳은가 그른가?"라는 절망적인 한 구절은 후세에 큰 문제를 던졌다. 『서경』에서 "천도는 선善에 복을 주고 지나침(淫)에 화를 내린다"는 말은 세상의 도덕에 힘쓰는 사람들에게 용기를 주고 위로가 되어온 것이었다. 그렇지만 사마천은 이를 역사적 사실에 반하는 것으로 부정한다. 과연 공자 그 자신은 선인이 세상에서 늘 행복을 누리는 것이라고는 믿지 않았던 것 같지만 그 대신에 인仁이라는 도덕을 실현할 때 따르는 만족감을 행복으로 해석하는 길을 선택했다. "인을 구하여 인을 얻었으니 또 무엇을 원망하리오"라는 말은 바로 이런 입장의 표명이다. 그럼에도 사마천은 이 공자의 주장에 반론을 가해 이를 부정해 마지않는다. 결국 사마천은 유교가 준비한 행복론에 만족할 수 없었던 것이다.

원래 유교의 본질은 "이 인생을 어떻게 올바르게 살아야 할까"라는 도덕론이었던 것이지, "이 인생을 어떻게 하면 행복하게 할 수 있을까"라는 행복론에 관해서는 냉담했다. 이 때문에 유교의 행복론은 매우 허술하고 커다란 결함이 있다. 사마천처럼 정의감에서, 흉노의 포로가 된 장군 이릉李陵의 변호에 나섰다가 그 때문에 무제의 격노를 사서 사인士人으로서는 가장 치욕적인 궁형宮刑에 처해지는 비운을 만난 사람에게는 그 행복론에 대한 요구가 지극히 강렬했던 것은 당연할 것이다. 유교의 행복론은 이 같은 엄숙한 요구 앞에서는 전혀 무력한 것임을 드러낼 수밖에 없었다.

사마천이 대표하는 이 유교의 행복론에 대한 불만은 곧 사람들을 불교의 행복론으로 이끄는 먼 원인이 될 것이다. 그러기에는 아직 4백 년의 긴 세월이 필요하지만 이 유교의 인생관에 대한 불만은 사람들의 마음 깊숙이 간직되어 끊임없는 저류로 지속되고 있었다고 보아야 한다. 만일 그렇지 않으면 육조 시대 사람들이 그토록 격렬히 불교에 기울어지고, 그중에서도 그 삼세보응三世報應설에 대해 깊은 찬양의 마음을 갖는 것을 설명할 수 없을 것이다.

도덕과 행복의 모순 문제는 칸트의 『순수이성 비판』에서 중요한 테마의 하나로 제기되고 있다. 칸트에 의하면 올바르고자 하는 소망과 행복하고자 하는 소망은 동등한 권리를 갖는 것이다. 더욱이 현실에서는 이 두 소망이 양립하는 것은 극히 곤란하다. 그래서 이를테면 스토아학파 사람들은 도덕의 실현에 따르는 만족감이 다름 아닌 행복이라고 했다. 결국 행복에 독립적 권리를 인정하지 않고 이를 도덕 속에 흡수해 해소시킨다는 길을 선택했다. 이것은 앞서 거론했던 공자의 입장, "인을 구하여 인을 얻었으니 또 무엇을 원망하리오"라는 것과 완전히 같은 것임을 알 수 있다.

그렇지만 칸트에 의하면 도덕과 행복은 이질적인 것이며, 이를 강제해 하나로 융합시키도록 하는 스토아학파의 태도는 말하자면 일종의 속임수에 지나지 않는다는 것이다. 칸트의 의견으로는 인간의 입장, 윤리 도덕의 입장에서는 도덕과 행복은 끝내 일치시킬 수 없는 이율배반이며, 양자를 일치시키기 위해서는 신을 요청할 수밖에는 없다는 것이다.

여기에 거론한 사마천의 도덕과 행복의 모순에 대한 의론은 육조 시대의 삼세보응론 속에 자주 인용된다. 그중에도 안회와 도척의 예는 가장 많이 이용되고 있다.

왕충의 『논형』 – 인생은 우연한 운명에 의해 결정된다

한대에 나타난 이색적 특징이 많은 사상가로는 후한後漢의 왕충王充(약 27~약 100)을 거론해야 한다. 그의 저서인 『논형論衡』은 후한 말기부터 육조 시대에 걸쳐 많은 지지자를 획득해 커다란 영향을 주었다.

왕충은 그 독자적 합리주의 입장에서 당시의 유행 사상을 철저히 비판했다. 그래서 먼저 한대의 유행 사상이란 무엇인지에 관해 간단히 언급해둘 필요가 있다. 한대의 사상, 문화를 대표하는 것은 유교인데 한대 유교에는 특수한 색채가 부착되어 있었다. 그것은 일종의 종교적, 신비적 요소이다. 앞서 거론했던 참위설도 그렇지만 이에 부수해서 천인상관天人相關설이라 불리는 것이 있었다. 이것은 지상의 인간 행위의 선악이 하늘, 즉 자연계의 길상吉祥과 재변災變을 불러일으킨다는 것이며, 특히 정치와 자연현상 사이에 대응 관계가 있음을 설명하는 것이다. 이 천인상관설을 최초로 조직적으로 논한 것으로는 전한의 대유학자로 알려진 동중서董仲舒(약 기원전 176~기원전 104)의 『춘추번로春秋繁露』가 있다. 천인상관설은 한대를 관통해서 크게 유행한 것으로 천재가 있을 때 천자에게 상서해서 실정失政을 논하는 자가 많고 재상이 책임을 지고 사직하는 따위의 일도 있었다.

왕충은 이 같은 시대풍조에 대해 엄격한 비판의 태도를 취했다. 원래 그가 태어나 그 일생의 과반을 지낸 강남江南 땅은 당시는 아직 반개화의 후진 지대이며, 더욱이 지방 관청의 하급 관원인 채로 끝났으므로 유행 사상에 대해 일정한 거리를 두는 것이 가능했다고도 볼 수 있다. 그러나 왕충의 비판적인 입장을 확립시킨 것은 그 특유의 합리주의였다.

왕충에 의하면 하늘은 마음과 의지의 작용을 갖지 않은 자연이고 물체이다. 어떻게 그것을 증명할 수 있을까. 하늘에는 입이나 눈 등 감각기관이 없기 때문이다. 일체 감각기관을 갖지 않은 것은 당연한 결과로 마음과 의지의 작용을 지닐 수가 없다. 그러면 어떻게 멀리 저편에 있는 하늘에 입이나 눈이 없는 것을 알 수 있을까. 그것을 알려면 가까이 있는 대지를 보면 된다. 땅은 하늘과 부부처럼 서로 유사한 것이므로 땅의 상태를 미루어 하늘의 상태를 살필 수 있다. 그런데 땅에는 입이나 눈이 없다. 따라서 하늘에도 입이나 눈이 없음을 알 수 있다.(「자연편自然篇」) 왕충의 논법은 전부 이런 식으로 논증 부분 하나하나를 면밀히 누적해가는 극히 합리적인 것이다.

이처럼 하늘은 자연의 물체이며 의지와 마음이 없는 존재이므로 인간처럼 목적의식이 있는 행동을 하지는 못한다. 그런 의미에서는 하늘은 무위無爲이다. 그것은 인간이 유위有爲인 것과는 반대이다. 그러나 무위라 함은 운동하지 않는 것은 아니다. 운동해도 목적의식이 없는 경우는 무위라 한다. "과연 하늘은 운동하면서 만물을 낳는 작용을 하지만 하늘은 만물을 낳으려 해서 낳는 것은 아니고 무심한 작용 중에 만물이 자연히 태어나는 것이다. 그 작용은 자연이고 무위이다."(「자연편」)

이와 같이 왕충은 하늘을 무위자연의 존재로 삼는 것이므로 그것은 노장의 입장과 일치한다고 할 수도 있다. 사실 왕충도 스스로 이를 인식해서, "천도天道 그것은 무위자연이다. 황로학파가 천도를 논설하는 것은 그 진실을 얻었다"고 하며(「건고편譴告篇」), 또한 자기의 설이 "유가의 설과 다르다고 해도 황로의 뜻에 합치한다"고 하고, "순수한 현자는 이 황로이다"라고 절찬하고 있을 정도이다.(「자연편」)

그러나 왕충과 노자 사이에 있는 차이점도 간과할 수 없다. 과연 노자도 하늘을 무위자연이라 했지만 그 하늘의 무위자연은 동시에 인간 생활방식의 이상理想이며, 하늘은 인간을 가슴에 품는 어머니였다. 하지만 왕충은 하늘을 무위, 인간을 유위라 규정해서 양자를 엄격하게 구별하고 분리시킨다. 이 점에서 왕충은 오히려 유가 순자의 입장에 가깝다고 할 수도 있다.

이와 같이 의지와 마음이 없는 하늘과 의지가 있는 인간을 엄격하게 분리함으로써 어떠한 결과가 나왔을까. 그것은 한대에 유행한 천인상관설을 전면적으로 부정하는 것이다. 그 논증은 여러 가지 각도에서 수행되고 있는데, 근본적으로 하늘과 사람 사이에는 인과관계가 성립하지 않는다는 점 하나에 귀착한다.

이 밖에 왕충은 한대의 통속 신앙이나 미신 따위를 전부 철저히 비판하고 부정했다. 이 때문에 공산당 지배하의 중국에서는 왕충을 중국 최초의 무신론자로서 높이 평가한다.

왕충의 운명론·우연론·무신론

그러나 천인상관설의 부정보다도 더욱 중요한 사실이 있다. 그것은 왕충이 독자적 '성명性命'론을 전개함으로써 인간의 운명이 우연에 의해 결정되는 것을 밝혔다는 사실이다.

원래 '성명'이라는 용어는 『장자』의 「외편」·「잡편」에서 처음 볼 수 있는데, 그 후에는 일반에 널리 사용되게 되었다. 성性이라 함은 천성天性이며, 인간에 내재하는 하늘을 가리킨다. 명命이라 함은 천명天命이며, 인간의 외부에 있으면서 인간을 지배하는 운명을 가리킨다. 인간은 내외 양면으로부터 하늘의 규정을 받고 있는 것이다. 따라서 '성명'이란 것은 양면에서 하늘의 규정을 받고 있는 인간 존재를 의미하는 용어에 다름 아니다. 후세의 생명生命이란 용어는 이 성명이 전화한 것이다.

그런데 종래의 사고방식으로는 성과 명 사이에는 인과관계가 있는 것으로 생각되어 왔다. 성에서부터 일어난 인간 행위의 선악이 원인이 되어 길흉의 천명이 결과로서 나타난다는 것이다. 이른바 선한 원인에 선한 결과, 악한 원인에 악한 결과라는 사고방식이 그것이다. 이는 앞의 천인상관설에서 인간 행위의 선악이 하늘의 상서祥瑞나 재해를 부른다고 말하는 것과 완전히 같은 발상에서 생겨났음을 알 수 있다.

하늘과 사람의 단절을 주장하는 왕충이 이 사고방식에 대해 강한 부정의 태도를 취하는 것은 말할 나위 없다. 인간 행위의 선악은 그의 성에서 일어나는 것이며, '성'의 계열에 속하는 사실이다. 이에 비해 화복의 운명은 하늘에서 일어나는 것이며, '명'의 계열에 속하는 사실이다. 이 두 개의 다른 계열에 속하는 사실은 각각 독립된 이질적인 것이니 양자 간에 인과관계가 성립할 가능성은 전혀 없다.

인간은 성의 계열에 따라 어떤 때는 선을, 어떤 때는 악을 행한다. 하늘은 명의 계열 안에서 어떤 때는 복을, 어떤 때는 화를 가져온다. 이 선악과 화복의 두 계열의 사실은 서로 관계가 없고 평행선의 상태로 전개된다. 따라서 인간이 선을 행한 때에 하늘이 복을 주기도, 화를 주기도 할 수 있다.

그럼에도 세상 사람들이 선한 원인에 선한 결과, 악한 원인에 악한 결과를 말하는 것은 무슨 까닭인가. 그것은 사실의 오인으로 인한 것이다. 과연 인간이 선을 행했을 때 때마침 행운을 누리는 일도 있고, 악을 행했을 때 때마침 불운을 맞기도 한다. 세상 사람들은 이 같은 사실을 포착해 선이 복을 부르고 악이 화를 부른다고 한다. 그러나 그것은 우연偶然의 일치에 지나지 않는 것이고 필연적인 인과관계에 따른 것은 아니다.

여기에 왕충 특유의 '우연'에 대한 이해가 나타나고 있다. 우偶[짝]라 함은 두 물체가 나란히 줄서는 것이다. 서로 인과관계가 없는 것이 때 혹은 장소를 같이해서 나타난 경우 이를 우연이라 부르는 것이다. 양자 사이에 인과관계가 있는 것처럼 생각되는 것은 그 동시성에 미혹된 결과임에 지나지 않는다. 따라서 선과 복의 조합組合, 악과 화의 조합은 우연에 의해서만 얻을 수 있는 것이며, 선한 원인에 선한 결과, 악한 원인에 악한 결과라는 법칙은 존재할 수 없는 것임을 알 수 있다. 바꿔 말하면 인간의 행, 불행의 운명은 전부 우연으로 결정되는 것이다.

그렇다면 여기서 거듭 사마천이 제기한 문제가 떠오르게 된다. 사마천은 선인이 불행한 생애를 마치는 사실을 문제로 삼아 하늘의 섭리가 존재함을 의심하고 "천도는 과연 옳은가 그른가"라는 절망적인 의문을 제기했다. 만일 왕충에 따른다면 하늘의 섭리는 처음부터 존재하지 않고 선인으로서 불행한 생애를 마치는 것은 오히려 세상의 일상인 것이다. 인생은 전부 우연에 의해 지배되고 모순으로 가득 찬 것일 수밖에 없다.

이처럼 현실의 인생이 불합리하다면 하다못해 사후 세계에 그 보상을 구할 길이 남아 있지는 않을까. 그러나 여기서도 왕충의 답은 부정적이다. 왜냐하면 왕충은 사후 영혼의 존재를 믿지 않기 때문이다.

왕충은 말한다. 인간은 무엇으로 살고 있는가? 그것은 인간이 정기精氣를 지니고 있기 때문이다. 그 정기는 혈맥 속에 깃들어 있어 인간의 생명을 지탱하고 있다. 하지만 인간이 죽으면 혈맥은 썩고 거기에 깃드는 정기도 소실된다. 정기가 없어지면 신체는 물론 정신의 작용도 잃어버린다. 따라서 사후 영혼 따위가 존재할 여지는 없다.

그럼에도 세간에는 사후의 영혼, 즉 귀신(鬼)이 존재한다고 주장하는 자가 많다. 지금 그것이 근거 없는 것임을 한두 가지 실례로 증명해 보겠다. 태고로부터 지금에 이르기까지 죽은 자의 수는 엄청나서 지금 살아 있는 인간의 수보다 많을 것이다. 만일 귀신이 실재한다면 도처의 도로나 가옥에 차고 넘쳐 한 걸음 걸을 때마다 귀신에 부딪히는 것이 당연한 이치다. 그러나 세간의 유령 이야기에서 극히 드물게만 귀신과 마주친 이야기를 하는 것은 가소로운 것이 아닌가.

또 가령 일보를 양보해서 생전에 정기를 갖추고 있었던 자가 사후에 귀신이 되어 나타난다면 아직 말에 사리가 통하니까 이를 인정하기로 하자. 만일 그렇다면 귀신은 알몸으로 나타날 것이다. 왜냐하면 의복이나 신발에는 처음부터 정기가 없기 때문이다. 그렇지만 세간의 귀신 이야기에서는 귀신은 전부 의복을 걸치고 신발을 신고 있다. 완전 알몸의 유령 이야기는 아직 듣지 못했다. 이 사실만으로 생각해도 세간의 귀신 이야기가 전부 허위임을 알 수 있다.(「논사편論死篇」)

이와 같이 왕충은 그 특유의 합리주의 입장에서 사후 영혼의 존재를 근본적으로 부정한다. 그 결과로서 얻을 수 있는 것은 무엇인가. 이 모순과 불행으로 가득한 인생은 죽음과 함께 단절되고 그 생전의 불행을 보상해야 할 길은 굳게 닫혀버린다. 그것은 완전히 구원이 없는 인생관이다.

에도(江戸)시대 중기에 무신론을 제창한 것으로 유명한 오사카(大坂)의 조닌.(町人) 학자 야마가타 반토(山片蟠桃)의 『덧없는 세상(夢の代)』은 전체적으로 왕충의 『논형』에서 큰 영향을 받고 있다. 그럼에도 반토는 『논형』에 대해서는 한마디도 언급하지 않는다. 이는 오규 소라이(荻生徂徠)가 자연보다도 인위를 존중한다는 그의 근본 사상에서 순자의 강한 영향을 받고, 그 초기 저작인 『독순자讀荀子』에서 이를 인정하면서 후기 저작에서는 이를 숨겨버린 것과 유사하다. 일반적으로 가장 본질적인 부분에서 영향을 받은 것에 관해서는 이를 묵살하고 숨기는 것이 에도시대 학자들의 일반적인 폐단이라고 할 수 있다.

왕충의 인생론이 가져온 것

그러면 이런 왕충의 인생론은 중국 사상사에서 어떠한 역할을 했을까.

왕충은 한대에 유행한 사상 전체를 철저히 비판했다. 물론 유교에 대해서도 비판적이다. 『논형』에는 「문공편問孔篇」이나 「자맹편刺孟篇」이 있는데, 설령 상대가 공자나 맹자라도 그 입장에 불철저한 점이 있으면 주저 없이 비판을 가했다. 이 책에 유교 비판의 성격이 강한 것은 명백하다.

그럼에도 왕충은 유교 그 자체를 부정한 것은 아니었다. 그가 비판하고 부정한 것은 실은 '한대의 유교'였다. 한대의 유교에는 공자·맹자 시대에는 없었던 협잡물이 대량으로 들어와 있었다. 참위설을 중심으로 하는 천인상관天人相關설이 그것이었다. 그것은 통속 신앙 내지 미신적 요소를 뒤섞은 사상이다. 공자 자신은 "괴상한 힘과 어지러운 신[怪力亂神]은 말하지 않는다"고 말하고 사후 세계를 믿은 형적이 없는 점에서 오히려 왕충에 가까운 입장에 있었다고 할 것이다. 따라서 왕충은 한대의 유교를 비판하고 부정함으로써 그 협잡물을 제거하고 이를 본래 유교의 모습으로 되돌리려 했다고 할 수 있다. 그 유교 비판은 유교의 정신을 순수화하는 것이었다.

그러나 왕충이 연출한 역할은 이것만으로 머물지 않는다. 그는 유교 정신을 순수화함으로써 그 자신은 의도하지 않았음에도 유교가 갖는 한계를 밝히고 말았던 것이다. 유교의 인생관에 서는 한 올바른 인간이 반드시 행복을 누린다는 보증은 어디에도 없다. 오히려 도덕과 행복은 모순하는 것이 정상적 상태이며, 선인이 불행한 생활로 마치는 것이 세상의 일상이다. 사마천의 탄식도 거기에 있었다. 더욱이 죽음은 삶의 단절이고, 사후의 세계는 허무하며 영원한 어둠이다. 거기에는 생전의 불행을 보상해야 할 길은 전혀 남아 있지 않다. 이처럼 구원이 없는 인생관이야말로 왕충 철학의 결론인 동시에 유교의 결론이었다. 왕충은 유교의 인생관 속에 숨겨져 있던 비극성을 공공연히 드러냈던 것이다.

왕충의 『논형』이 저술된 뒤 약 백 년간 그 존재는 세간에 알려지지 않고 지나갔다. 변경 땅의 무명인의 저서라는 것이 그 주된 이유였을 테지만 설령 독자가 있었다 해도 아마 깊은 주의를 기울이지 않았을 것임에 틀림없다. 왜냐하면 정치에 대한 관심이 많았던 한대 사람들은 이 같은 인간의 영원한 운명을 문제 삼고 있는 서적에 관심을 갖지 않았기 때문이다. 『논형』이 세상 사람들의 관심을 끌고 폭발적 유행을 과시하게 된 것은 한 왕조도 차츰 쇠퇴의 운세로 기울었던 후한 말기의 일이다. 왕충은 백 년을 너무 빨리 태어났다고 해야 할 것이다.

『논형』을 읽을 정도의 사람은 새삼스럽게 유교의 인생관에 구원이 없음을 깨닫고 이를 대체해야 할 생활 원리가 필요함을 통감했음에 틀림없다. 육조 시대에 노장 사상이 유교를 압도하고, 그 위에 불교의 윤회輪廻설이 지식인의 마음을 깊이 사로잡은 것은 바로 그 결과였다.

한대에는 여기서 문제로 다룬 『회남자』·『사기』·『논형』 이외에도 사상적 내용을 갖는 저술이 아직 적지 않다. 전한에는 육가陸賈의 『신어新語』, 가의賈誼의 『신서新書』, 동중서董仲舒의 『춘추번로春秋繁露』, 양웅揚雄의 『법언法言』·『태현太玄』 등이 있으며, 후한에는 환담桓譚의 『신론新論』, 왕부王符의 『잠부론潛夫論』, 순열荀悅의 『신감申鑑』, 중장통仲長統의 『창언昌言』 등을 들 수 있다. 그러나 한대의 정치적 현실에 밀착한 의론이 많았으니, 말하자면 일과성의 사상에 지나지 않고 후세에 끼친 영향은 적다. 또한 경학자로서는 전한의 유향劉向·유흠劉歆 부자, 후한에서는 정현鄭玄, 『설문해자說文解字』를 저술한 허신許愼 등이 있어 각각 경학사에 불후의 업적을 남겼다. 그러나 경학은 말하자면 유교의 신학과 같은 것이며, 그 자체로서는 사상적 가치가 부족한 것이다.

中國思想史

제6장

육조 시대의 사상

	220	265	317	420	479	502	557	581
후한	위	서진	동진	송	제	양	진	수

222 ━━ 오 ━━ 280

317 ━━ 오호십육국 ━━ 440

221 ━━ 촉 ━━ 263

(동위)   북제
535 ━━━━ 577
550

386 ━━ 북위 ━━ 535
440

(서위)   북주
535 ━━━━ 581
556

1. 육조 문화의 대세

정치의 암흑과 문화의 개화

후한이 서력 220년에 멸망한 후 중국은 위魏·오吳·촉蜀 삼
국으로 분열되었다. 이로부터 수隋 왕조(581~618)가 589년 천
하를 통일하기까지 약 370년간 육조六朝[혹은 위진남북조魏晋南
北朝]라 불리는 분열 시대가 계속되었다. 더욱이 317년 서진西
晋의 멸망 이후는 북방의 이적夷狄 부족들이 중국의 북반부를
영유해서 중국인의 왕조는 현재의 남경南京을 수도로 삼아 중
국 남반부를 지배하는 데 머물렀다.

중국 사상사는 중국 특유의 지식인, 즉 사대부士大夫의 사상
의 역사이다. 사대부의 성격이나 생활 조건의 변화는 그대로
사상계 조류의 변화로 나타난다. 거기에 육조 특유의 사상이나
문화가 발생한 이유가 있었다.

한대는 한마디로 말하면 정치문화의 시대이고 유교 사상의

전성시대였다. 이에 비해 육조는 정치적으로는 암흑시대였지만 그 대신 협의의 문화, 즉 철학·종교·문학·예술 분야에서 눈부신 전개가 나타났다. 서도·회화·음악이 사대부의 교양으로 인정되고 예술로서의 의식을 갖게 되는 것도 육조 시대에 들어와서부터 나타난 현상이다. 또한 문학도 유교의 구속을 떠나 독자적 가치를 주장하게 된다. 사상 세계에서도 유교에 대신해 노장 사상이 최고의 전성을 누리게 되고, 도교道敎라 불리는 민중의 종교가 성립했다. 또한 후한 2백 년간 줄곧 잠복할 수밖에 없었던 불교가 노도와 같은 기세로 사회의 상하층을 휩쓸게 되는 것도 이 시대의 일이다. 도대체 무엇이 근본 원인이었던 것일까.

사대부 지식인의 귀족화

한대의 사대부, 즉 지식인임과 동시에 관리 신분을 갖는 자는 전부 유학과 덕행을 통해 지방관의 추천을 받음으로써 조정에서 관직을 수여받았다. 그 관리 신분은 원칙적으로 일대에 한정된 것이었다. 이 때문에 한대 사대부는 유교 정신이 왕성하고 천하·국가에 대한 관심이 강렬했다. 정치적 관심이 너무나 강렬했기 때문에 정치 이외의 문화가 위축된다는 결과를 초래했던 것이다.

더욱이 한대의 관리 등용 제도에는 하나의 커다란 함정이 있었다. 그것은 인재 본위를 원칙으로 하면서 실력 시험에 의하지 않고 추천 제도를 위주로 한 것이었다. 추천에는 불가피하게 정실이 붙게 된다. 그 정실의 주된 것은 지방관의 추천을 받아 관리가 된 자가 그 추천자의 자제를 또 추천해 보은을 하는 것, 혹은 목전에 고관의 지위에 있는 자의 자제를 추천하는 것 등이다. 이 같은 정실에 의한 추천이 수백 년 동안 계속되면 어떠한 결과가 발생할까. 그것은 관리를 배출하는 가문이 고정되어 간다는 것이다. 이른바 명문名門, 명족名族이라 불리는 가문은 대대로 관리를 배출하는 집안이란 것이며, 반대로 한문寒門이라 불리는 것은 관리를 한 번도 배출한 적이 없든가, 그렇지 않으면 하위 신분의 관리밖에 내지 못하는 집안이란 것이다. 본래는 널리 만민에 개방되어 있었던 터인 관리 신분이 특정의 가문에 집중해 세습화되는 경향이 현저해졌다. 한마디로 말하면 관리의 신분이 귀족화한 것이다.

관리 신분이 귀족화한 것은 정치나 문화에 심각한 영향을 미쳤다. 정치에 관해 말하면 육조가 분열의 시대가 된 것도 그 근본적 원인은 여기에 있다. 관리인 사대부가 귀족화해 강력했기 때문에 지배자인 천자의 권력이 상대적으로 약화되고 왕조의 통일이 매우 불안정해졌다. 이것이 이적夷狄 부족의 침입을 허용한 원인이며, 또 단명한 왕조가 눈이 어지러울 만큼 빨리 교체된 이유였다.

또한 문화를 독점하는 사대부가 귀족화한 것은 문화의 성격에 결정적 변화를 가져왔다. 귀족화한 육조의 사대부는 천하·국가의 정치나 유교 도덕이란 멋없는 것에는 흥미를 잃고, 그보다도 인간미가 풍부하고 폭넓은 시야를 갖는 철학·종교·문학·예술의 세계에 마음이 끌려간다. 한대가 정치의 시대였다고 하면 육조는 문화의 시대였다. 그 시대의 전환을 가져온 최대의 동력은 사대부의 귀족화라는 사실이었다고 할 것이다.

역사가 중에는 육조 귀족제의 성립을 경제적 조건 속에서 찾으려는 사람이 많다. 그러나 육조 귀족은 본질적으로는 관직 귀족이며 재산 귀족은 아니었던 것으로 보인다. 물론 중국 관리의 수입은 막대했으므로 몇 대나 걸쳐 관리를 배출한 집안은 당연한 결과로 광대한 토지를 비롯한 재산을 소유하는 호족豪族이 된다. 그러나 그것은 귀족제의 결과이지 그 원인은 아니다. 사실 육조에는 명족名族이면서 가난한 자가 적지 않고, 반대로 지방관도 애를 먹을 것 같은 호족이면서 관리를 낸 적이 없기 때문에 동류가 아닌 '비류非類'로서 경시된 자의 예도 많다.

2. 삼국 위나라 시대와 노장 사상의 전성

청담의 유행과 죽림칠현

후한의 멸망과 함께 천하는 위·오·촉 삼국으로 분열되었다. 그중 조조曹操(155~220)에 의해 그 기초가 놓이고 그 아들 문제文帝(재위 220~226)에 의해 창건된 위魏 왕조는 후한의 수도 낙양洛陽에 그대로 도읍을 정해 전통 문화의 땅인 중원中原을 지배했다. 따라서 40년간 위의 문화는 그대로 삼국 문화를 대표한다고 해도 좋다.

위 왕조 사상계에 발생한 커다란 변화는 유교의 비중이 현저히 저하하고 노장 사상이 눈부신 유행을 보인 것이다. 귀족화한 사대부는 이미 유교에 구속되는 일 없이 노장이 지닌 자연주의, 자유로운 생활 태도에 강한 동경의 마음을 갖게 되었다. 다만 그것은 주로 일상 행동의 장에 나타난 것이어서 노장 사상의 내용 자체에 진전을 가져오는 것은 적었다.

노장 사상을 행동으로 옮긴 것으로 이른바 청담淸談의 유행을 들 수 있다. 청담이라 함은 세속에 물들지 않은 맑은 담화란 의미를 갖는데, 더 구체적으로 말하면 상식적인 유교 도덕을 초월한 내용을 갖는 담화란 것이다. 그 배후에는 노장 자연의 사상이 있음은 말할 나위 없다. 그 이른 출현은 이미 후한 말기에 있었는데, 공자의 후손인 공융孔融이 예형禰衡에게 "부모의 은혜라지만 부모는 다만 정욕情欲이 가는 대로 자식을 낳았을 뿐이니 특별히 은혜에 집착할 필요는 없다"고 하자, 상대인 예형은 "과연 공자 자손인 만큼 좋은 말씀을 하신다"고 감복하는 모습을 보였다. 그러자 공융은 즉시 "그러한 자네는 안회가 다시 온 거다"라고 되받았다.(범엽范曄 「후한서後漢書」)

위나라 시대의 청담가를 대표하는 자로는 유명한 죽림칠현竹林七賢이 있다. '칠현'이라 함은 완적阮籍·혜강嵇康·산도山濤·향수向秀·유령劉伶·완함阮咸·왕융王戎 7인으로 죽림 속에서 청담의 회합을 열었다고 한다. 다만 이것은 전설이며 역사적 사실은 아닐 것이다. 당시는 귀족의 저택에서 청담의 회합이 열리는 일이 많았는데, 죽림칠현은 그 풍속의 대표적인 사례가 되는 것이다. 칠현은 각기 기행奇行과 일화를 많이 가지고 있는데, 사상가로 보기에 충분한 것은 완적과 혜강 두 사람이다.

완적(210~263)은 귀족 가문에 태어났으나 노장을 좋아해 유교의 예법에 따르지 않았으며, 모친의 죽음에 임해서도 상복을 입지 않고 술 마시고 바둑을 두며 즐거워했다고 한다. 그 논저 일부가 남아 있는데, 「통역론通易論」이나 「악론樂論」에는 유가·도가 절충의 경향이 나타나며, 「달장론達莊論」·「대인선생전大人先生傳」에는 도가 본래의 입장이 나타나 있다.

혜강(223~262)은 위 왕실의 딸과 결혼했는데, 이것이 재앙이 되어 실력자 사마소司馬昭의 미움을 받고 친구의 사건에 연좌되어 사형을 당했다. 그에게는 완적만큼의 기행은 전해지고 있지 않는데 처세에 서툰 것이 재앙을 부른 이유라 생각된다. 그「석사론釋私論」·「난자연호학론難自然好學論」 등 일련의 논문은 완적의 경우와 똑같이 유가·도가 절충의 경향이 짙다. 또한「양생론養生論」에서는 불로장생不老長生의 신선神仙에 대한 동경이 나타나고 있는 것이 주목된다. 그의 심경을 의탁한 시문은 육조 시대에 줄곧 애독되었다.

하안과 왕필

죽림칠현과 동시대 사람으로 이들보다도 더욱 명성이 높고 사회적 영향력이 컸던 하안何晏과 왕필王弼을 거론할 필요가 있다.

하안(?~249)은 그 모친이 조조에게 재가해 부인夫人[귀족 여성의 지위]이 되었으므로 하안도 어릴 적부터 궁정 속에서 자라 전형적 귀공자로 양육되었다. 더욱이 당시 귀족의 조건으로서는 가문이나 교양 외에 용모와 자태의 아름다움이 요구되었는데, 그는 여자로 착각할 정도의 미남자였기 때문에 귀족 사회의 동경의 표적이 되었다. 그는 일찍부터 노장에 마음이 끌려『노자』주注를 썼는데, 이는 그 뒤 왕필의 노자 주에는 미치지 못했으므로 그다지 세상에 유행하지 않고 끝난 듯하다. 다만 그 저서인『논어집해論語集解』는 후한의 정현鄭玄 주에 버금가는 옛 주로서 읽히고 오늘날에 전해지고 있다.

노장의 신봉자가 『논어』의 주를 쓰는 것은 이상한 일인데, 위나라 시기의 노장 도가가 죽림칠현과 마찬가지로 유가·도가 절충折衷의 경향이 강했던 것이 표현되었다고 볼 수 있다. 게다가 『논어』는 다른 유교 경전에 비해 인간미가 풍부하므로, 이 점이 노장 도가에도 사랑받는 이유가 되었다. 육조 시대에 줄곧 『논어』 주가 쓰인 것도 이 때문이다. 그 밖에 하안에게는 「도덕론」이란 논저가 있었는데, 지금은 전하지 않는다. 다만 그 요지를 소개한 『문장서록文章叙錄』에 의하면 "유자 입장에서 논하면 노자는 공자를 비방하고 예禮와 학문을 부정한 것이라지만 하안의 설로는 노자와 공자의 입장은 일치한다"고 하니, 역시 그가 유가·도가 절충의 방향에 있었다는 것을 엿볼 수 있다.

왕필(226~249)은 어릴 적부터 신동으로 이름이 높고 10세를 지난 무렵부터 노장의 학을 좋아했다. 아직 미성년이었을 때 당시 명성이 높았던 하안의 응접실을 방문해 좌중의 논객들을 놀라게 해 "후학을 두려워할 만하다後生可畏"는 평을 들었다. 겨우 24세의 젊은 나이에 병으로 죽었지만 그사이에 불후의 명저라는 『역주易注』, 『노자주老子注』를 저술했으니 얼마나 조숙한 천재였는지를 엿볼 수 있을 것이다.

왕필의 『역주』는 한대 이래의 역학易學을 일변시켰다. 한대의 역학은 이른바 상수象數 『역易』으로 상징[괘효卦爻의 상象]의 설명이나 수리數理에 의한 추론이 위주였는데, 왕필의 역학은 의리義理, 즉 철학 이론에 의한 것이었다. 이로써 복잡한 상수에 의한 설명을 일소하고 『역』을 사상 내지 철학 서적으로 삼아 누구에게나 이해하기 쉬운 것으로 만들었다. 이것이 왕필의

『역주』가 유독 육조 시대만이 아니라 멀리 후세에 이르기까지 역학의 왕좌를 차지하게 한 최대의 이유일 것이다.

그의 『노자주』도 현존하는 『노자』의 주로서는 가장 오래고, 더욱이 가장 널리 읽혀왔다. 다만 이 책은 주석서에 필요한 문자의 훈고訓詁를 생략하고 오로지 노자의 정신을 간명하게 서술하는 데 중점을 두고 있다. 왕필의 『노자주』가 하안의 주보다도 우수하다고 인정된 것은 "자연스럽고 세속을 벗어남은 그를 능가한다"(『위씨춘추魏氏春秋』)고 하듯이 그 뛰어난 독창성과 참신함에 기인한 것이다. 만일 왕필이 학문의 축적을 존중하는 다른 시대에 태어났다면 이 같은 높은 평가를 받지 못했을지도 모른다. 그런 의미에서는 왕필이 젊었던 것이 아니라 시대 그 자체가 젊었던 것이다.

위나라 정시 연간의 풍조

죽림칠현과 하안·왕필이 활약한 시기는 위나라 정시正始 연간(240~248)이 중심이었던 점에서 이를 후세에는 '정시의 풍조'라고 부르고 청담가의 황금시대로서 이상화되었다. 그러나 실제로 보면 이 시기는 아직 과도기를 벗어나지 못한 측면을 많이 남기고 있으며, 노장 사상도 아직 충분히 성장하지 못하고 청담가에게도 처세의 고뇌가 적지 않았다.

위는 후한을 곧바로 이어받아 한대 유학 전성의 여풍을 완전히 벗어나지 못했다. 게다가 위 왕조의 창시자인 조조는 난세의 영웅이라 불린 인물이고 청담가에 대해서도 관용은 없었다. 그 아들 문제[조비曹丕]는 문화를 좋아한 군주여서 점차 청담가에게도 봄이 찾아왔지만, 다음 명제明帝는 법가 정치를 이상으로 했기 때문에 하안 등을 포함한 부화浮華한 무리 15명에게 탄압을 가해 면직 처분을 내렸던 적이 있다. 명제의 아들 제왕齊王 시대가 정시 연간인데, 제왕은 어리고 실권이 없었으니 청담가의 득의의 시대가 찾아온 것 같았다. 그러나 얼마 못 가위 왕실을 지키고자 하는 조상曹爽과 왕조 혁명을 노리는 사마씨司馬氏 간의 정권을 둘러싼 투쟁이 일어났다. 청담가도 관리이므로 선택의 여지없이 그 정쟁의 와중에 말려들지 않을 수 없었다. 하안이나 죽림칠현인 혜강이 사형을 면치 못한 것도 그 때문이다.

이것은 청담가가 갖는 노장 사상의 성격에도 저절로 반영되어 있다. 그것은 유교에 대한 타협이다. 완적·혜강·하안이 모두 유가·도가 절충의 입장에 있었던 것은 이미 서술했다. 왕필은 사람들이 "만물의 근본인 무에 관해 공자는 한마디 말도 하지 않고 있는데 노자가 이를 강조해 마지않은 것은 무슨 까닭인가"라는 질문을 받자, "공자는 무를 체득하고 있었으니 무를 가르칠 필요를 느끼지 않았고, 따라서 늘 유有에 관해 말했다. 노장은 아직 유에서 완전히 벗어나지 못했으니 자기 자신에게 부족한 무에 관해 가르쳤던 것"이라고 답하고 있다.(『세설신어世說新語』「문학文學」) 이것이 과연 왕필의 본심이었던가는 별개로 하고, 그 입장이 유가·도가를 절충하는 방향에 있었음을 이야기하는 것으로 보인다.

전체로서 위 왕조의 정시 시대는 노장풍의 청담가들에게는 오히려 수난과 시련의 시기였다고 할 것이다. 따라서 노장 사상의 실천이라는 면에서도 적지 않게 불철저한 점을 남기고 있다. 이를 '정시의 풍조'로 이상화하는 것은 다음 서진西晉의 '원강元康의 풍조'가 방종의 극한에 이른 결과 마침내 망국을 불러왔다는 반성에서 나온 것이다.[20]

3. 서진의 천하 통일과 향락주의 풍조

서진 왕조와 원강의 풍조

위 왕실의 외척으로서 세력이 있었던 사마씨는 사마염司馬炎 때 마침내 제위를 찬탈해 서진西晉(265~316) 왕조를 세웠다. 그가 진 무제武帝이다. 무제는 귀족 계급의 지지를 받아 제위에 오른 것과도 관련되어 일반 귀족에 대해 관용적 태도를 취했다. 이 때문에 위나라 시대에는 여러모로 불안이 많았던 청담 귀족도 제 생각대로 생활하는 것이 가능해졌다. 특히 280년 오를 멸망시켜 천하를 통일하고 태평의 기운이 넘쳐남과 함께 이 경향은 한층 조장되었다. 무제 다음에 선 혜제惠帝의 원강 연간(291~299)은 귀족의 방종한 풍조가 정점에 이른 시기이기 때문에 세상에서 '원강의 풍조'라 불리었다.

이 단계에 이르자 이미 유가·도가의 절충이란 조심성은 불필요해지고 "유가·묵가의 자취는 경시되고 도가의 말은 마침내 융성해졌다"(『진서晉書』「향수전向秀傳」)고 하듯이 노장 일변도의 세상이 되었다. 더욱이 노장 사상이란 것은 무지無知·무욕無欲을 자연 상태로 여기는 도가 본래의 입장은 아니고,『장자』「도척편」이나『열자列子』「양주편楊朱篇」에 보이는 것 같은 '자연의 성性'을 본능적 욕망에서 구하는 것, 따라서 향락주의와 결부된 것이었다.

이 시대의 일화를 모은 것으로『세설신어世說新語』가 있다. 그중에서 한두 가지 예를 들어보겠다. 서진 시대 문인 귀족의 회합으로 유명한 '금곡金谷의 회會'를 주최한 석숭石崇은 호사한 생활을 과시해 빈객을 대접하는 데도 갖가지 취향을 궁리했다. 연석에서 술잔을 사양하는 손님이 있으면 그 잔을 따른 미인의 목을 베게 했다. 이 때문에 술 못하는 손님도 만취할 때까지 마시지 않을 수 없었다. 또 그 경쟁 상대인 왕제王濟는 그 저택을 무제가 내방했을 때 돼지찜 요리를 내놓았는데 그것이 너무 맛이 있어 무제가 그 이유를 물었더니, 왕제는 "이 돼지는 인간의 젖을 먹여 길렀습니다"라고 답했다.

『장자』 곽상 주의 출현

위魏의 정시 시대는 도가라 해도『노자』가 그 중심이었는데, 서진에 들어서『장자』가 이를 대체하게 되어『장자』의 주注를 저술하는 자가 많아졌다. 그 대표적인 것이 곽상郭象의 주이며, 현재의『장자』주 중 가장 오랜 것으로 전해지고 있다.

곽상의 생년은 확실치 않고 그가 죽은 것은 영가永嘉 말년 (312년경)이다. 노장을 좋아하고 청담을 잘했다. 처음은 오로지 문장이나 의론을 즐기며 관도에는 오르지 않았는데, 만년에 당시의 실력자였던 동해왕東海王 사마월司馬越의 주부主簿로 임명되어 크게 권세를 휘둘렀으므로 옛날의 명성을 잃었다고 한다. 그의 벗으로 같은 노장 사상가였던 유애庾敱는 "자네는 역시 정치에 어울리는 남자였네. 지금까지의 존경심은 완전히 없어졌다"고 고했다 하니, 만년의 곽상은 권세욕의 포로가 되었는지도 모른다. 만일 이것이 사실이라면 사상과 실천의 모순을 보여주는 좋은 사례가 될 것이다. 그의 장자 해석의 내용에도 이 같은 방향으로 빠질 가능성이 숨어 있었다고 볼 수 없는 것도 아니다.

곽상의 『장자주』는 장자의 주석서라기보다도 장자에 의탁해 자기의 사상을 전개했다고 볼 수 있는 단락이 많다. 이 점에서는 그의 선배에 해당하는 왕필의 『노자주』와 매우 유사하다. 결국 한 주석가로 끝나기에는 너무 지나치게 사상가로서의 성격이 강했던 것이다.

장자의 곽상 주를 일관하는 원리의 하나는 '자득自得'이라 할 것이다. '자득'이라는 단어는 『장자』의 본문에 두세 번 보이는데, 곽상 주에서는 거의 전편에 걸쳐 볼 수가 있다. 자득이라 함은 자기에 만족하는 것, 자기 충족, 따라서 '자족自足'하는 것이다. 바꿔 말하면 타자에게서 구하지 않고 자기 자신에 주어진 것, 자기에 부여된 천분天分에 만족하는 것이니, 이를 '안분安分'이라고 바꿔 말해도 좋다. 곽상에 의하면 이 자득·안분의 사상이야말로 『장자』 전편을 관통하는 근본 사상이다.

그래서 『장자』의 「소요유편逍遙遊篇」의 유명한 대붕大鵬과 작은 새의 비유에 관해서도 독특한 해석을 한다. 보통의 해석에서는 9만 리 상공을 나는 대붕은 장자 자신의 심경을 의탁한 것이고, 나무 가지에 앉은 작은 새는 세상의 속인俗人에 비유된 것이다. 그렇지만 곽상은 그렇게 생각하지 않는다. 대붕과 작은 새는 그 날아가는 거리에 대소의 차이는 있다 해도 그것이 천분의 상위에 의한 것이니 각각 그 분수에 안주해 만족하게 되면 소요의 경지에 이르는 점에서는 완전히 같다는 것이다. 그러므로 작은 새는 대붕을 부러워하지 않고 작은 가지에 노니는 것을 즐기면 된다. 이것이 자득이다.

이 같은 곽상의 자득 사상은 실은 '자연'의 독자적 해석에서 나오고 있다. 자연이란 무엇인가. 자연이라 함은 타자의 힘을 빌리지 않고 그 자신에 내재하는 힘에 의해 그렇게 되는 것이다. 만일 타자의 힘으로 그렇게 되는 것이라면 그것은 '타연他然'이지 자연은 아니다. 이 같은 자연의 세계에서는 인과관계는 성립하지 않게 된다. 왜냐하면 A라는 사실이 B라는 원인으로부터 생긴 것이라면 A는 B라는 타자의 힘을 빌리고 있는 것이고, 그것은 타연이지 자연은 아니기 때문이다.

이 같은 자연 해석에서 '자득'을 강조하는 곽상은 또한 "무에서부터 유가 생긴다"는 노자의 사상을 부정한다. 왜냐하면 만일 무에서 유가 생긴다면 유는 무라는 타자의 규정을 받는 것이며, 타연이 되어 자연은 아니기 때문이다. 그런데도 "노장이 자주 무를 제창하는 것은 무엇 때문일까. 그것은 사물을 낳는 것 따위는 아무것도 없다는 것, 사물이 그 자체 안에 있는 근거에서부터 발생하는 것임을 밝히기 위한 것이다."(「재유편주在宥篇注」)

이러한 자연주의 입장에서 인과율因果律의 존재를 부정하는 자는 실은 인도에도 있어 '무인론사無因論師'라 불렸다.(『외도소 승열반론外道小乘涅槃論』) 그러나 곽상의 인과율 부정은 이것이 번역 소개되는 것보다 약 백 년 전에 해당되어, 그의 독창적 사 고에 의한 것임을 알 수 있다. 수隋의 가상대사嘉祥大師의 『삼론 현의三論玄義』에 노장을 자연외도自然外道라 부르고, 이것과 인 도의 무인외도無因外道를 비교해 "그 이론에 같지 않은 점도 있 지만 동일한 오류를 범하고 있음을 알 수 있다"고 비판하고 있 는데, 이는 가상대사가 곽상 주를 통해 노장 사상을 이해하고 있었음을 보여주는 것으로 보인다.

곽상의 사상에 관해서는 이 밖에도 다루어야 할 문제가 많지만 여기서는 그의 가장 독창성이 풍부한 면 하나만 언급하는 것으로 그치기로 했다. 여전히 『장자』의 곽상 주가 동시대인인 향수向秀의 주를 그대로 훔친 데 지나지 않는다는 설이 육조 시대에 있었는데, 이는 오늘날에는 부정되었다고 해도 좋다. 이 같은 중상이 생긴 것 은 아마 만년의 곽상의 행동이 세상 사람들의 반감을 샀기 때문일 것이다.

4. 동진 왕조와 불교의 수용

서진의 멸망과 오호십육국의 동란

50년간 계속된 서진 왕조가 멸망한 후 같은 황실의 한 사람인 원제元帝가 강남江南의 건강建康(南京)에 수도를 정했다. 이것이 동진東晉(317~420)이다.

서진에서 동진으로의 이행은 단순히 한 왕조의 흥망이라는 데 그치는 것은 아니다. 그것은 중국의 북반부가 이적夷狄[오랑캐] 부족의 점령하에 들어갔다는, 중국 역사의 시작 이래 최대의 대동란과 연결되어 있다. 후세에 오면 금金에 의한 중국 북반부의 지배, 또 다시 원元과 청淸에 의한 중국 전토 지배가 있어 이민족에 의한 통치는 그다지 드물지 않게 되었지만 이 서진 시기의 오랑캐 통치는 최초의 경험이었던 만큼 중국 민족에 준 충격은 컸다.

물론 이 같은 대사건은 돌발적으로 일어난 것은 아니다. 전한 무제가 서역西域과의 교통로를 열면서부터 서북 지역의 이적夷狄 부족이 점차 중국에 유입되었는데, 특히 후한 말기부터 삼국의 분열기가 되자 위 왕조는 그 전투력을 충실히 하기 위해 적극적으로 서역민을 받아들이는 정책을 취했다. 이 때문에 서진 시대에는 관중關中의 인구 백만 중 절반은 이적이 차지한다고까지 말할 정도가 되었다. 이는 중국인에게는 위험하기 그지없는 것이었다. 왜냐하면 이적인들은 평소부터 중국인의 경시를 받아 늘 불만을 품고 있었으므로 무슨 일이 일어나면 일제히 봉기할 위험성이 있었기 때문이다. 따라서 식견 있는 자 중에는 일찍이 이적을 내지로부터 외부로 옮기라는 의견도 나타났지만 실행되지 않았다. 때마침 서진 말기의 내란이 도화선이 되어 내지에 잡거하던 이적 부족의 대반란이 발생한 것이다.

서진 말기에 왕실 일족이 각지에서 내란을 일으킨 '팔왕八王의 난'이 발생해 천하는 무정부 상태에 빠졌다. 이때 중국 내지에 잡거하고 있던 많은 북방 부족이 일제히 봉기해, 이른바 영가永嘉(307~312)의 난이 발생했다. 그중 몽골에 살다가 중국 서북부로 들어와 있던 남흉노南匈奴의 군대는 서진의 수도 낙양洛陽을 함락시켜 회제懷帝 및 황후 양씨羊氏를 포로로 잡아 연행해갔으며, 그 왕 유요劉曜는 황제를 죽이고 황후를 처로 삼았다. 왕공 및 백관으로 피살된 자 3만, 그 사체를 낙수洛水 북쪽에 쌓아 산을 만들었다. 이는 낙양 도성에만 한정되지 않았다. 황하黃河 이북의 광대한 지역은 전부 유목 민족인 흉노·갈羯·선비鮮卑(이상 몽골계)·강羌·저氐(모두 티베트계)의, 이른바 오호五胡의 부족에 의해 점령되어 그 지배 아래 들어갔다.

오호는 각각 국가를 세웠으니 오호십육국五胡十六國이라 불렸다.

그들은 도처에서 파괴와 학살을 닥치는 대로 저질렀는데, 그 격렬함은 종래 중국의 내전에서는 도저히 찾을 수 없을 정도의 것이었다. 이는 하나는 유목민 특유의 전투적 성격에도 기인할 것이나 그뿐만은 아닌 듯하다. 오래 중국인과의 잡거 생활을 계속하던 기간에 받은 굴욕에 대한 분노가 쌓이고 쌓여 일거에 폭발한 것으로 보아야 한다.

그 때문에 황하 유역인 중원中原에 사는 중국인은 귀족·호족은 말할 나위 없고 귀천노소를 가릴 것 없이 서로 손잡고 강남江南[장강長江 이남] 지역으로 피난했다. 바로 민족 대이동이다. 뭐라 해도 중원 땅은 한漢 민족의 수천 년에 걸친 고향이었고, 강남은 당시 아직 후진 지역이었으므로 사람들은 애끊는 마음을 금할 수 없었을 것임에 틀림없다. 게다가 이주지의 생활 자체가 고통스러웠다. 새로운 왕조를 세운 동진 원제조차 의복과 음식이 부족해 돼지 한 마리를 얻으면 진선珍膳이라 하고, 그 목살은 금련禁臠이라 부르며 여러 신하들에게는 젓가락을 대지 못하게 했다. 이 생활을 견디기 어려웠던 귀족 중에는 거기장군車騎將軍 조적祖逖처럼 강도짓을 하는 자까지 나타났다. 서진의 원강 연간 사치의 경쟁이 벌어졌던 것에 비하자면 참으로 꿈같은 이야기이다.

이에 이르러 원강의 방종한 풍조에 대한 반성이 생겨났다. 낙양의 빈터를 바라본 환온桓溫은 "신주神州[중국]를 백 년의 폐허가 되게 한 책임은 재상 왕연王衍을 비롯한 사람들이 지지 않을 수 없다"고 했고, 그 왕연도 죽음에 당면하여 "우리들이 만일 덧없고 공허한 것(浮虛)을 존중하지 않았더라면 사태가 여기에 이르지 않았을 것이다"라고 탄식했다고 한다. 그 '부허'의 풍조에 대한 반성은 그들의 노장 해석이 일면적일 수밖에 없었음을 깨닫는 계기가 되었음에 틀림없다.

그보다도 더욱 중대한 의미를 갖는 사실은 이 영가의 난을 계기로 하여 불교가 비로소 중국 지식인에게 수용되기에 이르렀다는 것이다. 더욱이 불교의 광범한 전파는 매우 신속히 진행되어 금세 육조 시대를 불교의 황금시대로 만들어버렸다. 이는 커다란 문화사적 사건이라고 할 만하다.

삼백 년간 동결 상태에 있던 불교

불교가 처음 중국에 전해진 것은 전한 말기부터 후한 초기에 걸친 무렵, 서력기원 전후라고 하는 것이 통설이다. 기원전 2세기 말 전한 무제가 흉노를 정벌해 서역西域과의 교통로를 열면서부터 서역의 사신이나 무역 상인의 왕래가 점차 증가했던 것이니, 이 무렵부터 불교가 중국에 유입되었을 것으로 보인다.

다만 여기에 불가사의한 사실이 있다. 그것은 불교와 같은 유력한 세계종교가 전래되면서 그 후 오랫동안 중국의 지식인이 이를 수용하고 신앙을 한 흔적이 없는 것이다. 불교가 중국 지식인 사이에 폭발적으로 확산된 것은 영가의 난 후에 즉위한 동진의 원제(재위 317~322) 시대 이후부터이다. 불교의 첫 전래로부터 실로 3백 년 세월이 걸렸다. 이 장기간에 걸쳐 불교는 동결된 상태 그대로 있었다고 해도 좋다. 왜 이 같은 현상이 발생했던 것일까. 거기에는 불교의 유통을 방해하는 중대한 장해가 있었다고 생각할 수밖에 없다.

중국의 정사正史를 중심으로 한 사료에 의하면 후한 시대에 불교가 전해진 사실을 보여주는 것으로는 2대 명제明帝(재위 58~75) 때에 서역의 사자가 경전과 불상을 백마에 싣고 왔으므로 수도 낙양에 백마사白馬寺를 건립했다고 하는 전설이 있는데, 이는 오늘날에는 역사 사실로서 인정되지 않는다. 다음에 명제의 이복 아우인 초왕楚王 영英이 영평永平 8년(65)에 받은 조서詔書 속에 그가 황로와 함께 부도浮屠(부처)를 제사한 것이 보이고 있다. 다시 후한 말기 환제桓帝 연희延熹 9년(166) 양해襄楷라는 자가 바친 상서에 의하면 환제는 궁중에 황로와 함께 부도를 제사하고 있으니 앞의 초왕 영과 완전히 같은 일을 행한 것이다. 이로부터 30년 늦게 오吳의 토호土豪인 작융笮融이 동제銅製 불상을 만들고 3천 명을 수용할 수 있는 누각을 세워 부근 주민을 모아 성대한 공양을 했다는 기사가 보인다. 이상이 후한 2백 년의 정사에 보이는 불교 기사의 전부라고 해도 좋다.

뒤이어 삼국에서 서진 말기까지 백 년간을 보면 겨우 하나의 예를 들 수 있을 뿐이다. 그것은 『삼국지三國志』의 「오지吳志」〈손침전孫綝傳〉에 보이는 것으로, 오나라 재상 손침(231~258)이 부도의 사당을 파괴하고 도인道人을 참수했다는 것이다. 또한 정사는 아니고 6세기에 들어와 쓰인 불교 측 사료, 『고승전高僧傳』과 『출삼장기집出三藏記集』에 보이는 것인데, 영천潁川 출신 주사행朱士行이란 자가 출가해 사문沙門이 되고, 위 감로甘露 5년(260)에 장안長安을 출발해 멀리 우전국于闐國에 이르러 반야경般若經을 손에 넣었다. 그 경전은 서진 태강太康 3년(282) 수도 낙양에 보내졌다고 한다. 이는 역사 사실일 가능성이 높다.

이상이 후한 초기부터 서진 말기까지 3백 년간 정사正史를 중심으로 한 불교 관계 기사의 전부이다. 물론 기록은 역사 사실을 전부 다 드러낸 것은 아니며, 특히 중국 정사는 정치 사료에 편중하는 경향이 강하고 불교는 극히 냉담하게 취급을 하는 것이 통례이니, 정사에 나타나지 않는 예가 상당할 것으로 추측된다.

하지만 그렇다 해도 만일 지식인의 상당 부분이 불교를 수용하고 있었다면 그것이 정사에도 반영되기 마련이다. 그것이 거의 보이지 않는 것은 역시 이 3백 년간 지식인의 불교 신자가 없었거나 혹은 극히 예외적으로밖에 없었음을 이야기하는 것일 터이다. 이 시기 불교를 지탱하고 있었던 것은 중국에 들어와 잡거하고 있던 다수의 서역 귀화인을 주력으로 하고, 그 영향을 받은 중국 민중의 일부 및 통속 신앙을 받아들이기 쉬운 궁녀들 사이에서 양육된 제왕 신분의 사람들이었을 것이다. 따라서 동진의 습착치習鑿齒(?~384)가 승려 도안道安에게 보낸 서신에서 "불교가 중국에 전해진 다음부터 4백여 년, 그동안에 번왕藩王이나 거사居士로 불법을 받드는 자가 때때로 있었다고는 하지만 중국의 전통적 가르침이 예로부터 행해지고 있었기 때문에 세간에서는 불교를 이해하고자 하는 자가 없었다"(『고승전高僧傳』「도안전道安傳」)고 말하고 있는데, 그 진상을 이야기하는 것이라 할 것이다.

불교의 유통을 방해한 두 원인 – 종교적 무관심과 중화의식

그러면 3백 년이란 긴 세월 동안 불교의 유통에 방해가 된 것은 무엇일까. 거기에는 두 가지 사실을 들 수 있다. 첫째는 한대의 지식인이 종교에 무관심했다는 것, 둘째는 중국인 특유의 중화中華의식이 강렬했기 때문에 이적의 교리인 불교에 관심을 갖지 않았다는 것이다.

먼저 첫째 사실에 관해서는, 한대 문화가 본질적으로 정치문화이며, 한대 지식인이 강한 정치적 관심의 소지자였다는 것은 이미 서술한 대로이다. 인간의 에너지에는 한도가 있으므로 정치적 관심이 강한 인간은 아무래도 종교적 관심이 부족해진다. 한대가 유교의 전성기가 되고 노장 사상이 표면에서 자취를 감춘 것도 그 때문이다. 후한 2백 년간 불교가 수용되지 않았던 것도 같은 이유에서일 것이다. 그러나 육조 초기인 위·진 시대가 들어섬과 함께 지식인의 성격이 관리로부터 귀족으로 변화했다. 이에 수반해 지식인의 정치적 관심이 쇠미해지고, 이에 대신해 영원한 인생을 생각하는 종교적, 철학적 관심이 높아졌다. 유교 세력이 쇠퇴하고 노장 사상이 전성기를 맞이한 것은 이를 단적으로 보여주고 있다.

그렇다면 불교도 노장과 동시에 영접되어도 좋을 터인데 아직도 백 년이란 세월을 더 허송하고 영가의 난과 동진의 시작을 기다려야 했던 것일까. 실은 불교에는 하나의 중대한 장해가 남아 있었기 때문이다. 그것은 다름 아니라 중화의식이었다.

중국인이 지닌 강한 중화의식은 일반에 잘 알려져 있다. 중국인에게는 외국인이라는 것은 이적이란 것이었다. 이적이란 인간이 아니고 인간과 동물의 중간 존재밖에 안 된다. 외국산이란 것은 그것이 형태가 있는 물산이라면 몰라도 사상이나 종교라면 일고의 가치도 없는 것이었다. 청조 초기 기독교 선교 활동을 했던 샤바냑[E. Chavagnac, 沙守信]은 "중국인이 외국인에 대해서 갖는 경멸 관념은 포교에서 큰 장애가 되고 있다. 이는 하층 민중 가운데에서조차 볼 수 있는 것이다. 그들은 중국에서 기원하지 않은 것에 대해서는 전혀 관심을 보이려 하지 않는다"고 보고하고 있다. 사실 끝내 기독교는 중국에 토착하는 데 성공하지 못했다고 할 수 있다. 만일 육조 사람들의 중화의식에 무언가 변화가 없었다면 불교도 같은 운명으로 떨어졌을지도 모른다.[21]

중화의식의 후퇴와 불교의 폭발적 유행

영가의 난이 가져온 역사적 효과는 그것이 중화의식에 대타격을 주고 이로써 중국인이 외래 불교를 수용하게 하는 기회를 가져왔다는 데 있다. 오랜 세월 살던 고향을 쫓겨나 강남의 낯선 환경으로 도망할 수밖에 없었던 사람들은 새삼스레 이적의 실력을 절감하게 되었다. 고향 땅에 머문 중국인은 이적 왕조의 지배 아래 놓여 '일전한─錢漢', '구한狗漢'이라 불리는 굴욕을 견뎌야만 했다. 그것은 '한 푼어치도 안 되는 중국인', '강아지 중국인'이란 의미이다 '한漢'은 중국인이란 것인데, 이 같은 용법이 관용적으로 되었기 때문에 후세에는 '악한'·'폭한'·'치한' 따위와 같이 한이 '하찮은 남자'라는 뜻으로 전화했다. 이로써 설령 일시적이나마 중화의식이 낮아진 것은 분명하다.

게다가 화북華北[북중국]을 지배한 이적은 사막이나 초원에서 돌연 침입해온 야만족은 아니다. 이미 오랜 세월에 걸쳐 중국인과 잡거하고 있었던 귀화인이었으므로 교양에서도 중국인보다 우수한 자가 드물지 않았다. 흉노족으로 한漢[5호16국 중 최초의 국가, 전조前趙의 전신]을 세웠던 유연劉淵·유총劉聰 부자 등은 오경과 역사서는 물론 제자백가의 학술에도 통하고, 그 시문은 중국인 명사로부터도 절찬을 받을 정도였다. 남조南朝를 방문했던 이란계 승려 고좌도인高座道人은 재상을 비롯한 고관·귀족의 환영을 받았으며, "위대한 천재는 중화와 이적의 차별을 넘어서 태어나는 것"이라는 탄성을 토하는 자가 있었다.

중화의식의 후퇴와 함께 3백 년에 걸쳐 계속 무시당해왔던 불교는 갑자기 중국 지식인의 주목을 받게 되었다. 불교의 열렬한 애호자가 된 남조의 종병宗炳은 "중국의 군자는 예의에 밝을지라도 인심을 아는 데는 어둡다. 어찌 불심佛心을 알겠는가"(『명불론明佛論』)라 하고, 외형에 치중하는 중국의 유교보다도 인심의 내면에 중심을 두는 인도의 불교를 우위에 두었다. 이 같은 지식인의 심경의 변화와 함께 불교는 폭발적인 기세로 사회의 상하에 확산되어 그 극성시대를 출현시키게 되었다.

남조南朝의 양梁 무제武帝(재위 502~549)는 그 재위 중에 수차에 걸쳐 사신捨身을 행하여 사원의 노예가 되어 봉사했는데, 그 망국은 불교에 빠진 결과라고까지 일컬어질 정도이다. 또한 북조北朝의 북위北魏에서는 운강雲崗이나 용문龍門 등의 대석굴을 남기고 있는데, 미술사에서 불후의 위치를 차지할 뿐 아니라 서민의 불교 신앙을 엿보게 하는 귀중한 자료가 되어 있다.

5. 불교의 중국식 이해

노장 사상에 의한 불교의 이해 – '격의' 불교

그러면 육조 시대 사람들은 불교 사상 중 어떤 부분에 마음이 끌렸던 것일까.

육조의 지식인은 유교를 떠나 노장 사상을 따르게 되었다. 노장 사상은 불교 철학과 근본적으로 공통된 점을 갖고 있다. 물론 양자는 완전히 같은 것이라고는 할 수 없지만 적어도 '유有'의 부정에서 출발한다는 점에서는 일치한다. 그래서 육조 사람들이 아주 친숙한 노장 사상을 통해 불교를 이해하고자 한 것은 매우 자연스러운 추세였다. 이 때문에 육조 초기의 불교에는 노장적 색채가 짙다. 이 노장적인 불교를 '격의格義 불교'라 부른다.

격의格義의 '격格'은 헤아리다(量)란 뜻이다. 산스크리트의 원어原語와 노장의 용어를 비교해서 가늠해 맞추고, 후자를 전자에 적용하는 것이다. 이를테면 초기의 한역漢譯에서는 '공空'을 '무無'에, '열반涅槃'을 '무위無爲'에, '보리菩提'를 '도道'에, '진여眞如'를 '본무本無'에 대응시켰다. 이 같은 경전의 번역을 읽는 자는 알게 모르게 노장적으로 불교를 이해하게 된다.

동진 불교계의 중심인물이 되어 연사蓮社 염불念佛의 시조로 유명한 여산廬山의 혜원慧遠은 원래 유학이나 노장의 학문을 익혔는데, 그 후 출가해 도안道安을 스승으로 삼았다. 어느 날 강석講席에서 청중 중에 질의하는 자가 있어 여러 가지 설명을 해보았지만 조금도 통하지 않았다. 그래서 혜원은 『장자』의 단어를 인용해 설명했더니 금세 상대는 이해했다. 이 일이 있고서부터 일찍이 '격의'를 좋아하지 않았던 스승 도안도, 특히 혜원에게만은 노장의 통속서를 이용하는 것을 허용했다고 한다. 그러나 이는 혜원에만 한정되지 않았으며, 일반적으로 육조의 승려는 노장 사상에 통하는 자가 많아서 그 가운데는 노장의 주해서를 저술하는 자도 있었을 정도이다.

이 격의 불교도 401년 구마라집鳩摩羅什이 서역에서 장안으로 영접된 이후 차츰 그 모습을 감추고 본격적인 불교의 이해가 시작되었다고 한다.

경이로운 마음으로 맞아들인 윤회설

그러나 이 같은 불교의 철학적 이해는 전문가인 승려나 이에 가까운 수준에 도달한 지식인에만 한정되고 전체적으로 보면 소수에 지나지 않았다. 일반 지식인이나 민중은 이와는 전혀 다른 각도에서 불교에 접근해갔던 것이다.

그것은 다름 아니라 불교가 가져온 윤회輪廻의 설이다. 윤회설에 의하면 인생은 이 현세의 한 세상만이 아니라 생전의 과거에 무한한 전생前生이 있었던 것이고, 또 사후의 미래에도 무한한 내세가 계속된다고 한다. 더욱이 이 삼세三世는 서로 관계없는 것이 아니라 전생의 행위의 선악이 현세의 화복을 가져오고, 현세의 행위의 선악은 내세의 화복을 부른다는 '인과응보因果應報'의 이치가 작용한다고 한다. 따라서 중국인은 윤회설이란 것을 '삼세'의 설, '삼세보응三世報應'의 설이라 불렀다.

종래 중국인은 현세밖에 생각하지 않고 전생이나 내세의 존재 같은 건 몽상도 하지 않았던 까닭에 불교가 처음 삼세보응의 설을 가져왔을 때 커다란 충격을 받았다. 그것은 동진 원굉袁宏의 『후한기後漢紀』에 있는 다음과 같은 기사에도 잘 나타나 있다.

"불교의 설명에 의하면 인간은 죽어도 그 영혼은 없어지지 않고 또다시 새로운 육체와 결합한다. 그 인간의 생시에 행한 선악은 사후의 세상에서 반드시 보응을 받는다. 따라서 불교가 존중하는 것은 선을 행하고 도를 수련함으로써 영혼의 단련을 쉬지 않고, 최후에는 무위의 경지에 들어가 부처가 되는 것이다.

이 같은 불교의 생사보응의 설에 접한 왕공王公·대신은 모두 공포심을 느끼고 넋을 잃지 않는 자가 없었다."

그것은 구래의 중국인의 인생관을 근저로부터 흔드는 경이로운 새로운 설이었으므로, 이 삼세보응의 설이야말로 불교의 중심 교의라는 견해가 일반 중국인 사회에 확산된 것은 당연한 추세였다.

윤회설에서 구원을 발견한 중국인

더욱이 삼세보응의 설은 단지 색다른 사상이라는 것뿐 아니라 유교의 인생관이 갖는 결함을 보충한다는 커다란 장점을 갖추고 있었다.

유교는 도덕과 정치의 가르침이기 때문에 개인의 행복 문제에 대해서는 극히 냉담했다. 고대의 현인이라는 백이, 숙제 형제는 올바른 행위를 했음에도 수양산에서 굶어 죽는 비참한 최후를 마쳤다. 도덕과 행복이 올바르게 대응하지 않는 것은 세상의 일상일 것이다. 공자는 『논어』에 백이, 숙제의 최후에 관해서 "인仁을 구하여 인을 얻었다. 또 무엇을 원망하리오"라고 서술했다. '인'이란 도덕을 완성한 것이니 만족하고 죽었을 것임에 틀림없다는 것이다. 이것은 행복을 도덕 속에 흡수시켜 버리는 스토아학파의 입장과 상통하는 것으로 결국은 행복에 독립적 권리를 인정하지 않는 것이라고 할 것이다. 유교의 도덕 만능의 입장이 잘 나타나 있다.

그러나 중국인 전체가 공자의 도덕만능주의에 만족했을 리는 없다. 이를테면 전한의 사마천이 그러하다. 사마천은 그 대저인 『사기』「열전」의 서두에 「백이전」을 배치했다. 그는 그 천성인 정의감에서 흉노에 항복한 장군 이릉李陵을 변호한 것만으로 궁형宮刑이라는 가장 치욕적인 형벌을 받았다. 백이의 비극은 사마천에게 타인의 일은 아니었던 것이다. 「백이전」에는 임종의 시라는 것이 전해지고 있는데, 그 시에는 명백히 자기의 운명을 원망한 것이 보인다. 그리고 보면 공자가 "또 무엇을 원망하리오"라고 한 것은 사실과 어긋나는 것은 아닌가.

더욱이 도덕과 행복의 모순에 괴로워한 것은 홀로 백이만은 아니다. 저 공문孔門 제일의 제자라는 안회顏回를 보라. 안회는 비할 데 없이 학문을 좋아한 사람이었는데도 그 생애는 빈곤으로 고통을 겪고 더욱이 30여 세의 단명으로 끝나고 있지 않은가! 반대로 도척은 극도의 악한 일을 다 했으면서도 만족스러운 생애를 보냈다. 『서경』에 "천도는 선에 복을 주고 지나침에 화를 내린다"고 하지만 그 사실은 조금도 실현되지 않은 것은 아닌가. "나는 매우 당혹스럽다. 이른바 천도란 것은 옳은가 그른가"라는 사마천의 말은 하늘의 섭리에 절망적인 의문을 던졌던 것으로 유명하다.

이처럼 유교가 도덕과 행복의 일치에 성공하지 못한 것은 유교가 인생을 현세에 한정된 것으로 여겼기 때문이다. 만일 인생이 일 회에 한정된 것이면 죽음이 찾아옴과 함께 일체는 영원한 어둠 속에 사라지고 생전의 불행을 보상해야 할 길은 굳게 닫혀버린다. 유교에서의 이 어려운 질문을 멋지게 해결하는 것이 바로 불교의 삼세보응설이었다.

사마천이 들었던 안회나 도척의 예에 관해서 북방의 승려 도안[312~385]은 다음과 같이 설명하고 있다. 안회가 이 세상에서 선을 행하면서 불행한 생애를 마친 것은 그가 전생에서 저질렀던 악업惡業의 응보에 기인한 것이다. 하지만 안회는 현세에서 선을 행했으니 그 보응은 내세의 행복으로 나타날 것이다. 반대로 도척이 현세의 행복을 누렸던 것은 전생의 선업善業에 기인한 것이지만 그 대신 현세에서 저지른 나쁜 일의 보응은 반드시 내세의 불행으로 나타날 것이다.(『이교론二教論』)

불교가 가져온 윤회설, 삼세보응설은 이와 같이 해서 종래 유교의 인생관이 갖는 결함을 보충하고 남음이 있었다. 이 때문에 대다수 중국인이 삼세보응의 설이야말로 불교의 중심 교의라고 생각했으며, "불교는 삼세보응을 설명하는 가르침"이라는 이해가 널리 세상에 유행하게 되었다.

이를테면 이 시대의 대표적 지식인의 한 사람인 안지추顔之推는 그 저술 『안씨가훈顔氏家訓』 「귀심편歸心篇」에 "삼세의 일은 확실히 증거가 있는 것이다. 우리 집에서는 대대에 걸쳐 이를 신봉하고 있다"고 하고, '삼세의 일'과 '불교'를 동의어처럼 쓰고 있다. 또한 황간皇侃은 『논어의소論語義疏』의 "삶을 모르는데 어찌 죽음을 알겠는가"라는 조목 아래에 "타 교파의 가르침에 삼세의 설이 없는 것은 이 한 구절에 나타나 있다. 주공이나 공자의 가르침은 다만 현세를 말할 뿐 과거, 미래를 밝히지 않는다"라고 했다. 또한 유협劉勰은 『노자』의 심오한 의미를 인정하면서도 "그러나 삼세의 일은 완전히 말하지 않고 이에 대처하는 도道에도 언급하고 있지 않다. 따라서 세속을 이끄는 양서이기는 해도 출세간出世間의 오묘한 경전(妙經)이라고는 할 수 없다"고 서술하고 있다. 어느 것도 삼세보응의 설이야말로 불교의 근본 교의라는 이해 위에 서 있음을 보여주고 있다.

그러나 이 같은 불교의 이해는 실은 올바른 것이라고는 할 수 없다. 첫째로 윤회설은 불교가 발생하기 이전부터 있었던 인도 사상이며, 불교 독자의 것은 아니고 힌두교나 자이나교에도 짙게 나타나는 것이기 때문이다. 둘째로 윤회전생輪迴轉生이란 것은 인도인에게는 그 이상 없는 두려운 사실이었으므로 윤회의 악순환에서 어떻게 탈출할 수 있을까라는 그 '해탈解脫'이야말로 다름 아닌 구

원이었다. 따라서 윤회 그 자체에서 구원을 찾아낸 중국인의 사고
방식은 윤회를 두려워해야 할 것으로 여긴 인도인과는 완전히 역
방향에 있었다고 할 수 있다.

선종의 선구자 – 도생의 돈오설

육조 후반기에 해당하는 남북조南北朝 시대가 되면 불교의
융성에 수반해 교리의 연구도 현저한 진보를 보였다. 반야경般
若經을 중심으로 하는 "일체가 모두 공空"이라는 사상, 열반경
涅槃經을 중심으로 하는 "일체 중생衆生은 전부 불성佛性을 지
니며, 이를 자각하는 데에 열반의 경지가 나타난다"는 사상 등
이 유력해졌다. 이들은 모두 중국 불교의 그 후 발전에 기초를
제공한 것으로서 중요하지만, 그보다도 당唐 말기부터 최후의
청조淸朝에 이르기까지 1천 년간 중국 불교계를 지배한 선종禪
宗과 정토종淨土宗 두 종파가 일찍이도 이 시기에 싹터 나왔다
는 데 주목할 필요가 있다.

축도생竺道生(?~434)은 한문寒門 사인士人의 집안에 태어나
그 후 출가해서 북조에 나아가 구마라집에게 배운 후 다시금
남조의 수도인 건강建康으로 돌아왔다. 당시 번역되어 있던 소
품小品 열반경의 명백한 문구를 부정하고 "어떠한 극악한 사람
도 불성을 지닌다"고 강하게 주장했으므로 당시 불교계의 배
척을 받아 수도에서 쫓겨났다. 그러나 그 후 대품大品 열반경이
번역된 다음부터 그의 설이 올바른 것이 증명되었다고 한다.
극히 독창성이 풍부한 천재였음을 알 수 있다.

도생은 또 유명한 돈오성불頓悟成佛설을 제창했다. 돈오는

점오漸悟에 대조되는 단어로 점오가 학문 수행의 순서를 밟으면서 차츰 깨닫는 데 대해, 돈오는 일거에 깨달음에 도달하는 것을 말한다. 도생에 의하면 진리는 어디까지나 하나이며 분할을 허용하지 않는 것이다. 따라서 진리를 분할해 그 일부분씩 이해한다는 것은 불가능하다. 진리는 깨닫는가, 전혀 깨닫지 못 하는가 중 어느 것이어야만 한다. 그렇다면 진리를 점오하는 것은 불가능하며, 깨닫는다고 한 이상 일거에 깨닫는 것, 즉 돈오밖에 없다.

도생의 돈오설은 진리의 인식 방법을 문제 삼는 이른바 인식론에서 극히 중대한 발언이라 할 수 있다. 보통 진리의 인식은 논리論理의 누적에 의해 순서를 좇으며 진리에 접근한다는 방법을 취한다. 그렇지만 도생은 이 논리에 의한 진리에의 접근을 부정하는 것이니 당연히 이 논리적 사고를 대신하는 방법이 있어야 한다. 그것은 무엇인가. 다름 아닌 체험적 직관直觀이다. 그리고 곧 그것은 선종의 성립을 약속하게 된다.

원래 중국인은 논리가 서툴다. 논리에 의한 추리推理보다도 직관에 의한 체득體得을 중시한 것은 그 때문이다. 그것은 "말에 의한 진리의 표현"을 부정하는 데도 연결된다. 도생은 "아직 진리를 보지 못할 적에는 말에 의한 중개가 필요하다. 하지만 이理를 완전히 알고 나서는 이미 말의 용도는 없다. 토끼를 잡은 다음에 올가미가, 물고기를 잡은 다음에 통발이 불필요한 것과 마찬가지다"(『법화주法華注』)라고 한다. 이 통발·올가미의 비유는 위로는 『장자』의 말을 받아들임과 함께 아래로는 바로 선종의 "문자에 근거하지 않는다(不立文字)"는 말의 근원을 여는 것이다.

이 도생의 돈오설은 곧바로 사령운謝靈運이라는 당시 대표적 문인 귀족의 열렬한 지지를 얻었다. 그의 『변종론辨宗論』은 도생의 돈오설을 받들어 서술한 것이다. 또한 송宋[남조] 문제文帝(재위 424~453)도 역시 도생의 돈오설의 지지자가 되어 그 문하 제자들을 후하게 대우했다. 이처럼 커다란 반향을 불러일으킨 것은 돈오설이 다름 아니라 중국인의 심금을 울린 점이 있었기 때문이다.

보통 선종 쪽에서는 그 시조로서 육조 말기[양梁 왕조]에 인도에서 건너왔다는 보리달마菩提達磨를 든다. 그러나 달마의 전기는 훨씬 후세에 와서 만들어진 것이며 너무나도 전설적인 요소가 많아 역사 사실로서는 신빙성이 낮은 것이다. 선종은 인도에 기원을 갖는다기보다는 체험적 직관을 중시하는 중국인의 전통에서 발생했다고 보아야 하지 않을까. 그런 의미에서는 도생이야말로 선종의 선구였다고 할 것이다.

도생은 선종의 선구가 되었을 뿐 아니라 송학의 "이理는 하나인데 만물에서 달라진다(理一萬殊)"는 사상도 준비했다. 그의 『법화소法華疏』에는 "이는 늘 하나이지만 거기서 출현하는 현상은 만 가지로 다르다"는 의미의 말이 보인다. 또한 그 불성론佛性論은 선종의 "본성을 알고 부처가 된다(見性成佛)"는 설에 연결됨과 함께 송학의 성리설性理說로 연속될 가능성이 있다. 이것은 반드시 도생에 한정되지는 않지만 총체적으로 육조 시대의 사상에는 후세 송학·주자학 사상의 기반이 된 것이 많았음을 잊어서는 안 된다.

6. 도교의 성립

농민 사이에서 태어난 오두미도

육조 시대의 종교적 기운의 고조는 외래의 불교를 맞아들임과 동시에 중국 민족 고유의 종교인 도교道敎를 성립시키게 되었다.

중국은 예로부터 동부 아시아 일대에 유포된 샤머니즘 권내에 있고, 무巫·축祝을 중심으로 하는 다신교적 신앙이 행해지고 있었다. 이것은 결국 일본의 신도神道에 해당하는 것이다. 다만 이 민간신앙에는 이론도 없고 체계도 없었다. 그것이 2세기 말 후한 말기를 맞이하면서 신흥 종교에 의한 농민 반란을 계기로 해서 하나의 종교 체계로 정리되기에 이르렀다. 육조 시대에 들어와 그 세력은 더욱더 성대하게 되고, 이것이 후세에서 말하는 도교의 골격을 형성했다.

후한 말기의 동란에 신흥 종교를 받드는 농민 반란이 일어났는데, 그중 가장 유력했던 것이 서쪽의 촉蜀 지방에 의거한 오두미도五斗米道였다. 그 교조는 장릉張陵(장도릉張道陵)이라 하며, 그 아들 장형張衡, 손자 장로張魯를 합쳐 삼장三張이라 부른다. 이를 오두미도라 부르는 것은 신입 신자들에게 다섯 말의 쌀을 내게 했기 때문이다. 3대째의 장로가 천사天師라는 이름을 짓고부터는 천사도天師道라고도 불리게 되었다. 동시에 근거지를 촉에서 한중漢中 분지로 옮겨 여기에 일대 종교왕국을 건설했다.

그 교의를 보면 질병의 원인은 과거의 죄과에 의한 것이라 하며, 먼저 병자에게 수과首過, 즉 죄과를 신 앞에 자수한다는 참회를 행하게 하고, 다음에 부수符水, 즉 신부神符[부적]를 물에 띄운 것을 마시게 한다. 이것으로 병이 낫는다고 하는데 그래도 치유되지 않으면 신심이 부족하기 때문이라고 한다. 주목해야 할 것은 이 천사도에서는 신자에게 『노자』 5천 자를 읽게 한 것이다. 이것은 천사도가 다음에 서술할 신선神仙설과 결합한 결과라고 볼 수 있다.

오두미도와 신선설의 결합 – 갈홍의 『포박자』

이처럼 후한 말기 육조 초기에 농민을 중심으로 한 신흥 종교가 발생해 도교를 성립시킬 현실적 기반이 이뤄졌지만 그 이론적 기초 만들기는 아주 불충분한 것이었다. 이를 보충해 하나의 종교 체계를 정리해낸 것이 다름 아닌 신선설이다.

늙지도 죽지도 않는 선인仙人이 되기를 원하는 신선설은 기원전 4세기 전국 시대 말기 무렵부터 나타나 진 시황제라는 열렬한 애호자를 얻었다. 다시 전한 시대에 들어와 시황제 이상의 애호자로 알려진 무제가 나왔는데, 무제는 신선술의 전문가인 방사方士의 권고에 따라 갖가지 신들을 제사하고 연금술鍊金術에 의해 불사약을 얻고자 힘썼다. 그러나 한대까지의 신선설은 천자나 고급 관료라는 유복한 생활을 보내는 사람들 사이에서 보일 뿐이고 일반 지식인이나 서민과는 인연이 먼 것이었다.

그렇지만 후한 말기부터 육조에 들어와 오두미도 등 신흥종교가 왕성해짐과 함께 양자 사이에 접근이 생기고 곧 결합이 이뤄지게 되었다. 그 선구자가 된 것이 진의 갈홍葛洪(283~약 343)이다. 갈홍은 강남 토착의 명문가 출신 지식인이었는데, 그 저술인『포박자抱朴子』는 그 후 도교의 기초 이론을 준비한 것으로서 중요하다.『포박자』는 갖가지 신의 존재나 그 제사 방법을 설명하고 있으며, 그 점에서는 민간신앙인 오두미도에 접근하고 있다. 그러나 그가 가장 중시한 것은 단약丹藥을 정련해 불로, 불사의 선약仙藥을 만드는 것이어서, 이 점에서는 신선설의 색채가 농후하다. 여기에 무술巫術이 중심이 된 오두미도와 전통적인 산선설이 결합해 나중의 이른바 도교의 골격이 완성되었다고 해도 좋다.

도교의 성립과 노자의 교조 추존

도교란 것은 원래 보통명사로서 '도의 가르침'이라는 의미이니 진리에 관한 가르침이란 것이다. 옛적에는 유교를 도교라 부른 예가 있고, 또한 육조 시대에는 불교를 가리키는 용례가 압도적으로 많다.

그러면 현재와 같이 신선설과 민중신앙이 결합한 하나의 종교 체계만을 도교라 부르게 된 것은 언제 무렵인가 하면 그것은 육조 말기부터이다.

북조의 주周 무제武帝(재위 560~578)는 중국의 두 번째 불교 배척을 단행한 것으로 유명한데, 건덕建德 3년(574)에 발포한 조칙에 "유교가 우선이고 도교가 다음이며 불교는 뒤에 둔다"는 말이 보인다. 이것이 도교라는 용어를 오늘날의 의미로 사용한 최초의 예이다.

그런데 여기서 말하는 '도교'란 어휘가 전국 시대 제자백가의 하나인 '도가', 즉 노장 사상과 같은 것인가 하면 그것은 아니라고 할 수밖에 없다. 이유는 여러 가지인데, 근본적으로 말해 도교는 많은 인격신의 존재를 믿는 종교인 데 대해 도가, 즉 노장 사상은 신의 존재를 말한 적이 없고 본질적으로 말해 무신론 철학인 것이다.

그러나 여기에 번거로운 혼란이 생겼다. 그것은 오두미도에 보이듯이 민중신앙인 도교도 그 개조로서 노자를 받들고 있는 것이다. 이는 오두미도의 단계에서 시작한 것은 아니고 그 전신인 신선설에서 볼 수 있다. 앞서 거론했던 후한 초기 왕충의 『논형』도 이미 당시 신선설이 노자를 개조로 삼고 있었음을 서술하고 있다. 오두미도가 그 신자에게 『노자』를 읽게 한 것도 이 신선설의 전통을 이어받았기 때문이다. 게다가 오두미도의 신앙을 지식계급 취향으로 개조했다고 볼 수 있는 갈홍의 『포박자』 등에서도 "노자는 은제 계단을 붙인 금루金樓 옥당玉堂 가운데 있으며 신성한 거북에 걸터앉아 오색구름의 옷을 두르고 있다. 그 모습을 본 자는 장수를 얻을 뿐 아니라 뛰어난 지혜를 얻는다"는 의미의 서술을 하고 있다. 후한의 초왕楚王 영

英이나 환제桓帝가 궁중에서 불상과 함께 제사했다는 노자의 상도 아마 이 같은 모습을 하고 있었을 것이다.

이처럼 신선설이나 도교에서는 노자를 교조教祖로 할 뿐 아니라 완전히 신격화해 버렸다. 노자로서는 그 이상으로 성가신 게 없었을 테지만 도교가 이를 필요로 했기 때문이다. 육조 시대에 융성해진 도교는 유교나 불교에 대항할 필요성에 몰렸는데, 이를 위해서는 공자나 석가에 필적하는 교조가 있어야만 했다. 이것이 노자를 도교의 신으로 삼게 된 근본 이유이다.

도교는 주로 무지한 민중에 의해 신봉되었으며, 일반 지식인은 이에 강한 경멸감을 품는 것이 보통이었다. 그리고 도교와 도가, 즉 노장 사상을 구별하는 것도 상식이 되어 있었다고 해도 좋다. 다만 도교는 중국의 오랜 전통 위에 서 있는 민간신앙이나 무술巫術을 배경으로 하는 것인 만큼 그 사회적 세력은 매우 강대한 면이 있었다. 그것은 불교의 유력한 경쟁자가 되었을 뿐 아니라 상호 영향을 교환하게 되고, 근세 중국의 민중 사회에서 볼 수 있는 도교·불교 혼합 상태를 가져오게 되었던 것이다.[22]

中國 思想 史

제7장

수·당 시대의
사상

557	581	618		907	960
양	진	수	당	오대	북송

북주 ━━━━━581

북제 ━━━━━577

당대 문화의 성격 – 육조 문화의 연장 발전

4백 년에 가까운 육조의 분열 시대에 뒤 이어 수隋·당唐의 3백 년에 걸친 대제국의 통일 시대가 나타났다. 그러나 수의 통일은 겨우 30여 년간에 지나지 않았으므로 수·당의 사상사라 해도 실제는 당대唐代의 사상사가 전부를 차지한다고 해도 좋다.

당대 삼백 년간의 사상계는 한마디로 말하면 육조 사상계의 연장 발전에 다름 아니었다고 할 것이다. 물론 육조가 정치적으로 분열한 시대였던 데 반해 당대는 대제국의 통일이 완성, 지속되었으니, 그것이 사상의 세계에도 반영되는 것은 당연하다. 육조 문화가 섬세·우미優美한 것이라면 당대 문화는 호화·현란絢爛하다. 그러나 양자의 저류가 되어 있는 시대정신에서는 동질적인 것이 있었다. 그것은 다름 아니라 양자가 모두 귀족주의 정신을 기조로 하고 있었기 때문이다.

육조 문화를 지탱한 지식인은 한대 이래 관리로서의 성격을 지니면서도 그 관리의 신분이 세습화한 결과 귀족적 성격을 여실히 띠게 되었다. 이러한 관리 지식인의 귀족적 성격은 그대로 수·당 시대에 들어와서도 연장되었다. 물론 지배자인 당 왕조에서는 관리가 귀족화하는 것은 바람직하지 않았으므로 극력 이런 경향을 억제하는 데 힘썼다. 실력 시험에 의한 관리 등용 제도, 즉 과거科擧 제도를 수 왕조가 창설한 것도 그 표현이다. 그러나 육조 4백 년의 전통이 있는 관리 지식인의 귀족적 성격을 바꾸는 것은 정평 있는 당 왕조의 힘으로써도 용이하지는 않았다. 이 때문에 전체로서의 당대 문화는 육조와 똑같이 귀족색이 농후한 것이었다.

지식인의 정치적 관심 부족, 그리고 시문詩文을 중심으로 하는 문학·예술에 대한 열애, 이것은 육조 문화의 특징임과 함께 당대 문화의 특징이기도 했다. 유교 정신의 쇠퇴, 이를 대신한 불교나 노장 사상의 융성, 이에 평행하는 민간 도교의 유행 등, 어느 것이나 당대 문화가 육조 문화의 연장선상에 있었음을 보여주고 있다.

다만 당대도 후반기, 즉 현종玄宗 치세에 안록산安祿山이 반란을 일으킨 무렵부터(755) 미묘한 변화가 나타나 다음 송대宋代 문화의 맹아를 준비하는 경향이 보이기 시작한다. 여기서는 당대 사상사를 전반기와 후반기로 나누기로 하겠다.

1. 당의 전반기 – 안록산의 반란까지

유교 정신의 부진

당대 3백 년 동안의 유교는 육조의 여세를 이어받아 부진 상태에 있었다. 참으로 육조, 수·당의 7백 년간은 중국사에서도 유교 정신이 가장 쇠퇴했던 시대였다고 할 수 있다. 그 원인은 당대의 지식인 관리가 육조 이래의 전통을 받아 정치적 관심이 희박했기 때문에 치국·평천하를 궁극의 목적으로 하는 유교에 흥미를 갖지 않았던 데에 있다.

이것은 지배자인 당 왕조로서는 바람직한 것이 아니므로 고조高祖[李淵]의 뒤를 이은 태종太宗[李世民](재위 626~649) 때 『오경정의五經正義』를 공영달孔穎達 등에 명해 작성시켜, 『역』·『시』·『서』·『예』·『춘추』 5경의 표준 해석을 정하게 했다. 이것은 육조 이래 분열되어 있던 경서의 해석을 통일함과 함께 이 국정의 표준 해석에 기초해 과거 시험을 행하고 이로써 관리를 등용하는 것이 목적이었다. 만일 이 목표가 성공한다면 관리 신분을 열망하는 지식인 사이에 유학儒學이 침투할 터였지만 결과는 실패로 끝났다. 유학에 흥미를 갖지 못한 당의 지식인들은 유학을 시험 과목으로 하는 명경과明經科에 모여들지 않고, 그 대부분은 시문詩文을 위주로 하는 진사과進士科에 흡수되고 말았다. 관록 있는 당 태종도 유교 정신의 쇠퇴라는 육조 이래의 전통을 어떻게 할 수 없었던 것이다.

과거科擧, 즉 고급문관 시험은 수 왕조에서 창설되었는데, 그것이 정비된 것은 당에 들어온 다음부터이다. 여기에는 명경과·진사과·명법과明法科·명산과明算科 등 과목이 설치되었는데, 압도적 다수의 인재를 모은 것은 문학이 시험 과목인 진사과였다. 또한 진사과에 급제하지 않으면 관리로서 영달을 구할 수 없었다. 이 같은 점에서도 유학을 경시하고 문학을 존중하는 육조 이래의 풍조가 나타나고 있다.

당대의 유학 부진의 원인을 태종이 『오경정의』라는 국정의 표준 해석을 만들어 자유 연구의 여지를 없앴다는 사실에서 찾는 견해가 있는데, 그것은 원인과 결과를 뒤바꾸어 이해한 면이 있다. 『오경정의』는 유학의 부진을 구제하기 위해 나타난 것이며, 다만 그것에 성공하지 못했다는 것이 실정일 것이다.

수·당 왕조의 불교 보호 내지 이용

수·당 시대는 유교의 쇠퇴 시기인 동시에 불교의 황금시대였다. 그 큰 원인 중 하나로 왕조에 의한 불교의 보호 내지 이용이라는 사실을 들 수 있다. 이는 무력화한 유교만으로는 인심을 모으는 것이 곤란하며, 불교의 힘을 빌릴 필요를 느꼈기 때문일 것이다.

이미 육조 시대 양梁 무제武帝(재위 502~549)는 그 개인적 신앙에 따른 것이기는 하지만 불교 정신으로 국가를 다스린 다는 선례를 열었다. 육조 시대의 분열을 통일한 수 문제文帝[楊堅](재위 581~604)는 천하 여러 주州의 111개소에 불사리 탑佛舍利塔을 세우게 해 불교의 보급을 꾀했는데, 이에는 정책적 의도가 다분히 있었던 것으로 생각된다. 당에 들어와서는 고종高宗(재위 649~683)이 여러 주에 국립 사원과 도관道觀(도교 사원)을 각기 하나씩 설립했으며, 측천무후則天武后(재위 690~705)는 양경兩京 및 여러 주에 대운경사大雲經寺를 건립하고, 현종玄宗(재위 712~756)은 여러 주에 개원사開元寺·개원관開元觀 각 하나씩을 두었는데, 이들도 수 문제의 경우와 같이 종교를 통해 인심을 조정에 모은다는 정치적 배려에서 나왔을 것이다. 그것이 순수한 불교 신앙에서 나온 게 아니라는 사실은 이들 관립 사찰과 병행해 관립 도관을 반드시 건립한 데서도 알 수 있다.

종파 불교의 흥기

이 같은 왕조에 의한 보호를 배경으로 해서 수·당의 불교는 전후에 없는 융성이 도래하게 되었다. 그 하나의 표현은 이 시기에 중국 불교를 특징짓는 종파宗派 불교가 다투어 일어난 것이다.

이미 육조 무렵부터 하나의 경전에 중심을 두는 학파가 나타났는데, 수대에 들어오자 『법화경法華經』을 중심으로 하는 천태대사天台大師 지의智顗(538~597)의 천태종天台宗, 『삼론三論』을 위주로 하는 가상대사嘉祥大師 길장吉藏(549~623)의 삼론종三論宗, 또한 이 무렵 성행한 말법末法 사상을 배경으로 해서 신행信行(540~594)의 삼계교三階教가 발생한 것이 주목된다. 당대에 들어와서는 『정토삼부경淨土三部經』에 의거한 도작道綽(562~645), 그 제자 선도善導(613~681)에 의한 정토교淨土教, 『화엄경華嚴經』을 위주로 하는 현수대사賢首大師 법장法藏(643~712)의 화엄종華嚴宗, 현재의 선종禪宗의 근원이 되는 남종선南宗禪을 연 육조六祖 혜능慧能(638~713), 인도에 17년간 유학하고 돌아온 삼장법사三藏法師 현장玄奘(602~664)과 그 제자 규기窺基에 의해 성립된 법상종法相宗, 마찬가지로 현장이 가져온 『구사론俱舍論』을 근본으로 하고 그 제자 보광普光 등에 의해 성립된 구사종俱舍宗 등이 나타났다. 또한 후반기에 들어가 중인도 사람 선무외善無畏(637~735) 및 남인도 사람 금강지金剛智(671~741)는 서로 전후해 수도 장안이나 낙양에 이르러 밀교密教를 전했다. 금강지의 제자인 북인도인 불공不空(705~774)은 또다시 많은 밀교 경전을 가져와서 번역함과 함께 주술이나 기도에 의해 당시의 권력자들 사이에 밀교를 성행하게 했다.[23]

종파 불교는 중국의 특산물이며 인도에는 볼 수 없는 것이다. 인도의 불교는 긴 역사 동안 사상 내용의 변화를 거듭했기 때문에 많은 경전이 말하는 내용에는 서로 모순되는 점도 적지 않다. 이 때문에 중국인은 많은 경전 중 어느 것이 석가의 참뜻을 얻은 것인지 판단이 헷갈리지 않을 수 없었다. 그래서 여러 경전 중에서 가장 정수를 얻었다고 믿는 것을 뽑아내서 이를 중심에 두고 다른 경전들을 주변에 배치했다. 일종의 취사선택이다. 이것을 '교상판석教相判釋', 줄여서 '교판敎判'이라 한다. 이 교판에 의해 하나의 종宗이 성립한다. 그것은 선택이므로 필연적으로 주관적인 판단이 수반된다. 거기에 종파 개조開祖 독자의 주체적 입장이 구축됨과 함께 인도 불교와는 다른 중국 불교가 나타나기도 한다.

천태종은 당대에 들어와서부터는 교세가 부진한 상태에 있었는데, 당 중기의 담연湛然(711~782)에 의해 다시 융성했다. 일본의 전교대사傳敎大師 사이초(最澄)는 담연의 제자에게 배우고 천태종을 일본에 전했다. 중국 천태종은 일본 천태종과 같은 교세를 갖지 못하고 특히 당 말기 이후는 겨우 그 명맥을 보존하는 정도에 머물렀다.

화엄종은 삼론종·법상종·구사종과 함께 일본 나라조(奈良朝) 때 전해졌는데, 이른바 남도南都 6종 중에 손꼽힌다. 이들 여러 종파의 교설은 심오한 세계관과 세밀한 심층의식의 분석을 목적으로 하는데, 그만큼 때로는 번쇄한 논리와 결부되는 경향이 있다. 이 때문에 일부 전문가 승려나 지식인에게 이해될 뿐으로 종파 불교의 교세는 부진한 채로 끝났다.

밀교는 7세기 후반 인도 불교의 가장 말기에 나타난 것으로 힌두교의 영향을 많이 받았다. 그 교의는 전형적인 범신론汎神論으로 대일여래大日如來라는 부처의 편재遍在를 말하고, 인간도 부처와 서로 일체화하는 관계이므로 번뇌의 몸이 그대로 부처라는 즉신성불卽身成佛을 주장한다. 다만 그 실현 방법으로서 주술이나 기도의 비의秘儀를 실천할 필요가 있다. 주술이나 비의의 요소가 도교의 요소와 상통하는 점이 있었던 것, 불공不空이 정계의 실력자와 연결된 것과 상호작용하여 한때는 왕실이나 귀족 사이에 환영을 받았다. 그러나 불공의 죽음과 함께 급속히 쇠퇴하고 중국에서는 그 전승이 끊기고 말았다. 아마 도교가 존재하는 이상 도교와 유사한 밀교의 필요를 느끼지 않았기 때문일 것이다. 일본의 홍법대사弘法大師[구카이空海]는 불공의 제자인 혜과惠果 문하에서 밀교를 배우고 진언종眞言宗을 개창했다. 중화민국 초기 일본 고야산(高野山)에서 배운 중국 승려가 밀교를 본국에 역수입한 적도 있었지만 이것도 점차 흐지부지되고 말았다.

중국 불교를 대표하는 정토종과 선종

이와 같이 당대 전반기에는 대부분의 종파 불교가 다 나왔는데, 이들 중 정토교淨土敎와 선종禪宗에 관해서는 특기할 필요가 있다. 그 까닭은 이 두 종파 불교는 모든 중국 불교 중에서도 가장 중국적인 특색이 있고 중국인의 체질에 맞는 불교였기 때문이다. 이 때문에 다른 종파 불교의 다수가 당 이후 잇달아 그 자취를 감춘 데 반해 홀로 정토교와 선종만이 살아남아 송 이후 1천 년 동안 생명을 유지했던 것이다.

정토교와 선종은 그 내용에 커다란 차이가 있지만 공통되는 한 가지 점이 있다. 그것은 양자가 이론을 싫어하고 오로지 염불念佛과 좌선坐禪이란 실천을 중시하는 것이다. 과연 천태·화엄·법상 등의 여러 종파가 설명하는 철학적 이론은 그 심원함으로 전문가인 승려와 일부 지식인들의 마음을 사로잡았지만 다른 면에서 현실 생활로부터 유리되어 대중성이 결핍된다는 약점이 있었다. 무엇보다도 이론을 꺼리는 중국인은 간명하고 더욱이 인심에 직접 호소하는 선과 염불을 선택했다.

정토교의 전개 – 선도에 의한 대성

정토교가 움터 나온 기반은 불교가 중국인에게 수용된 육조시대 동진 무렵 이미 준비되고 있었다. 불교가 설파하는 윤회설에 마음이 끌린 중국인은 현세에서 선근善根을 쌓고 이로써 내세의 행복을 원한다는 방향으로 인도되었다. 이것은 분명히 정토교로의 방향이다. 강남 불교의 중진이 된 동진의 혜원慧遠(334~416)은 여산廬山에서 당시의 명사 123인과 함께 결사結社를 만들고 이른바 백련사白蓮社의 염불을 수행했다. 이는 후세 정토교의 염불과는 조금 성질이 다르기는 하지만 중국 정토교에서는 혜원을 그 시조로 삼고 있다. 정토교가 발생하는 기운이 일찍부터 있었음을 보여주는 실례이다.

그 후 북조의 담란曇鸞(476~542)은 아미타불阿彌陀佛이 널리 중생을 정토에 맞이하는 것을 설파한 『무량수경無量壽經』을 근거로 해서 오로지 아미타불을 믿고 외는 것(念)만으로 정토에 왕생往生할 수 있다고 말했다. 그것은 자력自力에 의한 곤란한 수행修行을 필요로 하지 않는 점에서 이를 타력他力에 의한 쉬운 수행의 도道라고 했다. 정토교의 골격은 이미 담란 때 완성되어 있었다고 해도 좋을 것이다.

수대에 들어섬과 함께 천태종이나 삼론종 등 학승도 정토 사상에 관심을 갖게 되고, 점차 정토교 성립의 기운이 높아갔다. 이때 나타난 것이 도작道綽이다. 도작은 현중사玄中寺에 있었던 담란의 비문에 감명 받아 정토문淨土門에 들어왔다고 전해지는데, 그에게 처음 말법末法 사상의 영향이 나타났다. 중국에서는 수나라 초기 무렵부터 말법의 시대로 들어간다고 하는데, 도작은 이 말법에 처해 종래와 같은 자력의 학문 수행으로 깨달음을 얻으려는 성도문聖道門은 이미 절망이며, 아미타불의 힘에 기대어 왕생하는 정토문에 의지할 수밖에 없다고 했다. 여기에 자기 종파를 정토문, 다른 종파를 성도문이라 하는 교상판석을 볼 수 있으며, 정토교의 독립이 명확하게 되었다. 동시에 정토문에서는 무엇보다도 염불이 가장 중요하다며 매일 7만 번의 염불을 외고 팥으로 그 회수를 헤아렸으므로 세상에서 소두염불小豆念佛이라 불리었다고 한다. 이처럼 구송口誦의 염불에 중심을 둔 점에서는 훗날 정토교의 기본을 만들었다. 그러나 도작은 동시에 관념의 염불, 즉 부처의 형상을 마음에 깊이 새겨 잊지 않는 염불도 필요하다고 하고, 또한 염불 이외의 온갖 선을 행해야 한다는 것도 말하고 있으므로 아직 성도문의 요소를 남기고 있다고 할 수 있다.

도작의 염불은 그 거주지였던 산서성山西省의 민중 사이에 널리 행해졌지만 아직 한 지방의 유행에 그쳤다. 이를 천하에 널리 보급시키는 동시에 그 교의를 철저하게 만들어 정토교를 대성한 것은 그 제자 선도善導이다.

선도 무렵에는 다른 종파의 학승 중에도 정토왕생에 마음을 기울이는 자가 많아지고 정토론도 자주 나타났는데, 그들은 학승으로서의 자부가 있기 때문에 정토왕생을 범용하고 어리석은 중생에게 인정하지 않고, 또한 간편한 구송口誦의 염불보다도 보다 심원한 관념의 염불을 중시하는 경향이 짙었다. 이에 대해 선도는 정토문은 탁하고 악한 말법의 세상에 태어난 범부凡夫들을 위해 열린 것임을 강조했다. 왜냐하면 성인聖人은 이미 강 언덕에 서 있기 때문에 구제의 필요는 없지만 물에 빠져가고 있는 범부들이야말로 정토의 구원이 가장 필요하기 때문이다. "정토의 교문敎門은 반드시 범부를 위한 것이며 성인을 위하지는 않는다"는 선도의 말은 "선한 사람도 아직 왕생하는데 하물며 악한 사람임에랴"라는 신란(親鸞)의 '악인정기惡人正機' 설을 상기시키는 점이 있다고 할 것이다.

또한 선도는 스승 도작과 마찬가지로 구송 염불 밖에도 수행의 필요를 인정했지만 구송 염불을 정토왕생을 위한 정업正業으로 삼고, 다른 수행은 그것을 보조하는 조업助業에 지나지 않는다고 했다. 조업을 인정한 점에서는 불철저하다고도 할 것이나 구송에 가장 중점을 둔 점에서는 정토교로서 완성을 보여주었다고 할 수 있다. 물론 구송은 단지 입으로 외기만 하는 것은 아니고 아미타불에의 신앙의 표현이어야만 한다. 그 때문에 선도는 지성심至誠心과 깊은 마음(深心), 회향발원심回向發願心, 이른바 세 마음의 불가결함을 설명했다. 정토교가 무엇보다도 다름 아닌 '믿음'의 불교임을 표명한 것이다.

선도의 본령은 정토교의 이론적 대성자인 동시에 또한 그 열렬한 전도자였다는 데 있다. 그는 당의 수도 장안에 진출해 민중 사이에 정토의 복음을 설교했다. 이 때문에 승니僧尼·사녀士女 중에는 서방 왕생을 원해서 사신捨身을 하는 자가 백여 명에 미치고, 『아미타경』을 외는 자는 몇 십만인지도 모르는 형편이었다고 한다. 여기에 정토교가 중국 민중 사이에 확고한 뿌리를 내린 것이다.

도작이나 선도의 사상의 배경에는 당시의 말법사상末法思想이 있었던 것은 물론이다. 그러나 중국의 말법사상은 일본의 경우와는 다르며, 승려 사이에 신봉되었을 뿐이고 일반 사회에 확산되지는 않았다. 그것은 수·당에는 일본 헤이안조(平安朝) 말기나 가마쿠라(鎌倉) 시대와 같은 사회적 변동이 없었기 때문이다. 다만 중국의 말법사상도 승려의 분기를 재촉해 민중 속으로 뛰어드는 동기를 가져왔다. 삼계교三階教를 개창한 신행信行(540~594)은 그 뚜렷한 사례이다. 그는 도작과 마찬가지로 수대 사람인데, 말법인 지금의 시대에는 종래와 같이 하나의 부처, 하나의 법에 의뢰하는 것만으로는 구원받지 못한다고 하면서, 모든 부처, 모든 법을 받드는 보불普佛·보법普法을 주장했다. 인간도 또한 부처가 되는 내세의 부처(當來佛)라 하며 장안長安 거리에서 길 가는 남녀를 예배했다고 한다. 이것은 명明의 양명학陽明學에서 "거리가 온통 성인으로 차 있다(滿街聖人)"는 사상의 선구가 되는 것이다. 정토교가 일신교 형태를 띠는 데 비해 이것은 범신론의 전형일 것이다. 더욱이 신행은 걸식하며 하루에 한 끼로 생활하고, 민중 속에서 헌신적 포교를 했다. 이 때문에 삼계교는 수에서 당 중기를 지나서까지 극도로 융성했지만 거듭되는 조정의 탄압에 의해 마침내 소멸하고 말았다. 정토교의 도작이나 선도도 신행의 포교 활동에서 적지 않은 자극을 받았다.

중국의 정토교는 선종과 병행해 근세까지 가장 유력한 신앙이 되었는데도 선도 이후에는 걸출한 지도자가 없어 마침내 하나의 종宗으로서 사회 세력이 되지 못하고 끝났으며, 도리어 염불은 다른 종파 학승의 지지를 받고 민중 사이에 넓고 깊이 침투해갔다. 따라서 정토종의 독립은 오히려 일본에서 달성되었다. 호넨(法然)

의 "오로지 선도에 의지한다"는 말은 그 출발점을 보여주는 것으로 유명하다.

선종의 성립 – 육조 혜능에 이르기까지

정토교가 믿음과 염불의 불교였다고 하면 선종은 실행(行)과 체험적 직관의 불교라고 하겠다. 원래 중국인은 이론보다도 사실을, 말에 의한 논리적 사고보다도 체험적 직관을 중시하는 경향이 강한데, 이 방향을 단적으로 보여준 것이 선종이다.

선禪, 그것은 불교 일반에 보이는 수행법의 하나였다. 그것은 '정려靜慮'나 '정定'으로도 번역되듯이 진리를 깨닫기 위해 마음을 고요히 한다는 실천적 방법인데, 이를 그 가르침의 중심에 둔 것이 다름 아닌 선종이다. 선종의 기초를 구축한 것은 육조 시대 말기(6세기) 인도에서 온 보리달마菩提達磨라고 하는데, 그는 하남성河南省 숭산崇山의 소림사少林寺에서 벽을 마주보고(面壁) 9년 동안 좌선했다고 전해진다. 그러나 이는 나중에 나온 전설이며 그 제자 혜가慧可의 전설과 함께 역사적 사실로 확인할 수는 없다. 그것이 역사적으로도 인정되는 것은 수당 시대에 들어선 4조 도신道信(580~651) 무렵부터일 것이다.

달마① ── 혜가② ── 승찬僧璨③ ── 도신④ ── 홍인弘忍⑤ ──┌ 신수神秀
                                                          └ 혜능慧能⑥

도신은 양자강에 가까운 호북성湖北省 황매산黃梅山의 동산

사東山寺에 기거하며 그 아래 5백 인의 승려가 모였다고 한다. 이 때문에 도신은 좌선에 의한 관심觀心[마음의 직관]의 수행과 병행해 작무作務, 즉 노동을 중시하게 되었다. 원래 인도 불교에서는 승려의 생산노동을 금하고 그 생활은 걸식과 신자의 보시布施에 의지하는 것으로 되어왔는데, 5백 명의 집단이 산중에서 생활하게 되면 이것은 이미 불가능하다. 그래서 자급자족의 생활을 위해 좌선과 함께 농작 노동을 수행의 일부분으로 적극 채택한 것이며, 후일 백장회해百丈懷海의 "하루 일하지 않으면 하루 먹지 않는다"는 말의 기원을 이루게 되었다. 이것이 선종에 동적인 성격을 부여하고 일상생활 자체를 불법佛法으로 삼는 사고를 기르는 원인이 된다.

5조 홍인 문하에서 신수와 6조 혜능 두 사람이 나타나 각기 북종선北宗禪과 남종선南宗禪의 시조가 되고, 이에 선종이 비약적으로 발전하는 단계를 맞이하게 되었다.

신수(606~706)는 유교·불교·도교 삼교에 통하고 홍인 문하의 상좌上座가 된 인물인데, 희대의 여걸 천자인 측천무후의 초청을 받아 국사國師가 되고 장안·낙양 양경兩京의 귀족·고관 사이에 절대적인 존신尊信을 받았다. 신수의 사후에도 그 문하 제자들은 수도를 중심으로 한 사람들의 존신을 얻었으므로 그들의 이른바 북종선은 당대 불교계의 왕좌를 차지해 안녹산安祿山의 반란이 일어나기까지 약 50년간 최고의 전성을 누리게 되었다.

다른 한편 남종선의 시조가 된 혜능(638~713)은 신수가 교양인인 것과는 반대로 당시 아직 야만 지역이었던 남방 광동성廣東省의 농부 출신이다. 멀리서부터 황매산의 홍인을 찾아와 8개월간 쌀 찧는 생활을 하다가 6조로서 후계자 인정을 받았다고 한다. 혜능은 그대로 고향 광동으로 돌아가 조계曹溪 땅의 보림사寶林寺에 주재하니 이에 남종선을 보급시켰다.

남북 2종의 상위함은 두 사람의 성격 차이를 그대로 반영하고 있다. 똑같이 심성心性의 직관을 목적으로 하면서도 신수의 북종선은 좀 더 많은 학문적 요소를 갖는 데 대해 혜능의 남종선은 "마음으로 마음을 전하고, 문자에 근거하지 않는다(以心傳心 不立文字)"는 경향이 강하다. 그 후 이른바 남은 돈오, 북은 점수(南頓北漸)이란 용어가 생긴 것도 다름 아닌 이 때문이다. 그러나 당 전반기까지는 북종선이 수도를 중심으로 했기 때문에 압도적으로 우세하고, 남종선은 세상에 알려지지 않았다. 이 형세가 역전하는 것은 당의 후반기에 들어선 다음부터의 일이다.

선종의 특색은 "가르침 이외에 별개의 전수함이 있으니, 마음으로 마음을 전하며, 문자에 근거하지 않고 인심을 곧바로 가리켜 본성을 발견해 부처가 된다(教外別傳, 以心傳心, 不立文字, 直指人心, 見性成佛)"는 말에 가장 잘 나타나 있다. 그것은 다른 불교처럼 경전이나 문자·언어에 의거하지 않고 내 마음 속에 있는 불성을 체험적으로 직관함으로써 부처가 되는 것을 목표로 삼는다. 이처럼 마음을 중시하는 데서부터 '불심종佛心宗'이란 별칭으로 부를 정도이다. 그러나 이 같은 성격에 도달하기 위해서는 역사적 발전을 필요로 했다. 초기의 선종은 『능가경楞伽經』에 의거했던 적이 있기도 하고, 또한 삼론이나 화엄의 영향을 받은 적도 있다고 한다. 남북 2종의 상위함은 북종이 초기의 성격을 좀 더 많이 남기고 있었던 데 대해 남종선이 좀 더 실천적인 성격에 철저했던 데 있다.

'남돈북점'에 관해서 보면, 돈頓은 '일거에'라는 의미이며, 북종선이 순서를 밟아 점차로 깨달으려는 데 대해 남종선은 체험적 직관에 의해 깨달음을 얻는 것이다. 이 같은 돈오 사상은 이미 3백여 년 전에 바로 육조 시대의 축도생竺道生이 제창했던 것이다. 그런 의미에서는 선종의 맹아는 달마보다 이전에 준비되어 있었다고 할 것이다.

2. 당의 후반기

당대 문화의 성격에 나타난 변화

당 3백 년 동안의 전반기는 육조의 전통이 그대로 계승되어 귀족적 성격을 지닌 관료 사대부가 문화를 독점하고 있었다. 이 때문에 전반기 당 문화는 본질적으로 귀족 문화이며, 유학의 쇠퇴와 불교의 전성을 가져왔다.

그렇지만 당대 문화의 난숙기에 해당되는 현종玄宗 무렵부터 이 형세에 미묘한 변화가 나타나기 시작했다. 그것은 귀족관료를 대신해 무인武人의 세력이 차츰 강해진 것이다. 안녹산과 그에 이은 사사명史思明의 반란, 이른바 안사安史의 난(755~763)은 시대 전환의 계기가 되었다. 원래 외적을 막기 위해 설치되었던 절도사節度使는 내지 도처에 두어져, 그것이 차츰 군벌적 세력을 갖게 되었다. 조정에 의한 중앙집권이 약해져 난세의 양상이 심화되었다. 더욱이 그것이 사회적, 경제적 배경을 갖는 것인 만큼 일시적 현상으로 끝나지는 않았다. 극히 서서히 진행되기는 하지만 문벌귀족의 몰락, 한문寒門 출신 무인武人의 대두가 시작되었다.

이 같은 시대의 변화는 사상 세계에도 영향을 주지 않을 수 없었다. 당 후반기부터는 사상계에도 미묘한 변화가 나타나고, 그것이 다음 송대에 새로운 사상의 탄생을 준비하게 된다.

유학 부흥의 맹아 – 한유와 이고

당대 후반기에 들어와서도 유교 정신의 부진은 구태의연한 것이었다. 지식인 대부분은 불교, 특히 선종에 관심을 갖는 자가 많고, 그 인생관은 불교적 색채를 띤 것이었다. 그중에서 극히 예외적으로 불교를 배척하고 유교 정신의 부흥을 부르짖는 인물이 나타났다. 한유韓愈(768~824, 자字는 퇴지退之)가 다름 아닌 그 사람이다.

한유는 백거이白居易[자는 낙천樂天]와 함께 당 중기를 대표하는 시문詩文의 대가임과 동시에 고문古文 부흥의 제창자로서 알려져 있다. 그것은 귀족적이고 형식주의적인 육조풍의 문장을 배제하고 한대풍漢代風의 간결하고 힘찬 문장 본연의 양태로 돌아갈 것을 주장한 것이었다. 이 문학에서의 귀족 취미 배제는 사상에서는 불교를 배척하고 유교를 존숭하는 주장(排佛崇儒)으로 나타난다. 한유는 「원도原道」 「원성原性」 「원인原人」 등 여러 편의 글을 지어 유가의 도道가 군신·부자의 인륜人倫의 도이며, 이를 무시하는 노장이나 불교의 도와 다른 것임을 강조했다. 특히 당시의 천자 헌종憲宗이 봉상鳳翔 법문사法門寺의 불사리를 금중禁中에 맞이해 들었을 때에는 이에 격렬히 반대해 「논불골표論佛骨表」를 올려 이적夷狄의 썩은 뼈는 물과 불 속에 던지라고 극단적 주장을 했다. 이것이 헌종의 분노를 사 한유는 남방의 조주자사潮州刺史로 좌천되었다.

한유 의론의 내용 자체는 육조 이래 숱하게 볼 수 있었던 배 불론으로부터 진일보한 것은 아니고 오히려 그것들에 비해 조 잡하기조차 했다. 그러나 이 같은 역사적 시점에서, 더욱이 한 시대 문호의 붓으로 이루어진 것만으로 그 논의가 불러일으킨 사회적 반향은 컸다. 그렇다 해도 시대의 대세는 한 사람의 손 으로 움직여질 수는 없었다. 불교에 위협이 되는 신유학新儒學 의 탄생을 보기에는 아직 2백여 년의 세월이 필요했던 것이다.

후일의 송학宋學의 선구가 된다는 의미에서는 한퇴지보다 도 그 문인門人인 이고李翺의 「복성서復性書」 쪽이 중요하다. 이 것도 단편의 논문이기는 하지만 특유의 인성론을 서술하고 있 다. 그의 말에 따르면 인간의 성性[본성]은 하늘에서 받은 것이 다. 이 본성 그대로라면 성인聖人이 될 수가 있다. 그러나 성이 일단 움직이면 그것이 희노애락喜怒哀樂의 정情으로 나타나 갖 가지 미혹을 낳게 된다. 따라서 성인의 경지에 이르기 위해서 는 성을 부동의 상태에 두는 것이 필요하다. 일체의 사려를 끊 고 성을 정지 상태에 두면 정의 미혹을 받는 일이 없다. 이것이 '복성復性', 즉 성의 본래의 모습으로 복귀하는 것이다. 이상이 그 대요이다.

그리고 이고에 의하면 이 복성이란 사고방식이 『대학大學』이 나 『중용中庸』 등 유학 서적에 기초한 것이며 유가 정통의 성명 性命론인데, 세상 사람들은 이를 알지 못하고 노장이나 불교에 빠지는 자가 많다고 한다. 불교를 배제하고 유가의 정통을 주장하는 점에서는 그 스승 한유의 뒤를 잇고 또 훗날의 송대 유자들과도 일치한다. 더욱이 불교를 배척하면서도 마음의 고요함을 강조해 '주정主靜'을 중심에 두는 논법에는 불교, 특히 선학禪學의 영향을 확인할 수 있다. 이것 또한 후세의 송학과 공통되는 것이다.

이고는 몇 가지 점에서 송대 유자들에게 유산을 남겼다. 불교나 노장의 배제를 목적으로 하면서도 그 사상을 무의식중에 수용했던 것, 이는 가장 기본적인 경향으로 계승되었다. '복성' 혹은 '복초復初'란 말은 원래 노장의 말이다. 훗날 송유宋儒인 정자程子·주자朱子도 이를 그대로 사용하고 있다. 또한 본성을 고요하게 한다는 이고의 주장은 선정禪定 혹은 좌선坐禪에 통하는 것이다. 이것 또한 주돈이周敦頤의 '주정主靜' 이론으로 전해졌다. 이 같은 점에서 보면 이고는 송학의 선구자라 부르기에 어울리는 인물이었다고 할 수 있다.

이 밖에 경학, 즉 경서經書의 학문 방면에 있었던 새로운 움직임으로는 후반기에 나타난 담조啖助 및 그 문인 조광趙匡·육순陸淳 등이 있다. 그들은 춘추학春秋學 학자인데, 『좌전』『공양전』『곡량전』의 삼전三傳이 반드시 『춘추』의 본의를 얻고 있지 않다며, 삼전에 의거하지 않고 자기 판단에 따라 경經의 자유 해석을 했다. 이처럼 자기 판단에 의해 경서의 취사선택을 하는 것은 송대에 들어서면 드물지 않게 되는데, 당시에는 독단적인 주관주의로 비난을 받았던 듯하다.

남종선에 의한 불교계의 지배

당대 후반기의 불교계에 관해서 보면 선종, 특히 혜능계의 남종선이 차츰 주류의 위치를 차지하게 되고, 당 말기부터 다음 오대五代[5대10국 시대]에 들어서면 마침내 남종선이 전 불교계를 독점한다고 해도 좋은 형세가 되었다.

5조 홍인 문하에서 나온 신수와 혜능이 각기 북종선·남종선의 시조가 되고, 먼저 수도인 양경을 거점으로 한 신수계의 북종선이 전성을 자랑한 것은 앞서 서술했다. 그렇지만 안사의 난 이후에는 이 관계가 역전해 남종선이 북종선을 압도하게 되었다. 이 때문에 북종선은 차츰 쇠퇴하고 마침내는 그 전승이 끊어지고 말았다. 이후 오늘날에 이르기까지 선종은 전부 혜능계의 남종선이다.

그 발단을 만든 것은 혜능 문하의 신회神會(668~760)이다. 그는 현종 시대부터 북방에 진출해 돈오를 말하는 남종선이야말로 달마의 정신에 충실하다고 하고, 북종선은 점오漸悟라 하여 배격해마지 않았다. 그 후 조정이 반란군에게 점령된 낙양을 탈환하려 했을 때 승니僧尼 지망자로부터 향수전香水錢을 납부하게 하여 군비를 보충했는데, 신회는 주재자의 한 사람으로 다액의 향수전을 모았다. 그 공으로 신회는 궐내에 들어가는 영예를 얻었다. 이것이 발단이 되어 그 후계자들이 수도를 중심으로 하는 북방 일대에 확산되었다. 다만 후세의 선종은 신회의 직접적 후계자보다도 그 동문인 남악南嶽이나 청원青原 계통에서 커다란 발전을 보였다.

이렇게 해서 당대에는 임제종·위앙종·조동종이 성립되고, 다시 오대에 들어가 운문종·법안종이 발생했다. 이를 5가家라 부르며, 다시 송대에 들어서 임제종에서 양기파楊岐派와 황룡파黃龍派가 파생했으므로 전자와 합쳐 5가 7종이라고 불렀다. 바야흐로 선종의 전성기를 맞이한 것이다. 지식인이자 시인이기도 한 많은 사대부士大夫가 불교에 마음을 기울였는데, 당 후반기 사대부 불교의 내용은 많은 경우 선종적 색채를 띠고 있었다.

마조馬祖(709~788), 이름은 도일道一. 그 속성俗姓 마씨에 따라 마조라 한다. 청산의 문하에서 배우고 홍주洪州(강서성江西省 남창南昌)에 거주했다. 마조의 선禪의 특색은 "이 마음이 그대로 부처이다", "평상심, 이것이 도이다"라는 말에 나타나 있다. 이 몸 그대로 부처이며, 일상생활, 가고 머물고 앉고 누움(行住坐臥)이 그대로 불법이다. 새삼스레 도를 수행하거나 좌선하거나 할 필요는 없다. "악을 끊지 말고 도를 수련하지 말고 마음이 가는 대로 맡기는 것이 해탈解脫이다"라고도 했다. 이 때문에 '그냥 그대로 선'이라는 비판도 있는데, 아마 마조의 입장은 시비, 선악, 범인과 부처 등의 대립을 넘어선 무차별의 경지가 궁극의 경지라는 점에 있었을 것이다. 그 입장이 장자莊子의 만물제동萬物齊同의 경지에 가까운 것임을 상기시키는 점이 있다. 주목해야 할 것은 마조의 선이 임제종의 선에 계승되어 당대唐代 선종의 주류가 되었던 것이다.

마조 문하의 백장회해百丈懷海(720~814)는 강서성江西省의 백장산百丈山에 거주했다. 이미 마조 때 그 아래 집단생활을 하는 승려가 5백 명이었다고 하므로 이 무렵에는 그보다 많은 수에 이르렀을 것이다. 당연히 그 집단을 규제하는 규율이나 제도가 필요해진다. 일상생활이 불법이라는 선종에서는 더 한층 그럴 것이다. 당시 선종은 아직 한 종파로서 독립된 사원을 갖지 못했고, 일정한 의식도 없었다. 백장은 우선 법당法堂·승당僧堂·방장方丈 등 선종 특유의 사원 형식을 정하고, 또 승려의 일상행동의 규율을 정했다. 이것이 『백장청규百丈淸規』이다. 특히 4조 도신 이래의 전통이 되어 있던 승려의 노동을 중시해서 "하루 일하지 않으면 하루 먹지 않는다"는 명언을 남겼다.

백장의 문하에서 나온 것이 임제의현臨濟義玄(?~866)이다. 의현은 하북성河北省 정정부正定府에 있던 임제사臨濟寺에 주재했다. 그 말을 모은 것으로 『임제록臨濟錄』이 있다. 그의 선禪은 마조의 선을 계승하는 동시에 한층 격렬하게 만든 느낌이 있다. 일상의 벌거벗은 그대로의 인간이 부처이고 수행과 좌선도 필요한 것은 아니다. 만일 그와 같은 형식적인 데 사로잡히게 되면 도리어 길을 잃게 된다. 유독 좌선뿐만이 아니다. 설령 부처나 조사祖師라도 그들을 우상화하면 그것은 번뇌가 될 따름이다. "부처를 만나면 부처를 죽이고, 할아버지를 만나면 할아버지를 죽이고, 부모를 만나면 부모를 죽여라. 그렇게 해서 해탈을 얻을 수 있을 것"이라고 했다. 후세의 이른바 임제선에는 좌선을 둘도 없는 유일한 것으로 여기는 경향이 보이는데, 마조든, 임제든 당대의 선승은 좌선을 뛰어넘을 것을 강조했던 것이다.

정토 신앙의 보급과 다른 종파와의 융화

당 초기에 선도善導에 의해 완성을 본 정토교는 그 후에는 철저함과 순수함을 추구하는 방향으로 나아가지 않고 오히려 다른 종파와의 협조, 융화의 길을 선택했다는 느낌이 짙다. 물론 선도의 문파가 정토를 선양하기는 했지만 천태·화엄·법상을 비롯해, 특히 선종에서 각각의 입장에서 정토 사상과 염불을 채택하는 경우가 많았다. 다른 종파에서뿐 아니라 정토교 속에서도 적극적으로 다른 종파에 다가서는 경향을 보여주는 일도 있었다. 자민삼장혜일慈愍三藏慧日은 그 대표적인 사례이다.

혜일慧日(680~748)은 안사의 난 이전에 죽었으므로 엄밀하게는 전반기의 마지막에 해당하는 사람인데, 뜻을 세워 인도에 들어가 18년간 수학한 다음 현종 개원開元 7년(719)에 조정에 돌아왔다. 그는 그 저술『왕생정토집往生淨土集』에서 이름을 부르며 염불하는 것(칭명稱名염불)만이 신속한 성불成佛을 얻는 최상의 길임을 강조했다. 이 점에서 보면 혜일도 선도 유파의 염불자였음을 알 수 있다. 또한 혜일은 당시 선禪을 하는 자가 "염불자는 서방 정토에 왕생하기를 원하지만 이것 또한 집착의 하나임에 지나지 않는다. 마음만 맑으면 이 땅 그대로가 정토이다"라며 정토교를 조소하는 풍조가 있었던 것에 대해 반론을 가하고 있다. 다만 그 반론은 정토교의 순수화가 되지는 않고 오히려 선과 협조한다는 역효과를 불렀다.

혜일에 의하면 선종처럼 심성心性의 직관만으로 성불이 가능하다며 다른 수행이 필요함을 부인하는 것은 오류이다. 무릇 불교에서 말하는 여러 선행은 전부 성불의 원인이 되지 않는 것이 없다. 따라서 한 종파에서 말하는 수행만을 편중해 다른 여러 수행(諸行)을 배제하는 일이 있어서는 안 된다. 정토교에서도 염불 이외에 여러 수행으로 왕생을 원하는 것이라 서술하며, 이른바 '제행왕생諸行往生'의 설을 제창했다. 이는 여러 종파 융합의 풍조를 배경으로 생겨난 사상이며, 그 후 송 초기 선가禪家인 영명연수永明延壽가 선과 정토를 함께 수행한다는 '선정쌍수禪淨雙修' 설의 선구가 되는 것이다.

전문가인 승려의 이 같은 사상과는 별도로 정토왕생의 사상은 널리 민중 사이에 침투했다. 이미 당 초기부터 정토나 지옥의 상태를 묘사한 변상도變相圖가 민간에 유포되어 인과응보의 두려움과 염불에 의한 정토왕생으로의 동경을 왕성하게 하는 데 도움이 되었다. 당 말기가 되면 각지에 염불 결사가 잇달아 나타나 정토교의 민간 보급 정도를 이야기해준다. 또한 민중 사이에서 염불을 보급시킨 승려도 많고, 소강小康(?~805)처럼 남방 절강浙江 지방에 정토 도량道場을 세워 후선도後善導란 이름을 얻었던 자도 있었다. 이처럼 정토교는 불교계에서 하나의 종파로서 독립적 지반을 차지하지는 못했지만 지하에서 움직이는 민중 사이에서 확고하게 세력을 떨쳤다.

이렇게 해서 당 말기 이후 중국 불교는 선과 정토 두 종파에 의해 대표된다고 해도 좋은 상태가 된 것이다.

당 말기 이후 선과 정토 두 종파가 압도적 세력을 차지하게 된 원인에 관해 종래는 당 무종武宗이 회창會昌 5년(845)에 시행한 불교 배척을 드는 일이 많았다. 확실히 회창의 불교 배척은 중국사에서 볼 수 있는 네 번의 배불排佛 사건 중에서 최대 규모였던 것은 사실이다. 폐기된 사원 중 큰 것은 4,600개, 작은 것은 4만 개, 환속 명령을 받은 승니僧尼 26만 인에 미쳤다고 한다. 이것이 불교 전반에 대타격을 준 것은 상상하기 어렵지 않다. 그럼에도 유독 선과 정토 두 종파만이 번영했던 것은 무슨 까닭일까. 논자에 의하면 이 불교 배척에 의해 많은 불경 서적이 불탔으므로 경전에 의거하는 여러 종파는 그 학문의 길이 끊어졌음에 반해 경전이 필요하지 않은 선과 정토 두 종파의 피해가 적었기 때문이라고 한다. 이 견해는 너무 지나치게 표면적이고 기계적인 혐의가 있는 것은 아닐까. 육조 시대 말기 북주北周 무제가 건덕建德 3년(574) 대규모의 배불을 단행했는데도 도리어 북주 불교계에는 좋은 자극이 되어, 수·당 시대의 불교 융성을 준비하게 된 선례도 있다.

생각건대 안사의 난 이후 많은 문벌 귀족의 장원莊園이 무인武人에 의해 탈취되어 그 경제적 지반이 침식되었기 때문에 왕실이나 귀족의 기진寄進에 의존하고 있던 여러 종파의 세력이 쇠퇴한 것은 당연할 것이다. 이에 반해 자급자족 생활을 하고 있던 선종이나 민중을 기반으로 삼고 있던 정토교는 그 피해가 경미했던 것이라고 생각된다. 이것이 역사적인 직접 원인이다. 그러나 근본적으로는 이론보다도 실천을 중시하는 선종과 정토종이 중국 민족의 체질과 맞았던 것이야말로 당 말기 이후 1천 년에 걸쳐 두 교파의 지속을 허용한 최대의 이유일 것이다.

당대의 도교

후한 말기 오두미도에서 발단한 도교는 육조 시대에 들어와 서 그 세력을 증대시켜 나갔다. 도교는 주로 민중 상대의 종파 이기는 하지만 어느 정도까지는 지식인 사이에도 수용되었다. 서성書聖으로 유명한 왕희지王羲之(약 307~365) 일가는 대대로 열성적인 도교 신자였다. 불교 천자로 유명한 양 무제도 어느 시기까지는 불교와 함께 도교를 신봉하고 있었다. 특히 중국사 에서 최초의 불교 배척을 단행한 북위北魏 태무제太武帝의 배불 은 황제의 도교 신앙이 원인으로 여겨지고 있다. 그러나 전체 적으로 육조 시대의 도교 세력은 불교의 세력에 훨씬 미치지 못하는 것이 실정이었다.

그러나 당대에 들어오면서 도교는 황실이란 강대한 세력과 연결되었다. 원래 당의 황실은 농서隴西를 본적으로 하는 이씨 李氏 출신이라고 자칭하고 있다. 농서의 이씨라면 일단은 명문 이라고 하지만 실은 그렇지는 않고 북방 부족 계통의 출신다 운 흔적이 있다. 육조 이래 문벌 존중의 풍조가 강하게 남아 있 던 당대에는 이것은 커다란 열등감을 느끼게 하는 사실이었음 에 틀림없다. 그래서 무언가 이씨의 가문에 관록을 붙일 필요 가 있었다. 다행히 도교의 시조로 알려져 있던 노자의 본명이 이이李耳로 당 황실과는 동성이다. 중국에서 동성은 핏줄로 연 결된다는 의식이 강하므로 노자를 당 황실의 조상으로 삼고자 했다. 이로써 당 황실의 권위는 비약적으로 상승할 것이다.

이 같은 동기에서 일찍이도 초대 고조(재위 618~626) 때부터 노자를 당 황실의 시조로 하여 노자묘老子廟를 설립했다. 다음 태종(재위 626~649)도 궁중의 석차席次에서 도를 우선하고 불을 뒤로 하기로 정했다. 태종에게는 불교나 도교에 대한 특별한 신앙이 있었던 터는 아니었으므로 도교를 우선하고 불교를 뒤로 하는 석차도 조상인 노자를 우선시킨다는 정도의 의미일 것이다. 그렇지만 현종(재위 712~756) 대가 되면서 갑자기 도교의 존중이 본격화되었다. 천태산天台山의 도사道士인 사마승정司馬承禎을 궁중에 맞아들여 도교의 면허장인 법록法籙을 수여한 것을 시작으로 천하의 집집마다 『노자도덕경老子道德經』 한 권씩을 구비하게 하고, 또한 스스로 『도덕경』 주注를 썼다. 다시 노자에게 현원玄元황제의 존호를 바치고 장안·낙양 양경 이외에 천하의 여러 주에 각각 현원황제묘廟를 설립해 매년 한 차례 관의 제사를 시행하게 했다. 동시에 양경과 여러 주에 숭현학崇玄學이라는 학교를 설립하고 박사·조교助教 각 한 사람, 학생 백 명의 정원을 두어 학생들에게 『도덕경』 『장자』 『열자』 등 도가의 전적을 배우게 하며, 학업을 끝낸 자에게는 과거의 명경과明經科에 준해서 국가시험을 행하고 그 합격자를 관리로 임명했다. 이것을 도거道擧라 한다. 이와 같이 황실의 보호를 받았으므로 당대의 도교가 융성을 맞이한 것은 당연할 것이다.

도교의 전문가. 즉 도사道士의 사상에 관해 보면 대체로 도사 중에는 무학無學인 자가 많지만 그중 사마승정(647~735)이나 오균吳筠 등은 조금 볼만한 것이 있다.

사마승정은 관리가 되는 것을 좋아하지 않아 도사가 되어 천태산에 있었다. 예종睿宗의 부름을 받아 경사京師[수도]에 이르러 음양술수가陰陽術數家에 관한 질문을 받았는데, 승정은 "천자가 무위이면 천하는 자연히 다스려지는 것이며, 음양술수와 같은 이단을 알아 쓸데없는 지식을 늘릴 필요는 없다"고 답해 황제가 감탄했다고 한다. 승정은 또한 현종의 조칙을 받아 재차 경사를 방문했는데, 천태산에 돌아올 즈음에는 현종을 비롯한 조정의 존귀한 자들이 시를 지어 보내는 자가 백여 명에 달했다.

그 저술에 『좌망론坐忘論』한 편이 있다. 좌망이란 장자의 말로서 앉은 그대로 일체를 잊는다는 의미인데, 승정은 이에 대해 깊은 의미를 인정하고 이 경지에 도달하기 위한 조건으로서 신경信敬 · 단록斷祿 · 수심收心 · 간사簡事 · 진관眞觀 · 태정泰定 · 득도得道라는 일곱 가지를 들고 있다. 그리고 '좌망'의 경지는 불교 등이 미치지 못하는 것이라 했다. 원래 도교에는 이론다운 이론은 없었는데, 불교에 대항하기 위해 노장의 사상을 이용하는 것은 물론 적수인 불교의 이론도 거리낌 없이 차용했다. 좌망도 불교의 좌선에 대항하기 위해 생각해낸 것이라 보아도 좋다. 백거이白居易의 「수기안좌시睡起晏坐詩」에 "선의 수행과 '좌망'이란 것은 귀결이 같고 길이 다르지 않다"고 한 것도 이 같은 사상의 영향을 받았을 것이다.

오균은 경학을 익히고 문장을 잘 해서 진사과進士科 시험을 쳤으나 낙방했다. 그래서 도사가 되어 천태산 등에 있었는데, 그 사이에도 당시 문사들의 시주詩酒의 모임에 출석했으며, 그 시편은 경사京師에도 전해졌다. 현종은 그 이름을 듣고 궁중에 불러 도교에 관해 질문하자 그는 "도교의 정수는 『노자』5천 글자로 완결된다. 여기다 덧붙인 의론은 종이의 낭비밖에 안 된다"라고 답했다. 또한 신선 수련에 관한 것을 묻자 "이것은 야인野人이 하는 것이고 세월의 누적을 필요로 한다. 천자가 흥미를 갖고 해야 할 만한 일은 아니다"라고 답했다. 또한 천자에게 의견을 주상하는 경우에도 유교 도덕이나 정치의 사정에 관한 것뿐이고, 신선의 일은 언급하는 일이 없었다. 현종은 깊이 그 인물을 존중했다. 그의 시는 당시 사람들 사이에 전해져 필사되고, 이백李白의 자유분방함과 두보杜甫의 장려함을 겸한 것이라는 평을 받았다고 한다.

이 두 사람을 보면 자신은 단약丹藥 수련과 호흡 도인導引 등 신선술을 수행하면서 천자와 조정의 석상에서는 그것을 말하지 않은 것이 공통되고 있다. 그렇다면 그 후 선종宣宗 때 부름을 받은 도사 헌원집軒轅集도 "장생長生을 얻는 것은 가능한가"라는 질문을 받았을 때 "음악이나 여색, 맛있는 음식을 구하는 마음을 버리고 슬픔과 즐거움의 감정에 움직이지 않으면 자연히 천지의 장구한 덕에 합치할 수 있다. 그 밖에 따로 장생술을 구할 필요는 없다"고 답하고 있다. 이를 말 그대로 받아들이면 그것은 신선술과 도교의 부정이 되기 쉽다. 아마 이들 지식인 도사들은 내심 은밀하게 도교 그 자체에 의심을 품고 있었던 것은 아닐까. 만일 그렇지 않다면 이처럼 훌륭하게 양면 대응을 할 수는 없었을 것으로 생각된다.

中國思想史

제8장

송대의
사상

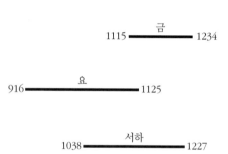

907	960	1127	1279	
당	오대	북송	남송	원

1115 ━━━ 금 ━━━ 1234

916 ━━━ 요 ━━━ 1125

1038 ━━━ 서하 ━━━ 1227

1. 송대 사회와 신유학의 탄생

오대의 전란과 문벌귀족의 몰락

당의 후반기 안사의 난 이후 절도사, 즉 지방의 군단 사령관의 세력은 더욱 증대되어 약 3백 년간 지속된 당 왕조도 907년에 멸망하고, 그 뒤 약 70년간 오대五代의 난세가 나타났다.

이것을 오대라 부르는 것은 황하黃河 유역을 중심으로 후량後梁·후당後唐·후진後晉·후한後漢·후주後周라는 5국이 잇달아 흥망했기 때문이다. 물론 황하 유역 이외의 지방에도 남당南唐이나 오월吳越 등 여러 나라가 있었기 때문에 오대십국五代十國이라 불리기도 한다. 바야흐로 분열의 시대이자 전국 시대이다.

이 오대 70년 동안의 시대는 커다란 시대의 전환을 준비한 점에서 중요한 의미를 갖는다. 육조, 수·당 7백 년의 문화는 문벌귀족화한 사대부의 문화이며, 본질적으로 귀족 문화의 성격이 강했다. 그 귀족 세력은 당 중기 이후 조금 어두운 그늘을 보이기 시작했지만 이 오대의 전란에 의해 완전히 그 숨통이 끊어지게 된다. 오대의 군주들은 전부 절도사節度使, 즉 군인 출신이며, 그 국내 정치체제에서도 군인 지배의 색채가 압도적으로 짙었다. 실력 본위의 전국 시대에는 문벌 등은 아무 도움도 되지 않고, 문관 귀족이 나설 자리는 없었다. 게다가 문벌귀족의 경제적 기반이었던 장원莊園은 전란 속에 다수가 소멸되었다. 이 때문에 7백 년의 전통을 자랑하던 귀족도 그 모습을 완전히 감추게 되었다. 그것은 문화나 사상의 세계에도 커다란 전환을 가져오지 않을 수 없었다.

송학이 발생한 사회적 배경

오대의 뒤를 이어받은 송宋은 남·북송을 합쳐 3백 년간 통일을 보존했지만 그 정치와 문화를 담당한 사대부士大夫는 이미 문벌귀족의 성격을 갖지 않고 한 세대에 한정된 관리로서 원칙적으로 일반 서민 가운데서 등용되기에 이르렀다. 수·당 시대부터 문벌주의를 타파하기 위해 설치된 과거 제도도 송대에 들어와 비로소 그 실효를 발휘하게 되었다. 일대에 한정된 관리가 되면 사대부도 천하·국가를 위해 봉사한다는 의식을 갖지 않을 수 없게 되어 정치에 대한 관심이 높은 것은 자연스러운 추세였다.

게다가 송대 3백 년 동안은 지식인의 정치적 관심을 강화시키는 갖가지 조건이 있었다. 북송은 천하를 통일했지만 동북에는 요遼, 서북에는 서하西夏라는 이적의 2대 강국을 옆에 두고 때로는 굴욕 외교를 강요당하는 일도 있었다. 자연히 군비 강화의 필요에 압박을 받았기 때문에 행정이나 재정의 합리화를 피할 수 없었다. 유명한 왕안석王安石(1021~1086)의 신법新法도 그 표현의 하나였다. 그러나 왕안석의 신법은 너무도 이상주의적이고 급진적이었기 때문에 동시대 사람인 사마광司馬光을 수령으로 하는 구법당舊法黨과의 대립을 불렀다. 그리고 신법당에서 재상이 나와 정권을 장악하면 구법당의 인물을 중앙이나 지방의 관계로부터 퇴출하고 역으로 구법당이 천하를 얻으면 신법당을 일소하는 정변이 되풀이되었다.

이처럼 북송 시기는 정당의 투쟁으로 시종했는데, 이것이 관리인 사대부의 정치의식을 고양시키고, 나아가서는 치국·평천하의 학술인 유학을 진흥시키는 결과가 되었다. 송학宋學이란 신유학新儒學이 생겨난 것도 이 같은 사회적 배경이 있었기 때문이다.

게다가 남송南宋에 들어서자 또 새로운 상황이 나타난다. 동북방 만주에 있던 여진족女眞族의 금金이 거란의 요를 대체해 유력해지고 마침내 1127년 북송을 멸망시켜버렸다. 이 때문에 송의 황실은 수도인 변경卞京(하남성 개봉開封)을 버리고 강남의 임안臨安(절강성 항주杭州)으로 천도했다. 오랜 전통이 있는 중원의 땅은 북경에 수도를 둔 금의 지배하에 들어가고 말았다. 더욱이 금의 세력은 강대해 남송에 끊임없이 위협을 주었으므로 남송에서는 현실주의적인 강화론자와 이상주의적인 주전론자 사이에 격렬한 대립이 생겼다. 이것 또한 지식인의 정치적 관심을 더욱 강화하는 원인이 되었다. 송학의 대성자인 주자朱子[주희朱熹, 1130~1200]가 태어난 것은 바로 이러한 시대였다.

불교에서 유교로

육조, 수·당의 7백 년간이 중국 불교의 황금시대였던 것은 정치와 문화의 담당자인 사대부가 문벌귀족이었던 사실에 기인한 점이 크다. 그들은 관리이면서 정치에 대한 관심이 결핍되고 반대로 문학·예술이나 철학·종교라는 보다 인간적인 것에 관심이 많았다. 이것이 불교의 전성을 가져온 근본적 원인이었다고 할 것이다.

그러나 이제는 사대부가 귀족적 성격을 청산하고 일대에 한정된 관리가 되었다. 더욱이 내외 모두 해결해야 할 문제가 산적해 있고 그것이 국가의 흥망에 연결되는 성질의 것이었으므로, 이것이 사대부의 위기감을 자아내게 된다. 영원의 문제보다도 현실적인 문제의 해결 쪽이 한층 중요하다. 이 같은 의식이 송대 사대부를 종교적 인간으로부터 정치적 인간으로 전환시키게 되었다.

원래 불교는 개인 영혼의 구원만이 아니라 중생의 제도濟度를 목적으로 한다지만 그 중생은 어디까지나 개인의 집합이며 가족이나 민족이란 생활 집단과는 이질적인 것이다. 바로 그 때문에 승려는 '출가出家', 즉 가족에서 탈출하는 자라고 불리는데, 그것은 동시에 국가로부터도 탈출하는 것이므로 '출국'이라 부르는 것이 적합하다. 육조 이래의 배불론자들은 불교를 이기주의라고 매도한 경우가 많았는데, 그것은 불교가 개인의 구원만을 원하고 천하·국가란 것에는 무관심한 점을 공격한 것이다. 불교는 곧 망국의 가르침이나 다름없다.

위기의 시대에 직면한 송대의 사대부는 이제 불교에서 떠나 치국·평천하를 주장하는 유교로 복귀하는 경향을 보이기 시

작했다. 한마디로 말하면 송학은 불교에 대한 유교의 반격의 결과로 발생한 것이다.[24]

송대에는 불교 중에서 홀로 선종만이 번영하고, 일반 지식인으로 선종에 마음이 끌린 자는 여전히 적지 않았다. 그러나 송학의 성립과 함께 불교의 퇴조가 시작된 것은 부정하기 어려운 사실이다. 다시 원元·명明·청淸으로 시대가 내려감에 따라 불교의 쇠퇴는 결정적인 것이 된다. 이 경우 일본 정토종의 개조인 호넨(法然, 1133~1212)이 주자보다 3세 연하의 동시대인인 것은 흥미로운 사실일 것이다. 중국 불교가 하강기에 접어들었을 때 마침 일본 불교는 신흥의 기운을 보이기 시작한 것이다.

2. 북송에서 재생한 유학

주돈이 - 무극으로서의 태극 및 주정

송대의 신유학, 이른바 송학은 이미 북송 초기부터 그 태동을 보이고 있었는데, 남송의 주자학에 영향을 강하게 준 점에서 말하면 周주·장張·이정二程 4자四子를 거론해야 한다.

주돈이周敦頤(1017~1073)는 자는 무숙茂叔, 염계濂溪는 고향과 연관시켜 지은 그의 서재 이름이다. 그는 지방의 낮은 관료를 지냈는데, 후에 여산廬山 기슭에 은거해 생애를 마쳤다. 이른바 도학道學의 시조가 되기에 이른 것은 후에 주자의 표창表彰에 의한 것이다. 그 논저로서는 『태극도설太極圖說』과 『통서通書』의 단편이 있을 뿐이다.

그의 『태극도설』은 옛 도교의 도사들 사이에 전해졌다는 태극도太極圖에 설명을 붙인 것인데, 이로써 그의 천지 생성의 우주론의 골격을 엿볼 수 있다. 먼저 우주 만물의 근원이 되는 것으로서 '무극無極으로서 태극太極'이란 것을 거론한다. '무극'

이라 함은 극한이 없는 것, 무한한 것이란 뜻인데, 이는 노장에 보이는 용어이다. '태극'은 우주의 극한에 있는 것, 그 근원이 되는 존재란 뜻이며, 이는 오경의 하나인 『역易』에 보이는 어휘이다. 거기서 문제가 되는 것은 만일 우주의 근원이 되는 존재를 말하면 태극만으로 충분한데 왜 그 위에 무극을 부가했는가라는 것이다. 그 자신은 아무 설명도 하지 않으므로 그 참뜻은 불명한데, 주자의 해설에 의하면 태극이라고만 하면 태극 그 자체가 한 개의 사물로 되어버려 만물의 근원인 원리가 아닌 것이 되어버릴 우려가 있다. 그래서 태극이 무형무색의 원리임을 나타내기 위해 그 위에 무극 두 글자를 얹은 것이라 한다. 아마 주돈이도 그 같은 의식을 갖고 있었던 것이라 생각된다. 어쨌든 유교적 유有의 입장으로는 불충분한 것을 의식해 노장적인 무無의 사상으로 보강했던 것이라 보아야 할 것이다.

또한 『태극도설』에 의하면 태극이 움직이면 '양기陽氣'가 생겨난다. 움직임(動)이 극에 이르면 고요함(靜)이 생기고, 그 고요함에서 '음기陰氣'가 생긴다. 이 음양 2기二氣가 교착함으로써 수·화·금·목·토 5행五行의 기가 생기고, 거기서부터 만물이 생성된다. 이를 도식화하면 태극→동정動靜→음양→오행→만물이라는 순서가 된다. 이처럼 만물은 모두 태극에서 파생하는 것이므로 만물은 각자의 내부에 태극이 깃들어 있다는 말이 될 것이다.

여기까지의 우주 생성설은 전통적인 음양오행설을 근간으로 해서 여기에다 『역』의 태극과 『예기禮記』 「악기편樂記篇」의 동정의 설을 조합한 것으로 독창적인 설이라고 생각되지는 않는다. 주돈이의 특색은 우주 생성설로부터 고요함을 위주로 욕망을 없애는 주정무욕主靜無欲의 윤리설을 도출한 데에 있다.

인간도 만물의 하나이며, 만물과 같은 근원에서 발생하고 만물과 같은 구조를 갖는다. 이는 중국의 전통적 사고방식이며, 주돈이도 또한 이에 따른다. 따라서 인간도 만물과 마찬가지로 그 내부에 태극이 깃들어 있다. 다만 인간 안에 있는 태극은 『예기』 「중용편中庸篇」에 따라 이를 '성誠'[거짓 없음]이라고 바꿔 말해도 좋다. 결국 인간의 마음의 순수한 상태가 '성'이며 태극인 것이다. 태극에는 아직 움직임이 없으므로 '고요함(靜)'이며 무위無爲이다. 그러나 그 고요한 마음의 태극이 외부의 사물에 접할 때 '움직임(動)'이 생긴다. 이 고요함에서 움직임으로 옮겨가는 미묘한 때가 '기幾'(기미)이며, 이때 비로소 선과 악이 나눠진다. 따라서 기미가 있을 때에 힘써 중정中正[치우치지 않고 바름]을 보존할 필요가 있다. 중정의 상태를 위해서는 고요함을 위주로 하고 욕망이 없어야 한다. 여기에 '주정무욕'이 공부工夫의 주안점이 된다.

이와 같이 주돈이는 태극을 근원으로 하는 우주 생성설을 서술하고, 그 태극으로 돌아가는 길로서 '주정무욕'을 말했다. 그 용어나 발상은 극히 노장적이며, 또한 마음의 고요함을 강조하는 점에서는 당시의 풍조인 좌선의 존중을 상기시키는 면이 있다. 다만 노장이나 선禪이 마음의 고요함을 통해 선악을 넘으려고 하는 데 대해 어디까지나 선善을 지키고 악을 제거하는 데 주안점을 두는 것은 유가의 본령을 지켰던 것이라 말할 수 있을 것이다.

송학의 목적은 불교나 노장의 철학을 극복해 유교의 철학을 건설하는 데 있었다. 그 때문에 유교의 경전을 근거로 해서 독자적 이론을 구성하는 데 노력했지만, 이미 노장이나 불교 사상이 지식인의 교양 속에 침투해 있었으므로 무의식적으로 이를 섭취하는 결과가 되었다. 특히 주돈이로부터 주자에 이르기까지 송학자는 당시의 풍조에 따라아 선승禪僧과의 교유가 드물지 않았기 때문에 더 한층 그 영향을 받는 일이 많았다. 그 때문에 "송학의 문도는 불교를 바깥문에서 추방하면서 뒷문으로 고스란히 끌어들였다"는 비평도 있을 정도이다. 그러나 불교나 노장이 출세간적인 경향을 강하게 갖는 데 반해 송학은 그 우주나 인생론을 도덕이나 정치의 세계에 연속시키려고 노력한 것이어서, 거기에 질적인 차이가 있음을 간과해서는 안 될 것이다.

정호 – 천리·만물일체의 '인'

정호程顥(1032~1085)는 자는 백순伯淳, 명도明道는 그 호이다. 그 아우 정이程頤와 함께 이정자二程子라 불리며, 주자의 철학에 미친 영향은 극히 크다. 다만 형제의 성격은 상반되는 점이 있어, 형인 정호는 온화 관대하고 아우 정이는 엄격했다고 한다. 두 사람의 철학은 공통되는 점이 적지 않으나 그 성격의 차이는 저절로 양자의 철학의 차이로 나타났다.

정호는 앞서 주돈이가 태극을 천지의 근원으로 삼은 데 대해 '천리天理'로써 이를 대체했다. 정호는 "내 학문은 선인先人에게서 받은 점이 있으나 다만 천리란 두 글자만은 스스로 체득한 것이다"라고 한다. 송학에서 가장 기본이 되는 이理의 개념이 여기에 비로소 그 모습을 드러내는 것이다. 그러나 정호의 이理는 정이나 주자의 이理와 성격이 다르다. 정이나 주자의 이理는 기氣와 대립하는 차갑고 엄한 성격의 것이었지만, 정호의 이理는 기도 포용하는 넓이와 따뜻함을 갖춘 것이었다.

천리라 함은 천지가 갖는 법칙, 도리道理라는 것인데, 그것을 가장 잘 표현하고 있는 것은 『역경』의 "천지의 큰 덕德을 생生이라 한다"라는 말일 것이다. 천의 이理는 이 만물을 낳고 기르기를 그치지 않는 생생生生의 작용 속에 있다고 해도 좋다. 생생의 작용은 자애로 가득 찬 것이므로 이를 '인仁'이라 바꿔 말할 수 있을 것이다. 천지의 대덕大德인 생생의 인은 인간을 비롯한 만물 속에 흐르고 있다. 그렇다면 천지만물은 일체一體이고, 만물일체萬物一體의 인仁에 의해 결합되어 있는 것이다. 사람으로서의 도道는 나의 내면에 있는 만물일체의 인을 자각하고 이를 실현하는 것이어야만 한다.

이와 같이 만물일체가 천리라면 천리 속에는 전체의 사물이 포함되어 있게 된다. 그 극단적인 예를 들면 악도 또한 천리 속에 있게 된다. "일(事)에 선과 악이 있는 것은 모두 천리이다. 천리 속의 사물(物)에는 아름다움과 추악함이 있는데, 같지 않은 것이 사물의 실재 성질이고 당연한 것"이라고 한다. 다만 정호의 생각으로는 악은 선과 대립하는 독자성을 갖는 것은 아니다. "천하의 선악은 모두 천리이다. 이를 악이라고 하는 것은 그것이 본래적인 악인 것은 아니고 혹은 지나치고 혹은 부족한 것을 가리켜 말하는 데 지나지 않는다." 악은 선에서 지나치거나 또는 모자란 것이며, 선과 질적으로 다른 것은 아니고 정도나 양이 다른 것을 말한다. 말하자면 악은 '불완전한 선'인 것이다.

이 사고방식은 그대로 인간의 본성론에도 도입된다. 성性이란 것은 인간이 타고난 것으로 하늘에서 받은 기氣이다. 인간이 받은 기에는 처음부터 선과 악이 있다. 그 선한 것은 물론 성이지만 악한 것도 성이 아니라고는 할 수 없다. 성의 선악은 물의 맑고 탁함과 같은 것이며, 악한 성도 이를 고요히 가라앉혀 맑게 하면 곧 선한 성으로 돌아가는 것이다. 선악은 대립하는 두 사물은 아니고 단지 청탁淸濁의 상태의 차이에 지나지 않기 때문이다.

이 같은 입장에 선 정호는 그 수양법에서도 매우 온화한 방향을 취한다. 만물 일체의 인仁은 이미 내 몸에 갖추어져 있는 것이니, 이를 자각해 실행한다고 해도 궁색窮索, 즉 힘을 다해 탐색하는 것이나 방검防檢, 즉 그릇된 길을 막기 위해 내 몸을 속박하는 것은 필요하지 않다. 다만 서서히 나의 내면에 있는 인을 기르는 것만으로 충분하다. 이것이 인의 자득自得이다.

또한 내면의 성을 외부의 사물의 유혹에서부터 지킨다는 것에 관해서도 특유의 견해를 보여주고 있다. 성인聖人의 큰마음은 어떠한 외물이 오더라도 이를 거부하는 일 없이 받아들인다. 다만 일정한 사물에 마음을 빼앗기지 않고 사적인 정情을 갖지 않을 뿐이다. 부질없이 내외의 구별을 설정해 바깥 사물의 유혹을 물리친다는 일은 없다. 원래 외물에 대해서 희로애락의 감정을 갖는 것은 인간의 본성의 자연이며, 억지로 이를 없애려 하면 천진天眞의 정情을 잃게 될 것이다. 성인에게도 희로애락의 감정은 있고, 다만 노해야 할 것을 노하고 기뻐해야 할 것을 기뻐할 뿐이다. 성인은 천지의 마음을 그 마음으로 삼는 자이다. 천지는 사심私心으로 선악을 차별하지는 않고 일체를 그대로 포용한다. 만일 선한 자와만 친하고 선하지 않은 자를 멀리하는 것이라면 천지 밖으로 쫓겨나는 자가 많을 것이다. 그러면 천지라고 할 수는 없지 않은가.

이상 서술한 것과 같이 만물일체의 인이라는 사상을 근본으로 해서, 천리를 말하면서도 이를 인욕人欲과 대립시키지 않고 선악과 내외의 차별을 초월할 것을 주장했다. 그 수양법에서도 미덕을 서서히 기르는 데 중점을 두는 정호의 온화한 태도는 아우 정이나 주자와 매우 취지가 다른 점이 있었다. 오히려 주자와 동시대의 육상산陸象山이나 명의 왕양명王陽明의 철학과 통하는 점이 적지 않다.

주자의 철학은 이정자二程子의 철학을 이어받은 것이 가장 많고 이정자를 깊이 존경하지만 사상적으로는 정이의 계보를 보다 많이 잇고 있다. 그리고 정호에 관해서는 "그 학문은 전체를 포괄하는 원만함을 갖지만 그 입장이 너무도 높아서 초학자에게는 이해하기 어려운 점이 있다. 그 때문에 그의 뛰어난 제자인 사량좌謝良佐(上蔡)·유작遊酢(定夫)·양시楊時(龜山) 등은 모두 선학禪學에 들어가고 말았다"고 서술하고 있다. 정호는 당시 사대부가 그러했듯이 젊어서부터 선승들과의 교유가 있었다. 일찍이 선사禪寺에 가서 그 식사食事 의례의 장중함을 보고, "삼대三代의 위의威儀, 죄다 여기에 있다"고 찬탄했다고 한다. 물론 송학의 사람으로서 선학禪學에 대해 비판적이기는 했지만 무의식중에 그 영향을 받은 것은 피할 수 없었다.

정호의 학문이 육상산이나 왕양명의 학문과 연결되는 것은 그 주관주의 경향이 짙은 점이다. 정호가 말하는 천리나 만물일체의 인은 전부 내 마음의 내면에 갖추어져 있는 것이므로 객관적 세계의 사물의 이理를 일일이 다 연구할 필요는 없었다. 도리어 서적에 기록된 것을 암기해 박식하게 되는 것을 완물상지玩物喪志(사물을 갖고 놀다 뜻을 잃는다)라고 말하거나 "모름지기 일(事, 실행)에 관해서 배워야 한다. 어찌 반드시 독서한 다음에 학문을 할 것인가"라 하며, 독서에 의한 지식을 중시하지 않았다. 한마디로 말하면 '심학心學'의 경향이 짙었던 것, 이것이 정호를 육상산, 왕양명과 연결시키게 된다.

정이 – 성즉리, 이기이원론

정이程頤(1033~1107), 자는 정숙正叔, 이천伊川은 그 호이다. 정호의 한 살 연하 아우이지만 형이 54세로 사거한 데 비해 그는 75세까지 살았으며, 또 형은 비교적 낮은 관직으로 생을 마친 데 반해 정이는 천자의 시강侍講이라는 고관에 이르렀으므로 그 문인門人의 수가 많고 학문의 영역도 넓다. 그 정치적 입장은 이른바 구법당舊法黨에 속했는데, 그 구법당 내부에서 정이를 수령으로 하는 낙당洛黨과, 문장가 소식蘇軾(東坡)을 수령으로 하는 촉당蜀黨의 파벌 항쟁이 일어나 파란 속에서 생애를 마쳤다. 그 성격도 형 정호와는 달라서 추상열일秋霜烈日의 엄격함이 있었다고 한다.

정이 철학의 근본은 '성즉리性卽理', 즉 성은 바로 이理라는 설에 있었다. 형 정호도 인간의 본성을 천리의 표현으로 보았으니 그런 의미에서는 '성즉리'설이었다고 할 수도 있으나 그의 경우에는 이理와 기氣를 엄격히 분별하지 않았으므로 때로는 '성즉기性卽氣'라고 하는 일도 있었다. 그렇지만 정이는 이理와 기를 엄격하게 둘로 나누었다. 여기에 정이 철학의 특색이 있으며, 그것이 또한 후에 주자학의 기본선이 되기도 한 것이다.

정이에 의하면 기란 것은 『역경』에서 말하는 '형이하形而下'로 형태 있는 것, 물질적인 것이다. 만물은 이 기를 소재로 구성되고 있다. 그러나 만물은 기만으로 구성되어 있는 것은 아니다. 기로 하여금 기이게 하는 근거인 이理가 없어서는 안 된다. 이理는 '형이상形而上'의 것으로 무형無形인데, 유형의 기 내부에 있어서 기의 근거가 되고, 그 본체本體가 되는 것이다.

기에는 음양 2종이 있으며, 『역경』에도 "한 번은 음이고 한 번은 양이니(一陰一陽) 이를 도道라고 한다"고 했는데, 정이에 의하면 음양은 기이며, 그대로의 상태로는 도, 즉 이理는 아니다. 음양으로 하여금 음양이게 하는 것, "음양 작용의 근거인 것"이 도이며 이理라는 것이다. 기는 존재하는 것인데, 이理는 바로 그것의 존재를 가능하게 하는 근거이다. 이 같은 이理와 기의 구별은 곧 이기이원론理氣二元論으로 발전할 것을 예상하게 하는 것이니, 주자학은 바로 이 방향에 있다고 해도 좋다.

이理는 사물 하나하나(一事一物) 안에 내재하는 것인데, 특히 인간 안에 있는 이理를 성性이라 부른다. "사물에 있으면 이理가 되고 사람에게 있으면 성이 된다"고 한 것이 그것이니, 거기에 '성이 바로 이理'라는 주장이 나타난다.

인간의 본성은 이理이자, 이성理性이다. 그러나 이理는 단독으로 존재하는 것이 아니라 반드시 기氣에 부수하는 것이니, 현실에서 인간의 마음은 이理와 기를 겸비하고 있다. 이 경우기는 신체적 요소란 의미이다. 기는 이理와는 달라서 음양이나 청탁淸濁 등의 속성을 갖추고 있다. 마음이 정지 상태에 있을 때는 성 그대로, 이理 그대로의 상태여서 선善 자체이지만, 일단 사려가 작용하게 되면 거기에 기의 요소가 나타나 애증희노愛憎喜怒의 감정(情)이 생기고 선악의 차이가 생겨난다. 기가 맑으면 선해지지만 기가 탁하면 악해진다.

그래서 어떻게 하면 인간의 성性인 이理를 순수히 하고 완전하게 할 수 있을지가 문제가 된다. 앞서 주돈이는 '주정主靜'을 그 윤리학의 근본으로 삼았다. 그것은 마음의 본성인 태극이 움직임으로 옮겨가려 할 때 선악이 나뉜다고 했기 때문이다. 정이는 이 주정이란 어휘에 노장적 내지 선학적 색채가 있음을 꺼렸다고 보이며, 보다 유교적인 어휘인 '경敬'을 사용했다. '경'은 삼가다, 경계하다 등의 뜻이 있는 단어이다. 정이 자신의 말에 의하면 '사악함(邪)을 막는 길'이며, 또 이를 '주일무적主一無適'이라고 바꿔 말하기도 했다. '주일'이란 것은 하나의 일에 전념하는 것이고, '무적'이란 것은 다른 일에 마음이 가지 않게 하는 것이다. 이 어휘 또한 주자가 애용하게 되었다.

그러면 인격을 완전하게 하기 위해서는 '경' 내지 주일무적이라는 주관적인 방법만으로 충분할까 하면 결코 그렇지는 않다. 과연 이理는 천지만물을 통해 하나인 것이며, 내 마음속에 있는 이理만 깨달으면 동시에 만물의 이理를 깨닫게 될 것이다. 그러나 그것은 내 마음의 이성이 완전하고 순수한 경우에 비로소 가능한 것이다. 그렇지만 현실의 인간은 신체를 갖고 있기 때문에 필연적으로 기의 작용을 받아 선악이 생겨나게 된다. 바꿔 말하면 인간의 이성은 불완전한 상태에 놓여 있다.

이 주관이 갖는 이성의 불완전함을 보충하기 위해서는 외부 세계의 이理를 알 필요가 있다. 그래서 경敬이라는 주관적 방법 이외에 객관적 사물의 이理를 깊이 연구하는 방법이 중요해진다. 정이에 의하면 『대학大學』에서 "앎의 궁극에 이르는 것(致知)은 사물에 마음이 다다름에 있다(格物)"고 한 말은 바로 이것을 가리킨다. 여기에 정이의 철학은 단순한 주관적 내성內省에 한정되지 않고, 외면의 객관적 사물의 이理를 깊이 연구하는 것(窮理)으로 나아가는 것이다. 이것은 종래의 송학에 볼 수 없었던 새로운 경향이며, 실증주의의 길을 개척하는 것이었다. 주자학이 노장이나 선학과 본질적으로 다른 유교 철학이 될 수 있었던 것도 바로 이 정이의 '격물치지格物致知' 학설을 계승했기 때문이다. 그 근본적 동기는 인간 주관의 불완전함을 자각한 데 있었다.

그러나 사물의 이理를 깊이 연구한다고 해도 사물은 무한히 많은 것이므로 이를 추구하고 있는 동안에 가장 소중한 자기의 본성을 놓쳐 보지 못하고 말 우려가 있지는 않을까. 이 의문은 정이 당시에도 있었고, 또한 주자학의 반대자 중에도 적지 않았다. 그러나 그 염려는 쓸데없다. 정이에 의하면 사물의 지식이 어느 정도 집적되면 "한꺼번에 저절로 관통貫通함이 있다"는 경지에 이르기 때문이다. 남종선南宗禪과 같이 최초부터 돈오頓悟를 구할 수는 없지만 어느 단계에 도달하면 돈오에 가까운 것을 얻을 수 있다. 이 점도 주자에 의해 계승되어 "하루 아침에 훤히 관통한다"는 말로 표현되었다.

만일 사물의 이理에 대한 탐구가 자연계에까지 미친다고 하면 혹은 자연과학의 맹아를 준비했을지도 모른다. 그러나 정이의 경우 그 관심은 오로지 인격의 완성이라는 도덕 방면에 한정되어 있었다. 정이에 의하면 책을 읽고 의리義理를 구명하며, 고금의 인물을 논해 그 시비를 판정하고, 혹은 사물에 접해 정당한 판단이나 대처를 하는 것 등이 이理의 탐구에 해당한다. 그리고 도덕과 관계가 없는 사물에 깊이 들어가는 것은 완물상지玩物喪志, 즉 사물을 갖고 놀다가 뜻을 잃는다며 물리쳤다. 객관적 세계에 발을 들여놓으면서도 그것은 '도학道學'의 범위를 벗어나지는 못했다.[25]

정이가 '격물궁리格物窮理'를 제창해 객관 세계로 관심을 향한 것은 심학心學적 경향이 강한 송학을 역사의 세계, 정치의 세계와 연결한다고 하는, 참으로 획기적 의미를 갖는 것으로 높이 평가된다. 이로써 유학은 윤리학임과 동시에 정치학이라는 본령으로 돌아가고, 노장이나 불교로부터 독립하는 것이 가능하게 되었다. 다만 정이는 그 통로를 여는 데 머무르고, 그 철저한 연구는 남송의 주자를 기다려야 했다.

장재 – 기일원론, 민포물여

장재張載(1020~1077), 자는 자후子厚, 횡거橫渠는 그 출생지에 따른 호이다. 처음에는 노장과 불교를 공부했지만 곧 유학에 전념했다. 그 친척인 이정자二程子를 만나 크게 그 학문에 심복했다. 후에 진사과 시험에 급제해 관리가 되었는데, 왕안석王安石과 의견이 맞지 않아 은퇴하고 향리로 돌아가 독서와 제자 교육에 전념하며 생애를 마쳤다. 저서로는 『정몽正蒙』

과 그 철학관을 압축한 『서명西銘』이란 단편 등이 있다. 정이는 『서명』을 "맹자 이후 아직 이런 책을 보지 못했다"고 격찬했으며, 주자도 이 책과 『정몽』의 일부에 주해를 붙였다.

우주의 근원이 되는 것은 주돈이에게는 '태극', 정호에게는 '천리'였는데, 장재에게는 '태허太虛'였다. 태허는 또한 '허虛'나 '허공虛空'이라고도 불린다. 그것은 전 우주의 광대함, 그것을 가리킨다고 해도 좋다. 다만 태허는 단순한 공간, 즉 '무無'는 아니다. 왜냐하면 허는 늘 기氣로 가득 차 있기 때문이다. 아니 태허가 기로 가득 차 있다는 것도 정확하지 않다. 장재에 의하면 태허가 그대로 기인 것이다. 기는 형태와 색채가 없으며, 그 집합이 허이다. 기가 존재하지 않는 공간, 즉 무는 존재하지 않는다. 그러므로 노자가 "유有는 무無로부터 생겨난다"고 한 것은 오류이다.

태허를 구성하고 있는 기는 집합集合하는 것에 의해 만물을 형성한다. 그 만물은 또한 이산離散해서 원래의 태허로 돌아간다. 이는 필연의 법칙이며, 어떤 사람도 좌우할 수는 없다. 억지로 유형의 것에 집착하는 것은 과오이며, 동시에 전부가 적멸寂滅로 돌아간다는 불교는 순환의 법칙을 알지 못하므로 이 또한 오류이다. 기가 모인 것이 내 신체라고 한다면 흩어진 기도 내 신체인 터이다. 죽음을 멸망이라고 볼 필요는 없다. 여기에 일찍이도 장재의 사생관이 나타나 있는데, 장자莊子가 생사를 하나의 기(一氣)가 모이고 흩어지는 집산集散 과정으로 설명한 것과 흡사하며, 아마 그 영향을 받았을 것이다.

그런데 태허는 또한 하늘 혹은 천지天地라고도 불린다. 양자는 무한한 기에 의해 구성되어 있는 것이니 동일한 것을 가리킨다고 보아도 좋을 것이다. 천지간에 가득 차 있는 기에 의해 구성된 것이 내 신체이다. 이 천지의 기를 통수하는 사명을 갖는 것이 나의 성性이다. 이처럼 인간은 만물의 영장이라는 특수한 지위를 부여받고 있지만, 똑같이 천지의 기를 받은 점에서는 만물과 다르지 않다. 그래서 민포물여民胞物與, 즉 "민은 내 동포同胞[형제]이고 사물은 내 친구"라는 대담한 발언이 나타난다. 이는 신분의 차별을 넘어선 동포애, 평등애를 가리키는 것이어서, '민포물여'란 말이 자주 사용되는 바탕이 되었다. 이 같은 일시동인一視同仁[차별 없는 똑같은 사랑]의 인류애는 사랑에 차등을 두는 유교 도덕에 어긋나며 오히려 묵자墨子의 겸애설을 상기시키는 점이 있다. 사실 또 그 같은 비난이 일부에서 있었다. 그러나 장재는 "대군주는 내 부모인 천지의 장자이고, 대신은 그 장자의 보조자이다. 연로자를 존중함은 그 나이 많음을 공경하기 때문이다"라고 말해 봉건적 질서를 무시하지는 않았다. 다만 "천하의 병자나 불구자, 독거 노인 등은 내 형제로서 고난에 신음하며 호소할 길이 끊긴 자이다"라 하며, 그 구제의 이유를 형제애에서 구하고 있는 것은 이색적이라고 할 것이다. 장재에게 "천지를 위해 마음을 일으키고, 생민生民을 위해 명命을 일으킨다. 과거의 성인들을 위해 끊어진 학문(絶學)을 잇고, 영구한 미래를 위해 태평太平을 연다"는 유명한 말이 있다. 세상과 백성의 구제를 위한 그의 구세제민救世濟民의 뜻이 격렬함을 이야기하는 것이다.[26]

장재의 철학은 이처럼 오로지 기氣의 바탕 위에 성립되어 있다. 그러나 이정자와 친교가 있었던 장재가 이理에 관해 전혀 무관심했을 리가 없고 사실 또 때때로 이理에 관해 언급한 적이 있다. 이를테면 "만물에 모두 이理가 있으며, 만일 이理를 깊이 연구할 줄 모르면 일생을 꿈결에 지낸 것과 같다. 석씨釋氏(선종)는 즉 이理를 깊이 연구할 줄 모른다"고 하고, 또한 "인의예지는 사람의 이理이다"라고 하는 등이 그 예이다. 그러나 그 책에는 이理를 체계적으로 서술한 곳이 없고, 다만 우발적으로 표현되어 있음에 지나지 않는다. 아마 그는 이理를 "기가 갖는 법칙" 정도의 의미로 이해하고 기에 대립하는 독자적 원리로서 중시한 적은 없었던 것이 아닐까. 적어도 그의 철학에서 기가 중심이라는 것에는 의심의 여지가 없으며, 과장해 말하면 기일원론氣一元論의 철학이었다고도 할 수 있다.

천리天理를 말한 정자程子가 장재의 『서명』에 절찬을 바친 것은 아마 그의 '만물일체의 인仁'이 장재의 '민포물여'와 통하는 것을 알았기 때문일 것이다. 또한 이기理氣 이원론을 주장한 주자가 『서명』을 높이 평가하고 여기에 주해를 붙인 것은 장재의 기 철학 속에 '이일분수理一分殊'['이'는 하나이나 '기' 속에서 나뉘어져 달라짐]에 해당하는 사상이 있다고 생각했기 때문이다. 말하자면 주자는 장재의 '기'를 '이理'로 바꿔 읽었던 것이다.

최근 중국 학계에서는 기 철학을 제창한 장재 및 그 철학을 계승한 청조淸朝 초기의 왕부지王夫之(선산船山)를 유물론唯物論의 선구자로 높이 평가하는 풍조가 보인다. 그것은 장재가 기라는 물질적인 원리를 모든 것의 근원으로 삼았다고 보기 때문이다. 확실히 기는 물질적인 원자와 같은 성질이 있고, 기가 사물만이 아니라 인간의 정신도 구성한다는 사상에 유물론적인 측면이 있음은 사실일 것이다. 그러나 그런 의미라면, 유독 장재를 기다릴 것까지도 없이

기 일원론은 고대의 중국 사상에 널리 볼 수 있는 것이므로 예로부터 중국 민족은 유물론자였다는 것이 된다. 사실은 좀 더 복잡하다. 인간의 정신도 구성하는 기는 처음부터 물질적 성격을 갖는 동시에 정신적 성격을 겸비하고 있었다고 볼 수가 있다. 원래 중국에는 물질과 마음을 확연히 구별하는 물심物心 이원론의 전통은 없으며, 따라서 기도 물·심이 미분화의 상태에 있다는 것이 정확하다.

만일 기의 심적 측면에만 중점을 두게 되면, 기 일원론은 심적 존재인 기로써 물질적 세계의 구성 요소로 삼는 것이므로 극단적 유심론 철학이기조차 할 것이다. 사실 그와 같은 측면이 없다고는 할 수 없으니, 기 일원론을 말하는 장재의 철학이 극히 비합리적 행동성을 갖고 있으며, "백성은 내 동포이고 사물은 내 친구다"라는 민포물여의 사상, "만세를 위해 태평을 연다"는 강렬한 경세經世 사상은 오히려 양명학陽明學의 심학心學적 성격에 친근성을 지닐 것이다. 왕양명이 장재의 태허 사상을 도입해 "양지良知의 허虛는 천지의 태허이며, 양지의 무無는 태허의 무형無形이다", "일월·풍뢰風雷, 산천·민물民物 및 모상貌象·형색形色이 있는 것은 모두 태허 속에서 작용한다"(『전습록傳習錄』)고 하는 것은 그 표현의 하나이다. 일본 막부幕府 말기의 양명학자 오시오 헤이하치로(大塩平八郎)에 이르러서는 죽음을 태허의 무한한 기로 돌아가는 것으로 생각했으니, 그 사생관의 근본에서 장재의 기 철학의 강한 영향 아래 있음을 보여주고 있다.

3. 남송의 주자학

송학의 대성자 주희

북송 시대 중국에서 주돈이·장재·정호·정이의 이른바 주장이정의 제 학자가 대표하는 신유학이 발생했으며, 이를 후세에 송학이라 부르게 되었다. 송학을 집대성해 이를 장대한 규모를 갖는 사상 체계로 완성시킨 것이 바로 남송의 주희朱熹이다. 이른바 주자학의 내용을 개별 요소로 분해해 보면 이미 주장이정이 먼저 착안한 것이 많고 주희의 독창인 것은 뜻밖에 적다는 것을 알 수 있다. 그런 의미에서는 그의 본령은 송학을 조직화해 체계를 이룩한 점에 있다고 할 수 있다. 하지만 그것이 주희가 독창적인 사상가로 평가받는 데 장애가 되는 것은 아니다. 그의 선구가 된 주장이정의 학문은 어느 것이나 단편적인 논문이나 어록의 형태로 전해진 것뿐이며, 이를 조직화, 체계화한다는 것은 예사롭지 않은 독창성을 필요로 하는 것이었다. 주자학은 형이상학·윤리학·정치학·역사학·경학 등의 전체 분야에 걸쳐 있고, 더욱이 이들을 유기적으로 연결시키는 데 성공했다. 이로써 유학은 비로소 완전한 체계를 갖춘 학문이 되고, 종래 지식인의 마음을 지배하고 있었던 불교를 대신해 개인의 안심입명安心立命, 즉 마음을 편안히 하고 천명을 실천하는 근거를 제공하는 동시에 천하국가의 지도 원리를 확립하는 것이 가능해졌다. 그 역사적 의미는 참으로 절대絶大적인 점이 있다고 해도 좋다.[27]

주자로 존칭되는 주희(1130~1200)는 자가 원회元晦, 호는 자양紫陽 · 회암晦庵 · 회옹晦翁 · 고정考亭 등을 사용했다. 그 본적지는 강서성江西省 동북부(안휘성安徽省 휘주徽州)에 있는 무원현婺源縣(옛 이름은 신안新安)이지만, 그 출생지는 부친 주송朱松이 지방관으로 부임해 있던 복건성福建省 우계현尤溪縣이다. 주송은 신유학인 송학에 깊은 관심을 지녀, 이것이 아들 주희의 학문 방향을 결정하게 되었다. 주희는 19세로 과거에 급제해 진사進士가 되고, 각지의 지방관으로 부임하다가 마지막에는 영종寧宗 황제의 시강侍講이란 요직에 올랐으나 권신 한탁주韓侂冑의 비행을 상주했기 때문에 겨우 40일 만에 그 직에서 쫓겨났다. 하야한 후에도 그 일파의 박해는 그치지 않아, 경원慶元 2년(1196) 주희가 영도자인 학문에 '위학僞學'이란 판정이 내려져 위학 역당이란 죄목으로 처벌을 받은 자가 59인에 미쳤다. 세상에서는 이를 '경원 위학의 금禁'이라 부른다. 주자학의 수난 시기이다. 그 4년 후 경원 6년(1200) 주희는 71세로 세상을 떠났다. 후에 주자학은 국가의 정통正統 학문으로 공인을 받게 되는데, 그것은 생전의 주희가 몽상조차 하지 못했을 것이다.

그러나 주희가 미관微官으로 청빈한 생활을 보내고 있던 무렵부터 그 명성을 사모해 그의 가르침을 청하는 자가 많았고, 만년에는 주자학이 한 시대의 유행이 되는 추세를 보여주었던 듯하다. 경원 위학의 금이 내려졌을 때는 그 재난에 연좌되는 것이 두려워 서둘러 스승을 교체하거나 혹은 의복을 바꿔 입고 시중에 노닐며, 스스로 도학의 문도가 아님을 증명하려는 자도 있었다고 한다. 그 후 몇 년이 지나자 위학의 금지도 누그러지고 주희의 명예 회복도 실현되어, 주자학도 융성하게 되었다. 그러나 주자학이 과거시험의 표준 해석으로 이용되어 국가의 교학으로 채택되게 된 것은 원元 인종仁宗 때이니, 주희 사후 백여 년이 지난 다음의 일이다.

그 후 명明 · 청淸 왕조 6백 년은 국교로서의 지위를 차지했을 뿐 아니라 한국이나 일본에도 건너가 국교나 관학官學으로서 채택되었다. 한국에서는 중국의 당 말기부터 송 · 원과 나란히 지속되고 있던 고려高麗 시대에는 이미 유교가 과거 과목으로 채택되고는 있었지만 불교의 융성에 눌려 부진한 상태에 있었다. 그런데 중국의 명조明朝와 동시기에 일어난 조선朝鮮 왕조는 주자학을 국교로 정하고 불교에 탄압을 가했기 때문에 유불儒佛의 세력은 완전히 역전하게 되었다. 주자학이 한국의 문화에 남긴 각인의 흔적은 깊고 큰 것이었다. 일본의 에도 막부幕府도 주자학을 관학으로 채택하고, 그 결과로 지식계급의 다수가 불교를 떠나 유학을 따르는 것이 대세가 되었다.

이기이원론

　주자 철학의 근본은 한마디로 말하면 이理 바로 그것이다. 그 때문에 주자학을 이학理學이라는 별칭으로 부를 정도이다. 그러나 주자학은 현실 세계를 전부 이理 일원一元으로 환원하는 것은 아니고, 이理에 대립하는 기氣의 존재를 인정한다. 이런 의미에서는 주자학은 이기이원론理氣二元論의 입장에 있다고 할 수 있다.

　고대로 거슬러 올라가면 중국인은 기일원론의 세계관이라는 입장에 있었다고 할 수 있다. 천지만물은 전부 하나의 기 또는 음양 2기로 구성된다는 세계관의 기원은 오랜 것이며, 음양오행설도 그 발전으로 출현한 사상이었다. 북송 장재의 기 철학도 그 연장선상에 놓을 수 있다. 주희는 이 장재의 철학에 깊은 공감을 느꼈다. 그러나 주희의 철학에 결정적인 영향을 준 것은 장재의 기일원론은 아니고 이정자二程子, 특히 아우 정이의 이기이원론이었다.

　그러면 이理라는 개념은 어떠한 경과를 거쳐 주자학의 중심이 되었던 것일까. 송학에 처음 이理 개념을 도입한 정호는 "천리天理 두 글자는 스스로 체득한 것이다"라고 말하고 있듯이 송학 이전의 유학에서는 이理라는 말 내지 개념은 거의 나타나지 않는다. 이토 진사이(伊藤仁齋)도 이미 지적하고 있듯이 천리 두 글자는『장자』에 처음 보이는 것이며, 그 후에도 주로 도가道家계의 책에서 사용되었다. 내려와 당대唐代의 불교에 오면 화엄종華嚴宗이나 법상종法相宗(唯識宗) 등에서 '사事'에 대응해 '이理'라는 말에 중요한 의미가 놓이고 사와 이理의 관계를 왕성하게 논의하게 되었다. 원래 송학은 노장과 불교의 영향을 깊이 받았으므로, 이정자의 이기理氣설이 화엄종의 이사理事설에 힌트를 받아 생겨났음은 부정하기 어려운 사실일 것이다.

이기이원 사상에 관해서는 이미 정이의 부분에서 서술했지만, 주희의 기본적 사고방식도 이를 벗어나지는 않는다. 천지 만물은 전부 기라고 부르는 미립자 모양의 물질적인 것에 의해 구성되어 있다. 여기까지는 전통적인 중국인의 세계관이다. 그러나 정이는 만물이 기로만 구성되는 것이라고는 생각하지 않았다. 과연 만물은 기를 소재로 구성되어 있지만 그 기는 반드시 그 근저에 이理를 갖추고 있다. 이理란 것은 기로 하여금 기이게 하는 근거이다. 기가 구체적 현상이라고 하면 이理는 그 현상의 배후에 있는 무형의 본체이다. 정이의 이기이원론의 사고방식은 그대로 주자에게 승계된다.

정이의 이기이원론의 기초 위에 주희는 그 독자의 우주론·인간학·실천론을 구축해가는 것이다.

유교 경전 중에서 천리天理란 어휘가 보이는 것은 『예기』「악기편樂記篇」뿐인데, 「악기편」이 노장 사상의 영향을 강하게 받았다는 것은 오늘날 통설이 되어 있다. 육조 시대에 들어서자 노장계 사상 가인 왕필王弼이나 곽상郭象 등이 이理라는 어휘를 많이 쓰게 되었다. 당대의 천태종이나 화엄종에서는 이理와 사事를 대립하는 개념으로 파악하고, '사'는 차별상을 갖는 현상계의 사물, 이理는 무차별, 평등의 진리를 의미하는 것이라 했으며, 특히 화엄종에서는 사법계事法界·이법계理法界·이사무애법계理事無礙法界·사사무애법계事事無礙法界, 이른바 4법계라는 세계관을 수립했다. 이정자나 주자의 이기이원론이 이를 그대로 이어받은 것은 아니라 해도 그 자극

아래 발생한 것임은 충분히 추측할 수 있다.

우주 생성론

주희의 우주 생성론은 주돈이의 설을 계승하고 있다. 주돈이는 만물의 근원인 태극에서 음양 2기를 낳고, 그 2기가 만물을 구성한다고 했다. 주희는 이 사고방식을 그대로 이어받았으나 중대한 수정을 가한다. 그것은 태극이 다름 아닌 이理라고 강조하는 것이다. 주희에 의하면 태극이라 함은 이理의 극치에 붙인 이름이며, 요컨대 이理 그 자체를 가리킨다. 따라서 주돈이가 "태극은 음양을 낳는다"고 한 것은 이理가 기를 낳음을 말한 것이다.

그런데 문제가 되는 것은 우주 생성의 과정에서 이理와 기 어느 쪽이 시간적으로 선행하는가라는 것이다. 주희의 이기설에서 전체적으로 보면 "이 이理가 있으면 즉 이 기가 있다"라고 하듯이 이理는 단독으로 존재할 수 없고 늘 기와 함께 있는 것이다. 역으로 "기가 있는 곳, 반드시 이理가 있다"라고 하듯이 늘 같은 시간, 같은 장소에 있는 것이다. 따라서 이理와 기 사이에 시간적인 선후 관계는 없는 것이다. 그럼에도 주돈이의 태극설에 대한 설명에 당면해 "이理가 기를 낳는다"고 하고, 또 다른 곳에서 "또한 천지가 없었을 때 먼저 이 이理가 있었다"는 따위의 말을 해서 이理가 선행先行함을 설명하고 있는 것은 무슨 까닭인가. 생각건대 주희의 사고로는 이理는 기의 존재 근거인 것이니 논리적 내지 존재론적으로 선행함을 강조하고 싶었던 것인데, 적당한 말을 찾지 못했기 때문에 어쩔 수 없이 시간적인 선행을 말한 것은 아닐까. 주희 본래의 입장에서 말하면 이理와 기는 각각 단독으로 존재하는 것은 아니고 따라서 시간적인 선후도 없는 터이다.

그런데 이理의 극치인 태극에서 생긴 음양 2기는 만물을 구성하지만, 음양 2기에는 이理가 불가분으로 포함되어 있으므로 만물은 전부 기와 이理 양자로 구성되어 있는 셈이다. 바꿔 말하면 만물 각자에 이理, 즉 태극이 깃들어 있는 것이다.

그런데 또 문제가 되는 것은 이理는 만물을 관통해 하나인데 왜 만물이라 불리는 것과 같은 변화와 차별이 발생하는가라는 것이다. 정이는 이를 '이일만수理一萬殊'라 했다. 결국 이理는 하나인데 거기로부터 수많은 현상의 차이(萬殊)가 생긴다는 것이다. 그러면 하나인 이理를 갖춘 물질이 왜 수많은 차이로 나타나는가? 그것은 이理와 불가분으로 연결되어 있는 기의 성질에 기인한다. 만물은 이理에서는 동일한데, 기에 의해 수많은 변화를 갖게 된다. 즉 기에는 음과 양, 정밀함과 조잡함(精粗)의 차별이 있어서, 이것이 만물이 갖는 갖가지 개성이 되어 나타나는 것이다.

이렇게 해서 우주의 만물은 이기이원의 결합에서 태어나고 자라게 된다.

구체적인 우주 생성의 과정에 관해 주희는 다음과 같은 의견을 서술하고 있다. 천지가 형성되기 이전에는 무한한 공간의 광대함 중에 음양의 기가 있어 그것이 극히 빠른 속도로 회전하고 있었던 것으로 생각된다. 그 회전의 중심부 부근의 기는 도피처가 없기 때문에 차츰 응집해 고체가 되고 땅이 되었다. 그 외측의 가스 상태

의 기는 하늘이 되고 일월성신日月星辰이 되었다. 그러므로 하늘이
나 일월성신은 땅의 외측을 회전하고 있는데 땅은 움직이지 않는
다. 결국 천동설天動說이다.

또 다른 곳에서는 이렇게 말한다. 아직 천지가 혼돈 상태에 있
었을 때에는 다만 불(양기)과 물(음기)만 있었던 것이라 생각된다.
양자 중에서 물의 기가 회전하고 있는 중에 굳어져 이루어진 것이
땅이다. 그러므로 높은 산에 올라 많은 산맥을 보면 마치 물결과
같은 형상을 하고 있는 것은 물이 굳어져 이루어진 것임을 증명하
고 있다. 다른 한편 불이 모여서 이루어진 것이 일월성신이며 천둥
과 번개이다.

또한 주희는 당시 천문학의 상식에 따라 일식은 태양이 달에 가
려져 일어나는 것이고, 그 주기도 대체로 예측할 수 있다. 따라서
일식이 일어났다고 해서 이를 옛사람들처럼 정치의 결함과 결부시
키는 것은 역학曆學의 지식이 없기 때문이라고 했다. 그 태도는 극
히 합리적이다.

그러면 우주의 주재자인 하늘이라는 전통적인 사상에 대해서는
주희는 어떻게 생각하고 있었을까. 주희는 말한다. "하늘이 인간과
같은 마음의 작용을 갖는다고 생각하는 것은 오류이다. 따라서 하
늘이 선함에 행운을 주고 악함에 화를 주는 주재신이라고 생각할
수 없다"고. 그러나 하늘이 완전히 무심한 존재인가 하면 그렇다고
단언할 수도 없는 면이 있다. "만일 하늘이 완전히 무심한 존재라
면 천지는 완전히 질서가 없어져, 복숭아나무에 자두꽃이 피고 소
의 새끼로 말이 태어나기도 할 것이다. 그렇게 되지 않은 것은 역
시 하늘에 일종의 마음이 있기 때문이다"라고 한다. 그러면 그 '하
늘의 마음'이란 무엇인가. "생생화육生生化育, 즉 만물을 낳고 기르

는 일을 그치지 않는 마음이다. 이 하늘의 마음은 정호의 말로 하면 "천지가 일체가 되는 인仁"에 해당되며, 주희의 말로 하면 다름 아닌 '천리天理'에 해당하는 것이다. 이 같은 수정 내지 양보는 있다지만 전체적으로 주희의 입장이 우주의 주재신의 존재를 부정하는 방향에 있음은 분명하다.

또한 주희는 이른바 영혼의 불멸을 믿지 않는다. 그의 사생관은 기의 철학을 말한 장재와 완전히 일치한다. 장재는 기가 모여서 만물을 구성하고 그 만물의 기는 흩어져 또 원래의 태허太虛로 돌아간다고 말했다. 결국 생과 사를 하나의 기의 집산集散으로 설명했다. 주희도 이와 똑같은 사고방식이어서, 삶은 기가 모인 상태이고 죽음은 기가 흩어진 상태인 것이다. 흩어진 기는 다시 모이는 일은 없으므로 영혼이란 실체가 남을 리는 없다. 결국 영혼이 없다는 설이다. 그러면 문제가 되는 것은 조상에 대한 제사는 무의미해지는 게 아닌가 하는 것이다. 이 어려운 문제는 공자의 경우에도 잠재적으로 있었고 순자에 이르러서는 표면화했다. 이는 신이나 영혼의 존재를 믿지 않는 유가의 자기모순이다. 순자가 그렇듯이 주희도 또한 이 문제에 타협과 양보를 시도했다. 제사를 하는 산 자와 죽은 자는 근친 관계에 있으므로 양자가 갖는 기도 공통된 것이 많다. 따라서 산 자의 지성至誠의 기가 죽은 자의 기에 감응하는 것은 있을 수 있는 것이다.

명 말기부터 청 초기에 중국을 방문한 유럽 선교사들은 포교상의 필요에서 주자학을 연구했는데, 그 본국에 보낸 보고에서 "유교는 무신론이다. 다만 이理의 존재를 말할 뿐으로 신의 존재를 믿지 않는다"고 말한 자가 있었다. 이 보고를 받은 자 중에는 이를테면 볼테르와 같이 "유교는 세계의 종교 중에 가장 진보한 종교이다.

왜냐하면 신의 존재를 믿지 않고 이理를 신으로 존중하기 때문"이라고 절찬을 바친 사람도 있었다. 그것은 그들이 신봉하는 이신론理神論이 주자학의 입장에 가까운 것임을 발견했기 때문이다.

이기론에 의한 인간관·윤리설 – 격물궁리

주희의 인간관 및 그로부터 생겨난 윤리설은 정이의 방향을 충실히 따랐다고 해도 좋다. 정이에 의하면 만물 속에 이理가 내재하는데, 특히 인간 내면에 있는 이理를 성性이라 부른다. 역으로 말하면 인간의 성이란 것은 이理의 별칭과 다르지 않다. 그러나 인간은 신체를 지닌 존재이므로 그 성은 이理와 함께 기의 요소도 포함하는 것이다. 그래서 정이는 현실적 인간의 성을 이理로서의 성, 즉 '본연本然의 성', 기의 요소를 갖는 '기질氣質의 성'으로 구분했다. 본연의 성은 순수한 천리 그 자체인데, 기는 음양陰陽이나 정조精粗, 청탁淸濁을 갖는 것이므로 기질의 성도 필연적으로 치우침이 생기는 것을 피하지 못한다.

그뿐 아니라 본연의 성은 정지 상태에 있기 때문에 외부 사물과 접촉하는 일은 없지만, 기질의 성은 움직여 외부 사물과 교섭을 갖게 되므로 거기서부터 불가피하게 '정情' 내지 '인욕人欲'이 생기게 된다. 이를 그대로 방임하면 본연의 성과 기질의 성의 간격은 커지고, 인간은 그 본래의 바람직한 모습을 잃게 될 것이다.

그래서 기질의 성을 어떻게 본연의 성에 근접하게 할까라는 실천적 방법이 문제가 된다. 이 방법에는 주관적인 것과 객관적인 것 두 방향이 있다. 주관적 방법이란 내성內省에 의한 것이다. 기질의 성은 외부 사물에 접촉함으로써 정이나 인욕을 낳는 것이니 이를 가능한 한 본연의 성, 즉 이理의 정지 상태에 근접시킬 필요가 있다. 이 때문에 주돈이는 '정靜'을 주장했는데, 정이는 그것이 노장이나 선학의 허적虛寂에 빠질 위험이 있음을 두려워해서 보다 유교적인 '경敬'이란 말을 썼다. 또 이를 '주일무적主一無適'이라고도 했다. 모두가 그대로 주자에게 답습되었다.

또 하나 개관적 방법이란 것은 '격물치지格物致知' 또는 '격물궁리格物窮理'라 불리는 것이다. 이것은 『대학』에서 "앎의 궁극에 이르는 것은 사물에 마음이 다다름에 있다"라는 말에 근거를 두고 있다. 인간의 내면에 있는 이理, 본연의 성은 그대로 완전한 것이며, 천리 그대로이지만 현실의 인간은 동시에 기질의 성을 포함해 불완전한 상태에 놓여 있다. 이 불완전한 현실의 성을 완전한 것으로 만들기 위해서는 단순히 내성적이고 주관적인 방법에만 의지해서는 불충분하다. 일단 나의 외부로 나와 밖에 있는 이理를 깊이 연구하는 것(窮理)이 도리어 나의 내면에 있는 이理를 정확히 아는 데 도움이 되는 것은 아닐까. 왜냐하면 나의 이理도, 외부 사물의 이理도 이理라는 데는 차이가 없기 때문이다. 나의 이理는 인욕의 사적인 것(私)에 가려져 있기 때문에 알기 어렵다. 오히려 외부 세계에 있는 사물 하나하나의 이理를 확인하는 쪽이 용이하며 확실하다. 외적인 사물의 이理를 아는 것은 곧 그대로 나의 내면에 있는 이理를 아는 데 도움이 될 것이다.

이렇게 해서 오로지 나의 내면에 갇혀 있으려는 노장이나 선학의 주관주의의 벽을 타파하고 외적인 인륜人倫의 세계, 정치의 세계로 통로를 여는 것이 가능해졌다. 그것은 또한 본래의 유학 정신으로 돌아오는 것이기도 했다.

이상은 전부 정이의 사상이며, 주희는 이를 충실히 계승하고, 다만 이를 정밀하고 상세히 한 것에 그친다. 다만 주희가 정이와 가장 다른 점은 정이가 '격물궁리'를 제창하면서 그 실적을 거의 남기고 있지 않은 데 반해 주희가 이를 최대 규모로 실현한 것이다. 정이에게는 문인門人이 기록한 어록을 제쳐두고는 저서로서 전하는 것이 『이천역전伊川易傳』 일부가 있을 뿐인데, 주희는 '사서四書', '오경五經' 거의 전반에 걸쳐 주해를 해서 유교 경전에 철학적 체계를 부여하는 대사업을 완수했다. 주자학이 신유학으로서 확립되고 왕조 지배 이데올로기로서의 지위를 차지하게 된 것은 여기에 최대의 이유가 있었다고 할 수 있다.

주자학의 특색은 '지경持敬', 즉 공경하고 근신하는 태도를 지킨다는 주관적 수양법을 중시함과 동시에 외부 세계의 이理를 깊이 연구한다는 궁리를 중시하는 데에 있었다. 그러면 궁리를 실행하기 위해서는 어떠한 방법을 이용하면 좋을까. 주희는 "학문을 하는 길은 궁리보다 앞서는 것은 없다. 궁리의 요점은 반드시 독서에 있다"고 말한다. 이것이 주희를 경서나 역사서의 연구에 향하게 한 이유였다.

주희는 유교의 경전인 오경 중 『시경』·『역경』과 '삼례三禮' 중 「의례儀禮」의 주해를 썼다. 『서경』에 관해서는 주자 자신은 탁견을 지녔으면서도 스스로 주해를 쓰지는 않고 제자 채침蔡沈에 명해 『서경집전書經集傳』을 짓게 했다.

그러나 주자의 경학에서 최대의 업적은 새롭게 '사서四書'라는 명칭을 설정해, 『대학大學』·『중용中庸』·『논어』·『맹자』를 이에 할당시킨 것이다. 『대학』과 『중용』은 원래 『예기』 중의 한 편에 지나지 않았던 것인데, 주희는 이 두 편이 특히 철학적 내용이 풍부한 것이라 해서 이들을 독립된 책으로 취급키로 했다. 『논어』는 원래부터 유교에서 존중하는 책이었지만 종래 '오경' 속에 들어가지 못하고 별개 자격의 취급을 받아왔다. 『맹자』에 이르러서는 종래는 경서 속에는 들지 못하고 제자백가의 자부子部 서적으로 분류되어 왔던 것인데, 주자는 이를 『논어』와 함께 사서에 넣었다. 주자는 이 사서를 오경과 필적하는 가치를 갖는 경서로 삼고 스스로 고심해서 주해를 붙였다. 이를 실질적으로 보면 주자학은 오경보다도 사서에 중심을 두는 학문이라고 할 것이다. '사서오경'이라는 명칭이 생겨난 것은 주자학에서 시작되는 것이다.

또한 주희는 '궁리'를 역사 세계에도 적용했다. 역사를 거울로 보는 사상은 예로부터 중국에 있었던 것인데, 특히 지식인의 정치적 관심이 높았던 송대에는 역사서의 저술이 성행했다. 북송 사마광司馬光의 『자치통감資治通鑑』은 그 대표적인 것이다. 주자는 사마광의 책이 대의명분을 밝히는 점에서 불충분한 점이 있다고 절실하게 느껴, 스스로 그 범례를 만들어 문인들에게 집필하게 했는데 그것이 바로 『자치통감강목資治通鑑綱目』 59권이다. 이 책은 역사의 모범 교과서로서 조선이나 일본에도 큰 영향을 미쳤다. 일본의 기타바다케 치카후사의 『신황정통기神皇正統記』나 미토(水戶)번藩에서 만든 『대일본사大日本史』 등도 그 영향을 받은 것들이다.

주자학의 사명과 운명

송대 이전 육조, 수·당의 지식인은 개인으로서 안심입명安心立命, 즉 마음을 평안히 하고 천명에 따르는 근거는 노장이나 불교에서 구하고, 세간世間의 도덕과 정치의 원리는 전통적 유교에 의거한다는 일종의 불연속 상태에 놓여 있었다. 더욱이 그들은 정치에 대한 관심이 부족했던 까닭에 유교보다도 불교에 마음이 끌리는 경향이 짙었다. 이것이 육조, 수·당의 유학이 부진한 근본적 원인이었다. 이 불연속 상태를 일거에 해소하고 개인의 안심입명이란 종교적 요구와 인의충효仁義忠孝라는 사회도덕을 동일한 원리 위에 두는 데 성공한 것이 주자학이었다.

주자학은 이기이원설이기는 하지만 이理에 압도적인 우위를 부여하는 것이므로 이理 지상주의였다고 할 수 있다. 주자학을 '이학'이라 부르는 것도 그 때문이다. 이理는 천지·우주의 본질인 천리天理임과 아울러 인간 속에 내재하는 성性이 된다. 인간에 내재하는 이理는 인의예지라는 형태로 발현되어 국가나 사회로 향해 확장되어 간다. 천리는 개인의 생명의 근본임과 아울러 그대로 사회적 도덕이 되고, 천하국가를 다스리는 원리가 된다. 여기에는 조금의 단절이나 불연속도 없다. 참으로 훌륭한 정합성을 갖춘 철학 체계였다.[28]

그러나 주자학 속에도 약점과 결함이 잠재하고 있었다. 그것은 주희 당시에는 그다지 눈에 띄지 않았는데 시대가 경과함에 따라 팽창해 현저히 드러나게 되었다.

첫째는 주자학이 너무나도 훌륭하게 완결성을 갖춘 철학이기 때문에 이미 이 이상의 발전이 불가능해졌다는 것이다. 실제로 원·명·청 7백 년을 통해 주자학에는 본질적인 발전이 없었고 주자학의 신봉자는 전부 아류의 썩은 유자儒子들에 지나지 않는 참담한 지경이었다. 오히려 독창적인 사상은 오로지 주자학의 비판자 속에서 나온 것이 실상이었다.

둘째로 주자학은 본질적으로 구질서의 보수, 체제 수호를 위한 지향성을 가진다는 점이다. 이것은 유독 주자학에만 한정되지 않고 유학이 갖는 일반적인 체질인데, 이理라는 강력한 원리를 갖춘 주자학에서는 그 체질이 한층 극심해질 우려가 있었다. 유교의 보수주의는 예禮에 의해 대표된다. 예는 사회적인 '관례'인데 그 중심적 기능은 군신부자의 신분 질서를 유지하는 데 있다. 주자학에서는 예는 그대로 이理이며, 체제의 수호 유지는 이가 명하는 바였다. 이것이 주자학이 중국이나 조선, 일본에서 관학으로 채택된 최대의 이유이다. 그것은 주자학에 영광을 가져왔지만 곧 시세의 변화와 함께 '죽은 개'가 될 운명을 약속하는 것이기도 했다.

셋째로 대개의 이성 지상주의가 그렇듯이 주자학도 또한 엄격주의 경향을 띠는 걸 피할 수 없었다. 천리天理와 인욕人欲의 대립은 그 단적인 표현이다. 인욕은 기氣이고 어디까지나 이理의 지배 아래 놓여야만 한다. 주자학의 정신이 침투한 에도 시대의 "의리義理와 인정人情"의 대립은 말하자면 천리와 인욕의 일본판이다. 그러나 에도 사람이 그 딜레마를 느낀 데서도 알 수 있듯이 일본인에게는 인정은 여전히 의리에 저항할 정도의 힘을 갖추고 있었다. 그러나 주희가 존경해 마지않던 정이는 "굶어죽을 지경에 몰린 과부의 재혼을 허용할 수 있을까"라는 질문에 대해 "그것은 절조를 잃는 행위이니 허용되어서는 안 된다. 아사하는 일은 매우 작으나 절조를 잃는 일은 매우 크다"고 답하고 있다. 이 때문에 명대明代 이래의 시대에는 정숙한 부인은 두 남편을 맞지 못한다는 풍습이 일반화했다고 한다. 주자학을 엄하게 비판한 청조淸朝의 대진戴震은 "사람이 법法을 위반해서 죽는 경우에는 아직 이를 슬퍼하는 자가 있지만 이理에 위반해 죽는 경우에는 이를 슬퍼하는 자는 누구 한 사람도 없다"고 했다. 이理는 법보다도 냉혹, 무자비하다. 만일 인정의 자연을 존중하는 것이 근대정신의 표현이라고 하면 근대의 도래와 함께 자취를 감추는 것이 주자학의 운명이었다고 할 것이다.

4. 주자학의 대립자 육상산

육구연의 심학 – 선학에의 접근

주희와 동시대에 일찌감치 그와 대립하는 유력한 사상가가 나타났다. 육구연陸九淵(1139~1192)은 자는 자정子靜, 상산象山은 그 호이다. 강서성江西省 금계현金溪縣 사람으로 그 두 형도 학자로서 알려져 상산과 합쳐 삼육三陸이라 일컬어졌다. 육구연은 과거에 급제해 각지의 지방관을 역임했는데, 일찍이 귀향해 강당을 설립하고 강학講學을 시작했을 때는 모인 자가 수천 명에 미쳤다고 한다. 그 학문적 입장은 주희와 합치하지 않았으며, 일찍이 아호사鵝湖寺에서 주희와 토론의 기회를 가진 적이 있었지만 끝내 양자의 의견 일치는 볼 수 없었다. 이는 '아호의 회會'로서 세상에 널리 알려졌다. 그 학문은 강서성을 중심으로 일시 성행했지만 주자학의 융성에는 미치지 못하고 이에 압도되어 마침내 쇠멸의 길을 밟았다. 육구연의 학문이 거듭 각광을 받은 것은 3백 년 후 명의 왕양명에 의해서였다.

육구연과 주자의 대립을 낳은 근본적 요소는 인간의 마음에 대한 견해의 차이에 있었다. 주희는 현실의 마음을 불완전한 것으로 보았다. 과연 인간의 마음은 이理가 거기에 깃들고는 있지만 신체적 요소인 기氣의 제약을 받고 있다. 이 때문에 마음을 '본연의 성性'(理)과 '기질의 성'(氣) 둘로 구분하고, 혹은 '성性'(理)과 '정情'(氣)으로 분별했다. 이를 단적으로 말하면 인간의 마음을 천리와 인욕으로 이분二分한 것이다. 그리고 인욕을 없애고 천리를 보존함으로써 마음을 순수한 이理의 상태로 되돌리는 것이 그 이상이었다.

그렇지만 육구연은 인간의 마음을 그대로 완전한 것이라 하며, 마음은 그대로가 이理라고 했다. 이른바 '심즉리心卽理' 설이다. "하늘이 나에게 부여해준 것이 바로 이 마음이다. 사람은 모두가 마음이 있지만 그 마음은 모두 이理를 갖추고 있다. 마음은 그대로가 이理이다." 따라서 육구연은 마음을 이분하는 것을 허용하지 않는다. 만일 마음을 도심道心(이理로서의 마음)과 인심人心(이理·기氣를 섞은 마음)으로 이분하는 따위의 일을 하면 마음이 두 개가 있는 셈이다. "마음은 하나이다. 어찌 두 마음이 있겠는가."

마음이 그대로가 이理라고 하면 그 이理는 천지의 이理에 통한다. 내 마음의 이理를 아는 것은 그대로 천지의 이理를 아는 것이다. 따라서 천지의 이理를 알기 위해서는 외부 세계의 지식을 구할 필요는 없고 내 마음의 내면에 있는 이理를 파악하는 것만으로 충분하다. 이 같은 입장에서 보면 주자학의 '격물궁리', 즉 외계의 사물 하나하나(一事一物)의 이理를 깊이 연구하는 것은 완전히 의미가 없게 된다. 무의미할 뿐 아니라 잡다한 사물 세계에 빠져들어 가장 중요한 마음의 이理를 구하는 것을 잊게 될 것이다.

이와 같이 외부 세계에 있는 이理의 추구를 부정하는 육구연은 유교 경전에 대해서 어떠한 태도를 취했을까. 내 마음의 불완전함을 의식하고 있었던 주희는 독서에 의해 외부 세계의 이理를 널리 추구해 이로써 내 마음의 이理를 완전한 것으로 만들려 했다. 독서 중에서도 가장 중요한 것은 유교 경전을 읽는 것이다. 이를 위해 주자는 '사서오경'의 세밀한 주를 썼다. 이에 반해 육구연은 경서의 주를 전혀 쓰지 않았다. 그 이유는, "육경六經은 나에게 주를 한다", "육경은 바로 나에게 주를 해야 하며, 내가 어찌 육경에 주를 할 것인가", "만일 학문의 근본을 알면 육경은 모두 나에 대한 주각注脚이다"라는 데 있었다. 결국 경서는 내 마음의 주석에 지나지 않는 것이다.

물론 육구연도 유가 사람이므로 선종과 같이 "문자에 근거하지 않는다(不立文字)"고 제창하는 따위의 일은 없고 경서를 읽는 것을 전적으로 부정할 리는 없다. 다만 그것이 성인의 책이었다 해도 내 마음을 근본으로 삼아 이해하고 경서에 취사선택을 가해 그 진위眞僞를 변별하는 것을 잊지 않았다. 이를테면 『예기』「악기편樂記篇」에서 천리와 인욕을 거론하고 있는 데 대해 "이「악기편」의 말은 노자의 사상을 근본으로 한 것이다"라며 순수히 올바른 유가의 경전은 아니라고 했다. 이것은 육구연의 탁견이며, 오늘날에는 이미 상식으로 받아들여지고 있다.

이처럼 마음은 그대로가 이理이며 완전한 것이므로 외부로부터 아무것도 부가할 필요는 없다. 학문이란 내 마음을 배우는 것이며, 그런 의미에서는 '심학心學'이다. 명의 왕양명은 『상산전집象山全集』 서문에 "성인의 학문은 심학이다"라고 서술했는데, 상산의 학문은 바로 심학 그 자체였다. 그것은 주자학이 '이학'이었던 것에 대응하는 것이다.

이처럼 마음을 입각점으로 하는 육구연의 순수 주관주의의 입장은, 마찬가지로 마음에서 불성佛性을 구하는 '불심종佛心宗'인 선학禪學의 주관주의에 현저하게 접근해 있음을 상기시키는 점이 있다. 주희는 '격물궁리'를 제창함으로써 외계에의 통로를 열어 송학에 객관주의 요소를 부가했으며, 이로써 선학의 영향하에서 탈출하는 데 성공했다. 육구연은 주희가 애써 시도한 이 노력을 무시하고 유학을 또다시 선학으로 되돌린 양상이 있다. 송대 유자 사이에 얼마나 깊이 선학의 기풍이 침투해 있었던가를 이야기해주는 사실이라 할 것이다.

다만 육구연의 학문이 선학과 본질적으로 다른 점은 불교인 선종이 개인의 깨달음 내지 구원을 궁극 목적으로 한 데 반해 유학인 육구연의 학문은 일상 도덕과 천하국가의 정치를 지향하는 데 있다. 그 때문에 육구연은 "유자는 공公과 의義를 중시하고 경세經世, 즉 세상을 다스리는 것을 목적으로 하지만 불교는 사私와 이利를 중시해 세상을 벗어나는 것을 추구한다"며 선학을 엄중히 배척하고 있다. 주자학의 '궁리'의 번잡함을 꺼려서 바로 결단하며 간명한 '심학'의 방향을 선택한 것도 그것이 사회적 실천의 장에 나서는 것을 용이하게 한다고 보았기 때문일 것이다. 이런 의미에서는 육구연의 학문도 역시 유학의 본질을 상실한 것은 아니다.

육구연과 주자는 '아호의 회'에서의 토론 외에도 서신을 통해 서로 논박을 주고받았다. 물론 양자의 입장에서 융합은 볼 수 없었지만 상호 인격을 존경하는 생각은 잃지 않았다. 그러나 후계자들 사이에는 격렬한 반감이 생기고 주자학의 문도는 육구연의 학문을 '광선狂禪'이라 매도했으며, 육구연의 문도는 주자학을 '속학俗學'이라고 몰아세워 그 대립이 심화되었다.

5. 송대의 불교와 도교

선종과 사대부

　수·당의 불교는 여러 종파가 다투어 일어나 각기 그 독자성을 주장했기 때문에 활기가 가득 차 불교의 황금시대를 보였다. 이에 비하면 송대의 불교에는 수성守成의 분위기가 짙고, 게다가 여러 종파들이 융합하는 경향이 나타나기 시작해 전체로서는 하향의 기운으로 나아가는 느낌이 든다.

　그 기간에 홀로 선종만이 전성을 자랑해 송대 불교의 왕좌를 차지하게 되었다. 천태종이나 화엄종은 그 이론은 후세까지 길이 전해지기는 했지만 그 교세는 선종에 훨씬 미치지 못했다. 따라서 송대 지식인들이 수용한 불교라는 것은 실질적으로는 전부 선학이었다고 해도 좋다. 북송 시기에 관해서만 보아도 양억楊億·소식蘇軾(東坡)·왕안석王安石·사마광司馬光 등 저명인사 다수가 참선參禪 경험이 있었다. 주자 자신도 청년 시대에 선학을 배웠으며, 주자 이전의 송학자도 거의 예외 없이 선학의 체험자이다. 『주자어류朱子語類』에도 "사대부가 만년이 되면 불교의 설에 빠진 자가 많은 것은 무슨 까닭인가"라는 질문이 보인다. 주자학이 확립되기 시작한 무렵에조차 아직 그 풍조가 계속되었음을 알 수 있다.

그러면 왜 이처럼 송대 사대부가 선학에 마음이 끌렸던 것일까. 첫째 원인은 육조, 수·당 7백 년에 걸쳐 불교가 깊이 사대부의 정신생활에 침투해 있었다는 것이다. 송대의 사대부는 정치에 대한 관심이 강렬했다고는 해도 인생의 근본 문제에 대한 철학적, 종교적인 관심을 갖지 않을 수 없었다. 이것이 정치가이자 관리인 그들을 불교로 이끈 근본적 원인일 것이다. 둘째 원인은 당시 불교라 하면 선종이라고 바꿔 말해도 좋을 정도로 선종 전성기에 들어가 있었는데, 선종은 인도 불교와 노장의 혼혈이라고 해도 좋을 정도로 중국화된 불교이며, 중국인의 체질에 적합한 불교였던 것이다. 송대의 사대부가 선종에 마음이 끌린 데에는 충분한 이유가 있었다고 해도 좋다.

이 같은 사대부의 수요에 응답해 선승禪僧 측에서도 유교·불교의 일치를 말하는 자가 나타났다. 북송의 계승契嵩(1007~1072)이 그 대표적인 예이며, 그는 『보교편輔敎篇』을 저술해 유불儒佛이 모순하지 않고 서로 보완의 관계에 있음을 설명했다. 그러나 이 같은 방법에 의해 유불의 조화를 말하는 것은 불교를 유교로 끌어당겨 불교 본래의 특색을 잃게 하는 위험을 부를 우려가 있다고 할 수 있다. 이것과는 역으로 남송의 대혜종고大慧宗杲(1089~1163)는 선禪의 독자성을 강조함과 함께 그것이 사대부가 살아가는 정치적 현실 속에서도 충분히 활용될 수 있음을 말했다. 유불일치론으로서는 이편이 본격적

일 것이다. 그 때문에 종고의 문하에는 많은 사대부 참선자가 모였는데, 젊은 날의 주자도 그중 한 사람이었다고 한다.

선종을 포함한 중국 불교는 송대를 경계로 해서 급속히 쇠운으로 향하게 되었다. 그 원인의 하나는 주자학의 성립을 들 수 있다. 그것은 정치학·윤리학임과 동시에 개인의 '안심입명'의 근거가 되는 철학이기도 했다. 따라서 주자학은 유학임과 동시에 종교적인 요구에도 응답할 수 있는 것이었으므로 반드시 불교를 필요로 하지는 않게 되었다고 할 수 있다. 또 다른 원인으로서는 남송에 들어와서 수도 임안臨安(杭州)에 5산山 10사찰 제도가 설정되어 선종 사원이 국가의 보호와 통제를 받게 된 사실을 들 수 있다. 이것은 선종의 번영을 가져옴과 동시에 거기에 어용 종교적 성격을 부여하게 되었다. 이들 관사官寺에서는 국가의 평안을 기도하는 국가진호鎭護의 의식이 행해졌다. 이 같은 상황 아래에서는 이전에는 당의 임제선臨濟禪에서 볼 수 있던 야성이 모습을 감추는 것도 어쩔 수 없는 것이었다.

그러나 이들 여러 원인보다도 훨씬 유력한 원인이 있었다. 그것은 고급 문관 시험인 과거 제도가 확립되어 관리 사대부가 되는 문이 널리 개방되었던 것이다. 육조, 수·당 시대는 관리 사대부의 신분이 귀족화되어 가문이 없는 한문寒門 출신자에게는 높은 봉우리 위의 꽃과 같은 것이었다. 그 때문에 한문 수재의 다수는 불문에 집중했다. 이것이 육조, 수·당을 불교의 황금시대로 만든 사회적 원인이다. 하지만 송대에 들어서자 관리가 되는 문은 널리 서민을 향해서 열리게 되었으므로 수재는 전부 관계官界로 들어가고 불문佛門에는 인재가 모이지 않는 경향이 생기게 되었다. 그 경향은 원·명·청으로 시대가 내려감에 따라 더욱더 극심해진다. 최후에는 "밥줄이 끊긴 자 화상和尙이 된다", "근성 있는 자는 상인이 되고 멍청하고 게으른 자는 출가한다"는 근세의 속언이 보여주는 상태가 되었다. 이것이 근세 중국에서 불교 쇠퇴의 근본 원인일 것이다.

정토교 – 염불선과 백련교

송대에 선종과 필적하는 유력한 불교는 정토교였다. 다만 당 중기 이후 정토교를 전문으로 하는 유력한 승려가 없고 송대를 통해 선종이나 천태종의 승려가 정토교를 겸해서 수행한다는 것이 실정이었다. 이것은 중국의 정토교가 주로 무지한 민중의 지지를 받고 지식인·사대부 계층에서는 그만큼 유력하지 않았다는 사정에서 기인했을 것이다.

이 기간 중 송 이전 오대五代의 선승인 영명사永明寺의 연수延壽(904~975)가 제창한 선정쌍수禪淨雙修, 즉 선과 정토를 함께 수행한다는 설은 후세 중국 불교의 주류가 되는 염불선念佛禪의 기원을 연 것으로 매우 주목할 만한 가치가 있다. 연수는 법안종法眼宗 제2조祖라는 중요한 지위에 있던 선승인데, 종래 선종 본연의 모습에 만족하지 않고 나아가 정토의 염불을 채택할 필요가 있음을 강조했다. 그는 『만선동귀집萬善同歸集』을 저술하고, 선종이 부질없이 좌선에만 전심해 공허한 의견과 방종으로 떨어지는 폐단이 있다고 하며, 온갖 선행을 수행함으로써 서방정토西方淨土를 기약해야 한다고 했다. 이를 위해 연수는 좌선을 행함과 함께 십만 번의 염불을 하는 것을 일과로 삼았다고 한다. 그의 유명한 말로 "선을 하는 데다 정토가 있음은 마치 뿔을 지닌 범과 같다"고 한 것은 좌선과 염불을 겸하면 도깨비에 금방망이라는 것으로 장기간 후세 염불선 사상의 근본이 되었다.

송대에 들어와서도 연수의 '선정쌍수'를 행한 선승도 많고, 또한 일반 지식인 중에도 이를 받든 자가 적지 않았다. 그러나 무어라 해도 정토종을 마음을 다해 신봉한 것은 민중이었다. 연수는 "소질이 우수한 자는 선정을 함께 수련해야 하지만 소질이 열등한 자는 오로지 염불만 해서 정토왕생을 구하는 것이 좋다"고 했는데, 그것은 이 같은 현실을 딛고서 한 말이었다고 생각된다.

민중을 중심으로 한 염불 결사는 이미 당대唐代 강남 지역에 나타나고 있는데, 송대에 들어서는 더욱더 왕성해져 1만 인에서 수만 인에 미치는 사우社友가 있는 것도 드물지 않았다. 그 중에서도 북송 말기부터 남송 초기 사람인 모자원茅子元은 그 옛날 여산廬山 혜원慧遠의 백련사白蓮社 염불의 이야기를 본받아 강남을 중심으로 대규모의 결사를 만들었으니, 세상에서 백련종白蓮宗 또는 백련교白蓮教라고 불리게 되었다. 모자원 자신의 교설에는 각별히 특이하다고 할 만한 것은 없는 듯한데, 아무래도 많은 서민을 거느리는 결사였기 때문에 주술적인 요소의 혼입을 면치 못한 듯하며, 그 교설은 사교邪教로서 조정의 탄압을 받고 그 자신도 유형流刑에 처해졌다. 그러나 백련교는 그것으로 쇠퇴하지는 않고 갖가지 변용을 하면서 원·명·청 3조에 걸쳐 그 존재를 지속했다. 원·명 시대에는 농민 반란과 결부되는 일이 많아 사교라고 금단되면서도 끈질기게 존속해

서, 특히 청조 중기에는 대반란을 일으킨 것으로 유명하다.[29]

남송의 『불조통기佛祖統紀』에 의하면 백련교도는 육식을 끊고 술을 마시지 않으며 오로지 채식을 위주로 했으므로 '백련채白蓮菜'라고도 불렸다. 그 습관에 남녀가 모여 음란한 짓을 하고, 이것이 불법佛法이라며 세상 풍속을 어지럽히는 일이 있었다고 한다. 원대의 『연사보감蓮社寶鑑』에 의하면 백련교도는 사람의 육신을 부처의 몸이라 하고, 『금강반야경金剛般若經』의 '일합상一合相'의 설에 부회附會해서 이를 부부의 '일합상'이라며, 또한 '복혜쌍수福慧雙修'의 설을 제멋대로 해석해서 남녀간의 음란한 짓을 했다고 한다. 특히 진기한 것은 『법화경法華經』의 '제루기진諸漏己盡'의 설을 곡해해서 인체 안에 있는 액체는 보물이므로 바깥에 버려서는 안 되며 눈곱이나 콧물도 버리지 않고 마셔야 한다. 더 심한 것으로는 소변을 마시고 이를 '조주趙州의 차 마시기'라 불렀다고 한다. 백련교의 일명을 '끽다사마喫茶事魔'라 부른 것은 이 때문이다. 하나의 종교가 서민화하는 경우 이 같은 왜곡은 어느 정도까지 피하기 어려울 것이다. 일본 중세의 진언종眞言宗에서 파생된 다치카와류立川流나 춤염불 일변도의 시종時宗 집단 중에도 이와 유사한 면이 있었던 것으로 생각된다.

전진교 – 북방 금 왕조에서 발생한 신도교

10세기 중엽 성립한 북송 왕조는 북방의 거란족 요遼나라의 위협에 끊임없이 시달림을 당해왔는데. 12세기 초가 되자 만주에서 일어난 여진족의 금金이 유력해져 요를 멸한 후 여세를 몰아 중국 내지로 침입해 1127년 마침내 북송을 멸하고 황하 유역을 중심으로 하는 화북 일대의 땅을 지배하에 넣었다. 이 때문에 중국은 연경燕京을 수도로 하는 금조金朝와 임안臨安을 수도로 하는 남송南宋으로 이분되어 남북조 대립의 형세가 발생하게 되었다.

새롭게 이적夷狄 부족인 금조의 지배를 받게 된 북방에서 갖가지 혼란이 일어난 것은 당연하다. 남방의 송에서 차츰 성대해진 주자학도 북방 금의 영역에까지 영향이 미친 것은 아니며, 금 왕조는 불교를 후하게 보호함으로써 인심의 통일을 도모했는데, 그것도 아직 충분하지는 않았다. 이 간극을 뚫고 나타난 것이 전진교全眞教로 대표되는 신도교新道教이다.

전진교의 개조 왕중양王重陽(1113~1170)은 이름이 철嚞, 중양은 그 호이다. 장안의 서쪽에 해당하는 함양咸陽에서 태어나 처음 무거武擧에 급제해 하급 관리가 되었으나 뜻에 차지 않아 곧 천계天啓를 얻어 전진교를 설교하게 되었다. 그 교세가 북방 일대에 전파되기까지에는 그의 제자인 7진인眞人, 그중에서도 마단양馬丹陽과 구장춘丘長春의 힘에 의한 것이 크다. 전진교의 주된 신봉자는 물론 서민이었지만, 곧 금 황실에 접근하는 데 성공했을 뿐 아니라 이에 이어서 일어난 원元 왕조의 보호를 얻었다. 이 때문에 전진교는 원·명·청을 통해 그 세력을 보존해, 강남의 전통적인 도교인 천사도天師道(원대 이후 정일교正一教라 부른다)와 함께 천하를 이분하게 되었다. 현재 북경에 있는 백운관白雲觀은 그 총본산이다.

그 교의의 특색은 종래의 도교에서 중시된 불로장생을 위한 금단金丹[연금술]·부록符籙[부적]·도인導引[호흡]·벽곡辟穀[곡

식을 안 먹고 대추, 밤, 솔잎 등을 날것으로 조금씩 섭취]·방중房
中 등 주술의 부류를 말하지 않고 통속적인 민중 도덕의 고취
에 중점을 둔 데 있다. 물론 민중 종교인 이상 구빈救貧이나 질
병 치유가 중요한 목적이기는 하지만, 그것은 하늘에 기도하거
나 혹은 도덕을 지킴으로써 얻을 수 있는 것이라 했다. 여기에
혁신 도교로서의 성격이 나타나고 있다.

동시에 전진교는 삼교三教 일치의 색채를 농후하게 보이고
있는 점에 그 특징이 있다. 신도에게 『효경孝經』·『노자도덕경
老子道德經』·『반야심경般若心經』을 송독하기를 권유하며, 유·불
·도는 일가一家이고 기원이 같음을 주장한 것도 그 표현이다.
통속 도덕을 설교하는 이상 유교에 접근하는 것은 당연하지만
민간에 뿌리내린 불교 신앙과도 타협할 필요가 있었다. 특히
오대·북송 이래 불교의 주류가 되어 있었던 것은 선종이었으
므로 전진교 도사들의 생활에는 선종의 요소가 많이 채택되었
다. 도사는 육식·대처帶妻를 하지 않는 것은 물론 선승의 생활
규칙인 청규淸規의 어휘가 그대로 사용되고, '타좌打坐', 즉 좌
선이 도사의 중요한 수양법으로 채택되었다.

도교가 불교의 영향을 받거나 혹은 그 교의를 훔치는 것은
육조 이래 있어온 일인데, 금대의 신도교에 이르러서는 그 정
점에 도달했다. 근세의 민간신앙에서는 완전하다고 해도 좋을
정도로 도교·불교 융합이 행해지고 있는데, 그 태세는 이 무렵
에 준비되고 있었다고 보아도 좋을 것이다.

中國思想史

제9장

원·명의 사상

1271		1368		1522	1566	1573	1620	1644
남송	원	명		가정		만력		청

원대의 사상

　몽골 초원의 유목민이었던 몽골인은 차츰 남하해 중국의 북부에 들어가고 이어서 화북을 지배하고 있던 금나라를 멸망시켰으며, 다시 강남의 남송을 병합하는 데 성공해(1279) 천하의 통일을 실현했다. 국호를 원元이라 하고 수도를 북경北京[당시 대도大都]에 두었다. 원조는 그 후 만주족의 청조와는 반대로 중국 문화에 쉽게 동화하지 않고, 위력으로 중국인을 제압하는 정책을 취했다. 관리를 임명하는 경우에도 부처의 장長의 지위는 몽골인에 한정되고 중국인은 서리胥吏의 신분을 감수했다. 그 때문에 전통적인 고급 문관 시험인 과거도 중단된 채로 중국인 사대부는 불우한 지위에 놓였다. 원대의 사상계가 부진 상태로 끝난 것은 이 같은 역사적 사정이 있었기 때문이다.

　원래 이러한 정황 아래서도 남송 이래 주자학은 미약하지만 사대부 사이에 행해지고 있었는데, 원 중엽 인종仁宗의 연우延

祐 원년(1314)에 이르러 과거제가 부활함과 더불어 주자의 주석에 의한 '사서'와 '오경'을 출제의 원전으로 삼았다. 이는 주자학이 원조의 관학으로 채택되었음을 의미하는 것으로 주자학의 역사에서는 획기적인 사건이었다. 그렇다고는 해도 원대 백 년 동안에는 특별히 거론할 만한 사상가는 끝내 출현하지 않았다고 해도 좋다.[30]

명대의 사상계 – 주자학의 로고스에서 양명학의 파토스로

원을 멸한 명 왕조는 백 년 만에 중국인의 중국을 회복했다. 특히 황하를 중심으로 하는 화북 땅에 관해서 보면 실로 2백 년 만에 이적의 지배로부터 해방되었된 것이다. 더욱이 명조 3백 년간은 말기를 제하고 이적의 위협을 받은 경우가 적었으므로 그 태평은 문화의 난숙을 촉진하는 데 충분한 것이었다. 오히려 난숙함이 지나쳐 퇴폐에 빠졌던 것이 명조의 파멸과 또다시 이적인 청조의 지배를 초래한 원인이 되었다고 할 수 있다.

그러면 이 문화의 난숙함은 사상 세계에 어떠한 영향을 미쳤을까. 한마디로 말하면 주지主知주의 학문이 쇠퇴하고 '정의情意[감정·의지] 위주의 학문이 환영받게 되었다. 로고스로부터 파토스로 옮겨간 것이다. 구체적으로 말하면 '격물궁리格物窮理'의 주자학을 대체해 '지행합일知行合一'의 양명학陽明學이 나타나고, 게다가 양명학 자체가 해체돼 양명학 좌파左派의 자연주의가 발생해 퇴폐와 파멸의 길을 밟게 된다.

명은 원의 뒤를 이어받아 주자학을 그대로 관학으로 삼고 과거 시험에 주자학을 사용했다. 특히 3대 천자 성조成祖 영락제永樂帝는 과거科擧의 표준 해석을 보여주는 『성리대전性理大全』·『사서대전四書大全』·『오경대전伍經大全』을 만들게 했다. 이것은 주자의 주를 더욱 상세히 해석한 것으로 이것만 읽으면 다른 서적을 볼 필요가 없게 된다. 이 대전이 나왔기 때문에 자유 연구의 여지가 없어지고 나아가서는 유학·주자학의 발전이 방해를 받았다는 것이 종래의 일반적 견해이다. 그렇지만 명청사 연구의 전문가들 중에는 "그것은 시대를 알지 못하는 편파적 학설"이라면서, 시대 자체가 유교 경전을 연구하는 학문으로부터 떠나고 있었음을 지적하는 의견도 있다.* 이제 이 설에 의거하면서 명대의 풍조를 개관해 보겠다.

명은 국도를 처음 남경南京에 두었지만 얼마 안 있어 곧 북경으로 옮겼다. 그러나 명대 문화의 중심지는 수도인 북경이 아니고 소주蘇州를 중심으로 하는 강남江南 지방이었다. 이것은 원조 지배를 혐오한 지식인들이 수도 북경을 피해 강남에 거주하는 전통이 있었던 것과, 당시 이미 강남이 산업 발달의 선진 지대가 되어 있었던 것에 기인한다. 강남에는 산업으로 부를 획득한 호상豪商이 많고, 서민 신분이면서 문학이나 예술을 애호하고 몸소 작가가 된 자도 적지 않았다. 이들 호상이 사대부 지식인의 훌륭한 '살롱'이 되어 현란한 강남 문화의 꽃을 피우게 했던 것이다. 더욱이 태평무사함이 장기간 지속되자 곧 강남의 풍조는 북방의 수도에까지 밀려들어 천자마저도 거기에 휘말리는 상태였다.

이 같은 풍조는 아직 창업 정신이 남아 있던 명 초기에 일찍이도 나타났다. 5대 선종宣宗 때 주자학 서적 『대학연의大學衍

義』를 읽고 수양해야 한다고 상주하는 신하가 있었는데, 황제는 노해서 그를 엄벌에 처했다고 한다. 물정에 어두워 융통성을 발휘할 수 없는 도학 따위에는 매력을 느끼지 못하고, 인간미가 풍부한 정감을 애호하는 명대 사람들의 성격을 이미 여기서도 볼 수 있다. 같은 시기 최고학부 장관인 국자감國子監 좨주祭酒였던 이자면李自勉의 상서에 "근래 『전등신화剪燈新話』라 일컫는 괴담 책이 나타나 시정의 경박한 무리가 다투어 암송할 뿐 아니라 경생經生·유사儒士까지 정학正學[유학]을 버리고 밤낮 이에 열중해 담론 제재로 삼고 있다"고 서술하고 있다. 명대에는 『수호전水滸傳』·『삼국지연의三國志演義』·『서유기西遊記』·『금병매金瓶梅』 등의 소설류가 잇달아 나타났는데, 어느 것이나 같은 풍조 속에 발생한 것이다. 명대 중기 사람인 왕양명이 그 청년 시대에 이몽양李夢陽을 비롯한 고문古文 7자七子의 고문사학古文辭學 문장에 열중하기도 하고, 신비색이 짙은 도교나 불교에 탐닉하기도 한 것은 양명 개인의 성격에 기인한다기보다 그것이 사회 일반의 풍조였기 때문이다. 파멸형 양명학자 이탁오李卓吳가 세상에 나온 것은 가정嘉靖에서부터 만력萬曆 연간까지 명대 문화의 난숙기·퇴폐기이며, 『금병매』를 비롯한 음서淫書가 속출한 시대였다. 이런 의미에서 말하면 그들이 갖는 개성은 그대로가 시대 풍조를 대표하는 것이었다고 할 수 있다.[31]

이렇게 해서 시대 풍조는 주지주의·이성주의의 주자학을 떠나 감정·의지를 동력으로 하는 양명학으로 향하는 기운 속에 있었다.

* 미타무라 타이스케(三田村太助),『명과 청』, 河出書房新社,
『세계의 역사』 제14권.

1. 왕양명

용장의 한 깨달음 – 모든 이理는 내 마음속에 있다

　'격물궁리'라는 주자학의 주지주의를 부정하고 간명하며 바로 결단하는 '심학心學'을 제창한 것은 멀리 남송의 육상산에서 시작되었으며, 명대에 들어서는 진헌장陳獻章(호는 백사白沙)·누량婁諒(호는 일재一齋) 등이 주자학 출신이면서 육상산의 학문에 기울어져 있었다. 이들은 양명학의 선구가 되었다.

　왕수인王守仁(1472~1528)은 자는 백안伯安이며, 양명陽明은 그의 호이다. 명 중기 절강성浙江省 소흥부紹興府의 동쪽에 해당되는 여요현余姚縣에서 태어났다. 그 부친 왕화王華는 수석[장원壯元]으로 과거 회시會試의 진사進士로 급제하고 남경이부상서南京吏部尙書라는 고관에 이른 사람이다. 왕수인은 18세 때 누일재를 스승으로 삼아 주자학을 배웠지만 도교나 불교에도 관심을 갖고 있었다. 28세에 진사進士로 급제해 병부주사兵部主事란 관직에 올랐다. 무종武宗 정덕正德 원년(1506), 조정에서

환관宦官 유근劉瑾의 전횡이 극에 이르자 이를 탄핵해 죄를 얻은 정의로운 사인士人을 변호하는 상주를 했기 때문에 그 분노를 사서 멀리 귀주성貴州省의 용장역龍場驛 역장으로 좌천되었다.

당시 이 지방은 중국 서남부 오지에 있어 만이蠻夷의 거주지로 문화가 끝나는 지방이었다. 생활의 고통은 물론 읽어야 할 서적 한 권조차 없었다. 만일 주자학이 말하듯이 '격물궁리'를 위한 독서가 인간 형성에 불가결한 조건이라면 여기서는 인간이 되는 길조차 닫혀 있을 것이다. 왕양명은 갖가지 고뇌를 한 끝에 하나의 깨달음을 얻기 시작했다. 그것은 당장에 내가 지닌 마음만으로 충분하다는 것이다. 모든 이理는 내 마음속에 갖춰져 있으며, 마음 바깥의 이라는 것은 있을 수 없다. 내 마음의 이를 깊이 연구하는 것 그대로가 만물의 이를 아는 것은 아닐까. 이 '심즉리心卽理'를 깨달은 것이 이른바 용장의 한 깨달음이라 불리는 것이며, 그 후 양명학 전개의 근본이 되었다. 이것이 왕양명 38세 때의 일이다.

환관 유근의 실각 후 재차 조정에 돌아와 중앙이나 지방의 관직을 역임하고 행정과 군사에 걸쳐 뛰어난 기량을 발휘했다. 이 무렵에는 각지에서 농민 반란이 자주 일어났는데, 왕양명은 도처에서 이를 격파해 진정시켰다. "산중의 도적을 쳐부수기는 쉬우나 마음속 도적을 쳐부수기는 어렵다"고 한 것은 왕양명의 말인데, 이것은 말 그대로 실천 속에서 얻은 것이었다. 젊었을 때부터 폐에 지병을 갖고 있던 왕양명이 동분서주하는 격동의 생활을 견딜 수 있었던 것은 오로지 그 기력과 의지에 의한 것일 터이다. 그 후 국방장관에 해당되는 남경병부상서南

京兵部尙書의 영예로운 직책에 임명되었지만 얼마 안 가 고향으로 돌아가 강학講學 생활을 즐겼다. 그러나 광서성廣西省에 강력한 반란이 일어나 또다시 이를 평정하라는 조정의 명을 받아 그 사명을 이루었으나 병상이 악화되어 귀환하던 중에 사거했다. 당시 57세였다.

일원론의 관철 – 기즉리 · 심즉리, 무내외 · 지행합일

용장의 한 깨달음으로 얻은 왕수인 철학의 근본은 '심즉리心卽理', 즉 마음이 이라는 데 있다. 이는 주자학의 '마음'에 대한 견해와는 어떠한 점에서 다른 것일까.

주희는 인간의 마음을 이理와 기氣 이원二元으로 구성되는 것이라고 했다. 이는 순수하고 바르며 선한 것인데, 기는 정조精粗 · 청탁淸濁의 성질을 갖는 것이므로 이理 본래의 바람직한 상태를 상실할 가능성이 있다. 이 때문에 주자는 마음을 이분해 본연의 성(理)과 기질의 성(氣 · 情 · 欲)이라고 했다. 그리고 기질의 성을 본연의 성에 근접시키기 위한 공부로서 주관적으로는 경敬을 위주로 하고, 객관적으로는 외부 사물의 이를 깊이 연구함으로써 내외 양면으로부터 마음의 이의 불완전함을 보충하려는 것이다.

그렇지만 양명은 이 같은 주희의 이원적 사고법을 전면적으로 거부한다. 첫째로 이란 것은 기에 갖춰진 조리條理란 것이고, 기 바깥에 따로 이가 있을 리는 없다. 따라서 이와 기는 일체인 것이며, 한 사물의 양면에 지나지 않는 것이어서, 오로지 그 일면에서만 말하면 이는 기(理卽氣)인 것이다.

둘째로 이와 기가 동일한 것이라면 주희처럼 마음을 이와 기로 이분해 본연의 성과 기질의 성으로 나누는 것은 오류이다. 마음은 어디까지나 하나인 것이며, 현실에서 인간의 마음 그대로가 이理이다.

셋째로 주희와 같이 마음의 이와 외부 사물의 이 사이에 구별을 두고, 이를 내외로 이분하는 것도 오류이다. 이는 하나인 것이고 안과 바깥의 구별은 없다. 내 마음의 이 그대로가 외물의 이이기도 하다. 마음 바깥의 이를 구할 필요는 없고 전부가 내 마음의 이로써 다 포괄할 수 있다. 따라서『대학』의 '격물치지'는 주희가 말하듯이 외계의 사물의 이를 검토함으로써 앎을 완성한다는 것은 아니라, 사물의 본연의 상태를 바로잡아 바르지 못한 것을 바른 상태로 되돌림으로써 마음의 앎의 기능을 충분히 발휘한다는 의미이다. 주희처럼 마음 바깥의 이理를 구해 독서를 할 필요는 없다. 내 마음의 이만 밝히면 육구연이 말하듯이 '육경은 모두 내 마음의 주해注解'란 경지가 된다.

넷째로 주자학에서는 먼저 이理를 알고 난 다음에 비로소 이를 실행에 옮긴다는 순서를 지켜야 하는 것으로 되어 있다. 이른바 선지후행先知後行의 설이다. 이에 반해 왕양명은 앎과 실행을 이분하는 데 반대한다. 단순한 견문見聞의 앎은 참된 앎(眞知)은 아니다. 앎은 실행됨으로써 비로소 참된 앎이 된다. "지知는 행行의 시작이고 행은 지의 완성"이라는 말도 한다. 이것이 이른바 '지행합일知行合一'의 학설이다.

이처럼 양명의 철학은 일원론一元論으로 관철되고 있다. 그 일원一元의 근본이 되는 것은 마음이니, 그것은 남송 육구연의 계보를 잇는 '심학心學'이라 할 것이다. 이 때문에 왕양명의 학문과 육구연의 학문을 합쳐 '육왕학陸王學'이라 불릴 정도이다.

그러면 마음의 일원론으로 얻을 수 있는 것은 무엇인가. 간이하고 바로 결단하는 것이니 실천에 연결하기 쉽다는 것이다. 주자학은 이성과 물질 이원론이기 때문에 실천에 옮기기 전에 객관적인 사물의 이理를 확인할 필요가 있었다. 양명학에는 이 번거로움이 없기 때문에 마음이 명령하는 대로 바로 실행에 옮기는 것이 가능하다. 주자학이 주지主知주의이라고 하면 양명학은 행동주의이며, 감정과 의지(情意)를 위주로 하는 것이다.

주희는 50년의 관료 경력을 지녔다 해도 실무를 수반하는 관직에 오른 것은 10년을 넘지 않는다. 이와는 반대로 왕양명은 행정과 군사의 격무 중에 생애를 마쳤다. 주희가 보다 학구적이고 양명이 간이하고 즉각적인 행동의 학문을 제창한 것은 한편으로는 개인적인 환경의 다름에 기인한다고 할 것이다. 그러나 양명의 반反주지주의, 무엇보다도 감정과 의지를 중시하는 입장이 명대 사회의 풍조에 근거한 것임은 이미 앞에서 서술한 대로이다.

정좌로부터 일의 연마로 – 선종으로부터 이탈

이처럼 양명학에서는 마음이 명하는 대로 실천에 옮기면 된다는 입장이 생겨났다. 그러나 왕양명도 역시 현실의 인간의 마음 그대로가 절대적 선이라고 인정할 수 없었다. 나쁜 일을 하는 인간이 많다는 현실은 왕양명이라 해도 무시할 수는 없다. 왜 이理가 깃든 마음에 부조리가 생길까. 왕양명은 그것이

'사욕私欲'에 의한 것이라 했다. 본래 인간의 마음은 이理이고 선함 그 자체인데, 거기에 사욕이 생김으로써 본심이 흐려지고 왜곡되어 악해진다는 것이다. 그러면 사욕은 어디서부터 생기는 것일까. 왕양명은 묵묵히 말하지 않는다. 말하지 않는 것이 아니라 말할 수 없는 것이다. 만일 사욕의 발생 근원을 철저히 추구하면 주희처럼 마음을 본연의 성과 기질의 성으로 이분하는 것이 필요해지고, 왕양명이 가장 증오하는 이원론을 불러일으킬 우려가 있기 때문이다.

그 출처는 불명이라 해도 어쨌든 왕양명은 사욕의 존재를 인정한다. 사욕이 존재하는 이상 이를 제거할 궁리가 필요하다. 처음 왕양명은 문인들에게 정좌를 권했다. 정좌는 북송 이래 송학 유자 다수가 실행했던 것인데, 물론 이것은 좌선坐禪의 모범에 따른 것이다. 따라서 정좌를 수행하는 문인들 중에는 정靜을 기뻐하고 행동으로부터 멀어지는 경향이 나타났다. 그래서 왕양명은 이를 고쳐 '사상마련事上磨鍊'을 주장하게 되었다. 사상마련이라는 것은 사실 위에서 마음을 연마하는 것이다. 현실의 생활에 나타난 갖가지 곤란에 직면했을 때 이를 극복하는 과정에서 마음을 연마한다는 것이다.

원래 심학心學이 불심종佛心宗인 선종에 가까운 것은 앞에도 서술한 대로인데, 수양법으로서 정좌를 이용하면 더욱더 선종에 접근하는 것을 피할 수 없다. 이제 왕양명은 정좌를 버리고 사실에서 마음을 연마하기를 주장하게 되었다. 이것은 양명학이 선종에서 떠나고자 하는 노력의 한 표현이다. 왕양명의 말에, "우리 유자는 마음을 배양하는 경우에도 사물에서 떠나는 것은 아니다. 이와는 역으로 불교는 허적虛寂에 빠지고 세간과의 교섭이 없어진다. 이것이 불교가 천하를 다스릴 수 없는 이유이다"라고 한 것은 이 사정을 잘 이야기하고 있다.

치양지 – 자연주의의 지향

왕양명은 후기에 와서 '양지良知', '치양지致良知'를 강조하게 되었다. 양지·양능良能이란 것은 『맹자』에 보이는 말이며, 그것은 인간이 태어난 대로 자연히 갖추어져 있는 도덕심을 가리킨다. 양명은 이 맹자의 말을 그대로 사용해 인간성의 자연에 뿌리내린 양지를 배양해 이를 완전히 발휘하는 것, 즉 "양지를 발휘한다(致良知)"는 것을 그 도덕설의 중심에 두게 되었다.

주목해야 할 것은 양지를 주장하게 된 다음부터 왕양명에게 자유롭고 마음의 광대함이 늘어난 듯한 분위기가 보이는 것이다. 왕양명 자신도 "내가 44, 45세가 되기까지는 조금 근신하고 중후함에 힘쓰는 경향이 있었다. 그러나 양지의 존재를 알게 된 다음부터 자신이 올바르다고 생각하는 것을 마음껏 행하고 조금도 가려서 숨기는 것이 없어졌다. 이른바 광자狂者의 심경에 도달할 수가 있었다"고 서술했다. 또 어느 무더운 여름날 문인들이 스승 앞에서 부채를 사용하는 것을 조심하고 있는 것을 본 왕양명은 "부채를 사용하는 것이 좋다"고 명했다. 문인들이 사양하자 왕양명은 말하기를, "성인의 도라는 것은 그처럼 굳이 괴롭게 사람을 속박하는 것은 아니다. 그러한 도학자인 체하는 태도는 쓸데없다. 『논어』에도 공자가 제자들에게 뜻을 술회하게 했을 때 증점曾點은 태연히 거문고를 치고 있었다. 흡사 미친 사람(狂者)의 태도이다. 만일 정이천程伊川 등이 이를 본다면 엄하게 호통을 쳤을 것이다. 그렇지만 공자는 증점에게 노하기는커녕 도리어 이를 칭찬했다. 얼마나 큰 기상인가! 성인의 교육은 사람을 속박해 일정한 평균형으로 밀어넣는 것은 아니고 광자에게도 광자 나름의 장점을 인정하고 이를 성취시켜주는 것이다"라고 가르치고 있다.

그러면 왜 양지설이 왕양명의 기상을 크게 했는가. 그것은 양지가 인간의 자연 속에 갖추어져 있는 것이며, 특별히 가공하지 않아도 이미 완성되어 있는 '현성現成(레디메이드)'의 것이기 때문이다. 그러면 수양이나 공부의 필요는 거의 없어진다. 다만 관례에 따라 '사욕'이 양지를 가려서 숨길 가능성이 남아 있으므로 '양지를 발휘하는', 결국 양지를 바르게 기르는 공부는 필요하다. 그러나 양지는 자연히 발현하는 것이므로 이를 기르는 것도 역시 자연적인 방법에 의거해야만 한다. 송대의 도학자에게 볼 수 있는 것 같은 인위적이고 엄격한 수양법은 도리어 양지를 질식시키게 될 것이다. 왕양명의 말 속에 양지와 함께 '자연'이라는 어휘가 많이 사용되는 것은 후반기의 왕양명 철학이 차츰 자연주의로 기울어져 간다는 것을 말해주는 것이다. 그리고 이 왕양명의 자연주의는 곧 양명학 좌파에 의해 계승되어 철저한 형태로 강화된다.

자연주의로의 경사와 병행해 인간적 감정이 '양지'의 작용으로서 긍정되고 있는 사실을 거론해 둘 필요가 있다. "'희노애욕喜怒愛欲 등의 7정七情은 인심人心이 당연히 갖추고 있는 것이다. 7정이 그 자연의 발로대로 따르면 이것이 모두 양지의 작용이니 양지는 선하고, 7정은 악하다고 여기는 것은 오류이다. 다만 7정이 일정한 것에 집착하면 그것은 욕망이 되어 양지를 가려서 숨기게 된다"고 한다. 또 문인이 "어버이의 사별 등 큰일을 만나 소리 내어 우는 것은 마음의 본체인 즐거움을 손상하는 것은 아닌가요"라고 질문하자, 왕양명은 "그때는 한 차례 크게 곡한 다음 다시 본래 즐거운 경지로 돌아가면 된다. 한 번 소리 내어 울지 않으면 본래의 즐거움의 경지로 돌아가는 것도 불가능하다"고 답하고 있다. 왕양명의 인정人情에 대한 태도가 송의 주지주의 도학자와 다른 것은 명백하다. 그것은 또한 감정과 의지를 기조로 하는 명대 풍조의 표현이라고도 할 것이다.[32]

길거리가 온통 성인이다 – 양명학의 민중화

또한 양지의 교설은 북송 정호의 '만물일체萬物一體의 인仁'과 연결됨으로써 종래 그 존재가 계속 무시되어왔던 민중의 인격을 존중하고, 나아가서는 양명학이란 유학을 민중 사이에 포교한다는 전대미문前代未聞의 유행의 기초를 만들기도 했다.

"만물이 일체가 되는 인"이란 정호의 관념은 '인'이 널리 만물을 포용하는 것을 강조한 것이니, 말할 나위 없이 민중과 고락을 함께하는 데로 연결되는 것이다. 서민의 고통은 그대로 나의 고통이고, 만민을 구하는 것이 하늘의 사명이 된다. 그런 의미에서 민중을 존중하는 사상[민본주의]이지만 거기에 머물게 되면 맹자 이래의 전통적 유가 사상으로 각별히 혁명적 의미를 갖는 것은 아니다.

이것이 양지설과 결합하면 장면은 단번에 전환한다. 양지는 만인이 태어나면서 선천적으로 구비되어 있는 것이니, 어떤 무학無學의 인간도 예외가 되는 것은 아니다. "양지·양능을 지닌 점에서는 어리석은 남녀와 성인聖人은 완전히 동일하다. 다만 성인은 그 양지를 발휘하는 데 비해 어리석은 남녀는 그럴 수 없다는 차이가 있을 뿐이다", "어리석은 남녀와 같은 것을 '동덕同德'이라 하고, 어리석은 남녀와 다른 것을 '이단異端'이라 한다"는 등의 말은 전부 이 근거에서 나오고 있다. 종래의 유가는 민중을 동정의 대상으로 삼을 뿐이어서 이들을 동일한 도덕 수준에 두는 것은 아니었다. 하지만 왕양명에게는 '치양지'를 완성한 성인에게 특별한 자격이 있다고 여기지만, 양지를 지닌 점에서는 사대부와 서민의 차별은 없어진 것이다.

하루는 문인門人인 왕간王艮(심재心齋)이 외출에서 돌아왔다. 왕양명이 "외출해서 무엇을 보고 왔느냐"고 묻자 왕간은 "거리의 사람들이 전부 성인이란 것을 보고 왔습니다"라고 답했다. 이 '만가성인滿街聖人'이란 설은 양명학 좌파 사람들에 의해 문자 그대로 실천된다. 무릇 왕간 자신도 상인이라고는 하지만 염전鹽田의 노동자였다가 입신출세한 인물이었다.

물론 왕양명의 문인 대부분은 사대부의 신분을 지닌 자였지만 그 재전再傳 이하 문하의 갈래에는 상인·농부·직공이 적지 않게 포함되었으며, 더욱이 그중에는 농촌 각지에서 양명학을 포교하며 순회하는 자들이 나타났다. 유학으로서는 참으로 파천황破天荒인 이 같은 현상은 양명학의 독자성에서 발생한 것임은 말할 나위도 없다. 그러나 이것을 가능하게 한 것은 명대 강남 지방의 경제 번영이며 서민 계층의 생활 수준 향상이었다.

양명학이 지닌 장단점은 그 좌파, 특히 이탁오에 관해서 살펴보면 저절로 분명해질 것이다.

2. 양명학의 좌파

양명학 우파와 좌파

　왕양명 사후 그 문하의 갈래는 온건파와 급진파로 이분되는 경향이 차츰 강해졌다. 가령 온건파를 우파, 급진파를 좌파라고 부른다면 양명학의 특징은 좋든 나쁘든 좌파에서 현저해진다. 우파는 좌파가 세간의 비판을 강하게 받게 됨에 따라 더욱더 보수 온건의 경향을 강화하며, 그중에는 주자학과 타협하는 자까지 있었다. 여기서는 오로지 대표적인 좌파 사람들에 관해 살펴보기로 한다.

왕기 – 현성양지·선종에의 접근

　왕기王畿(1498~1583)는 자는 여중汝中, 용계龍溪는 그의 호이다. 그 출생지는 절강성 산음현山陰縣으로 왕양명의 향리鄕里에 가깝다. 진사에 낙제한 후 왕양명의 문하에서 배워 출중한 제자가 되었다. 왕양명 사후 다시 진사로 급제해 관직에 올랐지만 위학偽學의 비난을 받고 관직을 사임했다. 그 후 40여 년간은 강남 각지에서 강학講學을 하며* 사대부를 비롯해 농·공·상업을 하는 자들을 많이 모았다.** 그가 죽은 것은 86세로, 그 생애의 태반은 명대 문화가 난숙, 퇴폐한 가정·만력 시기에 해당된다.

왕기는 스승의 양지설을 이어받아 이를 철저히 한 데 특색이 있다. 만일 양지가 인간이 태어나면서 자연히 갖추고 있는 작용이라면 모든 사람들은 현재 이미 완성된 형태로 이를 구비하고 있을 것이다. 바꿔 말하면 '현성양지現成良知'인 것이다.*** 현재 이미 완성되어 있다면 거기에 가공을 할 필요는 전혀 없을 것이다. 내면에 양지가 있음을 자각하면 그 인간은 바로 성인의 경지에 도달할 수 있다. 어떠한 수양도, 공부도 필요 없다. 다만 하나 필요한 것은 내 마음 속에 양지가 있음을 믿는 마음, 신심信心이다. 여기에 이르러 그의 주장은 양지교라고 불릴 만한 종교적 색채를 띠고 있음을 알 수 있다. 그 후 유종주劉宗周[양명학 우파]가 비평한 대로 왕기의 '양지'는 선종의 '불성佛性' 바로 그것이라고 해도 될 것이다.

사실 그는 선종에 예사롭지 않은 관심과 공감을 품고 있었다. 그는 같은 양명학이라도 수양 공부가 필요함을 인정하는 것을 북종선北宗禪의 점오설漸悟說에 해당시키고, 자신의 입장을 남종선南宗禪을 개창한 6조 혜능慧能의 돈오설頓悟說에 해당시키고 있다. 왕기에게는 「삼교당기三教堂記」란 문장 한 편이 있는데, 그 안에는 "세상의 유자에게는 노장이나 불교를 이단으로 배척하는 자가 많지만 이는 오류이다. 양지는 만물을 포용하는 것이며 유·불·도 삼교에 통하는 것이다. 부질없이 자기와 타자의 같고 다름을 내세우는 자야말로 다름 아닌 유자의 이단이다"라는 의미의 말을 하고 있다. 스승 왕양명의 철학에 잠재해 있던 선종적 경향이 여기서 선명하게 그 모습을 나타낸 것이다.

왕기의 양지설에 보이는 간명함, 어떤 수양 공부도 할 필요가 없고 양지 그대로 행동하면 좋다는 간편함이 그 대중성을 얻은 이유였다. 그는 태주泰州 사람은 아니었지만 그 사상은 태주학파에 커다란 영향을 미쳤다.

* '강학講學'은 예로부터 있었던 말이지만 양명학에서는 사제가 모여서 행하는 연구회, 토론회를 의미한다. 그러나 많은 민중이 모이게 되면서부터는 불교의 설교 집회에 가까운 형태가 되어갔다. 이 무렵 각지에는 강사講舍의 설비도 있었던 듯하다.

** 왕기의 어록에 의하면 처음 그 강학에 모인 자는 주로 과거를 위해 공부하는 사대부 자제였는데, "사람은 모두 성인을 배울 수 있다"는 말을 들으면서부터는 농·공·상업의 사람들이 수백 명이나 집회에 모이게 되었다고 한다.

*** '현성양지'라는 말은 선종의 '현성공안現成公案'에서 힌트를 얻어 만들어졌을 것이다.

태주학파 – 양명학의 대중 동원

양명학 좌파의 중핵이 된 것은 태주학파泰州學派이다. 태주는 강소성江蘇省 양주揚州의 동쪽에 있고 염업을 중심으로 하는 경제가 번영한 지방이었다.

왕간王艮(1483~1540)은 자는 여지汝止, 심재心齋는 그 호이며 태주에 태어나 이 학파의 개조가 되었다. 염전의 노동자에서 입신해 상인이 되고 양명의 문하에 들어갔다. 일본에 비하자면 조닌(町人)에 해당하는 도시 서민 출신의 학자로서 아마 중국에서는 그 첫 번째가 될 것이다. 스승 왕양명에게 '만가성인滿街聖人'을 말한 것도 그였다. 그도 왕기와 마찬가지로 '현성양지'의 입장을 취했으며, "양지는 자연의 천칙天則이고 인력을 가해서 조정할 필요가 없는 것"이라고 주장했다. 다만 그는 독서나 경험에 의한 학문의 필요를 긍정해, "양지를 근본으로 삼고 과거의 말과 행동을 많이 알아서 덕을 함양할" 것을 주장했으므로 양명학으로서는 온건파의 경향을 지닌다고 할 수도 있다. 그러나 그 출신 관계도 있어서 실천을 중시하는 경향이 강하고 나아가 대중 사이에 도道를 설교했다. 그 문전에는 "이 도는 노유老幼·귀천貴賤·현우賢愚에 근거하지 않고 학문을 지원하는 자 있으면 도를 전한다"고 쓰여 있었다고 한다. 이것이 그가 태주학파의 개조가 된 이유이다.

왕간의 문하에서 배운 사람들로는 사대부도 있지만 다수는 서민이었다. 그중 한 명으로 주서朱恕가 있다. 그는 나무꾼이었는데 땔나무를 하는 일 틈틈이 왕간의 강당의 계단 아래에서 그 담화를 서서 듣고 그 나름의 학문을 했다고 한다. 이 주서의 인품을 흠모해 그에게 배우고 다시 왕간의 아들 왕벽王襞(동애東崖)에게 나아가 배운 자로 기와 장인 한정韓貞이 있다. 이 사람은 약간의 문자 지식이 있었지만 깨달음을 얻고 난 후에는 오로지 포교를 자기 임무로 하게 되었다. 이 때문에 그 아래 모인 농·공·상의 사람들이 천여 명에 미쳤다. 특히 벼 수확을 마친 농한기에는 농촌 사람들을 모아 학문을 담론하고 한 촌을 끝내면 다음 촌으로 이동했는데, 촌민들은 대열을 만들어 전방이 노래하면 후방이 이에 화답하니, 악기와 노래 소리가 주변에 울려 퍼졌다고 한다. 불교의 법회라면 어떨지 모르지만 유교로서는 미증유未曾有의 대중 동원이 실현되었다.

그러나 이 같은 대중 동원에 성공한 것이 위정자의 양명학에 대한 경계심을 불러일으키게 된다. 중국 농민반란의 다수는 종교적 색채를 띠고 있으며, 백련교의 반란은 그 전형적인 사례이다. 양명학의 유행이 마치 백련교와 같은 사교·위학僞學의 횡행으로 보인다고 해도 이상할 것은 없다.[33]

태주학파의 지식인 – 자연주의로의 경사

같은 태주학파의 계보에 속하는 사대부 중에서 특색 있는 사상가가 속출했다.

왕간의 학문을 전한 사람으로 서월徐樾(파석波石)이 있으며, 서월 문하로부터 안균顔鈞(산농山農)이 나왔다. 그의 사상의 근본은 "인간의 성性은 밝은 구슬과 같은 것이고, 아무 결함도 없는 완전한 것이다. 따라서 이 본성 그대로 행하고 오로지 자연에 맡기면 된다. 이것이 '도'이다. 선대 유자가 제창한 도리나 격식은 도의 장해가 될 뿐이다"라는 것이었다. 그는 경서도 잘 읽지 않았다고 하니 혹은 서민에 속한 사람이었는지도 모른다.

안균에게 배운 사람으로 하심은何心隱과 나여방羅汝芳이 있는데, 전자는 생원生員의 경력이 있고, 후자는 진사 출신으로 참정參政의 관위에 이르렀다. 하심은(본명 양여원梁汝元, 1517~1579)은 스승 안균이 그러했듯이 북송의 장재가 제창한 "백성은 내 친형제이며 사물은 내 친구"라는 '민포물여民胞物與'설에 공명해 남의 고난을 보고는 자신을 죽여 이를 구한다는 의기가 왕성했다. 그는 상하 관계인 군신의 도와 붕우의 도는 동등한 가치를 지닌다고 주장하며, 실제로 이를 행동에 옮겼다. 이 때문에 "그 학문은 공자를 배웠어도 그 행위는 임협任俠과 유사하다"고 일컬어지듯이 협자俠者의 정신이 많았다.

그러나 이와는 역행하는 듯 보이는 주장으로, 그 학설에는 자연적 욕망에 대한 긍정을 주장하고 있다. 그는 북송 주돈이가 '무욕'을 말한 데 반대하며, "인仁을 욕구하는 것 또한 욕欲이 아닌가", "재화와 여색에 대한 욕구를 제하고 무엇을 욕구하려는가? 일족의 화합을 욕구하지 않고 무엇을 욕구하려는가?"라고 하며, 욕망이 인간 생활에 불가결한 것임을 강조하고 있다. 이처럼 욕망은 필요한 것인데, 다만 그 욕망은 사적인 것이어서는 안 되고 공적인 것이어야 한다고 한다. 여기에 욕망 긍정의 설과 임협의 정신이 모순 없이 결합하는 근거가 있다.

나여방(1515~1588)은 호가 근계近溪이며, 강서성 남성현南城縣 사람이다. 스승 안균이 투옥될 때는 그 구출에 노력했다. 그는 "양지는 자연의 천칙"이라는 스승 왕간의 주장에 따르며, 다시 이를 '갓난아이(赤子)의 마음'과 결부시켰다. 갓난아이의 마음에는 자연히 친애의 감정이 갖추어져 있는데, 친애의 정은 즉 인仁이며, 이 인을 배양하면 자연히 의례지신義禮知信의 도덕으로 완성된다는 것이다. 그 '갓난아이의 마음'은 이탁오의

'동심童心'설을 준비했다고도 볼 수 있는데, 거기에 일관되게 흐르고 있는 것은 자연주의의 기조이다.

이 양명학 좌파의 자연주의를 궁극에까지 철저하게 추구한 것이 곧 다름 아닌 이탁오이다.

3. 이탁오 – 양명학의 자멸

이탁오의 생애

이지李贄(1527~1602), 자는 굉부宏父, 사재思齋이며, 탁오卓吾는 그 호이다. 그 생애가 가정·만력이라는 명대 문화의 난숙기로부터 퇴폐기에 해당하고 있는 것이 주목된다. 그 출생지는 개항장으로서 무역으로 번영한 복건성福建省 천주부泉州府였다. 그 조상은 무역상으로 부유했는데, 이지의 부친은 가숙家塾을 연 독서인으로 이슬람 교도였다고 한다.

이탁오는 26세 때 향시鄕試[성省 단위 과거]에 합격해 30세 무렵부터 하급 관직을 역임했는데, 54세 때 운남성雲南省 요안부姚安府 지부知府를 마지막으로 관직을 사임했다. 그 후 얼마간 호북성湖北省 마성현麻城縣에 있는 지불원芝佛院이라는 불사佛寺에 십수 년간 거주하며 거사居士 생활을 보냈다. 그 즈음 『분서焚書』를 저술했는데, 이것이 당시 정치권력을 배경으로한 도학자들의 박해를 부르게 되어 지불원을 나와 각지를 전전하며 도망 생활을 계속하게 되었다. 최후에 북경에 가까운 통주通州에 기거하고 있을 때 체포되어 북경 옥에 투옥되고 만력 3년 옥중에서 자살했다. 당시 76세였다.

이탁오가 양명학을 접한 것은 40세 때로 친구로부터 왕기의 담화를 듣고 왕양명의 책을 볼 수 있게 된 것이 시초였다고 한다. 그 후 왕기를 두 차례 만나고 왕간의 아들 왕벽을 스승으로 삼아 배운 적이 있다. 이탁오는 왕기나 하심은에 깊이 심복하는 점이 있었으므로, 그 학문이 양명학 좌파, 특히 태주학파와 밀접한 관계가 있었음은 의문이 없다.

동심설 – 철저한 자연주의

왕양명의 양지설이 자연주의를 지향했다는 것은 앞서 서술했다. 양지는 인간이 타고나 자연히 갖추고 있는 도덕심이란 것이었다. 양명의 경우는 양지는 이를 길러서 완성시키는 것, 즉 '치양지'를 필요로 했다. 그렇지만 좌파 왕기는 '현성양지', 결국 양지는 현재 이미 완성된 모습으로 사람들 마음에 갖추어져 있는 것임을 주장했다. 따라서 양지에는 수양이나 공부 따위의 인위를 가할 필요는 없고 그대로 자연에 맡기면 좋다는 것이다. 양명학 좌파에 자연주의의 흐름이 일관되게 존재하는 것은 이 때문이다.

이 좌파의 자연주의를 철저하게 추구한 것이 즉 이탁오의 입장이다. 그에게는 '동심童心'설이 있어서 그 근본적 입장을 잘 보여주고 있다. "동심이란 것은 진심眞心이란 것이다. 그것은 일체의 차용물을 갖지 않은 순수한 참(純眞)인 것이며, 최초

일념一念의 본심本心이다. 이 진심을 갖춘 자가 다름 아닌 진인眞人이다. 인간의 초심初心은 전부 동심이며, 동심은 상실하기 쉬운 것이다. 귀와 눈으로 듣고 본 지식이 들어오고, 게다가 독서를 통해 도리를 알면 이들 외부에서 온 차용물이 동심을 잃게 한다." "육경六經이나 『논어』·『맹자』라는 책들은 반드시 성인의 말을 그대로 충실히 전하는 것이라고 할 수는 없으며, 설령 그렇다 해도 일시적 교화를 위한 필요에서 펴낸 것이고, 바로 만세萬世의 지극한 이론이라고 할 수는 없다. 그렇다면 이들 경서는 도학자道學者의 구실이 되는 데 지나지 않고 진인이 아닌 거짓된 인간(假人)의 도피 장소를 제공하는 데 지나지 않는다. 그것이 동심의 말이 아닌 것은 절대 명백하다."

다시 문학에 관해 말한다. "만일 그것이 동심의 발로라면 어떠한 시대의 문장일지라도 각기 높은 가치를 지닐 것이다. 따라서 시는 반드시 『시경』이나 『문선文選』에 한정될 필요는 없고, 문장은 반드시 선진先秦 시대의 것에 한정될 필요는 없다. 육조의 근체문近體文, 다시 시대를 내려와 전기傳奇(소설)·원본院本(희곡 각본)·잡극雜劇(연극)·『서상기西廂記』·『수호전』 등도 어느 것이나 우수한 문학이며, 시대의 선후로써 그 우열을 판정할 수는 없다." 이 중에서 『서상기』나 『수호전』은 명대에 나타난 소설로 지식인들이 몰래 애독했던 것인데, 이탁오는 이를 공공연히 경서인 『시경』에 비견될 만한 것이라 했다. 관능적 소설인 『금병매』는 그의 사후에 나타난 것인데, 만일 그가 알고 있었다면 반드시 이를 높이 평가했을 것이다.

이 같은 자연주의 입장에서 좌파 하심은과 마찬가지로 인간의 욕망·사욕私欲을 긍정한다. "사욕은 인간의 마음에 뿌리내린 것이다. 만일 사욕이 없으면 인간의 마음도 없어질 것이다. 밭을 가는 것은 수확을 위한 사욕이 있기 때문이고, 학문을 하는 자는 입신출세를 욕구하기 때문이며, 관리가 직무에 힘쓰는 것도 봉록에 대한 사욕이 있기 때문이다. 이것은 자연의 이理이며 가공의 설은 아니다. 사私가 없는 도덕론 같은 것은 그림 속의 떡에 지나지 않는다."(『장서藏書』「덕업유신후론德業儒臣後論」)

노장적 자연주의 – 퇴폐와 자멸로 가는 길

여기까지 자연주의가 철저히 추구되면 그것은 유학을 훌쩍 넘어서 전통적인 노장의 자연주의로 복귀했다는 느낌을 갖게 하는 점이 있다. 무릇 '동심'의 존중은 노자에서 볼 수 있는 것이며, 요·순 등의 성인의 가르침을 부자연한 것으로 강하게 부정하는 것은 노장 사상에 일관되게 보이는 것이다. '진심'·'진인'의 강조는 장자, 특히 그 좌파라고도 해야 할 『장자』「외·잡편」이 주장하는 것과 다름이 없다. 인욕人欲의 긍정에 이르러서는 『장자』「도척편」이나 『열자列子』「양주편楊朱篇」에 나타나 있으며, 자연주의가 최후로 다다르는 곳을 보여주고 있다.

이에 덧붙여 이탁오에게는 강한 자기주장, 자아의식이 있는데, 이 또한 『장자』「외·잡편」의 사상과 다르지 않다. '자적自適[자기 마음 가는 대로 삶]'에의 사상이 이것이다. 이탁오의 말에, "사士는 자기를 위해서 행위하고 자적에 힘쓴다. 자적하지 않고 남이 가는 대로 따르는 것 같은 짓은 백이伯夷·숙제叔齊라도 마찬가지로 그릇된 것이라 여긴다. 자기를 위해 할 줄은 모르고 남을 위해서만 힘쓰는 것은 요·순이라도 마찬가지로 하찮은 것이라 여긴다" 하니, 그 말은 문헌 출처가 전부『장자』에 있다고 해도 좋다. 모든 권위를 부정하고 내면의 마음에서 만족을 구한다는 것은 장자의 사상이며, 그리고 그대로 이탁오의 입장이기도 했다.

물론 이탁오를 이 같은 노장적 자연주의로 이끈 것은 노장 사상의 '영향'이란 것이 아니라, 명 말기에 넘쳐흘렀던 향락주의적 풍조와 퇴폐의 현실이었다. 명 말기의 사회 자체가 이탁오라는 일개 사상가를 빌려 자기를 표현했다고 해야 할 것이다. 퇴폐는 그 다다른 곳에서 파멸로 끝나지 않을 수 없었다. 그런 의미에서는 이탁오의 자살은 그대로 명대 사회의 자멸을 상징하는 것이었다고 할 수 있다. 그리고 그것은 또한 양명학의 종언을 의미하는 것이기도 하다.[34]

청이 자멸한 명의 천하를 정복했을 때 명의 유신遺臣으로서 절조를 지킨 사람들 중에 고염무顧炎武와 황종희黃宗羲란 인물이 있었다. 그러나 이 두 사람은 반드시 명의 문화를 찬미하지는 않았을 뿐 아니라 그 망국을 필연적이게 한 많은 이유를 거론하고 있다. 특히 양명학 좌파에 대한 비판에는 엄중한 면이 있다. 황종희는 양명학의 갈래를 이은 사람으로 스스로『명유학안明儒學案』을 저술했는데, 이탁오를 묵살하고 그 학자 전기 속에 넣지 않고 있다. 명의 망국을 체험한 사람들이 얼마나 명 말기의 퇴폐를 증오했는지 알 수 있을 것이다.

이탁오에게는 주저인『장서藏書』·『분서焚書』외에 많은 저작이 있었다.『장서』는 전국 시대부터 원의 멸망에 이르기까지 8백 명의 전기와 그 평론으로 이뤄진 것이며, 그의 사관史觀을 엿볼 수 있다. 그중 진 시황제를 '천고千古의 제일 황제'로 격찬한 것 등은 세상 유자들의 비난의 표적이 되었다. 『분서』는 그의 시문이나 서신을 모은 것으로 그 사상을 아는 데 가장 중요한 책이다. 이들 저작은 명 말기 두 차례 금서가 되어 소각되었으나 금지가 다소 완화되자 금세 세간에 애독되었다고 한다. 그 때문에 청조 건륭乾隆 연간에 세 차례 금서가 되었다. 최근 중국에서 주요한 저작의 간행이 이루어져 용이하게 입수할 수 있게 되었다.

이탁오는 불교에도 깊은 관심을 갖고 있었다. 그가 십수 년에 걸쳐 마성의 지불원에 우거하고 있었을 때 마침내 머리를 깎고 승려 모습이 되었는데, 이는 그에 대한 세간의 비난에 반발해서 행한 일이고 반드시 그가 불교에 귀의한 것을 의미하지는 않는다. 그러나 그가 불교에 기울어져 있었던 것은 그의 시문에서도 쉽사리 엿볼 수가 있다. 당시의 불교는 전부 염불선이었는데, 그의 정토교에 대한 태도는 '자성自性의 아미타불阿彌陀佛'을 외우며 본다는 것이며 '자기 몸의 정토'를 구한다는 것이니 현저히 선종에 접근한 것이었음을 알 수 있다. 원래 선종은 노장적 색채가 강한 불교이고, 양명학도 그 영향을 농후하게 받고 있는 것이니, 이탁오가 선종과 가깝다고 해도 그다지 이상할 것은 없다.

덧붙여 이탁오가 당국의 박해를 받은 이유를 보여주는 것으로서 예과급사중禮科給事中 장문달張問達 이 올린 탄핵문이 있다. 그 개요는 이러하다. "이탁오는 사대부이면서 머리를 깎아 승려 모습이 되고 『장서』·『분서』 등을 출판해서 해내海內에 유행시켜 인심을 미혹해 어지럽히고 있다. 공자를 무시하고 시황제를 천고의 제일 황제라는 따위의 말을 하며 광기 어린 무도한 이론을 내세우고 있다.

이것은 조속히 금서로 해야 한다. 그 행동에 관해서 보아도 마성에 기거할 때에는 불량한 무리와 사원에서 노닐며 기녀妓女와 동행해 백주에 함께 목욕을 하는 지경이다. 사인士人의 처와 딸들을 불러들여 암자 안에서 설교를 하는데, 때로는 잠옷이나 베개를 휴대해 숙박하는 자가 있어 온 경내가 모두 광인의 상태를 드러내고 있다. 또한 『관음문觀音問』이라는 책을 저술했는데, 관음이라 함은 모두 사인의 처와 딸인 것이다. 그 미친 태도와 방종함을 좋아하는 젊은 이들은 서로 유혹해 강도짓을 하고, 남의 처를 빼앗기도 하며 부끄러움이 없다. 혹은 이탁오를 흉내 내 손에 염주를 지니고 염불하며 부처를 예배해 불교에 빠지는 사대부가 속출하고 있다"는 것이다.

마지막으로 양명학의 일반적 성격에 관해 한마디 해 두고자 한다. 양명학은 마음의 절대성을 믿고 객관적인 사물의 이理를 구명하지 않고 갑자기 행동에 옮긴다는 경향이 강하다. 말하자면 엔진의 마력馬力만 강하고 핸들이나 운전자의 눈이 없는 차와 같은 것이다. 어느 방향으로 달려 나갈지는 운전자 자신에게도 알 수 없는 것이 많다. 이탁오와 오시오 헤이하치로(大塩平八郞), 혹은 미시마 유키오(三島由紀夫) 세 사람을 비교해보는 것만으로도 양명학이 얼마나 이질의 방향으로 흐를 가능성이 있는지 엿볼 수 있을 것이다.

中國思想史

제10장

청조의
사상

1644	1662	1723		1736	1796	1821	1851	1875	1908	1912
명	청	강희	옹정	건륭	가경	도광		광서		중화민국

1. 청 초기의 사상계

청조의 문화 정책

명 왕조는 그 말기에 일어난 농민반란군의 총수 이자성李自成에 의해 멸망했는데(1644), 그 이자성은 남하해온 만주족의 청군에게 격파되었다. 북경에 수도를 정한 청조는 중국 본토의 평정이 일단 끝난 1662년 성조聖祖의 즉위와 함께 연호를 강희康熙로 고쳤다. 이후 약 250년간 중국은 만주족인 청조의 지배를 받게 되었다.

청은 몽골족의 원과는 달리 힘써 중국 문화에 동화하고 중국 사대부를 회유하는 정책을 취했다. 물론 전부를 자유로 방임한 것은 아니고 중국인을 만주풍의 변발辮髮로 바꾸게 하기도 하고, 청조 사정에 불편한 문자나 문장이 있는 서적들을 파기하고 그 저자를 처벌하는 '문자옥文字獄'이 발생하기도 했지만, 이 같은 탄압 정책보다는 회유 정책에 중점을 두었다. 무엇보다도 명의 유신遺臣으로 이적의 지배에 불만인 사대부를 심복시키기 위해 중국의 전통 문화를 진흥하기 위한 대사업을 시행했다.

청조 초기 천자인 강희제康熙帝는 비길 데 없이 학문을 애호하는 인물로 서양 선교사에게서 천문학과 수학을 배우기도 했지만 중국 고전에 관해서도 대단한 관심을 지니고 있었다. 우선 최초로 착수한 것은『명사明史』편찬으로 많은 명의 유신들을 모아 이 사업을 맡겼다. 이 책은 60년의 세월을 거쳐 완성되었는데, 명의 유신에 대한 회유에 큰 효과가 있었다.『강희자전康熙字典』·『패문운부佩文韻府』등의 서적도 이 시기의 산물이다.

건륭제乾隆帝도 조부 강희제에 뒤지지 않는 호학의 천자였다. 유명한『사고전서四庫全書』7만 9천여 권,『고금도서집성古今圖書集成』1만 권은 이 시기에 편찬되었다. 이 같은 조정의 문화사업 추진은 과거 제도의 정비와 상호 작용해 중국인의 청조에 대한 반감을 차츰 소멸시킴과 함께 학술에의 관심을 높이는 데 도움이 되었다. 청조의 학문을 대표하는 고증학考證學이 건륭으로부터 가경嘉慶에 걸쳐 극성기에 이르고 세상에 '건가乾嘉의 학學'이라고 일컬어진 것도 이 같은 배경이 있었기 때문이다.[35]

청 초기 건륭 연간의 고증학 탄생

청 초기 학자들은 명대의 여세를 이어받아 다수가 주자학 또는 양명학의 전통을 남기고 있었다. 청조 고증학의 개조가 되는 고염무顧炎武는 주자학 계통에 속하고, 황종희黃宗羲는 명 말기 양명학자[우파]로 알려진 유종주劉宗周의 문인이다. 그럼에도 두 사람은 함께 명 말기 주자학이나 양명학에 대해서는 격렬한 비난 공격을 가하고 있다. 명조 시기에는 주자학의 말단 유파는 본래의 생기를 잃어, 주희가 제창한 '격물궁리格物窮理'를 실행하지 못하고 부질없이 이기理氣·심성心性을 공담空談하는 폐단에 빠져 있었다. 양명학도 또한 같은 폐단에 빠졌을 뿐 아니라 말기의 양명학 좌파에 볼 수 있듯이 퇴폐와 파멸의 길을 걸었다. 양명학을 비난하는 자 중에는 "명은 반란을 일으킨 도적에 의해 멸망한 것이 아니라 양명학에 의해 멸망했다"고 극단적 논란을 하는 자조차 있었다. 이 같은 반성으로 두 사람은 송·명의 내용이 텅 비고 소략한 공론의 학문에서 떠나 '실학實學'의 길을 선택한 것이다.

고염무(1613~1682), 자는 영인寧人, 호는 정림亭林, 강소성 소주蘇州의 동쪽에 해당되는 곤산崑山 사람이다. 청군이 진공해 왔을 때는 저항을 시도했으나 실패하고 결국 재야 생활로 일관했다. 그는 송·명 학문을 하는 자들이 오로지 마음과 본성을 공담하며 경서經書를 읽지 않으며, 그 결과 경서에 나타난 치국평천하治國平天下의 도道를 알지 못하고 실사實事를 떠나 공리空理를 추구하는 폐단이 있음을 통렬하게 공격했다. 따라서 그가 이상으로 하는 학문은 『한서漢書』의 어휘인 '실사구시實事求是', 실재 사실에 관한 올바름의 추구, 바꿔 말하면 실증주의에 입각한 '실학'이었다.[36]

고염무는 천하를 두루 유람하며 독서와 견문의 체험을 통해 『일지록日知錄』을 썼다. 이는 수필체의 서적인데도 엄밀한 연구의 정수를 보여준 것으로, 경학은 물론 지리·역사·제도·풍속 등 넓은 범위에 걸친 고증과 비판으로 가득 차 있다. 그런 의미에서 이 책은 그 후 청조 고증학考證學의 축도를 보여준 것이라 하겠다. 또한 그의 저서 『음학오서音學伍書』는 음운音韻을, 『금석문자기金石文字記』는 비문이나 동기銅器에 보이는 문자를 연구한 것이며, 모두가 경서 연구의 기본이 되는 소학小學, 즉 언어학을 앞장서 개척한 것이다. 또한 『천하군국이병서天下郡國利病書』는 청조 지리학의 선구가 되었다.

황종희(1610~1695)는 자는 태충太冲, 이주梨洲 또는 남뢰南雷가 그 호였다. 왕양명의 출생지인 절강성 여요현余姚縣 사람이다. 동림당인東林黨人으로 양명학자인 유종주에게 배웠다. 호방한 의기가 있는 인물로서 청군이 침입하자 노왕魯王을 따라 항전하고 일본에 원군을 요청하기 위해 나가사키(長崎)에 도래했다고 일컬어지기도 한다. 명이 멸망한 후에도 절조를 지켜 평생 관도官途에 오르지 않았다.

그도 고염무와 마찬가지로 명 말기의 공소空疎한 학풍을 혐오해, "무릇 학문을 하는 데는 반드시 경학을 깊이 연구해야 한다. 역사를 밝혀야만 현실에 소략한 유자라는 비방을 면할 수 있다"고 하며, 사학史學의 중요성을 강조했다. 그의 저술인 『명유학안明儒學案』은 명대 사상사라고 할 수 있는 저술로 오늘날에도 그 사료적 가치는 높다. 그 문하의 갈래로 만사동萬斯同·전조망全祖望·장학성章學誠 등 사학자가 배출되었다. 청조 고증학의 사학에 관한 방면에서는 황종희가 그 시조가 되었다고 해도 좋을 것이다. 그 정치·경제 사상을 서술한 것으로는 『명이대방록明夷待訪錄』이 있으며, 맹자의 민본주의를 더욱 철저한 수준으로 추구하고 있음을 볼 수 있다.

고염무, 황종희 양 대가에 필적하는 사람으로 왕부지王夫之(호는 선산船山, 1619~1692)가 있다. 호남성湖南省 형양현衡陽縣 사람으로 기개가 있고 청조 시대가 되자 세상에서 은둔해 만년에는 형양현의 석선산石船山에 살며 40년간을 오로지 학문과 저술에 몰두하며 지냈다. 변방에 은거한 것과 집안이 가난해서 원고를 출판할 수 없었던 것으로 인해 그의 이름이 알려진 적도 없었다. 그 때문에 청조 고증학에 미친 영향으로 말하면 고·황 두 학자에 훨씬 미치지 못한다. 그러나 그 사후 약 170년 뒤에 동향인 증국전曾國荃에 의해 출판된 후 증국번曾國藩을 비롯한 호남湖南 지방 사람들에 알려지게 되었다. 특히 그의 이적夷狄을 배격하는 민족주의가 청 말기 혁명가들의 공감을 불러일으키고, 또 그의 기氣 철학이 유물론이라고 해서 최근의 중국에서 높은 평가를 받고 있다.

고·황·왕, 이른바 청 초기 3대 학자보다 조금 뒤늦게 염약거閻若璩(자는 백시百詩, 1636~1704)가 나왔다. 그의 본적은 북방의 태원太原[산서성山西省]인데 5대조 때부터 남방 회남淮南으로 옮겨갔다. 사상적으로는 주자학에 속한다. 학문의 해박함으로는 위의 3대가에 미치지 못하지만 그 대신 전문적이고 정밀하다는 고증학에서 본령을 발휘했다. 그 대표작은 『상서고문소증尙書古文疏證』으로 『고문상서』가 후인의 위작임을 정밀하게 고증했다. 이 책이 청조 고증학에 끼친 영향은 컸으며, 종래 무조건적으로 신봉되고 있던 경서에 원전 비판을 가해 진위眞僞와 선후를 결정하기도 하고, 문자의 오류를 바로잡는다는 것이 일반적으로 행해지게 되었다.

염약거보다 조금 뒤늦게 호위胡渭(자는 비명朏明,

1633~1714)가 나왔다. 그는 절강성 덕청현德清縣 사람으로 역시 남방인이다. 그 주저는 『우공추지禹貢錐指』와 『역도명변易圖明辨』이다. 전자는 『서경』 「우공편」의 지리를 고증한 것이고, 후자는 북송 주돈이가 그 태극설의 근거로 삼은 『태극도太極圖』가 실은 도사 진단陳摶으로부터 전해진 것이며 본래 도교사상에 기초한 것임을 밝혔다. 이 설은 이미 황종희의 아우 황종염黃宗炎이 제창한 것이었는데, 호위는 이를 더욱 상밀하게 고증해 확정했다. 이것은 송학·주자학의 기초 중 하나를 흔들게 되어 커다란 파문을 불렀다.

황종희의 『명이대방록』은 사회사상으로서 크게 주목해야 할 점이 있다. 이에 의하면 군주란 것은 하늘이 인민에 봉사시키기 위해 선택한 인간이므로 군주는 어디까지나 인민을 위한 정치를 해야 하며, 적어도 자기 일신의 이익을 꾀하는 것은 허용되지 않는다. 만일 군주가 이상 정치를 행하면 인민이 이를 존경하는 것은 당연하다. 그러나 무도한 군주라면 이를 추방, 토벌하는 것은 당연하며, 세상의 작은 유자들이 백이·숙제의 예를 인용해 폭군이라도 군주인 이상 그를 존중해야 할 것이라고 하는 것은 완전히 오류이다. 이것이 그의 군주론의 대요이다. 그의 이상을 실현하는 방법으로서 학교 제도의 정비, 정전제井田制의 보급 등을 든다. 정치는 대학 총장의 의견을 참고로 해서 시행해야 하며, 총장에게 재상과 대등한 책임을 부여해야 한다. 결국 학교에 의회와 같은 기능을 부여하라는 주장이다. 다시 토지의 균분均分을 꾀하기 위해 고대의 정전제를 부활하라고 하며 그 구체화를 위한 방법을 서술하고 있다. 『명이대방록』의 사상은 언뜻 보아 알 수 있듯이 바로 맹자의 정치론을 보다 철저히 하고 구체화해 서술한 것이다. 다만 왕조의 지배가 안정되어 있는 시기에는 맹자가 혁명을 시인한 사상은 표면에 나타나는 일이 적지만 왕조 교체기 등에는 나타나기 쉽다고 할 수 있다. 청조 말기에 와서 이 책을 애독하는 자가 많아지고, 공화정체론共和政體論을 불러일으키는 자극이 된 것도 다름 아니라 이 때문이다.

왕부지는 북송 장재張載의 저술인 『정몽正蒙』의 사상에 공명해 기氣 일원론을 제창했다. 송학·주자학에서는 형태가 있는 기 바깥에 형태가 없는 이理가 있음을 인정하고, 이는 기의 존재 근거가 되는 것이라 하여 이와 기를 대립하는 2원元으로 여겼다. 왕부지는 이에 반대해 "이는 기 안에 있는 것"이라 하여 이에 독립성을 인정하지 않고 기에 종속시키는 입장을 취했다. 결국 기일원론이다. 또한 기일원론을 『역경』「계사전繫辭傳」의 "형이상形而上인 것, 이를 도道라 한다. 형이하形而下인 것, 이를 기器라 한다"는 해석에 그대로 적용했다. 도는 무형의 것, 즉 이理이고, 기器는 구체적인 사물인 것이니 기氣이다. 당연히 도(理)는 기器(氣)에 종속하는 것이고 구체적인 사물을 떠나 추상적 도가 있을 리는 없다. 여기에 구체적인 사물이 우선하고 정신적인 것은 이에 종속한다는 사상이 성립한다. 최근 중국의 사상계에서 왕부지를 유물론자라고 높이 평가하는 것은 이 때문이다. 그러나 장재의 항목에서 서술했듯이 기氣를 순수한 물질이라 보는 데에는 커다란 의문이 있다. 만일 기일원론을 유물론이라 하면 북송 이정자二程子 이전의 중국 사상은 전부 유물론이 될 것이다. 왜냐하면 송학 이전의 중국인은 예외 없이 기일원론의 세계관을 갖고 있었으며, 이理라는 이질의 것을 도입한 것은 이정자二程子에게서 시작되기 때문이다. 따라서 왕부지의 기일원론이 이룩한 역사적 역할은 송학의 이기이원론을 부정해 이를 옛날로 복구시킨 데 있다고 할 수 있다.

2. 청조 중기의 사상계

고증학의 전성이 가져온 사상의 빈곤

　청조의 학문을 대표하는 실증주의 고증학은 건륭 중엽 이후 가경 연간에 걸쳐서 전성기에 들어가, 세상에서 '건가乾嘉의 학'이라 불리게 되었다. 고증학은 경학·사학·지리학·천문역學天文曆學 등의 분야에도 확장되었는데, 그중에서도 경서의 연구가 중심이었다.

　고증학의 전성이 가져온 결과의 하나로서 사상의 빈곤이라는 사실을 제기해야만 한다. 원래 고증학은 문헌이나 사물의 전문적이고 정밀한 연구이며, 청조 고증학의 성과가 후세의 중국 연구에 남긴 유산에는 절대적인 점이 있다. 그러나 그 반면에 고증학 자체는 사상이 없는 학문이라는 평을 피할 수 없었다. 명 말기 청 초기의 학자인 고염무나 황종희 등은 고증학의 개조였다고는 해도 아직 주자학이나 양명학의 여운을 남기고 있고 또 명 멸망을 체험했으므로, 그 학문은 경세제민經世濟民

의 의지로 뒷받침되고 있었다. 하지만 건륭 중엽부터 가경 시기에 들어가자 점차 청조의 회유책이 성공해 사대부도 그 지배에 익숙해져서 정치에 대한 관심을 상실하고 말았다. 그 결과 학문이 현실에서 떠나 학문을 위한 학문이라는 의식이 강해졌다. 건륭·가경 시대에 유일한 예외인 대진戴震의『맹자자의소증孟子字義疏證』을 제외하고는 철학적 내용을 지닌 사상이 나타나지 않았던 것은 그 때문이다.

건·가 시대에 나타난 고증학자 – 대진의 『맹자자의소증』

건륭·가경 시기에 고증학이 가장 번영한 것은 경제의 선진 지대인 강남 지방이다. 그 강남 중에서도 소주蘇州를 중심으로 한 강소성江蘇省(옛 이름은 오吳)과 그 서쪽에 있는 안휘성安徽省(옛 이름은 환皖)에 특색 있는 학풍을 갖춘 학파가 발생해 각기 오파吳派와 환파皖派라 불리었다.

오파의 중심이 된 것은 부조父祖 이래 삼대의 고증학 명가를 자랑하는 혜동惠棟(1679~1758)이며, 그 갈래를 이은 것으로 강성江聲·왕명성王鳴盛·전대흔錢大昕(1728~1804) 등이 있다. 왕·전 두 사람은 경학 이외에 사학에도 우수한 업적을 남겼다.

환파의 시조가 되는 것은 강영江永인데, 그에게는 주자학의 흔적이 있었으므로 이 학파의 사실상의 중심이 된 것은 그 문인인 대진戴震(1723~1777), 자는 동원東原이다. 그는 뛰어난 고증학자임과 아울러 청조 중기에는 드물게 보이는 사상가였다. 뒤에 서술할『맹자자의소증』·『원선原善』등이 그것을 보여주고 있다.[37] 그 문하의 갈래에서는『설문해자주說文解字注』를 저술한 단옥재段玉裁(1735~1815), 왕념손王念孫·왕인지王引之 부자 등의 훈고訓詁·음운音韻의 학, 이른바 소학小學의 대가들이 나타났다.

이것과는 별도로 강소성 의징현儀徵縣 사람인 완원阮元(자는 백원伯元, 호는 운대芸臺, 1764~1849)이 출현했는데, 그는 고증학자 중 가장 고관에 이른 인물로 각지의 총독을 거쳐 체인각體仁閣 대학사大學士에 이르렀다. 스스로 널리 고증학을 연구함과 함께 그 지위와 부력을 밑천으로 많은 학자들을 모아 그들의 좋은 후견자가 되었다. 『십삼경주소교감기十三經注疏校勘記』와 『황청경해皇淸經解』 등의 편찬은 그 문하 학자들의 공동 작업으로 이루어졌다. 또한 그 자신의 저술로서 『성명고훈性命古訓』 등 송학을 비판한 논설이 있어 대진의 『맹자자의소증』의 영향을 상기시키는 점이 있다.

그 밖에 건가 시기에는 경학이나 사학의 연구 분야에서 불후의 업적을 남긴 학자들이 많아, 고증학의 황금시대라고 부르기에 어울리는 점이 있었다.

대진의 『맹자자의소증孟子字義疏證』은 사상이 부족한 이 시대에 이채를 드러낸 철학서이다. 이 책은 『맹자』에서 볼 수 있는 이理·천도天道·성性 등의 원래 의미를 밝힘으로써 송학 유자儒子의 오해를 바로잡고자 한 것이며, 송학과 대결하려는 입장을 명백히 한 것이다.

송학 유자들은 기氣 바깥에 이理라는 것이 존재한다고 하여 이와 기를 분단해 이기이원론의 입장을 취했다. 이에 대해 대진은 기 바깥에 이가 존재하는 것은 아니고, 이는 기 속에 자연히 갖추어진 조리條理인 것이며 기의 속성에 지나지 않는다. 따라서 이理를 기에서 독립시키는 것은 오류이다. 하물며 이를 주인의 위치에 두고 기(사물)를 지배하려는 송학 유자들의 사고방식은 본말이 전도된 것이라 할 수밖에 없다.

또한 송학 유자들은 도道를 이理라고 하는데, 옛 사람이 도라고 하는 것은 전부 인륜일용人倫日用의 비근한 행위에 관해 말한 것이고, 이理와 같은 고원高遠한 것은 아니다. 가장 중대한 문제는 송학 유자들이 이理로써 인간의 욕망이나 감정을 억압하려는 것이다. 송학 유자들은 천리와 인욕을 대립시켜 "천리를 보존하고 인욕을 멸한다"고 한다. 이 만큼 옛 사람의 사고방식에 반하는 것은 없다. 『예기』에도 "음식남녀飮食男女는 사람의 큰 욕구가 존재하는 곳이다"라고 하며 인간의 본능적 욕망을 긍정하고 있다. 물론 과도한 인욕은 폐해를 부르지만 그 경우에도 맹자는 "욕망을 빼앗는다"거나 욕망을 없앤다고는 말하지 않는다. 욕망의 알맞은 상태를 이理라고 부르는 것이다. 그렇지만 송학 유자들은 사람들이 굶주림과 추위에 울며 소리치고 빈사 상태에서 구원을 구하고 있는 자를 보고도 저것은 인욕에 지나지 않는다고 냉담하게 말하고, 정욕을 단절한 경지야말로 천리의 본연의 모습이라고 한다. 그 때문에 법法을 어기고 죽은 인간에게는 아직 동정하는 자가 있지만 이理를 어긴 인간에 대해서는 누구도 가여워하는 자가 없는 상태이다. 더욱이 그 이라는 것은 실은 개인의 편견인 것이 많다. 이 같은 이의 횡행은 단순히 사람을 괴롭힐 뿐만 아니라 끝내는 천하·국가에 재난을 입히게 될 것이라고 한다.

이 대진의 학설은 주자학이 갖는 엄숙주의, 그 비정하다고 할 만한 이성주의를 정면에서 부정한 것이다. 이 같은 의론은 고증학 전문가에게는 극히 드물게밖에 볼 수 없다고 해도 좋다. 더욱이 대진은 이 책에 큰 자신을 갖고 제자 단옥재에게 보낸 서신에도 "나의 저술 중에 최대의 것은 『맹자자의소증』이다. 이는 인심을 바로잡는 책이다"고 술회하고 있다. 그러나 당시 이 책을 칭찬한 것은 초순焦循이나 완원 등 두세 학자를 제외하고는 거의 볼 수 없는 상태로 냉정하게 묵살되고 말았다. 따라서 후세에의 영향은 거의 확인될 수 없다. 그 원인은 당시 고증학자들에게는 주자학을 암묵리에 시인하는 자가 많았고, 이 같은 철학적 의론을 하는 시대는 아니라는 분위기가 있었던 것이다.

대진보다도 약 백 년 전에 나타난 일본의 이토 진사이(伊藤仁齋, 1627~1705)는 겐로쿠(元祿) 전후의 시기에 『어맹자의語孟字義』 등 일련의 책을 저술했는데, 그 사상은 완전히라 해도 좋을 만큼 대진의 학설에 가깝고, 더욱이 그 논지는 대진보다도 한층 명쾌하다. 더욱 중요한 것은 대진의 설이 거의 사회적 반향을 불러일으키지 못한 데 비해 진사이의 학문은 그 영향하에 있던 소라이(徂徠)학과 함께 한 시대를 풍미하는 유행이 되었던 것이다. 모토오리 노리나가(本居宣長)가 "인욕도 또한 천리가 아닌가"라고 한 것도 다름 아닌 그 표현이었다. 이것은 청조와 에도 시대 양자의 근대 지향의 속도를 재는 하나의 지표로 도움이 될 것이다.

3. 청조 말기의 사상계

공양학의 흥기

그 후 청조의 멸망까지 백 년이 남아 있을 뿐인 도광道光 연간(1821~1850)에 들어서면 아편전쟁이 일어나 서양 여러 나라의 침략이 시작되고, 국내에서는 태평천국太平天國 반란이 발생해 점차 천하가 소란해져갔다. 이것은 학문 세계에도 자연히 영향을 주지 않을 수 없었다.

건륭·가경 연간의 고증학자들은 오로지 경학, 사학 연구자로서 서재에 틀어박혀, 그 학문도 현실 생활과 전혀 관계없는 것이었는데, 도광 시기에 들어섬과 함께 이 같은 학문에 대한 반성과 비판이 생기게 되었다. 그 표현의 하나로 공양公羊학파의 흥기가 있다.

공양학이란 것은 오경 가운데 『춘추春秋』의 삼전三傳, 즉 『좌씨전左氏傳』·『공양전公羊傳』·『곡량전穀梁傳』 중 『공양전』을 연구하는 학문을 가리킨다. 원래 공자가 저술했다고 전해진 『춘추』의 경문은 춘추 시대의 연대기인데, 그 기술은 단편적인 간략한 것이므로 공자의 저술 의도가 무엇이었는지 분명하지 않다. 그래서 이를 해명하기 위해 쓰인 주석서가 즉 '춘추삼전'이다. 삼전 중 『좌씨전』은 『춘추』를 주로 역사서로서 해석하고자 하지만 공양전은 정치 이론을 서술한 것으로 해석하려 한다. 이 견지에 의하면 언뜻 간단해 보이는 『춘추』의 말과 구절 하나하나(一言一事) 속에 공자의 만세에 통하는 정치 이론이 숨겨져 있다는 것이다. 이 같은 입장에서 『춘추』의 '미언대의微言大義', 즉 말의 표면에는 노출되지 않는 말 이외의 위대한 의미를 찾아내고자 한 것이 공양학이다. 거기에 해석자에 따라 제멋대로 제기되는 의론이 발생할 여지가 있었다.

『공양전』의 경문 자체에는 그만큼 기괴한 설은 발견되지 않지만 후한後漢의 하휴何休(129~182)가 쓴 주注에는 무척 기발한 설이 출현한다. 이에 따르면 공자는 춘추 시대를 세 시기로 나눠 제1기는 쇠란 시대, 제2기는 승평升平 시대, 제3기는 태평太平 시대로 했다. 결국 역사는 시대와 함께 진보한다는 것이다. 그리고 제2기까지는 중국과 이적을 차별하지만 제3기의 태평 시대에 들어가면 그 차별이 없어지고 인류가 서로 화합해 한가족처럼 된다고 한다. 결국 공자는 시대의 진보에 의해 최후에는 세계주의 시대가 되는 것을 이상으로 삼았다고 주장한다.[38]

이 같은 기괴한 내용을 지닌 공양학은 과연 후한 이후에는 전승이 끊어져버렸는데, 청조 말기에 이르러 다시 부활하게 되었다. 엄밀한 사실을 존중하는 고증학의 입장에서 보면 자유로운 공상을 즐기는 공양학은 이단 학설일 수밖에 없다. 공양학파가 고증학파를 압도한다는 것은 바로 고증학의 명맥이 다한 것을 보여주는 것이나 다름없다.

청 말기의 공양학자

청조의 공양학은 먼저 강소성 상주常州의 무진현武進縣 지방에서 시작되었다. 이 지방 사람인 장존여莊存與(1719~1788)는 건륭 연간의 사람인데『공양전』경문에 바탕을 둔 온건한 공양학을 수학했다. 그는 그 학문을 아들 장술조莊述祖에 전하고, 장술조는 다시 그 생질 유봉록劉逢祿(1776~1829)에게 전했다. 유봉록은 경문보다도 부회附會의 설이 많은 하휴의 주에 중점을 옮겼기 때문에 여기에 공양학은 그 미래의 면목을 발휘하게 되었다.

유봉록에게서 배운 자에 공자진龔自珍과 위원魏源이 있다. 위원(1794~1856)은 자는 묵심默深, 호남성 소양현邵陽縣 사람이다. 그는『예기禮記』「예운편禮運篇」에 '소강小康' 시대(世)에서는 천자·제후의 신분을 세습하고 군신의 차별을 중시하지만 '대동大同'의 세가 되면 군주는 전부 덕을 갖춘 자 중에서 선발되고 재산은 사유함이 없다고 말하고 있는 데 주목해, 이 '대동' 시대야말로 공자가 이상으로 삼는 것이었다고 하며 이를 공양전의 태평세에 해당되는 것이라고 주장했다. 그 후 강유위康有爲의 저술,『대동서大同書』의 사상은 이것을 그 원형으로 삼은 것이며, 공화共和 정체를 이상으로 하는 사상의 모태가 되었다. 위원에게는 또한『성무기聖武記』·『해국도지海國圖志』라는 저술이 있어 국방을 위한 군비나 전술을 구체적으로 서술했다. 이들은 아편전쟁이나 국내 반란에 자극받아 저술된 것이다.

공자진(1792~1841)은 호가 정암定庵이며 절강 항주杭州 사람이다. 역시 유봉록에게서 공양학을 배웠다. 그는 『평균편平均篇』・『농종農宗』 등 저술에 의해 사회경제적 불평등을 알리고, 특히 농촌에서 토지 균분均分 정책에 관한 구체적 제안을 하고 있다. 또한 그는 서북 지방[신강新疆]의 지리에 소상해 지리학자로 알려졌다. 그러나 그의 본령은 오히려 문장가인 데 있으며, 그 문집에 나타난 열렬한 경세經世의 뜻은 그 후 혁명가들을 감동시키기에 충분한 것이었다.

마지막으로 공양학파에서 나온 혁명적 사상가의 대표로서 강유위康有爲(1858~1927)에 관해 언급하겠다. 그는 광동성廣東省 남해현南海縣 사람으로 양명학에서 공양학으로 전환해 혁명적 사상가가 되었다. 다만 그는 이상은 이상, 현실은 현실이라고 하는 사고방식이 있어서 당장은 공화제의 실현을 서두르는 것보다도 청조를 중심으로 하는 입헌군주제를 펴는 것이 현실적이라고 판단했다. 이 때문에 그는 누차 광서제光緒帝에 상서해서 법제를 바꾸어 국력을 강화하는 '변법자강變法自强'의 정책을 권했다. 열국의 침략으로 마음이 아팠던 광서제는 드디어 이에 마음이 움직여 1898년(무술戊戌) 그를 중심으로 하는 무술 신정新政을 단행했다. 그러나 실권을 가진 서태후西太后의 지지를 얻은 반대파에 의해 이 신정은 겨우 백 일 만에 무너지고 강유위는 해외로 망명하는 형편이었다. 그 후 강유위는 차츰 시류로부터 멀어지지 않을 수 없었다.[39]

그의 저술로 『신학위경고新學僞經考』・『공자개제고孔子改制考』 등이 있는데, 이들은 모두가 『공양전』의 사상을 근본으로 해서 공자가 종교적 권위를 지닌 제도 개혁자라는 것을 강조했던 것이다. 그러나 강유위의 이상을 철저한 형태로 나타낸 것으로 서는 역시 『대동서大同書』를 거론할 필요가 있다. 이는 이상이 라기보다는 공상에 가까운 것인데, 현실주의자라고 하는 중국 인에게도 이 같은 반면이 있음을 보여주는 것으로서 흥미 있다.

대동서 『예기』 예운편에 '소강'의 시대에는 군주의 신분을 세습 하고 나라와 나라의 구별을 설정하지만, '대동'의 시대가 되면 군주 는 덕을 갖춘 자들 중에서 선발되며 재산을 사유하는 일이 없다고 말하고 있다. 앞서 거론된 유봉록은 이 대동의 시대가 공양전의 태 평 시대에 해당하는 것이라 했다. 이를 골격으로 하면서 독특한 사 상을 전개한 것이 강유위의 『대동서』이다.

이에 따르면 세계는 현재의 상태로부터 대체로 10단계를 거쳐 이상 상태에 도달한다. ① 현재의 시대는 갖가지 구별이나 차별이 있기 때문에 한마디로 말하면 고통의 세계이다. ② 국가의 경계가 철폐되어 세계는 하나의 정부에 지배된다. ③ 천민과 노예가 없어 지고 계급제가 소멸한다. ④ 이주나 잡혼雜婚, 혹은 자연도태 등에 의해 인종의 차별이 없어진다. ⑤ 계약결혼 등의 제도가 시행됨으 로써 남녀의 차별이 사라진다. ⑥ 가족제도가 없어져서 교육이나 양로 등의 사업은 전부 공영 시설이 담당한다. ⑦ 산업의 개인 경 영이 없어지고 전부 정부의 공영이 된다. ⑧ 대동의 세계정부에 의 한 여러 정책이 실현된다. ⑨ 인류의 평등이 실현된 뒤에는 불교의 중생衆生 평등 정신에 기초해 새, 짐승, 초목에도 사랑이 미쳐 일체 살생이 금지된다. ⑩ 모든 차별에 의한 고통이 없어진 다음 극락세계가 실현된다. 여기서는 불생·불멸을 말하는 불교학이 성대해지고 대동의 세계도 초월하게 된다. 그리고 인류는 지구를 벗어나 우주에 노닌다는 '천유天遊'의 단계에 들어간다.

강유위에게는 이 극락세계에 도달하는 것은 당위임과 동시에 자연·필연의 진화進化로 실현될 것이다. 이 10단계의 각각에 관해서는 상세한 설명이 붙어 있고 그중에는 오늘날에 보아도 수긍되는 것들이 포함되어 있다. 다만 제9, 제10 단계는 아무래도 기발한 인상을 주는데, 이것은 공양학자인 동시에 불교의 신봉자였던 강유위의 면목이 발휘된 것이라 하겠다.

청조의 거사 불교 청조의 불교는 완전히 생기를 잃었지만 그 대신에 재속 지식인, 즉 거사居士들 사이에 불교 신봉자가 나타났다. 청조의 거사 불교의 융성은 명 말기에 그 뿌리가 있다고 볼 수 있다. 명 말기에 운서주굉雲棲袾宏(연지대사蓮池大師)을 비롯한 4대사가 나타나 정토교를 중심으로 여러 종파가 융합된 불교가 융성해지고, 다수의 거사 불교도가 발생했다. 양명학 좌파 이탁오 등도 그중 한 사람으로 꼽을 수 있을 것이다. 명 말기 청 초기의 대유학자 왕부지가 법상종法相宗을 중심으로 하는 불법을 받든 것은 그 여운을 전한 것이다.

시대를 내려와 건륭 연간에 들어서면 팽소승彭紹升(1740~1796)이 있다. 그는 진사로 급제했으나 관직에 오르지 않고 처음에는 양명학을 수학하고 후에 운서를 비롯한 4대사의 글을 읽은 다음부터는 불학 연구에 전념하게 되었다. 『일승결의론一乘決疑論』을 저술해 송·원 유자들의 불교 공격이 무지함을 변별하며 유교·불교의 일치를 제창했다. 대진의 『맹자자의소증』에 반론을 했으므로 대진에게 「답팽진사서答彭進士書」란 글이 있다. 청조 거사 불교의 시조는 아마 이 두 사람일 것이다.

　그 후 공양학파를 중심으로 많은 거사들이 속출했다. 공자진은 천태학天台學을 중심으로 해서 화엄華嚴이나 선학에 정통했다. 위원은 『정토삼부경淨土三部經』과 『화엄경』 「보현원행품普賢願行品」을 합각한 『정토사경淨土四經』 서문에 스스로 보살계菩薩戒 제자 위승관魏承貫이라 서명했다. 그 신앙이 정토교와 화엄경을 합친 것이었음을 이야기하는 것일 터이다. 강유위도 아마 이 계열에 속하는 사람이며, 순수한 공양학자는 아니지만 학자 문인으로 유명한 유월俞樾(1821~1906)도 불교에 마음을 기울였다.

　청 말기에 불서의 출판에 생애를 바친 사람으로 양문회楊文會(1837~1911)가 있다. 그는 증국번의 막객幕客이 된 후 유럽에 건너가 서양의 지식, 특히 과학적 지식을 익혔지만 큰 병을 얻은 것이 동기가 되어 불학의 연구에 뜻을 두게 되었다. 태평천국 동란에 많은 불서가 망실된 것을 개탄해 남경에 금릉각경처金陵刻經處를 열고 2천여 권에 미치는 경전을 출판했다. 그 신앙은 정토, 의리義理는 화엄에 의거했다고 한다.

　이와 같이 청조 중기 이후 특히 공양학파 속에 불교에 마음을 기울인 사람들이 많았던 것은 무슨 까닭일까. 주자학이나 양명학의 정신이 쇠퇴한 당시에 개인의 안심입명安心立命을 지탱하는 원리가 유학에 결여되어 있었던 것을 생각하면 그 공백을 메우는 것으로서 불교가 선택된 것은 아닐까. 그 불교 신앙의 내용에 관해서 보면 정토의 신앙을 갖는 자가 많다는 것이 하나의 특징이 되어 있는데, 동시에 화엄이나 법상의 이론에 관심을 갖는 점에 지식인으로서의 성격이 나타나 있다.

1 기원전 6~3세기, 춘추 말기 전국 시대는 봉건제 하의 도시국가와 씨족제 귀족 사회가 무너지면서 공자를 필두로 문인 사족土族이 출현해 제자백가 시대가 전개되었다. 이 제자백가 시대는 중국의 사상·철학이 형성된 중국 문화의 고전 시대였을 뿐 아니라 2,500여 년 중국 사상사에서 가장 자유롭고 창의적인 경쟁의 시대였다. 그 고전문화는 진·한 통일 제국의 형성에 따라 관학官學, 국교화된 유교를 중심으로 융합되었다. 춘추 말에서 한 왕조에 걸친 중국 고대 문명은 서양 문명에 비하자면 그리스·로마 고전고대 문명에 해당하는 것으로 한국·일본·베트남 등 동아시아의 한자·유교권 국가들도 이 고전문명을 공유하고 있다. 그러나 중앙집적권 관료제 통일제국으로의 여정이 이미 뚜렷해지던 전국 시대에 제자백가의 사상은 짙은 정치적 색채로 인해 다양성이 부족한 한계를 드러냈다. 진·한 제국 붕괴 이후에는 학문·사상이 관료화한 문인귀족 가문의 지배 아래 한때 문화의 상대적 분화 현상이 나타났다. 그러나 통일 제국의 재현으로 과거제가 보편화한 송대 이후에는 문벌귀족을 대체한 전형적 사대부 관료 지식인 계층을 중심으로 주자학이 철학화된 신유교新儒敎로 성립하자 이 학파가 고대 이래 문화적 정통성으로 도통道統을 계승한 도학道學임을 자처했다. 이 문화적 정통성을 근거로 해서 송대 이후 사대부 지식인은 제국의 관료 공급원인 동시에 국가 권력에서부터 일정한 자율성을 갖는 사회적 지식 공동체를 형성했다. 그들은 향촌 사회에서

서민에 대한 교화 능력을 확보함과 아울러 중앙 정치에서 군주를 돕는 공치자共治者의 자격으로 비판적 공론, 즉 청의淸議의 권위를 주장했다. 정교政敎 일치의 통일제국에서 사대부는 관료로서의 정치적 사명, 즉 경세經世 의식을 더욱 강화했다. 그럼에도 유교 이념이나 경제적 생계 면에서 관료로의 진출을 궁극 목적으로 하는 사대부 지식인은 정치와 분리된 전문적 직업집단으로 독립적인 지식계급이 될 수는 없었다. 한대 이래 군신君臣 간의 정치적 관계에서 전제 권력을 집중시켜간 황제 권력은 명·청대에 이르러서는 군주의 정치적 정통성, 즉 치통治統뿐 아니라 인민에 대한 도덕적 교화라는 문화적 정통성즉 도통道統까지도 장악하는 세계사상 최고 수준의 가부장 전제주의 절대국가를 완성하게 되었다. 정교政敎 일치의 전제 국체國體 아래 군주와 사대부 사이의 문화적 정통성 경쟁은 사대부에 대한 황제의 완전한 승리로 끝났다. 독립적 지식인과 자유로운 사상은 국가로부터 사회가 독립성을 갖는 분권적, 경쟁적 사회구조에서 가능한 일이었다. 국가와 사회의 분리, 개인의 독립과 법치의 실현은 서유럽 문명에서 비로소 가능했는데, 도시 시민공동체, 분권적 봉건제와 기독교, 자본주의 경제를 거친 서유럽 문명은 기원전 3세기에 이미 세계 최고의 강력한 절대국가를 성립시킨 중화제국과는 대극을 이루는 전형적 역사 사례라 할 것이다.

2 유교를 비롯한 전근대 중국의 전통 사상은 거의 예외 없이 하늘과 사람의 관계, 즉 천인天人 관계를 전제로 해서 성립되어 있다. 그런데 전통 시대의 '하늘(天)'이란 것은 근대 중국의 철학자 풍우란馮友蘭이 지적한 대로 주재主宰·의지·이성·자연이란 여러 의미가 내포되어 있다. 춘추 전국의 제자백가 시대에 인간 중심의 합리화가 진행되어 주재자로서 신의 인격적 의미가 점차 소멸되어갔는데, 공자를 비롯한 제자백가의 학문이 성립한 것도 그 이전 상商·주周 시대의 주술 문화가 어느 정도 합리화된 결과라 할 것이다. 그러나 사실은 하늘 관념의 비인격화가 진행되는 가운데도 이성과 의지의 존재로서 하늘 개념이 완전히 청산되지 않은 상태에 있었으며, 따라서 인격신의 대칭 개념인 순수한 물질적 공간으로서 하늘 개념은 분리되어 나오기는 어려웠다. 또한 세속화 결과 현세와 단절된 영원한 내세來世 관념도 희박했다. 천지와 인간, 육신과 영혼, 인간과 만물은 우주를 가득 채운 '기氣'로 이뤄져 그들 사이를 분리하는 이분법적 발상은 존재하지 않았으며, 인간은 천지, 즉 '기'의 '수數(자연적 운명)', 아니면 '이理(도덕적 사명)'에 개인의 안신安身·입명立命을 맡길 수밖에 없었다. 인격신

의 위치를 대체한 중국의 '도道(天道)' 관념의 영향 아래 자연적 성선性善에 근거한 유교의 도덕주의, 또는 무위無爲로 자연 상태에 순응하는 노장老莊 도가의 자연주의가 서로 보완하는 중국 문화의 핵심 개념이 되었다. 그리고 고대 중국에서 조숙하게 발달한 국가가 세상의 질서를 돌보는 하늘의 권능을 대행하는 정치 전통이 확립되었다. 통치 대상인 서민도 부모인 천지가 낳은 천민天民이며, 그들의 생존을 보호하도록 하늘의 선택, 즉 천명天命을 받은 것이 국가와 그 통치 집단이었다. 그것이 유교의 도덕적 민본民本 정치 이념이 발생하는 우주론적 근거였으니, 이 덕치德治 관념은 한편으로는 가부장적 대가정으로서 천하天下에 대한 전제군주(天子)와 예하 관료 집단의 시혜 정치의 표현이기도 했다. 이 가족주의 국가체제에서는 도덕과 학문과 정치가 삼위일체로 결합되어 있었다. 이 사실을 처음 지적한 사상가는 청조淸朝 말기인 20세기 초의 초기 계몽주의자 엄복嚴復이었다. 고도의 도덕적 이성 문화를 이룩한 중국 문명은 보편적 고등종교나 주지主知적 합리(과학)주의를 배태할 수 없었는데, 그러기에는 천명을 받은 통일 제국의 정치 권력과 그 도덕 이데올로기의 구심력이 너무나 방대한 것이었다.

3 중국의 전통 사상에서 지배적인 현실적 역사관은 왕조 순환을 중심으로 한 순환사관循環史觀이며, 이는 『맹자』·『사기史記』나 음양오행陰陽五行 설 등에 나타난 이래 19세기 청조 중엽까지 지속되었다. 이와 병행해 순환사관을 보충하는 이념적 역사관이 복고사관復古史觀으로, 공자·맹자 이래 제자백가 사상을 비롯해 주자학, 청대 유학에 이르기까지 중요한 역사적 작용을 했다. 쇠란의 시대인 동주東周(춘추전국) 이전 상고上古에는 요堯·순舜 삼대三代, 즉 하夏·상商(은殷)·서주西周라는 성인聖人군주의 통치가 있었다는 신화神話가 이 이상 시대로 복귀하려는 정치·문화 개혁의 이념으로 강력한 복고적 전통을 형성했다. 공자의 『논어』에도 이상적 삼대 왕조들 간의 교체가 제도의 계승과 변혁, 즉 '인혁因革'의 순환이었다고 주장했다. 이것은 후세 유교 사대부의 개혁론의 이념적 근거로 널리 이용되었다. 이 고대 신화가 과학적 근거에서 확실히 종말을 고한 것은 20세기 초 서유럽 과학문명의 수용에 따른 근대적 진보사관의 영향, 중화민국 시대 호적胡適·고힐강顧頡剛 등 계몽주의 국학자들의 실증적 연구에 의해서였다.

4 전근대 중국 역사에서 자유로운 사상·학술의 발전은 춘추전국 시대만큼 다양하고 역동적인 때는 없었다. 주周 왕조의 귀족적 씨족 봉건제가 무너지고 중앙집권적 군현제郡縣制 고대국가가 시작되던 춘

추 말기 이후 전국시대(기원전 6~3세기)는 전근대 중국 역사상 최대의 변혁기였으며, 중국이라는 천하가 분열되어 열국이 경쟁하는 환경이 그러한 문화적 변혁에 유리한 조건이 되었다. 따라서 관료제 통일국가의 형성이라는 새로운 정치적 추세에 대응해 새로운 국가와 인간 존재의 방식에 대한 갖가지 전망을 갖고 신흥 군주에 조언하는 지식인 집단이 출현했다. 이들이 한대漢代 이후 2천 년 이상에 걸친 통일 제국의 관료제를 지탱한 사회 세력으로서 문인文人 사족士族 계층의 원류가 되었다. 춘추 시대까지도 무사 신분이었던 사士 계급은 귀족과 함께 도시국가의 국인國人이라는 지배 신분의 하층으로서 대다수의 예속 천민을 지칭하는 민民·서민庶民·백성百姓·중衆과는 구별되고 있었다. 춘추 말기 이후 씨족적 신분제의 붕괴에 따라 격화된 사회 이동의 과정에서 관료 지향의 문사 계층이 형성되기 시작했는데, 진·한 이래 2천여 년간 중국의 관료제 제국체제를 지탱한 사회 집단으로 끈질긴 지속성을 보인 것이 제자백가 중 유가였던 것이다. 중국에서 춘추전국과 유사한 경쟁 시대는 19세기 후반 근대 서유럽 각국의 도전으로 청 제국이 붕괴되면서부터 약 1세기간 재현되었으나 이 혁명적 격변도 제국주의 전쟁의 외압에 대응한 민족주의적 대중동원으로 20세기 후반 다시 중공中共의 통일로 중국 사회는 강력한 국가주의의 통제 속으로 돌아갔다. '백화제방百花齊放, 백가쟁명百家爭鳴'은 중국공산당 일당一黨 국가 체제하에서 1956, 57년 모택동毛澤東이 소련의 스탈린 비판에 대응한 일시적 정치 실험으로 지식인과 중간파 정치인의 비판적 공론을 허용했을 때 나온 구호였다. 그러나 이 백화百花(또는 쌍백雙百) 운동은 이에 참여한 자유주의 또는 중간파 지식인이나 당파가 숙청된 반우파反右派 투쟁으로 역전되고 말았다.

5 공자를 선구로 동아시아 고전문화를 형성한 제자백가의 역사적 지위는 '인간의 발견'이라는 세계 문명의 '기축' 시대의 하나를 개척한 것이라 할 수 있다. 『논어』에서 공자는 주 왕조 초기의 성인으로서 처음 천명을 받았다는 문왕文王과 그 차자로서 주의 국가 예제禮制를 확립했다는 주공周公을 특히 존경했다. 주의 예제는 종법宗法 가족제와 그것을 토대로 성립된 분권적 봉건제라는 씨족적 국가 제도를 의미한다. 종법이란 5대의 가부장 가족을 단위로 한 씨족적 결합인데, 적장자嫡長子 상속에 의한 종가宗家의 계보는 대종大宗과 소종小宗의 계서적 차별이 있었다. 씨족적 결합이 약화되기 시작한 춘추 말기의 사회 변혁기에 공자는 가부장적 종법 가족제에 보편적인 인도적 도덕의 의미를 부여하고, 재해석된 종법 가족의 원리를 국가의 정치적 개혁

에 이용하고자 했다. 유교에서 인仁과 효孝의 인륜 도덕이 강조된 것은 씨족제 대신 개별 가부장 가족의 사회적 역할이 중요해진 시대적 현실을 반영하는 것으로 주 초기 가족제로의 단순한 복고復古인 것만은 아니었다. 이처럼 현실에 기초한 보수적 유교 정치에서도 유교의 도덕적 이상주의는 역사상 흔히 복고를 통한 개혁으로 나타났다. 주로부터 '예'의 전통을 물려받은 공자는 기본적으로 보수적인 인물이었으나 한편으로 이 문명의 전통, 즉 '사문斯文'을 새로운 시대에 맞춰 개조, 재건하려는 이상을 품고 자기 나라인 노를 넘어 당시로서는 천하天下인 중국의 여러 나라들을 주유周遊했으니, 이는 보편적 인본주의의 '도道'를 실현하기 위한 필생의 노력이었다. 그의 보수적 문화 개조는 인간성, 즉 '인仁'에 근거한 도덕성을 형식적 '예'에 부여함으로써 가능해진 것이다.

6 공자의 사상에서 두 가지 핵심 개념으로 인仁과 예禮를 드는 것은 상식에 속한다. 유교 문화의 핵심 요소인 '예'는 주周의 가부장적 씨족제 전통에 기원을 갖는 가족 공동체, 나아가 그에 기초한 중화제국의 국가 질서를 지탱하는 도덕적 제도 규범이었다. 그러나 유교가 한漢 왕조 이후 2천 년 이상 제국의 국교로 지속한 결과 스스로 사상적, 사회적 발전의 족쇄가 된 부정적 측면도 있다. 한대漢代 이래 국교가 된 유교가 보편적 인간의 도덕성인 '인'보다는 형법과 더불어 제국 체제 유지를 위한 통치 도구로서 '예'에 종속된 결과였다. 더욱이 가부장적 가족도덕인 '효孝'가 국가 통치 이념과 결부되어 충효忠孝 윤리가 보편적 인간성으로서 인이 갖는 지위를 대체한 것이 한 이후의 현실 유교였던 것이다. 송대 주자학 이후 합리화된 신유교新儒敎도 유교의 혁신을 시도했으나 이 예제禮制와 효의 윤리에 인이 매몰되는 체제의 속박을 해결할 수는 없었다. 오히려 이른바 도학道學으로 종교성을 강화한 주자학은 공자 이래의 도의 정통성, 즉 도통道統으로서 자신의 교조적 이데올로기를 강화한 결과 유교의 발전적 해체를 저지하는 걸림돌로 환원되었던 것이다. 인은 공자 자신에 의해 여러 덕목으로 정의되기도 했지만 그 핵심 개념은 인간성으로서 성실과 관용, 즉 충서忠恕였다. 공자 당시의 관념으로 '충'은 후세와 같은 군주에의 충성이 아니라 인간 내면의 거짓 없음이었고, '서'는 남의 입장에 서서 배려하는 것이었다. 공자는 중용中庸을 도덕 실천을 위한 최고 미덕으로 신봉하면서도 중용을 가장한 '지방의 사이비 군자'[향원鄕愿]들의 폐해를 보고 분노할 때는 그들 부패한 위선자보다는 차라리 '광狂[과격]이나 '견狷[보수]의 극단이 나을 것이라는 파격적 발언을 하기도

했다.

7 맹자의 민본주의는 민생民生의 평등을 중시해 역사적으로 긍정적 측
면이 있음은 사실이나 인민은 통치자의 관리하에 있는 통치 대상이
었기 때문에 근대 민주주의와는 이질적인 것이었다. 그런데 민생의
평등 자체를 넓은 의미의 '민주주의'란 명목에 포함시키는 습관이
'인민주의' 체제하의 현대 중국인의 인식에 강하게 뿌리내리고 있는
것이 현실이다. 북위 및 수·당 균전제均田制에 영향을 준 맹자의 정전
井田설은 원시적 토지 공유 관념에 기원을 갖는 것으로 송대 이후에
는 화폐경제의 발전에 따라 국가의 토지 분배 정책으로 실행된 적은
없다. 그러나 민본주의적 토지 국유제 이념으로서는 19세기까지 주
자학을 포함해 중국 사상은 물론 조선 후기 사대부의 경세적 실학實學
사조 속에도 그 흔적을 남겼다. 그것은 서유럽 시민사회에서 발전시
킨 자유주의적 토지 '사유권' 관념과는 극단적 대조를 이루는 것이었
다. 이 같은 토지 국유 관념의 전통이 중국에서 끈질긴 지속성을 갖는
이유는 서유럽에 비하면 개인이나 사회의 독립적 발전이 부족한 상
태에서 전국 시대 이후 고대에 이미 근대 초기 서유럽 절대국가 이상
의 조숙한 국가 발전을 이루었던 중국의 역사에서 근거를 찾을 수 있
다. 근대에도 태평천국太平天國 반란이나 공화주의자 손문孫文의 대동
大同 사상에서 토지 국유 관념이 지속되고 있고, 중국 공산 혁명에서
농민 중심의 '인민人民주의' 성격이 강한 것은 마르크스·레닌주의보
다는 중국의 이 같은 오랜 전통에서 그 원류를 찾을 수도 있다.

8 맹자孟子가 민본주의의 경제적 조건을 중시했으나 인간의 보편적 인
격적 주체성을 최고 가치로 생각한 도덕적 이상주의자란 사실이 그
의 사상에서 더욱 주요한 요소이다. 맹자의 성선설은 인간의 인격 속
에 내재하는 도덕적 주체성을 강조한 것으로, 신체의 다섯 감각기관
과 그에 기인한 일곱 감정, 7정七情을 통제하는 마음의 역량을 통해
마음속 4단四端의 정情을 길러 4덕四德을 완성하는 데 목적이 있다. 한
편 성선설은 인간의 기본적 생존 욕구를 넘어서는 개성적 욕망에 대
해서는 무관심하다는 한계가 있다. 한편 맹자의 민본주의는 서유럽
의 민주주의와 다를지라도 그가 제기한 사인층의 인격적 주체성과
아울러 문화 주체이자 통치 계층으로서 사대부의 정체성을 뒷받침한
것이었다. 따라서 그것은 동아시아 유교 문화의 가부장적 전제군주
체제 내부에서나마 사대부의 비판적 공론장이 존재할 수 있었던 역
사적 기반이 되기도 했다. 민본주의에 근거한 왕조 교체라는 맹자의
혁명론은 한대 이후 제국 체제 아래 장기간 억압되었지만 폭력적 '패

도霸道'를 반대한 도덕적 '왕도王道'의 사상은 민본주의에 근거한 정치적 이상주의로서 군주와 통치 계급의 이념에 지속적 영향을 미쳤다. 본서의 저자는 유교 전통을 뛰어넘는 현대의 철학적 방향을 모색하는 입장에서 유교 내의 비주류 학파인 순자나 다른 제자백가, 법가·묵가 및 노장 도가 등을 주류 유가에 비해 더욱 비중을 부여한 일면이 있다.

9 전국 시대 법가의 계통을 이은 중국과 동아시아의 법문화에서 '법치주의' 개념을 적용하는 것은 엄밀한 학술적 의미에서 올바르지 않을 뿐 아니라 현실적으로도 적지 않은 부작용이 있다. 원래 법치주의는 로마법 전통을 이은 서유럽 법문화에서 유래한 것인데, 서양의 법문화 전통은 민법民法 중심의 사법私法 체계가 기반이 된 것으로 시민사회의 권리를 보호하는 인권 관념이 법치주의의 핵심 개념이며 그 후 서유럽 공화주의, 자유주의의 토대가 되었다. 그 반면에 서양에 비해 통일된 중앙집권적 관료제 국가가 고대에 일찍이 발달한 중국에서는 법의 통치가 전제 군주를 중심으로 전국 시대 이래 고대국가의 효율적 국가기구 운영 수단으로 발달한 것이다. 따라서 중국 법은 형법·행정법 중심의 공법公法 체계만 발달해, 그것이 수隋·당唐 이후 율령제律令制로 정비되었다. '법치주의' 전통이란 관념을 동아시아의 중국 법문화권에 무차별적으로 적용한다면 개인의 인권 관념이 결핍한 동아시아 각국의 근대적 법치 개혁과 이에 기반한 민주주의 형성에 장애를 초래할 수도 있다.

10 순자의 성악설에 보이는 인위人爲의 강조는 하늘과 인간의 분리란 점에서 맹자와 노장老莊 사상에 전형적으로 나타나는 천인天人 합일의 관념과 대조를 이룬다. 이 같은 천·인 분리의 관념을 바탕으로 순자 사상은 인위적 제도 규범으로서 예禮의 문화를 발전시켰으며, 예를 통한 군주와 엘리트 사족의 교화 기능을 강조했던 것이다. 또한 국가의 통치 계급인 사족의 자격으로 혈연(親)이나 신분(貴)보다는 현능賢能을 중시한 것도 장래 관료제의 발전을 위한 이념으로 의미가 깊다. 한편 유교의 군주와 스승을 일체화시킨 순자의 군사君師 일체화 관념은 정치·교화의 일체화, 즉 정교政教 합일의 성인聖人군주론으로서, 한漢 제국 성립 이후 유교의 국교화에 따라 도덕적 전제 국가의 통치 이념으로 발전했다. 천명天命을 받은 천하의 통치자(天子)로서 황제가 정치권력뿐 아니라 유교적 문화 권력까지 일신에 집중할 수 있다는 이데올로기인 것이다. 이와 아울러 전제적 황제권의 정당성을 강화한 또 하나의 핵심적 이념은 군주와 가부장을 일체화하는 가족주의

정치사상이었다.

11 중국에서 형법, 즉 율律 중심의 전제적 공법公法 통치의 실현은 전국 시대 상앙商鞅의 변법變法(기원전 4세기) 이래 진秦나라에서 전형적인 발전을 이룩했으며, 그 결과 진은 통일 제국 추진의 중심 세력이 될 수 있었다. 그러나 전국 시대에 진에 앞선 법제의 발상지는 위魏·한韓·조趙 등 삼진三晉 지역이었다. 상앙의 출신지는 말할 것 없고 한비韓非로 대표되는 법가 이론이 형성된 것은 삼진 지역이었으며, 한비자의 스승인 후기 유가의 순자荀子도 삼진 중 조나라 출신이었다. 법가 학설을 집대성한 『한비자』는 상앙의 '법'[엄한 상벌], 신불해申不害의 '술術[관료 통제]', 신도愼到의 '세勢[군주 권력]'라는 세 학설을 종합한 것이다. 진에서 계승된 법가 사상은 유교와 더불어 중화제국 2천 년 전제 군주, 관료제 정치의 기본적 통치 원리였다. 그러나 법가가 가족적 도덕주의에 반대해 법의 표준성과 국가의 공적 관념을 처음 제기한 사실은 의미가 있으며, 유가적 복고주의를 비난하며 현대의 시세 변화에 적응하는 제도적 변혁을 추구한 점에서 당시로서는 제자백가 중 가장 급진적 사조를 대표하는 것이었다. 『한비자』의 법술法術에서 명실名實이 일치하는지 대조, 검토한다는 개념은 '명실종핵名實綜核'으로 불리며 형명참동形名參同과 같은 내용이다. 법의 획일적, 효율적 시행이 강력한 국가의 통일을 전제로 한 점에서 역사상 고대국가의 핵심인 군주권의 강화가 필요한 것은 사실이다. 그런 점에서 서유럽 근세 초기 마키아벨리의 『군주론』보다 1,700년 이상 앞선 한비자의 군주론은 놀라운 면이 있다. 다만 사회적 변화가 미성숙한 고대 사회에서 세계사에서 가장 조숙한 국가 발전이 이뤄진 결과 그 발전의 불균형으로 인해 중국의 법체계가 민법民法적 권리 사상이 결여된 채 국가 권력만을 정당화하는 군주 전제주의에 치우친 것은 중국 고전문명의 불모적 한계를 드러낸 것이었다.

12 상고上古의 주재신 신앙이 약화되는 춘추 말 전국 초기에 묵자 집단은 천신天神을 중심으로 한 다신론자로서, 종교에 의지해 운명론을 거부하고 겸애兼愛·교리交利 이념을 표방하며 그것이 하늘의 의지(天志)에 복종하는 것이라 주장했다. 이 같은 하늘의 의지는 천자天子의 상벌에 하위자가 복종함으로써 실현될 것이었다. 천하의 무질서를 극복하기 위해 국가가 불가결하며, 국가의 군주는 천하의 현자 중에 선발되는 것이다. 묵가가 가족을 넘어선 겸애, 즉 박애와 반전反戰 평화 이념에 헌신하는 것은 유가의 가족주의를 넘어선 보편성을 갖는 것으로 주목되는데, 그 사회적 기반으로 자연공동체인 친족 집단을 배

제한 대신 종교적 도덕의식으로 결합된 임협任俠적 무장 집단을 형성한 것이다. 묵자가 검약과 근로의 정신을 극단에까지 밀어붙인 것도 그 금욕적 종교 정신과 관련이 있으나 그 실용적 사고로 인해 인간의 정감에 근거한 '예禮'와 음악 등의 문화를 말살하려 한 것은 보편적 인간성에 반하는 것으로 비난을 받았다. 게다가 묵가의 종교성에는 헬레니즘과 결합한 서양의 유대·기독교 전통에 비해, 유일신과 내세 신앙, 종교적 신화의 축적된 전통이 결여되어 있었다. 묵가는 종교 자체의 절대성으로 설득하기보다 사람들에게 상호 이익이 된다는 교리交利설을 주장함으로써 공리주의적 특색을 보였다. 특히 묵가의 상동尙同 사상은 천신의 의지가 군주를 통해 서민에 이르기까지 상벌을 통해 관철된다는 의지의 통일을 주장한 것이니, 이는 고대 중국의 국가주의적 교설로 이해될 수 있다. 후일 묵가 일파가 진秦나라의 전제군주정에 동참하게 되는 것도 이런 사상의 당연한 귀결이었다. 법가 『한비자』의 내용에 유가와 아울러 임협도 제거 대상이었듯이 법가적 전제주의를 계승한 한 제국 아래서 묵가와 같은 임협 집단이 더이상 존립할 근거는 없었을 것이다. 19세기 말 중국의 근대가 개시되면서 묵가 사상이 개혁론자들에게 큰 주목을 받게 된 것은 유교 정통사상에 대립하는 이단적 요소가 풍부하고 초보적이지만 논리나 과학적 요소가 내포되어 있었기 때문이었다.

13 중국 도가의 이상향은 서유럽의 유토피아 전통과는 이질적인 면이 있다. 고대 그리스 도시국가를 배경으로 한 플라톤이나 근대의 사회주의적 유토피아에는 미래의 이상을 향한 합리적 계획의 성격이 강하며, 중세 이후의 유토피아에는 그리스도교의 '천년왕국'설 같은 미래주의적인 종교적 목적론의 영향이 있었다. 모두가 현실 세계에 대한 적극적 개조의 의지에 뒷받침된 것이다. 인위적 문명에 비판적인 『노자』의 자연주의는 대량살상을 일삼는 전국 시대의 가공할 전쟁의 공포 속에서 평화주의적인 은거 지식인의 사상을 대표한다. 제왕의 국가 권력이 미치지 않는 '소국과민小國寡民'의 촌락공동체는 정치와 문명 세계에 회의를 가지며 인간 생명, 즉 안신安身을 중시하는 도가 계통의 '유토피아' 관념이었다. 국가의 관료적 정치질서가 날로 강화되는 시대에 『노자』의 비판적 철학은 권력과 결합한 도덕적 강제에 저항해 내면적 자유의지를 표현하며 세간世間을 뛰어넘는 문명 비판이란 관점에서 특히 근대 이후 동아시아 지식계에서 많은 관심을 끌었다. 그러나 아직 저발전 상태의 농경사회이던 전국 시대의 중국을 배경으로 『노자』를 평가한다면, 군주의 무위無爲 정치란 것은 농촌의

방임이 아니라 오히려 가장 평화적이고 비용이 적게 드는 이상적 군주 전제정치의 방법으로 의도된 것이었다. 실제 노자는 통치 대상인 서민에 대한 우민정치를 지지했으며, 서민이란 인위적 교화가 필요 없는 자연 상태에서 생계와 평화만 보장하면 만족할 존재로 여겨졌다. 더욱이 당시의 향촌 사회는 각지에 고립, 분산된 폐쇄적 자연공동체의 획일적 분포로 인해 객관적으로 전제적 국가 권력의 통제를 위해서는 가장 손쉬운 사회적 토대가 되었다. 사실상 통일된 절대국가의 성립을 장기간 저지한 서유럽 중세의 봉건제는 교회와 귀족이나 자치도시가 전제국가를 억지하는 분권적 체제로서 사회적 자유의 공간을 보장하는 역할을 했던 것이다. 한대에 유가와 법가의 결합에 의한 중화제국이 성립된 이후에는 도가적 자연주의는 국교화된 유교와 공존하면서 사대부의 정신세계의 일부가 되었으며, 유교와 융합해 그 철학적 이론화에 적지 않은 기여를 했다. 또한 노자의 유연한 탈속적 세계관이 유학자의 처세관은 물론 법가의 통치술, 손자孫子(손무孫武) 병법에까지 영향을 끼친 사실도 주목할 만하다.

14 노장 도가의 존재론에서 무·자연인 도는 유有의 세계인 천지만물이 끊임없이 존재, 생성 변화하는 근거로서 우주적 실체로 상정되었다. 인위를 부정해 무위無爲란 의미의 '자연으로 되돌아간다'는 노자의 철학은 장자의 '만물제동'설에 의해 그 논리의 완성에 도달했다고 할 수 있다. 세속적 지식으로 잘못 이해된 '유'의 세계를 초월해 절대적 '무'의 실재로서 무한자無限者를 설정함으로써, 장자는 도·무의 경지와 정신적 일치를 이루는 좌망坐忘·심재心齋라는 절대적 자유의 경지에서 소요하는 것을 궁극 목표로 삼았다. 세속적 도덕과 지식을 부정하려던 노자의 무위자연을 넘어 장자의 만물제동萬物齊同은 일체의 지적 시비 분별과 감성적 애착을 상대화하고 초월함으로써 노자의 이분법적 인식에 근거한 현실적 처세관조차 극복하는 논리로 제시된 것이다. 원래 노장 철학은 중국 특유의 우주론으로 자연과 인간을 일치시키는 천인합일天人合─ 관념에 근거한 것이었다. 유가의 맹자 학파에도 나타나는 천일합일 관념은 제자백가 중 노장 도가나 음양오행가陰陽五行家에서 가장 철저한 형태로 반영되었다. 이 점에서 제자백가 중 유가의 순자荀子 학파가 보여준 천·인 분리의 관념은 독특한 것인데, 이 경향은 도가와 음양오행설의 영향을 받은 한대 이후 유교 문화에서는 소멸되었다고 할 수 있다.

15 본서 저자가 말한 대로 『장자』「외편」·「잡편」의 사상에서 인간의 자연적 본성에 따른 참된 정감(眞情)으로 유교의 통속적 예교禮敎의 위선

을 비판하는 사조는, 그 후 예교 문화가 융성했던 한漢 제국이 붕괴한 뒤 위魏·진晉 시대의 청담淸談과 현학玄學에서 전형적 형태로 전개되었다. 이 같은 노장 도가 철학의 자연주의 경향은 실체적 존재론의 탐구로서 외부 세계 및 인간과 관련한 객관적 지식의 추구를 포기하고, 인간 내면의 정신적 태도에 대한 직관적 성찰로만 전개된 것은 중국 사상의 특성과 그 한계를 동시에 보여주는 것이다. 『열자』에서 나타난 쾌락주의 경향은 서양 고대의 헬레니즘과 로마 문화에서 에피쿠로스 학파와 유사한 측면이 있어 흥미로우나 중국에서 영향력 있는 주요 사조의 하나를 형성하지는 못했다. 특히 물질주의적 존재론·인식론에 무관심한 중국 사상의 토양에서는 쾌락설이 헬레니즘과 같은 원자론이나 개인주의적 욕망론과 같은 이론적 체계화와는 차이가 있었다. 그럼에도 도가와 제자백가, 유교·불교와의 상호 영향 관계에서 나타나듯이 노장 사상이 중국 문화의 공통 기반을 형성하는 데 차지하는 비중은 매우 막중한 것이었다. 인간 외부의 존재론으로 처음 제기된 노장의 천도天道 개념이 인간 내면에 있는 '자연의 성性' 문제로 내면화한 과정은 본서의 분석에서 극히 중심적 비중을 갖는 부분인데, 그러한 중국 사상의 흐름은 그 후 불교의 선종禪宗화 추세, 선불교와 주자학朱子學·양명학陽明學 등 신유학新儒學과의 관계에 그대로 재현되었다.

16 19세기 후반 이후 서유럽 근대문명의 외압 아래 보편적 중화中華주의를 자임하던 청淸 제국과 유교 중심의 전통 문명이 붕괴되자, 20세기 초부터 1920년대 초에 걸쳐 서유럽 근대 문명을 전면 수용하자는 계몽주의 사조가 등장해 중국의 문화 전통도 처음으로 회의와 비판의 대상이 되었다. 서구화의 주장과 동시에 형성되기 시작한 사조가 중국의 문화적 주체성을 탐색하기 위한 근대적 국학國學의 건설이라 할 수 있는데, 그 개척자인 양계초梁啓超와 호적胡適은 전근대 중국의 학술사를 근대적 시각에서 재정리하면서 그리스 고전 고대 이래의 서양 학문에 비해 고전 중국학의 최대의 결함은 논리학과 학계의 토론 문화 부재에 있음을 지적했다. 특히 신문화운동 시기(1915~1923) 중국의 전통적 학문·문화의 과학적 재해석을 통해 중국 문화유산(국고國故)의 정리, 나아가 근대적 변용과 발전을 모색했던 호적은 자신의 초기 저술 『중국철학사대강中國哲學史大綱』(1919)에서 논리학을 제자백가 연구의 일관된 토대로 삼아 전통적 중국 철학 연구법의 해체를 시도했다. 명가名家를 묵가墨家 별파(별묵別墨) 논리학의 일부로 크게 다루고, 노장은 물론 순자荀子 중심의 유가도 논리학의 관점에서 이해

하려 했다.

17 전국 시대의 음양오행설陰陽五行說은 기원전 6세기 탈레스를 필두로 고대 그리스의 이오니아학파에 나타난 자연철학과 유사한 데가 있다. 그러나 가장 큰 차이는 중국의 음양오행설이 생성과 변화라는 자연 현상을 설명하려는 것이고 그리스와 같은 실체적 존재론의 추구가 아니었다는 것이다. 따라서 그리스 자연철학에서 원자론이 제기되고 고대 자연과학의 발전으로 연결되는 것과 같은 현상은 중국의 음양오행설에서는 발생하지 않았다. 천인天人 합일의 우주관에 지배된 중국의 사고방식을 배경으로 자연 현상을 인간의 도덕·정치·역사와 결부시켜 설명한 음양오행설은 유가 및 노장 도가 등 각 학파에 침투했다. 한대漢代에는 제국의 관학인 유교 금문경학今文經學의 위서緯書를 구성하는 주요 요소가 되었으며, 유교와 결합해 한의 정치에도 큰 영향을 끼친 신비적 참위설讖緯說의 유행에 유력한 작용을 했다. 주술적 예언술인 참위 사상은 수 왕조 이후 약화되었지만 우주·인체를 설명하는 자연철학으로서 오행사상의 역할은 그 이후에도 지속되어 의약(방기方技)이나 천문·도교 등은 물론 송대 이후의 유교 주류 학파인 주자학의 우주론에도 광범한 영향을 주었다. 유교 경전의 성립과정에 대한 사례를 들자면 한 초기『주역周易』이 점복서에서부터 철학화하는 데는 노장과 음양설의 역할이 컸으며, 전한 후기 유학자 맹희孟喜·경방京房 등은『역』과 음양오행설의 일치를 위한 시도로 상수역象數易의 학설을 발전시켰다. 중국 고대 문명의 발전에 그것이 기여한 점이 있다 해도 일종의 종교적 신비주의로 인해 근대 과학적 사고의 발생을 억제하는 측면도 있었다.

18 한 무제 때 동중서董仲舒의 헌책을 계기로 전제국가의 관학이 된 유가는 전한 말기(기원전 1세기)까지는 국가의 통치 이념과 제도를 지배하는 체제교학으로서 유교가 되었다. 그 결과 이른바 '5경' 내지 '6경'이라는 유교 경전의 주석학으로서 경학經學이 형성되어 다양한 제자학諸子學을 도태, 융합시켰으며, 유교는 이후 서유럽 중세의 가톨릭 신학보다도 훨씬 독점적인 이데올로기 학문이 되었다. 이는 유럽 중세의 분권적 봉건제와 달리 중국에서는 중앙집권적 통일 제국의 장기 지속에 의해 강대한 국가권력의 문화 통제가 더욱 강력했기 때문이었다. 서유럽의 중세에는 학문의 왕좌에 가톨릭 신학이 일시 등극했을지라도 봉건제 정치 환경에서 교회의 독립이 가능했고, 그리스·로마의 고전 고대 문명의 부흥이 여러 차례 시도된 끝에 마침내 15세기 이후 르네상스와 종교개혁을 거쳐 그 후 근대 문명의 발전으로 연결

되었다. 11세기 이래 중세 대학의 7개 자유학과라는 것은 그리스·로마의 유산을 계승한 것이었다. 중국을 원형으로 하는 고대 제국의 전제지배가 끼친 더욱 부정적인 영향을 들면, 민본주의를 표방한 유교의 가부장적 도덕정치 관념이 신분적 예제禮制와 결합하는 동시에 실제 국가권력을 집행하는 도구인 법가적 폭력을 온정적 형태로 정당화시키는 기능을 했다는 점이다. 유교의 가족주의 도덕관념이 제국의 전제적 절대국가와 결합한 사실은 충忠과 효孝의 윤리가 일체화한 『효경孝經』이 전한 시대 유교의 경전으로 출현한 사실에 반영되어 있다. 이리하여 공·맹의 유가에서 비교적 상호적이던 인간관계는 한대에 유행한 신비적 천인天人상관설을 배경으로 권위주의적인 불변의 천륜天倫·명교名敎로 강화되었다. 유교 중심으로 천하의 사상 통일을 주장한 동중서의 저술에 보이듯이 가부장, 전제군주제 윤리로 삼강오륜三綱五倫이 등장한 것이다. 이처럼 유교 도덕이 구체화된 예교禮敎 문화는 가족, 향리鄕里 사회의 예와 국가의 예로 점차 제도화되었다. 한편 한대에 들어와서는 순자의 성악설과 맹자의 성선설이 절충되는 경향이 나타나더니, 그것이 송대(10~13세기) 주자학에서 맹자의 성선설이 정통으로 확립되기까지 지속되었다. 송대 이후 예교 문화는 사대부士大夫 계층을 중심으로 한 지역사회의 종족宗族 발달과 서원書院·향약鄕約 등 교화기구 확충을 매개로 전국의 기층 향촌 사회로 확산되어 갔다.

19 유교가 관학, 국교가 된 전한 시대의 유교 경학은 유가도 제자백가의 하나이던 통일 이전의 선진先秦 시대 학풍과 선명한 대비를 이루었으므로, 중국 학술사의 시대 구분을 선진의 제자학과 한대 이후의 경학으로 양분하기도 한다. 한대 이후 유학의 주류가 된 경학은 제국 체제를 뒷받침한 관학이자 비교적 소수 경학자 가문의 가학家學으로서 경전의 주석학에 매몰되었으므로 학문 및 사상으로서 자유로운 발전에 제약을 받았다. 특히 한대 유교를 지배한 금문今文경학은 최초의 유교 제국인 한 왕조의 제도와 정책을 형성하는 과정에 참여해 학문을 정치에 직접 종속시킴으로써 민간적 배경이 있는 주자학 등 후대 유교의 도덕적, 철학적 성격에 비해 정치적 성격이 훨씬 짙었다. 게다가 한대의 정치적 유교는 신비적 종교성을 지니기도 했는데, 이는 참위讖緯설의 영향이 금문경학에 침투한 결과였다. 도참圖讖과 위서緯書가 결합한 참위설은 한 왕조를 지배한 신비적 천인감응天人感應 사조로서, 도참이 역성혁명易姓革命의 예언이라면 위서는 원시적 자연철학인 음양오행설이 유교 경전의 해석에 적용된 것이었다. 왕조의 정당

성을 지지하거나 왕조 교체의 예언을 선동하는 데 이용된 신비적 금문경학에 비해 후한 이래 민간 유학을 지배하게 된 고문경학은 학문으로서 경학의 합리화에 진전을 보였으나 경전의 자구 훈고訓詁에 치우쳐 사상적 발전은 빈약한 편이었다. 후한의 고문경학자로는 가규賈逵 · 허신許愼 · 정현鄭玄 등이 대표적인데, 특히 허신의 『설문해자說文解字』와 같은 문자학(소학小學)의 성립은 후한 주석학의 박학풍과 아울러 경학의 학문적 발전을 반영하는 것이다. 금문경학과 고문경학의 차이는 공자에 대한 해석에서 극명하게 나타났다. 종교적, 정치적 성격이 짙은 금문경학에서 공자는 천명天命을 받은 소왕素王[무관의 제왕]으로서 정치 제도의 제작자로 신비화되었으나 고문경학에서는 고대 정치적 군주들, 특히 주공周公에 의해 집대성된 제도 · 문화(사문斯文)를 후세에 전해준 위대한 교사(선사先師)로 신비성을 벗게 되었다. 공자가 왕조의 성인군주를 초월하는 보편적 교학인 유교의 수립자, 즉 교주의 지위로 확립된 것은 신흥 사대부 지식인의 신유학으로서 송대 도학道學(주자학)이 성립된 이후였다. 합리적 고문경의 학문에 기초하면서 송대 도학은 금문경을 대체하는 새로운 준종교적인 도덕주의 우주론에 근거해 새로운 형이상학적 이념의 학문, 즉 의리학義理學을 수립한 것이다.

20 전한 이래 유교 경학을 지배한 천인상관설을 왕충이 배격한 것은 후한 이후 도가적 자연주의 사조에 따른 유교의 합리화 추세를 반영한 것이다. 또한 위魏 · 진晉 이후에 학계를 주도한 하안何晏 · 왕필王弼 · 곽상郭象 등의 노장 현학玄學은 후한 이후 자연주의적 합리화 사조를 대표한다. 현학의 시대적 배경이 된 것이 위 · 진 시대 청담淸談 문화인데, 그 기원을 찾으면 후한 말기 사족士族들의 정치 투쟁인 당고黨錮 사건에까지 소급된다. '청의淸議'라는 유교의 정치적 공론公論이 패배하고 고도로 정치적인 관료 세계에 한 제국이 붕괴하자 사족의 경세經世적 의지가 약화된 결과 정치적 청의가 정치에 냉담한 귀족 사회의 청담으로 전환한 것이다. 이 같은 정치적 냉소는 유교의 형식적 예교禮敎 문화의 위선을 비판한 감성적 자연주의로 나타났는데, 위 말기 죽림칠현의 청담은 그 대표적 표현이다. 그래도 죽림칠현의 청담은 찬탈 세력인 사마씨司馬氏 권력에 대한 도덕적 저항이 있었지만 서진 이후의 청담은 도덕 · 정치와는 무관한 문인귀족의 문화로서 유교와 노장 도가 문화의 융합을 보여주고 있다. 청담 문화의 핵심적 학문이라 할 현학은 『주역』 · 『노자』 · 『장자』 '삼현三玄'의 주석학을 통해 전국 시대 노장 사상과는 다른 내용의 뚜렷한 변화를 드러냈다. 왕필 등

의 현학을 통해 노장의 '도'와 '무'의 관념은 만물의 근원으로서 초월적 존재로 해석되어 널리 보편화되었다. 곽상의 독특한 견해로는 '도'의 작용을 부정해 만물의 자연을 강조하고, 무의 존재 개념도 부정해 만물이 저절로 생기고 변화한다는 '자생自生'과 '독화獨化'를 주장했다. 가장 유의할 것은 중국 고대에 개별 사물의 속성으로 쓰이던 '이理' 개념을 왕필이 천리天理·도리道理와 같은 보편적 개념으로 해석했다는 것이다. 그 개념이 불교에 적용되어 당대唐代의 화엄종華嚴宗에서는 '이理'·'사事' 개념으로 전개된 것인데, 송대 성리학의 이理·기氣설은 이를 수용해 발전시킨 것이다.

21 서진西晉 멸망 이후 수隋·당唐의 재통일까지 중국은 당시 미개지였던 남방으로 밀려난 한족漢族보다 북방 이민족인 호족胡族이 우세한 시대였다. 이 시대에 중국은 호·한 두 종족의 대규모 융합이 이뤄졌으며, 동아시아의 주변 민족, 특히 동이족東夷族으로 불리던 한반도의 삼국과 일본 열도가 중국 문화권에 편입되면서 대발전을 시작한 것도 이 시기 중국의 개방과 대분열에 힘입은 것이었다. 남북조南北朝를 통일해 중화제국中華帝國의 '대일통'大一統을 회복했다는 수·당 제국도 실은 선비족鮮卑族이 통치했던 북조北朝의 뒤를 이은 왕조로서 황실 자체가 호·한 융합의 계보를 갖는 개방적 제국이었다. 그것은 최초로 한족과 한 문화의 원형原型을 형성한 진·한 왕조의 폐쇄적인 유교 제국과는 이질성이 많았다. 동진東晉 이후 남북조, 수·당 시대는 유·불·도 삼교가 공존, 병행하는 가운데 불교가 중국 문화의 주류가 된 시대였으며, 대당大唐 제국 질서와 불교 및 한자漢字 문화는 동아시아가 하나의 세계로서 최초의 국제 사회가 형성되는 데 구심 역할을 했다. 당 태종太宗 때 제국의 정치적 관학으로서 유교 경학의 훈고학적 재정리와 정사正史의 국가 편찬이 이뤄졌지만, 중국의 기본적 생활 문화이자 통치 이데올로기로서 유교의 진정한 부흥이 이루어진 것은 다음 송대에 일어난 대규모의 한족 문화 복고운동의 결과였다. 그 후 종족種族·문화 중심의 초기 '민족'주의가 발생해 중국의 유교적 중화주의 사조는 최고조로 강화되었다. 그것은 불교라는 우수한 외래 문화를 흡수해 그 도전을 극복해낸 중국 고유 문화의 재정립으로 평가될 수도 있다. 그러나 위진·남북조 및 수·당 시대 인도 불교의 융성은 중국 문화에 영혼 불멸의 종교적 사생관이나 종파 불교(교종教宗)의 논리적, 존재론적 새 학문 체계를 수용하는 계기로 긍정적 역할을 했다. 중국 고유의 민족문화 부흥 사조에 따라 당 말기 송대 이후 후기 불교(선종禪宗)와 신유학에 보이듯이 내성內省적 직관·실천주의, 도

덕적 정치 이념 일변도로 통일되어 간 것은 중국 문화의 다양성과 확산성에 장애가 되는 측면도 있었음을 지적할 필요가 있다.

22 도교道敎의 기원은 그 교단 조직 면에서 후한 말 오두미도五斗米道와 계승 관계가 있으나 비슷한 시기 황건란黃巾亂이라는 대반란을 일으켰다가 패망한 장각張角의 태평도太平道와도 관련이 있다. 태평도의 교설은 우길于吉(혹은 간길干吉)의 『태평청령서太平淸領書』에서 유래하는데, 그것은 그 후 도교 경전의 하나인 『태평경太平經』이 되었다. 도교는 상제上帝(천신)·주술 신앙 등 민중종교에다 특히 신선神仙 사상을 결합한 중국의 토착 종교로서, 도교와 철학적 노장 도가와의 관계는 그 신선술과 관련이 있다. 신선술의 수양법으로는 금단金丹이나 금석·초목의 연성鍊成과 같은 외단外丹과 아울러 체내의 정기精氣를 양성하는 내단內丹으로 나뉘는데, 만물의 생성변화의 근원인 초월적인 도(천도天道)와 내면적 합일을 이루고자 하는 노장의 정신세계가 도교의 종교적 교설로서 적용되었다. 불교에 대항해 중국 고유의 종교를 형성해가는 과정에서 도교는 제도, 교리 면에서 불교의 큰 영향을 받으면서도 불교에 대항하는 교리로서 노장 철학의 중국적 세계관을 이용할 필요가 있었던 것이다. 불교의 부처처럼 전설상의 노자가 도교의 신으로서 태상노군太上老君이 되었고, 시대를 초월해 혼돈의 세상을 구하기 위해 몇 차례든 모습을 바꿔 하생下生한다는 사상까지 불교와 닮은 데가 있다. 종교로서 불교에 대항하는 지위로 도교가 성장하는 과정에서 동진東晉의 갈홍 이후 남북조 시대 북위北魏의 구겸지寇謙之와 남조 모산茅山파(상청교上淸敎)의 도홍경陶弘景 등의 역할이 있었다.

23 중국 불교사에서 아주 진귀한 사례로, 황제권이 상대적으로 약했던 남조에서 승려 혜원慧遠은 군주로부터 승려의 독립을 주장한 적이 있다. 북조를 계승한 수·당의 통일 제국에서 불교는 호국護國불교로서 국가의 정치적 이데올로기가 되어 황실과 귀족의 보호를 받고 중국사에서 최고의 융성기를 맞았다. 이 점이 서로마제국의 멸망과 함께 기독교가 제국에서 독립된 교회 조직으로 발전한 서유럽의 역사와 큰 차이를 갖는다. 분권화된 서유럽 중세의 가톨릭교회는 교리와 교회법을 통해 개인의 인권 사상 발달에 기여한 점이 밝혀지고 있다. 그러나 중국에서 2천 년 이상에 걸친 대통일 제국의 지속, 특히 송대 이후 유교 제국에서 과거·관료제의 발달은 문화의 정치적 종속을 초래했고 장기적으로는 학술도, 종교도 자유롭고 다양한 발전이 속박을 받게 되었다. 당대 불교의 화려한 융성은 인도까지 가서 불경을 구하

고 17년 만에 당 태종의 환영을 받으며 수도 장안長安으로 돌아온 삼장三藏법사 현장玄奘의 불경 번역 사업과 인도 종파 법상종法相宗(유식종唯識宗) 도입에서 절정기에 들어섰다. 현장은 여행기인 『대당서역기大唐西域記』의 저자로 유명하지만 장안의 자은사慈恩寺에서 인도에서 가져온 대량의 불경을 번역했는데, 이 방대한 역경 사업은 그 이전 오호16국 시대 북방의 서역승 구마라집鳩摩羅什의 1차 대량 번역과 함께 중국의 종파 불교 발전의 기반을 마련했다. 법상종은 중국화된 종파인 화엄종華嚴宗·천태종天台宗과 함께 중국의 이론 불교, 교종敎宗의 정점을 형성했다. 한편 당대 후기에 선종禪宗이 융성함에 따라 교종과 선종의 융합을 주장하는 교선敎禪 일치 사조가 나타났는데, 천태종의 징관澄觀이나 화엄종의 종밀宗密이 대표적이다. 불교의 전성기인 당대에 들어와서 불교는 인도 불교에서 발전한 이론적인 불교가 아니라 가장 중국적인 문화에 가까운 실천적 선종이 중국 불교의 중심 지위를 차지했다. 당 말기 송대의 교종의 쇠퇴 현상은 고려 초 한국의 천태종을 중국이 역수입하는 데서도 확인할 수 있다. 본서의 저자가 선불교가 얼마나 노장 사상에 나타난 중국인의 정신문화에 적응한 것인지 명확히 지적한 것은 중국 및 동아시아 문화의 토대를 이해하는 데 큰 도움이 될 것이다.

24 당 후기 이후 선종이 불교계를 주도하게 된 것은 불교의 중국화, 서민화 추세를 반영한 것이다. 이 같은 서민 사회의 등장은 당 말기(8, 9세기) 이후 제한된 화폐경제의 출현과 문벌귀족의 몰락, 송대 과거科擧 관료제의 확립에 따른 서민 출신 지식인, 즉 신흥 사대부 계층의 대두 및 더욱 진전된 중앙집권적 황제 전제정치의 확립과 병행되는 현상이었다. 한편 당 후기에는 분열된 왕조의 중흥 노력을 배경으로 9세기 이래 한유韓愈를 필두로 한 신흥 사대부의 유교 부흥운동이 반불교의 형태로 출현했다. 11세기 중반 북송 인종仁宗의 경력慶曆 연간에는 범중엄范仲淹·구양수歐陽修·호원胡瑗 등 유교의 현실적 경세經世 의식이 강렬한 사대부를 중심으로 정치 개혁과 아울러 학술운동으로서 '정학正學' 사조가 전개되었다. 이 같은 배경에서 고대 유교의 부흥을 위한 사상운동의 일환으로 주돈이周敦頤·장재張載·정호程顥·정이程頤의 계보를 갖는 도학道學, 즉 이학理學(성리학性理學)이 형성되는 것이다. 송대의 도학 운동에서 출현한 철학화된 신유교는 통치계급인 사대부의 생활 지침으로서 형이상학적 학술에 뒷받침된 도덕적, 이상주의적 가치관을 바탕으로 유학의 경세적 지향을 강화했다. 주자학으로 종합된 도학 체계는 도덕적 합리주의의 성격이 강화되는 한편

그 도덕성이 '천리天理'에 근거한 준종교적 신념으로 내면화해 유교 교학체계의 이데올로기적 성격도 심화되었다. 주공周公을 비롯한 고대의 정치적 성왕聖王보다 유교라는 도덕적 교설의 창설자로서 공자가 더 존중된 사실은 송 이후 유교의 획기적 변화를 상징하는 것이었다. 통치 계급으로서 사대부는 천명에 근거한 도덕적 인격의 단련, 즉 수신修身을 바탕으로 인민의 통치에 동참할 경세의 사명을 제왕과 공유할 권리가 있는 것이니, 이것이 사대부가 군주에게 주장할 수 있는 '군신공치君臣共治'의 이상이었다. 유교의 도덕적 가족국가 이념에 따른 가부장적 민본주의 통치 이념은 도학 체계를 통해 사대부의 실천적 경세 의식으로 내면화된 것이다. 송대 도학의 성립 배경에는 수 왕조 이후 비합리적 참위설의 억제, 보편 종교로서 불교와 같은 외래 종교의 사상적 충격에서 볼 수 있는 중국 문명의 전반적 상승이 있었다. 불교의 수용을 기반으로 불교를 극복하려던 사대부의 유교 부흥운동은 한대 이래 신비적 또는 훈고학訓詁學적 경학을 개혁해 선진先秦 시대 공자·맹자의 이념적 유학으로 복귀하려는 이상주의적 복고 운동에서 동력을 찾았다. 사대부층의 복고적 사상운동은 문학 방면에서도 선진으로 돌아가려는 고문古文 운동으로 나타났으니, 당 후기 한유·유종원柳宗元이 시작한 고문의 흐름은 북송 경력 연간 이후 구양수·왕안석王安石·증공曾鞏·소식蘇軾 부자 등의 고문으로 이어졌다. 12세기 주희에 의한 주자학의 완성까지 지속되는 중세 중국의 이 복고적 문화운동은 17~18세기 청대까지 반복해 일어났다. 이는 그리스·로마의 고전 문명을 지향해 12세기 이래 16세기까지 되풀이된 서유럽 중세의 복고적 르네상스 운동과 유사한 측면이 있다. 그러나 중국은 끝내 서유럽의 마지막이자 인문주의적인 르네상스(14~16세기)처럼 근대 문명으로 전환하는 역사적 계기를 만들지는 못했다. 서유럽의 르네상스에는 자본주의와 자연과학이란 그들 고유의 동력이 함께 발전하고 있었기 때문이다.

25 정이程頤의 이기이원론理氣二元論, 격물치지론格物致知論 등을 계기로 도학의 이론 체계를 구성하는 기본 개념은 거의 성립되었다고 할 수 있다. 이기일원론이라 할 수 있는 정호程顥의 사상에서 눈에 띄는 점은 모든 '덕德'의 핵심으로서 보편적 '인仁'을 해석하면서 사랑(愛)이나 공정(公) 개념을 거론한 것이다. 그런데 송대 도학의 구조가 정이와 주희의 계보를 중심으로 이루어졌다는 의미에서 성리학의 원산지인 중국에서 도학을 주자학이라기보다는 양자를 병칭하는 정주학程朱學이라 부르는 것은 발생학적으로 일리가 있다. 주희의 중요성은 그

의 방대한 학문적 연구를 통해 그 이전 도학자들의 단편적 여러 학설을 정이의 이론 체계를 중심으로 재해석, 종합함으로써 도학을 통일된 교학 체계로 완성한 데 있다. 그럼으로써 주자학은 13~14세기, 즉 남송 말기 이후 원대元代, 명明 건국기를 통해 중국 남북을 통일한 국가 이데올로기, 사대부의 인생철학으로 채택될 수 있는 조건을 구비한 것이다. 주희가 종합한 이 통일적 주자학의 학설 체계로부터 이탈해 새로운 도학 체계를 시도한 명대明代의 왕양명王陽明, 청대淸代의 왕부지王夫之나 대진戴震 등 후세 사상가들은 주희가 종합한 북송의 정호나 장재張載, 주희와 논쟁했던 남송의 육상산陸象山의 학설을 되살려 주희와는 다르게 재해석함으로써 독자적 이론을 구성하는 데 이용했다. 근래 한국 학계에서 주자학이 완성된 16~17세기의 퇴계退溪·율곡栗谷 학파 등의 주자학을 조선 시대 성리학 일반과 구분하며, 고려 말 조선 초 중국에서 도입하는 단계의 단편적 도학道學 학설들을 주자학과는 다른 '조선 성리학'이란 개념으로 분류하려는 경향이 있다. 그러나 그런 학설들이 완성기 조선 주자학에 흡수되는 과정 중에 있던 단편적 학설이라면, '조선 성리학'이란 개념은 차라리 조선 초기 성리학설은 물론 완성기의 퇴계·율곡 등의 주자학을 포함한 모든 성리학설을 포괄해 조선 성리학으로 규정하는 것이 이론적 타당성이 있다. 또한 그 편이 성리학과의 공통성과 차이를 비교하는 데도 더 적절한 입론일 것이다.

26 기일원론인 장재張載의 도학은 본서 저자의 정확한 지적에서도 드러나듯이 현대 중국의 학계에서 그 기 이론을 부당하게 마르크스주의 유물론唯物論과 결부시키고 있다. 그 결과로 이른바 반동적이라는 주자학자들과는 대조적으로 성리학 내에서는 예외적으로 기 이론만이 진보적인 사상으로 과도하게 높은 평가를 받았다. 이데올로기적 주관성에 억눌려 역사적 현실에 근거한 실증적 연구가 배제된 대표적 사례일 것이다. 맹자 이래 유교적 민본주의를 더욱 진전시킨 장재의 민포물여民胞物與와 정전제井田制 사상이 만민 평등의 범인류적 박애주의로 평가받는 것도 그 사상에 내포된 유교적인 가부장 가족주의의 전제적 성격을 간과한 측면이 있다. 즉 그의 평등주의적 이상향은 가부장적 군신부자의 충효 윤리에 종속되어 있는 통일적 천하 공동체의 이념이었으니, 결국 개인과 사회가 군주, 관료와 각 대가족의 가장들의 통치 아래 놓여 있는 전제적 공동체주의인 것이다. 고대 이래 중국식 유토피아로 논의되고 있는 '대동大同' 사상도 장재의 경세 이념과 공통된 근원을 갖는다. 근대 이후의 중국에서 서유럽 민주주

의 사조의 도입과 함께 중국의 이 같은 전제적, 민본적 평등주의 전통에도 성격의 변화가 발생했으나 유교적 가족주의가 제외된 국가주의적인 공동체주의 평등 이념은 그대로 지속하고 있다. 제1차 세계대전 이후 중국 근대 신지식인층의 서구적 계몽주의 사조가 러시아 혁명의 영향을 받은 인민주의, 국가사회주의적 혁명 사조로 전환된 사실에서 중국 전통의 강인한 동력이 재확인된다.

27 송대의 학문을 지칭하는 이른바 송학宋學은 도학(또는 '이학')의 주류 지위를 차지한 주자학(혹은 정주학)이 중심이기는 하지만 그 밖에도 이에 대항하는 여러 학파가 경쟁하고 있었다. 그런 학파로는 도덕적 직관直觀을 강조하는 육상산陸象山의 심학心學, '사공'事功[일의 효과]을 중시해 실학實學적 경향이 짙은 절동浙東 지역(절강성浙江省)의 공리功利주의적 학파가 있었다. 이 공리적 학풍에는 진량陳亮의 영강永康학파, 진부량陳傅良·섭적葉適 등의 영가永嘉학파가 있다. 그리고 위 학파들을 절충하는 문헌학 중심의 학설로 여조겸呂祖謙의 금화金華학파가 있으며, 한편 주자학과 육상산의 심학도 이 지역에 전파되어 발달했다. 그러나 항주杭州에 수도를 옮긴 결과 남송南宋 이래 전국적 문화 중심으로 성장한 절동 지역에는 학파를 초월해 현실적 경세 사조가 강하고 그에 따라 역사학이 발달한 것이 지역 문화의 특색이 되었으며, 원대에는 왕응린王應麟과 제자 호삼성胡三省의 경학·사학에 걸친 문헌학적 연구가 눈에 띈다. 이상의 절동 지역 학풍은 명·청대 중국의 주류 학풍 변화, 즉 양명학의 발생, 경세학·고증학 등 중국 실학實學 사조의 형성에 선구적 작용이 있었다.

28 주희는 북송 이래 도학의 제 학설을 종합했을 뿐 아니라 이른바 『대학』·『중용』·『논어』·『맹자』로 구성된 '사서四書'를 '오경五經' 해석의 입문, 지침서로 따로 분리하고, 자신의 성리학적 교설에 의거한 학문적 주석 작업을 통해 이른바 '사서학'을 성립시켰다. 사서학이 과거 오경 중심의 전통적 유교 경학을 대체해 오경 이상의 경서로 특별한 존중을 받고 새로운 성리학적 경학의 핵심이 된 것이다. 주자학은 이론적 이념 체계로서 '도학'에 그치지 않고, 경학의 해석학적 방법론을 제시함으로써 도학에 지식체계로서 학문적 지위를 부여한 셈이다. 특히 명대 이후에는 주자 주석의 사서학이 과거 시험의 기본 과목이 되었다. '사서' 중 『대학』은 학문의 본말本末과 선후先後의 단계를 제시하는 유학의 강령서로 주희의 주석학에서 매우 중요한 위치를 갖고 있다. 이른바 3강령綱領 8조목條目이라 주장된 『대학』의 항목은 후세에 주자학과, 그에 대항하는 양명학 등 다른 학파 사이의 해석상

의 논쟁에서 핵심적 지위를 차지했다. 주희의 3강령이란 명명덕明明德, 신민新民, 지어지선至於至善이며, 8조목은 격물格物, 치지致知, 성의誠意, 정심正心, 수신修身, 제가齊家, 치국治國, 평천하平天下이다. 주희는 이같은 주자학의 학문체계를 지식 중심의 '도문학道問學'에서 도덕 중심의 '존덕성尊德性'으로 순서를 밟아 옮겨가는 것으로 압축했다. 국가 이데올로기로서 주자학의 이념적 정통성은 상고上古 이상시대의 제왕인 요堯·순舜, 삼대三代(하夏·상商·주周)로부터 공자·맹자를 거쳐 송대 도학으로 계승되는 '도'의 계통, 즉 '도통道統' 관념으로 제시되었다. 주희는 역사학에서 춘추학春秋學의 대의명분론을 강조함으로써 이 같은 '도통'을 잇는 정치적 이상으로 맹자의 왕도王道를 추구했으며, 유교의 '덕치'를 실천하는 현실적 수단으로서 『주자가례朱子家禮』를 비롯한 '예'에 대한 학문적 연구를 실천, 고취했다. 그러나 주자학의 약점으로서 '이理'와 '기氣', '심心'[마음]과 '성性'[본성] 등 완성된 형이상학적 이론 구성이 교조적 폐쇄성을 띠면서, 후세에 인간성이나 사회·자연의 현실에서 괴리된 공리공담空理空談으로 흐르는 경향이 고착화되어갔다. 더욱이 과거제와 결합한 국교로서 주자朱子注에 따른 '사서' 해석의 교조화는 경학의 다양한 외연적 확충이나 문헌학적 지식의 발전도 정체시켰다. 명·청 시대에는 이 같은 주자학의 약점에 대응해 본연의 유학의 과제로 실천·실용·실증에 근거한 실리實理의 추구를 주장하는 사조가 대두했는데, 그것이 이른바 유교의 '실학實學' 사조라는 것이다.

29 오군吳郡 연상사延祥寺의 모자원茅子元 이후 강절江浙·복건福建 지역을 중심으로 서민적 민중불교로 발전한 백련교는 남송·원대에 자주 사교邪敎 결사로 정치적 금압을 받았다. 원 말기에는 원래의 정토교(아미타불 신앙)에 미륵불彌勒佛 하생下生의 신앙을 결합해 유명한 북중국의 홍건적紅巾賊 대반란의 주체가 되었으며, 이것이 원 제국이 멸망하는 계기가 되었다. 후한 말(2세기) 원시도교인 태평도의 황건의 난 이후 중국 고대의 민란 주체가 되었던 도교의 역할을 이제 민중불교가 대체하기 시작한 것이다. 홍건적의 난에서 일개 부장 출신으로 입신한 명明 태조太祖(주원장朱元璋)가 백련교를 금압한 이래 백련교는 명·청 시대에 이단적 민간불교의 비밀결사로서 줄곧 민란의 이데올로기와 조직의 배경으로 역할을 계속했다. 진 시황제 이래의 전제주의 관료제를 완성한 명 태조는 과거제와 결합해 주자학의 국교 지위를 확립함과 아울러 민간사회의 안정을 위해 관료제 하부에 있는 향촌 조직을 동원해 전국적 민중 교화를 추진했다. 동원 대상에는 불교

·도교까지 포함되었으니, 유·불·도 삼교三敎 합일의 사조가 강화되는 추세 속에서 당시의 불교·도교는 삼강오륜三綱五倫의 유교 윤리 보급을 위한 중요한 매체로 쓸모가 있었기 때문이다. 한편 명 이후의 불교·도교는 제국 체제에 협력해 유교 윤리에 종속된 결과 오히려 종교적 이론과 조직의 자립성이 쇠퇴하는 길을 걷게 되었다. 다른 한편 유·불·도 삼교가 혼합된 미신적 민중종교가 비밀결사의 형태로 중국 사회의 저변에 만연하게 되었는데, 그것은 유교 국가와 사대부 종족宗族 사회와 분리된 기층 민중 문화를 형성한 것이었다. 정치적 분권과 자유가 불가능했던 중화제국의 전제 체제는 종교가 독립적 사회 제도와 문화로 발전하는 데도 큰 장애가 되었다.

30 원 인종 때의 과거제 부활은 원의 몽골 세습귀족제와 한족 차별 정책으로 인해 비록 주자학이 관학으로 채택되었다 해도 정치, 사회적으로는 효과가 크지 않았다. 그렇다 해도 남송 말기 국교로서 남중국을 제패한 주자학이 원대에 조복趙復·허형許衡 등을 통해 북중국의 유학계에 보급된 결과 고려 말 한국에까지 전파된 사실은 유의할 만하다. 명 초기의 태조(홍무제洪武帝)와 성조成祖(영락제永樂帝) 시대에 주자학이 본격적 과거 과목으로 국교화됨으로써 유교 문화는 14세기 후반 이래 비로소 중국의 향촌에까지 침투되었다. 명 초기 유교의 국교화 과정에서 주도적 역할을 한 것은 송렴宋濂·방효유方孝孺 등 절강의 금화金華학파였다. 황제 전제의 정점에 이르렀던 명제국의 체제는 태조의 잦은 문자옥文字獄, 영락제의 제위 찬탈 과정에서 일어난 방효유 일파의 잔혹한 숙청 등에 보이듯이 국가에 종속된 주자학적 유교가 어용 학문으로 변질되어가는 문화 지체 현상을 촉진했다. 그리고 그 과정은 그 후 청조의 강인한 사상 통제와 제국의 관제 문화 사업에서 절정에 이르렀다.

31 명대 후기로 들어서는 15세기 말부터 중국은 당 말기 송대에 뒤지지 않는 사회경제적, 문화적 변동을 맞게 되었다. 20세기 중엽 한때 서유럽 근대화에 대응한 민족주의적 사조를 배경으로 근세의 '자본주의 맹아론'이라는 가설이 동아시아 역사학계를 풍미하면서 명 말~청 초기가 그 비교 연구의 대상으로 크게 주목을 받았다. 그러나 세계화가 좀 더 진전된 오늘날에는 그 과장된 자본주의 맹아론 대신 명·청대 중국이 상당한 수준의 소상품小商品 경제의 발전이 있었다는 실증적 연구 성과를 인정하면서도 '자본주의 없는 시장경제'라는 견해로 수렴되는 분위기이다. 16~18세기 중화제국의 마지막 단계에서 꽃핀 자못 화려한 사대부·서민 사회의 문화적 결실도 양자강 하류 지

역의 강남을 중심으로 한 화폐·시장 경제와 신흥 도시의 발달을 토대로 한 현상이었다. 본서의 저자는 명조 후기의 문화 현상을 파멸을 향한 난숙·퇴폐의 성격을 지닌 것으로 평가하고 있다. 이를테면 양명학이나 소설·희곡 등 서민문학의 대두, 출판문화의 발달이 있었으나 전통 윤리와 신분 사회의 혼란, 명청 교체기 대전란의 참극을 수습하지 못한 것은 명 말기 중국 사회와 체제의 한계를 드러낸 것이다. 이 시기의 시대상에 대한 부정적 평가는 청 초기 정복자인 청 왕조는 물론 한족 사대부 사이에도 공론화되었으며, 청 제국의 문화 통제 아래 명 말기의 번화한 문화현상도 된서리를 맞고 한동안 동결되어버렸다. 그러나 17세기 대반란과 사회적 혼란, 왕조의 교체에 따른 전국적 내전의 대재앙은 이 같은 사회경제 및 문화적 변동 자체의 책임 이전에 정치적으로 이 변동을 수렴해 체제 개혁을 이룰 수 없었던 명 왕조의 전제 체제와 사대부 관료의 무능에 더 큰 책임이 있었다. 한편 명대 후기 이래 중국의 사회경제 발전도 동시대의 서유럽에 비할 때 과학기술 및 경제 제도 등 획기적 생산력 발전의 뒷받침이 없는 취약한 구조에 머물렀던 것으로 생각된다. 따라서 양명학 등 명 후기에 발달된 문화 현상에도 증폭된 사회경제, 정치적 모순에 대응할 문화 동력으로 새 시대를 지향하는 이성적 지식이나 윤리의식, 인간관, 세계관의 변혁을 수반하지 않았다고 할 수 있다.

32 과거제와 결합한 주자학의 지배 아래 명문 출신의 왕양명이 관료로서 예가 드문 큰 성공을 거두었으면서도 주자학에 반기를 든 동인으로는 유교 윤리의 현실적 실천 문제에서 이론적 주자학이 갖는 한계를 극복하려는 도학적 실천 의지를 들 수 있다. 그의 사상은 이론적 지식에서 도덕, 정치적 실천으로 이어지는 주자학의 순차적 학문 단계를 부정하는 데서 출발해 지식과 도덕·정치적 실천의 관계를 현실의 경험 과정을 통해 일치시키려는 실천적 이론(知行合一)을 제시했다. 양명은 이 작업을 위해 주자가 근거로 삼은 『대학』을 재해석하고 주자의 해석에서 의도적 왜곡이 있음을 비판했다. 그 철학적 논거의 첫 단계는 '마음이 바로 이理'(心卽理)라는 이기 일원설이었다. 두 번째 단계로의 양명학의 비약은 현실적 실천 경험을 통한 '양지의 발휘'(致良知)라는 것이었다. '양지'는 사람의 마음속에 누구나 예외 없이 본성으로 구비한 선천적인 도덕적 지각 능력인데, 그 이론이 갖는 사회적 폭발성은 모든 인간이 인격적 주체로서 평등함을 전제한 데 있다. 그 평등 관념은 '만물일체萬物一體의 인仁'으로 표현되었다. 이 견해는 맹자 이래 유교 민본주의 사상의 역사에서 새로운 전진을 의미하는

것이다. 그 평등의 주장은 명대 후기 이후(16~18세기) 시장경제의 일정한 발전에 따라 사농공상, 사민四民의 신분 질서가 해체되기 시작한 사회 상황을 반영하는 것으로 해석될 수 있다.

33 강학講學이란 형태로 양명학이 사대부 지식층이나 서민 독서인을 동원한 것은 중국 사상사에서 처음으로 나타난 학문 운동으로서 명대 후기 이후 시장경제와 출판문화 발전에 따른 서민 사회에서의 지식 보급을 반영한다. 나아가 관료계를 넘어서 지역사회에서 신사紳士 계층 중심의 유교적 사인士人 공동체의 영향력이 확대된 사실과도 관련이 있다. 명대는 과거·학교제를 연결한 특권층인 신사층의 수적 확대에 따라 송대 사대부에 비해 신사층의 지역사회에 대한 지배력은 더욱 강화되었다. 양명학 좌파 중에 가장 급진적인 것으로 알려진 것이 태주泰州학파(회남淮南 지역)인데, 이 학파의 창시자라는 왕간王艮의 학설을 대표하는 것이 '회남격물淮南格物' 설이다. 이는 『대학』 8조목의 본말本末 관계에 관한 해석에서 근본을 수신修身에 두고 개인으로서 자기 자신의 보존, '안신安身'을 가족·국가·천하를 위한 헌신의 기준, 출발점으로 삼았다. 이처럼 자아가 외계 사물의 판단 기준이 되는 '격물'의 실천은 '혈구絜矩'라는 개념으로 표현되었다. 이처럼 경세적 실천의 근본으로 자기중심의 주체성을 강조하는 태주학파의 사상은 민간에서 사대부 지식인의 자율적 강학·공동체 활동을 강화함으로써 재상 장거정張居正 이후 관료적 국가 질서와 충돌했다. 종족宗族 공동체 중심의 주체적 민간 활동을 시도한 하심은何心隱의 경우 그 사상 활동으로 인해 관부의 탄압으로 죽음을 당하기도 했다. 신사층 중심의 강학 활동은 17세기 초 명 말기의 동림당東林黨·복사復社 운동에서 그 절정에 달했는데, 그것은 시회詩會·문사文社 등 지식인 결사의 지역적, 전국적 결합체가 학문을 넘어선 정치적 공론公論, 즉 청의淸議 활동을 통해 치열한 당쟁으로까지 연장된 사태였다. 창시자인 고헌성顧憲成 등 동림 인사들의 학풍은 주자학을 바탕으로 양명학의 실천을 절충해 정치적 경세經世 활동을 지향하는 특색이 있었다.

34 양명학 좌파 왕기王畿의 '현성양지現成良知' 설과 유·불·도 삼교합일론은 이지李贄(卓吾)에게도 공통된 것이며, 개인(私)적 주체를 존중하는 이지의 사고도 왕간의 태주학파와 관련이 있다. 그런데 양명학 좌파 급진주의의 마지막 도달점에서 등장한 그의 '동심童心' 사상은 사욕을 긍정함으로써 주자학의 정통 윤리인 명교名教를 회의의 대상으로 상대화하는 극단에까지 나아간 것이다. 노장적, 선불교적 부정의 논리로 '출세간出世間'의 입장에서 경전이나 역사서의 기존 통설에 회의를

던지는 그 논리적 근거로 '동심'의 자연적 정감을 진실의 표준으로 내세워 주자학적 정통 이데올로기를 통속적인 '견문'의 지식으로 격하시키는 것이었다. 본서의 저자가 설명한 대로 양명학의 '정의情意'에 의한 주자학적 '로고스'(이성)의 거부는 이지의 경우 주자학의 도덕주의 이념에 대한 비판이 인간 내면의 인격과 객관적 현실(자연·사회)의 해방으로 연결되지는 못했다. 양명학 좌파와 이탁오의 사상에는 서유럽 근세와 같은 이성적 인식이나 인권 관념의 모색은 출현하지 않았다. 유·불·도 삼교 합일의 주관적, 감성적 유심唯心주의 인식에서 벗어날 수 없었던 그들의 한계는 새로운 사회로의 탈출로가 막힌 가부장적 전제주의 관료 국가의 역사적 현실의 제약을 반영하는 현상이었다.

35 북방민족의 마지막 정복왕조인 청 제국은 산해관山海關 침입 이후 40년에 걸친 중국 정복 사업을 완성했지만 민란으로 자멸한 명조를 대신해 자신이 천명天命을 이어 중국을 대란大亂에서 구원한 평화의 회복자로 자임하며 중국 통치의 정당성을 주장했다. 청조는 강희제 이래 명 말기의 문화적 퇴폐를 비난하며 청 초기에 주자학 정통의 부흥을 지원하는 방식으로 중국 본토에서 유교문명의 전통을 계승할 뿐 아니라 중국 바깥의 광대한 서북 정복지에서는 한족의 중국을 넘어선 다민족 제국으로서 대청大淸 제국의 독자적 주체성을 확립하기도 했다. 청조 전성기의 황제들은 직접적 무력 탄압 이외에도 옹정제雍正帝의 노력에 나타나듯이 만주족이 종족種族 면에서 이적夷狄 출신이지만 문화적으로 한족과 같은 '중화中華제국'의 정통성을 보유한 것으로 주장하고, 한족 사대부에게 이를 설득하기 위한 문화 투쟁을 전개하기도 했다. 청조의 황제는 정치적 정통성뿐 아니라 문화적 도통道統도 황제에 집중시키는 정교政敎 일치의 절대국가 체제를 완성함으로써 사대부 지식층의 정치적, 문화적 자율성을 완전히 통제할 수 있었다. 건륭제의 사고전서四庫全書 사업은 강남 중심으로 전개된 한족 사대부의 고증학계를 흡수해 주자학적 국가 이데올로기와 통합하면서 국가 주도로 중국 문화 전통의 총결산을 시도한 것이다. 이른바 건가乾嘉 고증학의 융성은 사고전서 사업 이후 청조 국가의 정책에 적응하는 과정에서 그 도움을 받기도 했으나 한학漢學(고증학)과 송학宋學(주자학)을 절충하는, 이른바 '한·송 절충' 사조의 속박을 받아 체제 이념을 뛰어넘는 사상적 발전이 봉쇄된 것도 사실이다.

36 청대의 고증학考證學은 청 말기의 양계초梁啓超가 역대 중국의 4대 학파로 손꼽을 만큼 중국 사상사에서 큰 비중을 갖는다. 이를테면 선진

제자백가, 위·진~수·당의 불교학, 송·명대의 주자학, 청대의 고증학이 그것이다. 고증학은 한대 고문경학파의 훈고학 계보를 이으면서 전문專門적 정밀성에서 훈고를 뛰어넘는 방법론을 개척한 것인데, 그 기원은 명대 진제陳第의 음운학音韻學 등에 소급할 수 있다. 그러나 본격적 의미의 고증학은 청 초기 경세經世학자인 고염무顧炎武·황종희黃宗羲 등을 창시자로 하며 그들의 학문 방법은 경세적 실학實學 사조의 일환으로 추구한 경학·사학 중심의 고전 연구에서 전문적인 문헌 실증의 방법을 도입했는데, 이 방법으로서의 고증학이 18세기에 청조의 주류 학풍으로 발전한 것이었다. 고증학 방법으로 본서의 저자가 언급한 실사구시實事求是란 어휘는 고염무가 아니라 후기 고증학 지도자 완원阮元에 의해 집약된 용어이다. 고염무가 내세운 구호는 정치적 경세치용經世致用과 복고적 경학經學의 부흥이었다. 황종희·고염무의 전문화된 경사학經史學 연구는 명 말기(17세기 초) 신사층의 학술·정치 결사인 복사復社의 '고학古學' 연구 사조에 그 기원이 소급될 수 있다. 청 초기 경세학풍의 본격적 출발점은 명 왕조의 붕괴와 청조 이민족의 지배라는 대파국을 체험한 한족 사대부들이 명조의 정치·문화에 대한 심각한 반성에서 시작된 재야在野의 문화운동이었다. 청 초기 경세학의 학문적 정의는 경학을 통한 '고학'과 '실학' 탐색이라 할 수 있다. 유학이 과거제와 주자의 '사서학四書學'의 굴레를 벗어나 고대, 즉 선진과 한대의 경학으로 복귀함으로써 이론적 도학(이학)을 넘어 공자·맹자 이래 유교의 정치·경제적 실용성을 회복하는 것이었다. 18세기 강희·옹정·건륭 시대 청제국의 전성기에는 그 정치적 사상 통제하에서 한족 사대부의 경세학이 일시 쇠퇴함에 따라, 경세학의 연구 방법이었던 고증학은 경세학에서 분리된 전문적 순수 학문운동으로 발전해 경학·사학적 문헌 연구만으로 독립된 학파를 형성하게 되었다. 강남江南의 서원書院과 종족宗族(가문)을 중심으로 한 민간 학계에서 고증학이 과거와 결합된 국교인 주자학을 압도하는 주류학파로 융성해지자 수도 북경에까지 상륙했던 것이다. 고증학은 음운音韻·문자·훈고를 연구하는 소학小學을 중심으로 천문·수학, 판본版本·교감校勘·목록(서지書誌) 등 문헌학 연구에서 역사상의 경학, 즉 경전 주석학을 훨씬 뛰어넘는 획기적 전문성을 발전시켰으니 그 학술사적 의미는 매우 크다. 더욱이 고증학은 경학에서 출발했으나 그 연구 영역이 경학을 넘어 사학과 유교의 여러 학파, 선진 시대 제자학諸子學의 범위까지 확장되었는데, 학파 간의 관용의 태도와 학설의 절충 방식이 중국학 전반을 집대성하는 방향으로 발전했다. 20세기 근대 중국의 국학國學은 이 고증학의 토대 위에 서유럽 근대 과학 방법을 결합으로써 성립한 것이다. 한편 청 초기 공리功利적 기예器藝(이용후생利用厚生)를 중시하는 비주류 경세학으로 안원顔元·이공李塨의 안이顔李학파가 있다. 그들은 주자·양명학의 공허한 담론을 비판하고 오직 도덕적 실천을 강조한 나머지 그 실용과 실천이 이론적 지식 자체를 전면 부정하는 극단적 행동주의로 극단화함으로써 결국 쇠퇴해 고증학에 흡수, 소멸되고 말았다.

37 대진戴震의 철학은 청 초기 왕부지王夫之와 마찬가지로 기氣일원론으로 저명한데, 기일원론은 명대에는 왕양명과 동시대인 16세기 왕정상王廷相·나흠순羅欽純까지 소급할 수 있다. 주자학의 이理 위주의 이기 이원론에 대한 도전으로서는 대진이 왕부지보다 더 철저한 일면이 있다. 왕부지처럼 이理에 대해 독립적 존재임을 부정하고 기 안의 조리로 이해하는 점에서는 동일하다. 그런데 대진은 우주론을 떠나 마음(氣)에 대한 분석에서 인간의 마음을 혈기血氣와 심지心知로 구분하고, 인간의 감정과 욕구를 긍정할 뿐 아니라 심지의 분별 능력을 통해 사물에 대한 지식을 중시했던 것이다. 주자학의 이일분수理一分殊설을 이어받으면서도 주희와 달리 전체적인 '하나의 이'(一理)보다는 사물에 나눠진 분리分理에 더욱 유의함으로써 대진의 기일원론 철학은 도덕주의에 더 치중했던 주자학의 지식론보다 더 철저한 주지주의의 성격을 나타낸 것이다. 본서의 저자가 직관적 도덕 실천에 치중한 양명학과 비교하면서 주자학이 주지주의 요소를 갖고 있음을 지적하고 있지만 주자의 격물치지格物致知라는 지식론은 역시 도덕 실천을 위한 전제였던 점에서 도덕에 종속된 것이었다. 반면에 대진의 주지주의 기 철학은 바로 역대 어느 유학보다 지적 전문성이 돋보였던 청대 고증학의 철학적 근거였던 셈이다. 그러나 대진의 기 철학도 이·기, 성性·정情, 마음이라는 전통적 도학의 형이상학적 범주를 계승한 것이란 점에서 근대적 인식론, 존재론과는 차이가 있는 것이었다. 다시 말해 도덕과 지식의 분리라는 근대성에 이른 것은 아니며, 또한 그 감정과 욕망에 대한 긍정도 유교적 의리義理, 즉 가부장적 도덕률을 전복한 것은 아니었다.

38 공양학公羊學은 한대漢代에는 국교였던 유교 금문경학의 중심적 지위를 갖고 있었는데, 그 후 고문경학 발전과 송대 주희의 '사서학四書學'에 압도되어 오랫동안 단절되었다가 18세기 후반 장존여莊存與·유봉록劉逢祿 가문의 가학家學으로 부흥한 것이다. 전문적 학문 자체에 몰입한 고증학이 주류가 된 청 중기 학계에서 금문경학은 고학古學의

조류를 타고, 공론으로 쇠퇴한 주자학의 도덕, 정치적 경세 이념을 대신해 고대 금문경학의 복고를 통해 정치적 이념의 학문(의리학)을 회복하려는 경세적 기획이었다. 그것은 고증학 시대에 청 말기 경세적 개혁 사조의 부흥을 예고한 학파였던 것이다. 후한 하휴何休 계통의 공양학에서 그 핵심 내용으로 제기된 거란據亂·승평升平·태평太平의 공양 삼세三世설은 원래 진보사관은 아니었으나 청 말기 서유럽식 근대화를 모색한 강유위康有爲에 의해 근대적 진보사관으로 개조되어 변법變法개혁의 이데올로기로 전환된 것이었다. 원래 전통적 공양학의 삼세설은 제국의 쇠란기를 맞아 왕조의 중흥을 통해 쇠란을 저지하고 태평을 이룰 목적으로 제시된 일종의 목적 사관이었으니, 18세기 서유럽의 계몽주의 시기에 출현한 근대 진보사관처럼 역사 현실의 진보를 신념으로 믿는 미래주의적 성격은 없었던 것이다. 그런 의미에서 공양학의 사관은 근대 이전의 중국에서는 지배적 역사관인 순환사관이나 복고사관에 종속된 하나의 지류 역사사관이었던 셈이다.

39 위원魏源의 『해국도지海國圖志』는 공자진龔自珍과 위원 등이 아편전쟁 이전 연구했던 서북의 역사지리학을 출발점으로 아편전쟁 중 서양 정보의 증대에 따라 세계 역사지리학으로 확장된 것이었다. 신강·몽골 등 서북 지역은 청조의 새 정복지로서 역사지리학의 주요 대상으로 주목받았는데, 역사지리는 17~18세기 고염무 이래 고증학의 역사 부문으로 크게 유행했던 학문이었다. 서유럽, 특히 영국의 침입에 대한 연해 방어, 즉 '해방海防' 전략으로 제기된 『해국도지』의 사상은 20년 후 태평천국太平天國을 진압한 증국번曾國藩·이홍장李鴻章 등 한족 관료·신사층의 양무洋務 사상으로 연결되었다. 군사 개혁이 중심이 된 청조의 양무 자강自强운동이 실패하자 청일전쟁 후 정치제제의 변혁을 주장하는 강유위 중심의 변법 자강운동이 시도되었다. 이 변법 사상이 성립하는 과정에서는 양무파 내부의 이론가들 가운데 풍계분馮桂芬·왕도王韜·곽숭도郭崇燾·정관응鄭觀應 등 과도기적 초기 변법론자들이 있었다. 미래의 대동大同과 같은 유토피아 관념을 지녔던 강유위는 서유럽 근대의 공리公理·진화進化·법치法治 등의 관념을 수용해 전통적 유교 공양학을 중심으로 유교를 근대적 정체政體 개혁 이데올로기 및 기독교식의 국교로 개조하려는 이론 작업을 진행했다. 그러나 변법 운동이 실패로 끝나자 중국 사상계는 20세기 초두 공화共和혁명 사상으로 급속히 전환되어, 1912년 청조가 멸망하고 중화민국이 건국되었다. 이제 유교와 황제의 제국은 종언을 고한 것이다. 이 공화국의 실험이 실패하자 5·4운동을 전후한 신문화新文化운

동(1915~1923) 시기에 진독수陳獨秀·호적胡適 등의 근대 계몽주의자들이 등장했다. 그들은 중국 문명 전통에 결여된 근대 문명의 핵심 요소로 '민주'와 '과학'을 제시하며, 중국 전통의 전면적 해체를 주장하는 '전면 서구화'를 주장한 적도 있었다. 그러나 21세기 현대 중국의 국가·사회는 여전히 유교를 비롯한 전통적 문화 요인이 크게 작용하고 있음을 볼 수 있다.

역자 후기

　본서는 모리 미키사부로(森三樹三郎)의 『중국사상사』(東京, 第三文明社, 1978 초판)를 번역한 것이다. 이미 1986년에 작고한 일본의 중국 철학 전문가인 저자의 책을 번역하기로 한 것은 본서가 갖는 특출한 장점과 아울러 동아시아 사상사와 관련해 우리나라 학계 및 출판계의 현상을 숙고한 결과였다. 중국 사상의 역사를 다룬 이 책은 전문 학자가 아닌 일반 교양인을 대상으로 한 개설에 속하는데도 매우 깊이 있는 연구로 그 전문성과 통찰력이 전편에 걸쳐 드러나는 역작이라 할 만하다. 그 우수함의 증거는 이 책이 그의 사후에도 근래까지 일본 독서계에서 22쇄를 넘기는 저력을 보이고 있는 데서도 확인할 수 있다. 중국 중세의 노장老莊 도가道家와 불교 연구에 일생을 바친 저자의 견해에는 저자의 연구 이력에 따른 독특한 시각이 있어 평자의 입장에 따라 이견이 있을 수도 있으나 이처럼 중국 사상의 통시대적 전통 전체에 걸친 수준 높은 개설서를 저술할 수 있다는 것은 용이한 일이 아니다. 역자는 이 책을 통해 저자의 넓은 시야와 함께 식견의 깊이를 느낄 수 있었다.

우리나라에서는 중국 사상의 특정 부문, 이를테면 불교나 노장 철학, 주자朱子·양명陽明의 도학道學, 또는 유교사 전반에 관한 소수의 부문별 저술이나 번역서가 눈에 띄지만 중국 철학, 사상 전반에 관한 개설서는 한국 학자의 독자적 저술이 없고 몇몇 번역서에 의존하는 실정이다. 한편 풍우란馮友蘭이나 노사광勞思光 같은 중국인 대가의 대표적인 통사적 중국 철학사 저서가 번역된 적이 있으나 이론적 철학사로서 너무 전문적이고 규모도 비교적 방대한 것이어서 일반 교양인의 독서를 위해서는 쉽게 접근하기 힘든 면이 있었다.

이 책은 이 같은 우리나라 지식계의 현상에 비추어 시의성이 있는 저작이라 할 수 있다. 책의 제목이 철학사가 아닌 사상사인데서도 짐작이 가듯이 본서는 고도의 이론 철학을 핵심에 두면서도 난해한 형식적 이론의 소개에 그치지 않고, 중국 역사의 정치적, 문화적 변동에 따르는 각 시대의 사상적 조류들을 넓은 시야에서 조망하면서도 주류 사조들 간의 유기적 상호작용에 관한 깊은 통찰을 할 수 있게 한다. 한편 사상사에서도 빼놓을 수 없는 난해한 철학적 이론에 대해서도 교양인이면 쉽게 이해할 수 있도록 하는 노력을 게을리하지 않은 장점이 있다. 본서의 기본 내용은 춘추春秋 말기 전국戰國 시대(기원전 6~3세기) 이래 19세기 말 최후의 왕조 제국인 청조淸朝가 해체되기까지 약 2,500년에 걸친 중국의 사상을 중국 문명 전통의 형성, 지속과 변화라는 거시적 시야에서 이해하려는 것이다. 이런 거시적 시각에서 비로소 중국 역대의 철학 또는 사상의 각 갈래들의 계보와 분화 과정 전체가 통합적으로 이해될 수 있는 것이다. 이를테면 본서에서 공자孔子를 필두로 한 제자백가諸子百家의 사상과 철학에 들어가기 전에 중국이란 나라의 역사를 통해 일관되게 지속된 문명사적 전통을 배경으로 중국 사상 전반에 걸쳐 공통 기반이 되는 핵심적 성격을 먼저 서술한 것도 사상의 문명사적 이해라는 저자의 입장을 반영한 것이다.

또한 이 책의 특징은 저자가 말한 대로 기존의 중국 사상사들에 비해 중국의 주류 사상인 유교보다 불교의 비중을 상대적으로 확대한 점에 있다. 중국의 현실 체제와 역사를 지배한 대표적인 이데올로기 학문은 유교였으며, 엄밀한 의미에서 종교라 할 수 없는 유교는 정교政教 일체의 체제교학으로 간주되었다. 그럼에도 중국 사상사에서 유교에 대해 노장老莊 도가道家나 불교佛教 사상의 영향이 얼마나 지대한 것이었는지 본서를 보면 실감할 수 있게 된다. 유불도 삼교三教에 대한 이러한 통합적 이해는 다른 사상사 책에서 지적된 단편적 수준을 넘어 체계적으로 설명되어 있는 것이다. 저자의 말에 따르면 이 책에서 불교의 비중을 강조했으나 실은 불교는 물론 유교에 미친 노장 도가의 영향과 시대에 따른 노장 사상 이해의 변화 과정은 본서에서 저자가 역점을 두고 설명한 핵심적 내용이었다. 주된 연구 분야인 중국 중세 도가와 불교에 대한 전문 연구가 이 책을 통해 협소한 전문의 한계를 넘어 중국 문명 전반에 대한 이해를 위해 크게 공헌한 것으로 보인다.

이 책은 저자가 말한 대로 종래의 중국 철학사나 사상사에서 중시되던 유교의 경학經學을 의도적으로 배제하고 있다. 유가儒家가 한漢 왕조의 통일 제국에서 관학官學, 국교가 됨으로써 성립된 경학에 대해 저자는 그것을 시대적 특수성에 한정된 이데올로기에 지나지 않는 것으로 유럽 중세의 기독교 신학에 비견할 만하다고 비교하고 사상의 역사에서 거의 제외하고 있는 것이다. 저자는 사상사를 통해 각 역사 시대의 특수한 국가 체제나 현상을 설명하려는 것이 아니라 현대의 입장에서 사상의 전통을 인식하고, 시대적, 지역적 국한성을 뛰어넘어 인류의 보편적 가치와 연결시키려는 의도를 갖고 있다.

그러나 이 같은 문제점을 저자 자신도 지적하면서도 한대 이후의 유교 경학의 역사를 사상사에서 과감히 배제할 것을 선언했다. 그에게 사상사가 갖는 의미는 과거 역사와 현실의 이해보다는 문화 전통 속에서 인간의 미래지향적 보편 가치를 발견하고 발전시키는 것이라 생각한 것으로 보인다. 그는 유교 경학에 대한 홀대에 그치지 않고 제자백가 시대에 관한 서술에서도 유가儒家에 대한 서술의 비중을 다른 제자학에 비해 상대적으로 축소했으며, 유가 안에서도 공자·맹자孟子의 정통에 비해 비주류인 순자荀子 사상에 더 관심을 보이고 있다. 유가와 대립 관계에 있던 묵가墨家, 특히 노자老子와 장자莊子 사상에 대한 서술은 더욱 정밀하다. 노장에 이르러 중국 사상은 비로소 철학의 수준에 오른 것으로 지적하며, 특히 『장자』 사상에 대해서는 그 텍스트의 분석이 본서의 압권이 되고 있다. 노자와 장자의 철학적 개념과 그 사상적 갈래의 변천 과정을 정리하고, 한대 유교의 국교화 이후 유교와 불교가 노장 도가의 영향을 받아 노장적 성격을 공유하는 현상을 밝히고 있다. 위魏·진晉 시대 노장 현학玄學이나 당대唐代 후기 중국화한 불교인 선종禪宗, 송宋·명明 시대의 도학道學에서 이 같은 삼교의 상호 작용, 특히 노장의 영향이 일관성 있게 부각되는 것이다. 또한 중국에서 인도 불교의 등장 배경과 관련해 국교로서 도덕·정치 일변도의 유교가 갖는 사상적 한계를 지적하며 인생의 정신적 행복 추구, 특히 안심입명安心立命의 문제가 유교에 결여되어 있다는 저자의 지적은 송대 주자학朱子學의 대두도 유교의 내면적 가치 문제에 대해 불교에 대한 신유교新儒敎의 대응으로 보고 있다.

이 책의 저자는 사상사에 반영된 중국 문명의 전통에 대해 몇 가지 특성을 거론하고 있다. 그것은 중국 사상이 갖는 무신론과 현세적 성향, '하늘(天)'의 비인격화와 범신론적 경향, 분석적이고 논리적인 인식에 서툰 경험적 직관直觀의 중시, 지식인 관료의 지배와 독립적 지식인의 부재 현상이다. 사실 본서의 전편에서 보이듯이 인위적 지식·도덕의 속박을 부정하고 자연에의 순응을 주장하는 노장 사상은 말할 것 없고, 도덕적, 정치적 경세經世, 즉 현능자에 의한 인위적인 가족국가 통치를 주장하는 유교에서마저 그 사상적 정당성의 근원을 '하늘'의 도道나 명命, 즉 천도天道·천명天命에 의존하고 있다. 인격신을 부정하는 무신론에 근접하면서도 하늘과 자연에 깃든 이성의 작용을 시인하는 중국의 범신론汎神論적 우주관은 도덕의 근원을 인간 내면의 자연적 천성天性에서 구하는 유가 성선설性善說의 인간관으로 연결되었다.

이처럼 하늘과 인간의 일체화, 상호 관련을 강조하는 중국의 사상 전통으로 인해 독립적 존재로서 외계에 대한 객관적 지식의 추구가 약화되는 대신 인간의 마음의 성찰이라는 주관적 내면화가 시간이 갈수록 강화되었다. 분석적, 논리적 인식보다 경험적 직관이 중시되는 정신 현상은 객관적 지식보다 주관적 실천 도덕이 중시되는 중국 문화의 다른 일면이라 할 것이다. 중국의 전통 문화에서는 인도나 서아시아와 달리 보편적 세계종교를 만들지 못한 대신 세속적 합리주의가 진전되었다고 한다. 그러나 그 합리주의는 고대 그리스, 근대 서유럽의 지식 중심의 주지主知적 합리주의가 아니라 도덕적 합리주의였다는 학계의 지적은 본서의 주제와도 연관성을 갖는다. '격물치지格物致知'의 지식을 강조한 주자학도 결국 그 지식의 중심은 도덕의 지식이었던 것이다. 그들이 표방한 궁리窮理의 이理도 물리物理나 사리事理보다는 도리道理가 핵심적 내용이었다. 청대淸代 고증학考證學에 대한 연구에서 여영시余英時가 도덕에서 지식으로 향하는 주지主知적 경향을 찾았지만 그것도 유교 도덕주의와 완전 분리된 것은 아니었다. 그러한 불철저함으로 인해 고증학(한학漢學)은 결국 주자학(송학宋學)과의 절충, 즉 한·송학 절충에 머물고, 과학이 아니라 인문학으로서 실증實證적 문헌학의 한계 안에 정체하고 말았던 것이다.

이 책 저자가 지적한 중국 문명의 가장 큰 한계는 모든 지식인이 관료가 되거나 일생 관료로의 신분 상승을 추구하는 관료지향의 지식인이 된다는 것이었는데, 이 추세는 특히 과거제科擧制 이후 더욱 심화되었다. 따라서 전통적 중국의 지식이나 이데올로기적 고급문화는 관료에 의해 독점되며, 지식이 정치편향의 성격을 갖는 현상은 필연적이었다. 저자도 지적했듯이 다양하고 창조적인 사상의 발전은 통일 제국보다는 분열기의 자유로운 경쟁 속에서 실현되었다. 중국의 사상사에서는 중국이 분열된 세계였던 춘추전국 시대의 제자백가에 전형적으로 나타난다. 기원전 3세기의 고대 중국에서 중앙집권적 관료제 제국이 성립된 것은 매우 조숙한 것이니, 서유럽 근대 절대국 가는 16~17세기에나 형성되는 것이다. 중국보다 거의 1800년 이나 뒤늦은 서양사의 절대왕정이란 것도 귀족의 특권이나 국 가 재정의 취약성에서 보듯이 중국의 고대 제국보다 오히려 미약한 수준이었다. 이 같은 중국 고대국가의 놀라운 조숙성 에 주목한 프랜시스 후쿠야마는 세계 주요 문명권 국가들 간 의 정치사 비교 연구에서, 중국의 전제국가가 적어도 국가 형 성의 문제에만 한정할 경우 서유럽 근대 초기의 절대국가보다 더 완전한 근대성을 나타낸 것으로 보았다.

그 대신 서유럽 문명권은 중세의 그리스도교 교권 확립에 따른 정교政敎 분리, 분권적 봉건제와 자치도시, 민법民法 중심 의 법치法治 전통이 강력했기 때문에 국가 발전이 지체되는 사 이에 개인과 사회의 역량이 발전하는 보상을 받았다. 중국의 관료제 국가에서는 나아가 송대 과거제의 전면 시행 이후 서 민층 가운데서 선발된 사대부士大夫 관료층이 광범하게 형성 되었으며, 명·청대에는 사대부가 확장된 신사紳士층이 형성되 어 그 사회적 기반을 더욱 강화했다. 통치 엘리트로서 사대부 는 자신의 신분적 정당성을 도덕·학문과 삼위일체를 이루는 정치적 사명에서 찾았다. 이것이 송대 이후 도학(이학)과 실학 實學(경세학)이 유교 학문의 분파로 형성된 사회적 기반이었다. 중국의 절대국가가 세계사에서 유례없는 조숙함을 보였던 것 은 강력한 가부장제家父長制 가족 제도의 지속성을 사회적 기 반으로 삼은 데도 원인이 있었다. 이것은 춘추전국 시대에 씨족 귀족이 붕괴되었음에도 끈질기게 살아남은 가부장 대가족과 친족(종족宗族)이 한 이후 제국 권력과 결합하고, 송·명대 화폐, 시장 경제가 확산하는 중에도 종족적 결합의 규모는 더욱 확대되었던 것이다. 가족과 국가가 결합한 전제적 가족국가 이념은 유교의 도덕주의 정치 이념의 사회적 배경이었던 것이다.

절대국가의 교학으로서 제국 체제의 지지를 받는 가부장적 유교 윤리는 도가나 도교, 불교에도 널리 침투했다. 특히 국가의 절대화가 더욱 진행되고 신유학의 이론화가 크게 진전된 송대 이후에는 불교에 대한 반동으로 초기 민족주의적 성격의 중화中華사상이 더욱 강화되어 주자학을 중심으로 한 유교의 영향력이 더욱 커지고, 명·청 시대(14세기 이후)에는 신사층을 매개로 중국의 향촌에까지 깊숙이 침투했다. 수·당대 외래 종교인 불교가 사상계를 주도한 시기도 있었지만, 중세 초기에 대체로 유교와 병행, 공존하던 불교와 도가·도교는 송대 이후 주자학 중심의 신유교에 종속돼 그 사상적, 종교적 독립성마저 퇴색하는 추세가 장기간 지속되었다. 이 같은 추세를 대표하는 사조가 유불도 삼교 합일 사상이다. 이와 같이 사상적 독립성이 퇴색한 삼교가 민중신앙의 형태로 민간 비밀결사로 조직화되는 현상이 출현해 민중 문화가 제국과 대립하는 위기 현상이 송대 이후 날로 심화되었다. 한편 지식계에서 나타나는 여러 학파나 사상 사이의 절충, 융합의 경향은 중국 사상사에서 유독 특징적인 일관된 경향으로 보인다. 그것은 황제 중심의 국가 권력이 부단히 추진한 중화제국의 문화 통제, 사상 통일의 귀결이라 할 수 있다. 명·청 시대는 황권皇權 지상의 정치적 정통성을 강화한 황제가 문화적 정통성마저 장악하려는 경쟁에서 사대부층의 오랜 저항을 분쇄한 시대였다.

중국에서 국가와 유교의 분리가 실현된 것은 1911년 신해공화혁명으로 제국이 해체됨으로써 전근대의 체제 이데올로기였던 유교가 국교의 지위를 상실한 결과였다. 중화민국 초기 5·4신문화운동(1915~1923)은 근대 지식층의 계몽주의 운동으로, 유교의 마지막 근거지였던 가부장 가족제가 공격받기 시작했다. 가족국가의 지배 아래 중국 문명은 개인과 사회의 발전이 오래 지체되는 문화적 불균형이 지속되었다. 시대별로 사상의 세부적 내용에 변화가 없었다고는 할 수 없으나 중국 문명의 발전을 억제하는 한 요인으로 고대 이래 중국 문화의 이념적 원형은 결정적 변화가 없이 놀라운 지속성을 갖고 있었다. 사대부 지식인층은 진秦 통일 이전 공자·맹자의 원시 유교와 송 이후 주자학을 문화 원형으로 구축했으며, 그 두 축을 중심으로 크고 작은 원을 그리며 순환하는 단조로운 문화 운동의 반복 현상이 나타났다. 전통시대 중국 지식층에 의한 문화운동의 순환적 특성은 정치적 왕조 교체를 넘어, 더 큰 원운동으로 제국과 유교 문화의 이념적 원형인 먼 고대의 요堯·순舜, 삼대三代(하夏·상商·주周)와 공孔·맹孟으로의 복고復古를 언제나 표방했다. 당唐·송宋간(8~12세기)의 과도기를 거치며 주자학 등 신흥 사대부층의 신유학 운동이 일어난 이래 명·청대까지 이 같은 고대로의 복고적 문화운동은 여러 차례 반복되었다. 그것은 그리스·로마 고전 문명으로 돌아가려던 서유럽 중세 이래의 몇 차례 복고운동, 즉 르네상스와 유사하다. 그러나 서유럽의 마지막 르네상스 운동(14~16세기)이 그 원형의 순환

운동을 그치고 근대의 새 공간으로 진입한 데 비해 중국 문명은 19세기 중엽 서유럽 근대 문명의 도전을 받기까지 전통적 문화 원형을 벗어난 새 전기를 맞지 못하고 있었다.

전통시대의 중국은 대혼란의 시기에 직면할 때마다 그 해결책으로 국가 권력의 통일이 부여하는 조속한 평화 회복의 지름길을 택했다. 춘추 말 전국 시대의 제자백가 이래 일찍 무신론에 가까운 도덕적 합리주의를 채택한 중국의 사상계는 사라진 인격신 대신 조숙한 제국의 국가 권력을 만민을 보호하는 하늘의 대행자로 신의 빈자리에 앉혔다. 제국이 위대할수록 개인과 사회의 자생력은 위축되었다. 개인과 사회의 자립적 역량이 부족할수록 중국인들은 대혼란 속에서 통일 국가의 보호에 의존하는 안이한 길을 선택했다. 19세기 중엽 이래 서유럽 근대문명과 제국주의의 침략을 받으면서 중국은 또 한차례 서유럽 근대 문명을 충분히 흡수하기도 전에 민중적 민족주의의 열풍을 타고 제국을 재건하는 폭력 혁명의 지름길을 선택했다. 현재 중국의 국민국가형 제국은 어느 제국보다 국가 권력이 강력한 근대국가이다.

중국의 고전 문명은 중국에 그치지 않고 그 후 동아시아 각국의 성장 과정에서 동아시아 전체의 고전으로 전파되었다. 그런 의미에서 중국 고전 사상과 그 변천 과정을 중국의 문명사적 공통 기반 위에서 이해하는 것은 그 문명의 많은 부분을 공유하는 우리나라 문화의 성찰을 위해 대단히 의미 있는 일이라 생각된다. 공유하는 부분이 많을지라도 중국을 포함하는 동아시아 각국은 각기 고유한 문화적 변형을 만들면서 각자의 문화 원형을 형성했을 것이다. 세계의 각 문명과 그 다양한 변천의 역사를 비교 성찰함으로써 인류적 보편성을 토대로 끊임없이 우리의 새로운 전통을 만들어가는 개방적 자세가 필요할 것이다. 이 중국 사상사의 번역, 출간이 그러한 문명사적 탐색의 일환으로 기여하기를 기대한다. 끝으로 출판사의 의뢰를 받아 좋은 저작의 번역, 출간이 이루어진 데 대해 사의를 표하며, 이 책이 독자들에게 즐겁고 유익한 독서 체험이 되기를 희망한다.

2018. 2. 21.

조병한

옮긴이 | 조병한

1946년 경남 창녕에서 태어났다. 서울대학교 문리과대학 사학과를 졸업하고 같은 대학 동양사학과에서 청대와 중국 근대 전공으로 석사와 박사 학위를 취득했다. 동의대, 계명대를 거쳐 서강대학교 사학과 교수로 2012년 정년퇴임했고, 동양사학회 회장(2003~2005), 역사학회 회장(2007~2008)을 역임했다. 현재 서강대학교 사학과 명예교수로서 저술 활동에 종사하고 있다. 학술논문 약 60편이 있고, 『중국통사』『5.4운동-근대 중국의 지식혁명』 등을 번역했다.

중국사상사

초판 1쇄 발행 2018년 9월 30일

지은이 모리 미키사부로
옮긴이 조병한

펴낸곳 서커스출판상회
주소 서울 마포구 월드컵북로 400 5층 24호(상암동, 문화콘텐츠센터)
전화번호 02-3153-1311
팩스 02-3153-2903
전자우편 rigolo@hanmail.net
출판등록 2015년 1월 2일(제2015-000002호)

ISBN 979-11-87295-22-8 03910

이 도서의 국립중앙도서관 출판예정도서목록(CIP)은 서지정보유통지원시스템 홈페이지(http://seoji.nl.go.kr)와 국가자료공동목록시스템(http://www.nl.go.kr/kolisnet)에서 이용하실 수 있습니다.(CIP제어번호: CIP2018021933)